처음 읽는
이야기
중국 신화

처음 읽는
이야기
중국 신화

동양적 상상력을 만나는
매혹적인 신화 여행

김선자 지음

어크로스

일러두기

1. 이 책은 2004년 아카넷에서 출간된《김선자의 중국신화 이야기》(1, 2), 2011년 웅진지식하우스에서 출간된《김선자의 이야기 중국 신화》(상, 하)의 내용을 수정하고 새롭게 편집·합본하여 재출간한 것이다.

2. 고대의 인명과 지명, 책 제목 등은 한자 발음을 기본으로 했다. 그러나 현대 지명과 소수민족 명칭, 인명 등은 국립국어원의 중국어 우리말 표기법에 따랐다.

3. 《산해경山海經》과 관련된 도판들은 마창이馬昌儀가 정리한《전상산해경도비교全像山海經圖比較》(학원출판사學苑出版社, 2003)에서 인용했다.

서문

길 너머로 떠난 사람이 들려주는 이야기

저는 '길'을 좋아합니다. 그래서 그 넓은 중국 땅을 답사하며 여기저기 다닐 때도 웬만해서는 밤차를 타지 않습니다. 창밖에 보이는 것이 어둠뿐, 길이 보이지 않기 때문이지요. 낮에 차를 타고 이동할 때도 눈을 크게 뜨고 길을 바라봅니다. 그 길 위에는 늘 누군가가 있고, 무슨 일인가가 일어나고 있거든요. 환한 햇살, 내리는 비, 부연 안개, 휘몰아치는 눈보라, 날아갈 듯한 바람을 온전히 느끼며 모든 낯선 것들을 볼 수 있는 그 길은 언제나 저의 가슴을 뛰게 합니다. 새로운 길 위로 나서는 것은 두려운 일이지만 신나는 일이기도 하지요. 그 길 너머에 수많은 '사람'과 '이야기'가 있기 때문입니다.

이 책에 들어있는 것은 그 길 너머의 사람들이 들려주는 이야기입니다. 까마득한 옛날부터 사람들은 길을 통해 머나먼 거리를 이동했지요. 아득한 서북쪽, 메마른 사막 길을 거쳐온 사람들은 사막의 모래 속에서도 살아가는 신비로운 나무의 이야기를 했고, 만년설이 하얗게 쌓여있는 설산 아래 사는 사람들은 설산과 호수의 여신에 관한 이야기를 들려주었지요. 영혼의 불멸을 믿었던 사람들은 그 영혼을 위해 거대한 무덤을 만들었고, 무덤 속에 그려진 뱀 모양의 꼬리를 가진 조상에 관한 이야기를 했어요. 먼 옛날에 일어났던 영웅적 조상들의 전쟁 이야기를 하기도 했고, 온 세상을 어둠과 추위로 뒤덮으려는 어둠의 악마와 그것을 막으려는 빛의 여신 이야기를 하는 사람도 있었어요. 길은 그 모든 이야기를 품고 있습니다.

달빛이 환하게 쏟아지는 밤이 오면 그 길을 걸어온 사람들은 이제 발걸음을 멈추고 자신들의 이야기를 시작합니다. 찬바람이 휘휘 불어오는 초원 지역 유목민족의 게르 안에서도, 야크 가죽으로 만든 고원지대의 집 안에서도, 오래된 시골 마을 낡은 집 안에서도 사람들은 깜박거리는 작은 등불을 밝히고 모여 앉아 그들의 오래된 이야기를 시작했지요. 때론 마당에 모닥불을 피우고 둘러앉아 이야기하기도 했어요. 아이들은 졸린 눈을 비비며 이야기에 귀를 기울입니다. 특별히 이야기를 잘하는 이야기꾼도 있었고, 그들을 이끄는 지혜로운 사제들이 이야기를 들려주기도 했어요. 중국이라는 거대한 땅덩어리에서 살아온 56개의 민족은 그렇게 오랜 세월에 걸쳐 자신들의 이야기를 전승해 왔습니다. 시간이 흐르면서 문자를 만들어낸 사람들은 그것으로 그들이 전해온 이야기를 기록했습니다. 저는 그 길 위에서 만난 그들의 이야기를 저의 목소리를 통해 독자 여러분에게 들려드리고자 합니다.

30여 년 전, 저는 중국 신화학의 대가이신 위안커袁珂 선생님의 《중국신화전설》(1·2)(전인초·김선자 공역, 민음사)을 번역했습니다. 중국에는 신화가 없다는 편견을 깬, 아주 중요한 의미를 지닌 책이었지요. 위안커 선생님은 문화대혁명이라는 광풍의 시기에 많은 고통을 겪으시면서도 중국 고대 문헌 속에 들어있는 신화 자료들을 찾아내어 수십 년의 세월에 걸쳐 그 책을 쓰셨습니다. 역주본으로 번역, 출간했던 그 두 권의 두꺼운 책에는 선생님께 대한 저의 존경의 마음이 들어가 있습니다. 그런데 그 책을 번역하면서 느꼈던 아쉬움이 있었습니다. 우선, 선생님께서 고대의 원전 자료들을 바탕으로 글을 풀어내시다 보니 독자들이 그 내용을 읽어 내려갈 때 약간의 어려움이 있었어요. 또한, 중국이라는 나라가 56개의 민족으로 이루어진 다민족국가인데 선생님의 책에 들어있는 이야기들은 대부분 한족이 전승해 온 것들이었지요. 소수민족의 이야기가 좀 들어가면 좋겠다고 생각했습니다. 물론 신화나 역사를 바라보는 관점의 문제도 좀 있었습니다.

그래서 선생님의 이야기를 바탕으로 하되, 저의 시각으로 내용을 다시 풀어내고 소수민족의 신화도 보충하는 작업을 시작했지요. 중국 신화에 담긴 문화사적 의미를 다양한 관점에서 객관화하려는 시도도 했습니다. 쉬운 대화체로 이루어진 《김선자의 중국신화 이야기》(아카넷)는 그렇게 세상에 나오게 되었습니다. 이 책은 개정을 거쳐 《김선자의 이야기 중국 신화》(1·2)(웅진지식하우스)로 다시 출간되기도 했습니다. 그 책이 처음 나온 이후 어느새 20년이 지났습니다. 그동안 많은 독자께서 꾸준히 중국 신화 이야기에 귀를 기울여 주셨지요. 감사한 일입니다.

이번에 어크로스에서 전면적으로 책을 재편하여 두 권이었던 책을 한 권으로 묶고, 수정하고 다듬어 재출간하게 되었습니다. 이번에도 저는 여전히 신비로움으로 가득한 이야기의 세계로 들어가는 길을 열어드리고자 합니다. 그 길에는 위대한 신들만이 있는 것이 아닙니다. 다양하고 신기한 많은 동물과 식물, 심지어는 돌멩이들까지 함께 어우러지면서 찬란한 빛을 뿜어내고 있습니다. 인간을 창조하고 지켜주는 지혜롭고 따뜻한 여신, 모험의 길을 떠나는 강인하고 희생적인 영웅은 물론이고 귀여운 동물과 신기한 나무, 붉은 돌과 눈물을 흘리는 별들이 만들어내는 아기자기한 이야기들을 그 길에서 만날 수 있지요. 마법이 살아있는 그 이야기 세상에 종種의 경계 따위는 없습니다. 국가의 경계도 이야기의 세계에서는 희미하게 느껴질 뿐이지요.

중국의 경우 신화는 그저 책 속의 이야기로만 남아있는 것이 아닙니다. 지금도 여전히 사람들 속에서 살아 움직이고 있어요. 신화 속 신들은 신앙의 대상이 되기도 하지요. 인류의 시조라고 하는 복희와 여와에 대한 제사는 지금도 이어지고 있는데, 제사가 열리는 때가 되면 인근 백 리 밖에서도 사람들이 모여듭니다. 신에게 바칠 제물을 받쳐 들고 환하게 웃으며 모여드는 사람들에게 복희와 여와는 저 멀리 높은 곳에 있는 신이 아니라 자신들의 조상 할아버지, 할머니로 여겨지고 있지요. 그래서 사람들은 신을 모신 그 '장소'에 서 있는 오래된 측백나무에 기대어 조상 할아버지와 할머니에게 자신들의 소망을 간절하게 말하기도 합니다. 들어줄 누군가가 곁에 있다는 것은 그들을 외롭지 않게 해줍니다.

　모두가 '챗GPT'와 '딥시크'를 말하는 시대입니다. AI는 차가운 기계음으로 우리의 물음에 대답해 주기도 하지요. 그러나 모두가 손에 스마트폰을 하나씩 들고 있고 궁금한 모든 것에 대한 답을 순식간에 얻어낼 수 있는 지금, 우리는 그 어느 시대보다 더 외로움을 느낍니다. 이럴 때 고대인의 소박한 상상의 세계를 만나보는 것은 어떨까요. 모든 것이 너무나 세련되어 숨 막히게 느껴지는 지금, 다듬어지지 않은 중국 신화의 투박한 이야기 세계가 어쩌면 우리가 기댈 수 있는 따뜻한 신들의 '장소'가 되어줄지도 모를 일이니까요.

　길 너머를 꿈꾸며 떠나는 저의 여정은 계속 이어집니다. 새로운 이야기들을 들고 불어오는 바람결에 다시 돌아오겠습니다. 책을 만들어주신 어크로스의 김형보 대표님, 정성껏 편집해 주신 강민영 편집자님께 고마움을 전하며, 이 책을 선택해 주신 독자들께도 깊은 감사의 인사를 드립니다.

2025.1. 신촌에서 김선자 드림

10부 세상 밖의 또 다른 세상 620

1부

세상의 시작과
인간의 탄생

1장 혼돈의 신 제강

　세상의 모든 신화는 태초에 대해 말한다. 태초에 혼돈이 있었다거나 아득한 물이 있었다는 이야기는 우리에게 매우 익숙하다. 위대한 천신들이 있어 하늘과 땅을 만들기도 하고 거인이 알 모양의 우주에 잠들어 있다가 깨어나면서 하늘과 땅이 생기기도 한다. 신은 흙으로 (아니면 다른 재료로) 인간을 만들기도 하고 그 인간이 오만하게 굴거나 너무 시끄럽게 굴 때 대홍수를 일으키기도 한다. 물론 홍수는 인간의 잘못 때문에 일어나는 경우가 대부분이지만, 때론 별다른 이유 없이 일어나기도 하고 천둥 신과 인간 사이의 다툼 때문에 생기기도 한다. 대홍수가 휩쓸고 지나간 세상에는 언제나 인간 둘이 살아남는다. 때론 부부로, 때론 남매로 나타나는 남녀는 혼인하게 되고, 세상은 다시 인간으로 가득 찬다. 대부분의 창세신화는 대략 이런 식으로 세상의 시작과 인간의 탄생에 대해 말한다.
　생각해보면 세상의 모든 신화는 조상들의 이야기와 다름없다.

아직 문자가 없던 시절, 하나의 민족은 어느 땅에 터를 잡고 살아 가면서 자신들의 뿌리에 관한 이야기를 입에서 입으로 전승했다. 어디서부터 자기 민족이 시작되었고 어떤 경로로 이 땅에 왔는지, 그 이주의 과정에서 어떤 영웅적인 조상이 자신들을 이끌었는지, 어떤 신비롭고 놀라운 사건들이 일어났는지, 그들은 세심하고 흥미롭게 자신들의 역사를 아이들에게 들려주었다. 그렇게 자신들의 조상 이야기를 하다 보면 아득한 옛날로 거슬러 올라가게 되고, 계속 올라가다 보면 그곳엔 최초의 시조 할머니나 할아버지가 나타나게 된다. 자기 민족이 어떻게 시작되었는가를 말하다 보면 그 이전 우주가 처음으로 만들어지던 때로 거슬러 올라가게 마련인데, 그것이 바로 우리가 일반적으로 말하는 창세신화다.

신화적 모티프를 많이 사용하여 작품을 쓴 전국시대 초楚나라의 시인 굴원屈原은 〈하늘에 묻노니(天問)〉의 첫 부분에서 이렇게 묻고 있다.

아득한 옛날의 일, 세상의 시작에 대해 누가 말해줄 수 있을까?
하늘과 땅 아직 갈라지지 않았음을 무엇으로 알아낼 수 있을까?
모든 것이 어둑한데, 누구라서 그것을 분명히 알 수 있을까?
무엇이 그 속에서 떠다녔는지 어떻게 확실히 알 수 있을까?

중국을 대표하는 위대한 시인 굴원도 이 넓은 세상을 누가 만들었는지 매우 궁금했던 모양인데, 이런 궁금증은 굴원만 가졌던 것이 아니었다. 중국에 거주하는 여러 소수민족의 창세신화를 보면

　　　1부 세상의 시작과 인간의 탄생

하늘과 땅의 시작에 관한 질문이 많이 등장한다.

윈난성雲南省에 거주하는 바이족白族이나 티베트 사람들의 창세신화를 보면 문답형이 많아서, 굴원의 〈하늘에 묻노니〉 역시 그가 살던 지역에 오랫동안 전승되어오던 신화의 영향을 받은 것은 아닐까 하는 생각이 들 정도로 비슷한 점이 많다. 예를 들면 이런 식이다. 바이족의 창세신화 앞부분에 이런 내용이 나온다.

하늘과 땅의 크기가 서로 같았나?
하늘과 땅의 크기가 달랐지.
하늘과 땅은 어째서 크기가 달랐나?
땅이 하늘보다 넓었어.
어렵네, 어려워! 지금은 어떤가?
걱정하지 말게, 땅을 좀 줄였으니.
어렵네, 어려워! 땅에 주름이 잡혀 평평하지 않으니.
걱정하지 말게, 높은 곳은 산이 되었으니.

그런가 하면 티베트 신화에도 세상의 시작에 대한 이런 문답이 등장한다. 굴원의 〈하늘에 묻노니〉에 나오는 질문과 매우 흡사하다. 그러나 흥미로운 것은 〈하늘에 묻노니〉와 달리 여기서는 답변이 바로 나온다는 점이다.

세상이 처음 이루어졌을 때
하늘과 땅이 한데 붙어 있었지.

누가 하늘과 땅을 갈라놓았나?
하늘과 땅이 처음 이루어졌을 때
음과 양이 한데 붙어 있었지.
누가 음과 양을 갈라놓았나?

처음 세상이 이루어졌을 때
하늘과 땅은 한데 붙어 있었지.
하늘과 땅을 갈라놓은 것은 큰 새야.
처음 하늘과 땅이 이루어졌을 때
음과 양은 한데 붙어 있었지.
음과 양을 갈라놓은 것은 태양이야.

　이처럼 중국의 소수민족이 사는 지역에는 세상의 시작에 관한 다양한 물음들이 등장한다. 그만큼 전승되는 창세신화의 내용도 다양하다. 그러나 중국 고대 문헌에는 세상의 시작에 관한 이야기가 매우 드물게 나타난다. 중국 창세신화를 대표하는 거인 신 반고盤古에 관한 이야기도 상당히 후대의 문헌에 기록되어 있을 뿐이다. 그렇다면 중국 고대 문헌에 기록된 세상의 시작과 관련된 이야기로는 어떤 것들이 있을까?
　굴원의 시에 등장하는 "모든 것이 어둑한"이라는 대목에 주목하자. 그것은 바로 '카오스', 즉 '혼돈'을 일컫는다. 하늘과 땅이 아직 갈라지지 않았을 때의 어둑함은 모든 생명을 품고 있는 혼돈을 가리킨다. 태초의 우주는 물로 가득 차 있기도 하지만 때론 이렇게 하늘과 땅이 갈라지지 않은 어둑한 혼돈의 상태인 경우가 많다.

흥미로운 것은 굴원의 시에 나오는 혼돈과는 다른 의미의 혼돈이 《장자莊子》라는 책에 등장한다는 점이다. 《장자》에 나오는 혼돈은 다분히 도가적인 의미를 담고 있다.

> 남해의 천제를 숙儵이라 하고, 북해의 천제를 홀忽이라 하며, 중앙의 천제를 혼돈混沌이라 한다. 숙과 홀이 혼돈의 땅에서 만났는데, 혼돈이 그들을 잘 대접했다. 숙과 홀은 혼돈의 은혜에 보답하고자 말하길, "사람은 누구나 일곱 개의 구멍이 있어서 보고 듣고 먹고 숨을 쉬는데 아직 혼돈은 없으니 우리가 그에게 구멍을 뚫어주자"고 했다. 그래서 매일 하나씩 일곱 개의 구멍을 뚫었는데, 이레가 지나자 혼돈은 그만 죽고 말았다. 그리고 죽은 혼돈의 뒤를 이어 우주와 세계가 탄생하게 된다.

구멍을 뚫고 나니 혼돈이 죽었고, 혼돈이 죽은 뒤에 우주와 세상이 생겨났다는 이 이야기는 도가의 우주관과 자연관, "세상 만물은 모두 변할 뿐이지 사라지는 것은 없다"고 생각한 도가의 순환적 시간 개념 등을 잘 보여주고 있다.

혼돈이라는 말은 《산해경》에도 보인다. 여기 등장하는 혼돈은 새의 모습을 하고 있다. 서쪽 천산天山에 있는 이 신비로운 새는 날개가 넷이요, 다리가 여섯 개였다. 온몸이 불꽃처럼 붉은색이고 주머니처럼 생겼다. "주머니처럼 생겼다"는 것은 눈도 코도 입도 없이 두루뭉술하다는 것이다. 음악과 춤에 뛰어났다는 이 신의 이름

《산해경》에 등장하는 혼돈은 이름이 제강이고 날개가 넷, 다리가 여섯 개 달린 신이
다. 날개 달린 붉은 주머니처럼 생긴 이 신은 눈, 코, 입이 없었지만 음악과 춤에 뛰어
났다.

은 '제강帝江'이라고 했다. 날개 달린 붉은 주머니 모양의 신이 보지도 듣지도 말하지도 못하면서 음악과 춤에 뛰어났다는 이야기에는 뭔가 깊은 의미가 들어 있는 것 같다. 이를테면 예술적 감수성이 오관五官의 감각을 뛰어넘는다는 의미 같은 것 말이다. 《산해경》의 제강과 《장자》에 등장하는 중앙 천제의 이름이 둘 다 혼돈이라는 점은 도가 철학이 지향하는 바를 잘 보여준다. 물론 창세신화의 혼돈이 내포하는 의미와 완전히 같은 것은 아니지만 혼돈을 모든 생명을 품은, 살아 있는 유기체로 본 점에서는 같다고 할 수 있다.

이제 본격적인 신화 이야기의 첫 장으로 반고라는 이름의 신을 소개하고자 한다. 거대한 알 모양의 우주에서 태어나서 하늘과 땅을 갈라놓은 반고는 다른 나라 신화에서도 종종 만나게 되는 거인의 모습을 하고 있다. 그리고 그와 이름이 비슷하여 원래는 같은 신화에서 나온 것이 아니었을까 여겨지기도 하는 '반호槃瓠'라는 인물이 있다. 본래 개의 모습을 하고 있었으나 아름다운 공주의 사랑으로 개의 몸을 벗고 공주와 혼인하여 중국 남부 지역 여러 민족의 시조가 된 신화 속의 영웅이다. 하지만 〈미녀와 야수〉나 〈개구리 왕자〉 이야기 같은 계열에 속한다고 할 수 있는 이 신화 속에서 반호는 여전히 개의 머리를 하고 있다. 반고와 반호라는, 이름이 흡사한 두 주인공을 통해 신화 전승의 서로 다른 맥락에 대해 한번 생각해보자.

2장 | 반고가 쓰러져 세상이 열리다

우주 거인 반고와 천지개벽

아득한 옛날, 모든 것을 품은 알 같은 우주 속에 거인 반고가 잠들어 있었다. 반고는 알 모양의 우주 속에서 태어나서 1만 8000년간 잠을 잤다. 그러던 어느 날 그가 잠에서 깨어났다.

반고는 하품하며 슬며시 눈을 떴다. 그런데 이상했다. 눈앞에 아무것도 보이지 않는 것이었다.

"이게 뭐야? 왜 이렇게 어두워?"

사방을 이리저리 둘러봐도 아무것도 보이지 않고, 오직 흐릿한 잿빛 어둠만이 눈앞에 가득했다. 그런데 반고가 잠에서 깨어나서였을까. 반고를 둘러싼 흐릿한 기운이 스멀스멀 움직이기 시작했다. 반고를 감싸고 있던 알 모양의 우주 내부의 기운들이 가만가만 움직이기 시작한 것이다. 그 기운들은 순식간에 둘로 나뉘었다. 맑고 가벼운 기운은 위로 올라가 하늘이 되었고, 탁하고 무거운 기운은 아래로 내려가 땅이 되었다.

"어어, 하늘과 땅이 생겼네? 신기하다."

그런데 신기하다고 생각한 것도 잠시, 반고는 수심에 휩싸였다. 어둡던 기운이 모두 사라지고 하늘과 땅이 생겨난 것은 참으로 좋은 일이었지만 슬며시 걱정되기 시작했다.

"저 하늘과 땅이 예전처럼 다시 붙어버리면 어쩌지?"

막 눈을 떴을 때처럼 세상이 온통 어두운 잿빛으로 뒤덮이면 어쩌나, 하늘과 땅이 지금 겨우 갈라졌는데 다시 붙어서 하나가 되어버리면 어쩌나, 그것이 걱정이었다.

"안 돼. 그건 참을 수 없어. 온통 흐릿하니까 정말 싫던데."

반고는 결심했다. 그리고 하늘과 땅 사이에 팔과 다리를 벌리고 섰다.

"이렇게 하면 되겠군. 내가 하늘과 땅 사이에 서서 하늘과 땅이 다시 붙지 않게 하는 거야."

그때부터 반고는 하늘과 땅 사이에 서서 하늘을 떠받치고 땅을 누르고 있었다. 막 갈라진 하늘과 땅은 처음에는 사이가 얼마 벌어지지 않았지만, 점차 멀어졌다. 하늘은 하루에 한 길쯤 높아졌고, 그에 따라 반고의 키 역시 점점 커졌다.

"아, 힘들어."

옴짝달싹하지 않고 하늘을 받치고 있는 일은 정말이지 쉽지 않았다. 하지만 하늘과 땅이 다시 붙을까 봐 걱정된 반고는 잠시도 한눈팔지 않고 그 사이에 그렇게 계속 서 있었다. 다시 1만 8000년이 지났다. 반고가 알 모양의 우주 속에 잠들어 있었던 만큼의 시간이다. 그 정도의 시간이 지나자 하늘과 땅은 이제 더 멀어지지 않아도 되었다. 이제는 다시 붙을 염려가 없어진 것이다. 반고의 키 역시 매일 자라났다. 이때 반고의 키가 9만 길이나 되었다고 하던가. 9만 길이라니, 어떻게 그렇게 클 수가 있어? 그러나 그렇게 클 수 있다. 어차피 신화 속의 숫자 개념은 현실 세계의 숫자 개념과 다르지 않은가. 신화 속의 시간과 공간이 우리의 인식 세계에서 벗어나 있듯이 신화 속의 숫자 역시 우리의 상식을 거부한다.

상상을 초월할 만큼 거대한 신이 하늘과 땅을 기둥처럼 떠받치고 서 있으니 우주는 이제 다시 어두운 혼돈 상태로 돌아가지 않게 되었다. 반고는 마음이 놓였다.

"휴, 됐다. 이젠 내가 하늘을 받치고 서 있지 않아도 되겠지? 하늘과 땅이 이만큼이나 멀어졌으니…… 그런데, 그런데…… 왜 이렇게 힘이 들까?"

반고는 그 자리에 쓰러졌다. 너무 오랫동안 한곳에 팔을 벌리고 서 있었던 까닭에 하늘과 땅이 붙지 않게 되자 그만 기력이 다해 쓰러져 죽고 만 것이다.

이 이야기가 중국의 창세신화다. 일반적으로 반고는 하늘과 땅을 만들어낸 신으로 여겨지는데, 이 이야기를 세심하게 살펴보면 반고는 하늘과 땅을 '만들어낸' 신이 아니라는 사실을 알 수 있다. 하늘과 땅은 저절로 생겨났다. 반고를 둘러싸고 있던 기운들이 아래위로 나뉘면서 저절로 생겨난 것이다. 반고는 천지를 '만들어낸'

신이 아니라 다만 갈라진 하늘과 땅이 다시 붙지 않게 하는 역할만 했을 뿐이다.

중국 문헌에 보이는 유일한 창세신화인 반고 이야기는 사실 중원 땅에 원래부터 있던 것이 아니다. 당시 변두리 지역이었던 오吳나라 땅, 그중에도 소수민족이 살던 지방에서 나왔다. 그 단서는 여러 곳에서 찾을 수 있는데, 우선 이야기 속에 나오는 '기운들'에서 힌트를 얻을 수 있다.

반고 신화에 나오는 '기운들'이란 '음'과 '양'의 기운을 의미한다. 반고 신화가 정확히 언제부터 전승되었는지는 알 수 없지만, 음과 양이라는 두 글자를 통해 최소한 음양론이 생겨난 이후에 '기록된' 신화라는 것을 알 수 있다. 이 신화가 말하고 있는 것은 세상의 시작이지만 기록된 시기는 삼국시대인 것이다. 이 신화는 송宋나라 때 《예문유취藝文類聚》라는 책에 인용된 삼국시대 서정徐整의 책에 나온다. 서정은 삼국시대(우리가 잘 알고 있는 《삼국지三國志》의 배경이 되는 바로 그 삼국시대다) 오나라 사람이다. 오나라는 중원에서 좀 떨어진 중국의 동남부 지방에 있던 나라인데, 아마도 그곳에 반고에 관한 신화가 전승되고 있었던 모양이다.

중국의 광시廣西 지역에 사는 야오족瑤族의 신화에 자신의 온몸을 세상 만물로 변화시킨 반고의 이야기가 지금도 전승되고 있고, 좡족壯族의 신화에도 비슷한 이야기가 전해지는 것을 보면, 서정이 그 지역 민간에 전승되던 신화를 자신의 책 속에 써넣었을 가능성이 크다. 말하자면 반고 신화는 고대 중원 땅에 원래부터 있었던 것이 아니라 오나라 땅, 그중에도 소수민족이 사는 곳에서 나왔다고 추측할 수 있다.

　그러면 알에서 나온 반고는 하늘과 땅이 생겨난 이후 어떻게 되었을까? 메소포타미아 지역의 신화가 마르두크Marduk의 티아마트Tiamat 살해*, 그리스 신화가 크로노스Cronos의 우라노스Ouranos 살해**로 시작되는 것과 달리, 반고의 마지막은 평화롭기 그지없다. 반고는 누군가 다른 신에 의해 살해되는 것이 아니라 스스로 힘이 다해 죽어갈 뿐이다.

　반고는 죽었다.

　그러나 반고의 몸은 세상 만물로 변했다.

　그의 입에서 나온 숨결은 바람과 구름이 되었다.

　그의 목소리는 우르릉거리는 천둥소리로 변했다.

　왼쪽 눈은 해가 되었고, 오른쪽 눈은 달이 되었다.

　손과 발과 몸은 대지의 사극四極과 오방五方의 빼어난 신이 되었다.

　피는 강물이, 핏줄은 길이 되었다.

　피부는 밭이 되었고,

* **마르두크의 티아마트 살해**　바빌로니아의 창세신화 〈에누마 엘리시(Enuma Elish)〉에 나오는 이야기다. 이 신화에는 신들의 왕 마르두크가 티아마트와 싸워서 이긴 후 그 시신을 둘로 갈라서 하늘과 땅을 만들고 우주의 질서를 확립했으며, 킨구(티아마트의 큰아들)의 피에 점토를 섞어 인간을 만들었다는 이야기가 기록되어 있다.

** **크로노스의 우라노스 살해**　하늘의 신 우라노스는 아내인 대지의 여신 가이아의 몸속에 있는 무한지옥 타르타로스에 말썽꾸러기 자식들을 가둬버린다. 그것에 분노한 가이아가 자신의 몸속에 있는 금속으로 낫을 만들어 막내아들인 크로노스에게 우라노스의 성기를 자르게 한다. 크로노스는 우라노스를 거세한 후 바다에 던지고 최고신이 되었다. 이후 우라노스와 가이아는 영원히 헤어져서 하늘과 땅이 오늘날처럼 갈라지게 되었다.

머리카락과 수염은 하늘의 빛나는 별이 되었다.

몸의 털은 풀과 나무가, 이와 뼈는 금속과 돌이 되었으며,

골수는 아름다운 구슬로 변했다.

그리고 그의 땀은 빗물과 이슬이 되었다.

이것은 앞서 언급했던 서정의 책에 기록된 내용이다. 그리고 삼국시대보다 조금 후인 위진魏晉 시대의 《술이기述異記》에는 다음과 같이 기록되어 있다.

반고가 흘린 눈물은 강물이 되었다.

그의 숨은 바람이 되었고, 목소리는 우레가 되었으며,

눈빛은 번개가 되었다.

그가 웃으면 맑은 날이 되었고, 그가 화를 내면 흐린 날이 되었다.

반고는 스스로 죽음으로써 세상을 만들었다. 우주 거인이 죽어서 세상 만물이 생겨나는 모티프는 신화 곳곳에서 만날 수 있는데, 신화 연구자들은 이런 유형의 신화에 '거인화생형巨人化生型' 신화라는 이름을 붙였다. 씨앗이 땅에 떨어져서 새로운 곡식이 자라나는 것처럼 세상 만물도 우주 거인이 죽은 후 거기서 생겨났다고 보는 것이다.

이것이 후대 문헌에 기록된 반고 신화라면, 소수민족 지역에 전승되는 반고 신화는 어떤 내용을 담고 있을까?

지역마다 다른 반고의 모습

먀오족苗族 지역에도 창세 신 반고에 관한 이야기가 전해진다.

태초에 엄청나게 힘이 강한 거대한 동물 신 슈뉴가 있었다. 슈뉴는 입에서 실을 토해내 둥근 집을 짓더니 알을 낳았는데, 그 알이 부화하여 반고가 태어났다. 알이 깨지면서 윗부분은 하늘이 되었고 아랫부분은 땅이 되었다. 반고가 하늘을 받치고 있으니 하늘이 엄청나게 높아졌다. 반고가 눈을 깜박이면 번개가 쳤고, 숨을 내쉬면 바람이 불었으며, 흘러내린 땀은 비가 되었다. 반고가 죽은 뒤에 그 몸은 산이, 머리카락은 풀과 나무가, 창자는 강물이 되었다.

광시좡족자치구에 거주하는 야오족에게 전해지는 반고 신화에서는 태초에 반고가 구름이었다고 말한다. 반고와 최초의 여인은 본래 둘 다 자주색 구름이었는데, 아득한 공간을 떠돌아다니다가 서로 만나 남녀로 변했다. 그들이 부부가 되어 많은 아이를 낳았지만, 아이들이 살 곳이 없었다. 그래서 반고가 하늘과 땅을 만들기 위해 자신의 몸을 변화시켰다. 왼쪽 눈은 해가, 오른쪽 눈은 달이 되었으며 머리카락은 구름과 안개가, 머리카락에 맺혀 있던 이슬방울은 별이 되었다. 뼈는 돌산이, 피부는 진흙 산이 되었고 다섯 손가락은 산이, 이는 금과 은이 되었으며 피는 물이, 내장은 밭이 되었다고 한다. 역시 광시 지역에 거주하는 마오난족毛南族의 신화에도 반고가 세상 만물로 변했다는 이야기가 전승되고 있다. 특이한 점이라면 광시좡족에게 전승되는 반고 신화에는 남매인 반고 오빠와 반고 누이가 결혼해서 인류의 시조가 된다는 남매혼男妹婚

모티프*가 등장한다는 것이다.

반면 서족畲族에게 전해지는 반고 신화는 조금 다르다. 거기에는 반고가 알에서 태어났다는 내용은 없다. 아득한 옛날 반고가 처음 나타났다. 반고는 태어나자마자 하늘과 땅을 만들기 시작한다. 세상 만물도 반고가 만들었으니, 그가 숨을 쉬면 바람이 되고 목소리는 천둥소리가 되었으며, 왼쪽 눈은 해가 되고 오른쪽 눈은 달이 되었다. 피부와 머리카락을 비롯한 모든 것이 세상 만물로 변했으며, 그의 몸에 붙어 있던 벌레들이 바람이 불어오자 모두 사람으로 변했다고 한다.

지금도 중국 남부 지방에 거주하는 소수민족 사이에는 반고에 관한 이런 신화가 이야기와 노래가 섞인 형식으로 여전히 전승되고 있다. 이야기의 전승력이 이처럼 강한 것을 보면 삼국시대 오나라 지역에 이미 광범위하게 전승되던 반고 신화를 서정이 수집해서 음양 개념을 집어넣는 등 약간의 편집을 가한 뒤 자기 책에 넣었을 것이라고 추측할 수 있다.

한편 반고 신화가 중국 고유의 것이 아니라 고대 서아시아 지역에서 생겨난 신화가 여러 경로를 거쳐 전파되어온 것이라는 설도

---

* **남매혼 모티프** 세상에 대홍수가 일어나고 인류가 모두 사라진 뒤, 살아남은 유일한 남매가 혼인해서 다시 인류의 조상이 된다는 모티프는 전 세계 신화 곳곳에 나타난다. 중국의 경우 중원 지역의 문헌신화에는 홍수에 관한 기록은 보여도 남매혼 모티프는 보이지 않는데, 중국의 남부 소수민족 지역에 전해지는 창세신화에는 대홍수와 남매혼 모티프가 함께 등장한다. 남매혼 모티프는 많은 경우 대홍수 신화와 연관되어 있지만, 홍수와 관련이 없는 남매혼 모티프도 세계 여러 곳의 신화에 등장한다. 남매가 혼인한다는 것은 지금 사람들의 윤리 관념으로는 있을 수 없는 일이지만 신화에 종종 등장하는 근친혼 혹은 남매혼 모티프는 인간의 깊숙한 내면 심리를 보여주며 때로는 창조의 강력한 에너지가 되기도 한다.

있다. 반고가 알과 같은 형태에서 생겨났기 때문에 나온 주장으로, 알 모양의 우주가 갈라져서 하늘과 땅이 생겨나는 신화는 고대 서아시아 지역에도 나타난다. 특히 메소포타미아 신화에는 태초에 마르두크가 티아마트를 죽여서 우주 만물이 생겨나는데, 알 형태의 우주가 갈라지면서 하늘과 땅이 생기고, 티아마트의 죽음으로 만물이 생긴다. 이 이야기는 반고 신화와 상당히 유사하다. 그리스 신화에 등장하는 태초의 혼돈, 즉 카오스 역시 고대 서아시아 신화의 영향을 받은 것으로 보기도 한다. 카오스 이후에 하늘과 땅이 생겨나고 티탄 열두 신이 등장한다는 그리스 신화 역시 메소포타미아 신화와 시작 부분이 비슷하기 때문이다.

어떤 학자는 반고의 원래 이름이 '반盤'이고 이 말은 인도 신화의 '범梵'에서 온 것이라면서 반고 신화는 인도 불교의 영향으로 생겨난 것이라고 주장하기도 한다. 힌두 신화에 '푸루샤Purusa'라는 거인의 몸이 변해 세상 만물이 되었다는 이야기가 있어서 이른바 '남방 실크로드'라고 불리는 고대의 오래된 길을 통해 인도 쪽에서 중국 남부 지역으로 인도의 거인화생형 신화가 들어왔을 가능성을 배제할 수는 없다. 그러나 알 모양의 우주가 등장하는 신화는 중국뿐 아니라 세계 곳곳에서 보이는 것이고, 반고의 원래 이름을 반드시 '반'이라고 할 수는 없다는 점에서 반고 신화가 불교의 영향을 받았다고 보기는 어렵다.

어쨌든 고대 신화 속의 반고는 이렇게 죽었고 또 이렇게 되살아났다. 그가 메소포타미아에서 왔으면 어떻고, 인도 신화에서 유래

되었으면 어떤가. 그렇다고 해서 중국인의 자존심이 상하는 것도 아니다. 왜냐고? 중국 사람들은 오늘도 두 발을 땅에 딛고 서서 두 팔을 벌려 하늘을 받치고 있던 반고의 의지와 뚝심을 배우고 있다. 어두운 하늘에 빛나는 영롱한 별들을 보면서 "저 빛나는 별들, 저 거 반고의 머리카락에 맺혀 있던 이슬방울이야!"라고 말하는 아이 들이 계속 있는 한은, 그의 신격이 어디서 시작되었는지를 따지는 일은 무의미하기 때문이다.

3장 | 민족의 기원 반호

동양판 〈미녀와 야수〉

일반적으로 중국 신화 책들을 보면 '반고'라는 신과 더불어 '반호'라는 신이 자주 등장한다. 이름이 비슷한 까닭에 어떤 학자는 반고가 곧 반호라고 말하기도 하는데, 이 둘은 엄연히 다른 신이다. 반고와 반호는 원래 다른 전승 양상을 가진 신들이었는데 후세에, 즉 당나라 때쯤 두 신의 이름이 합쳐진 것으로 보인다.

반고가 천지개벽과 관련 있는 신이라면, 반호는 중국 남방 소수민족들의 신화에 등장하는 '반왕盤王'이다. 반왕은 머리가 개 모양이다. 고대 중국 남방 종족의 부족장으로 여겨지는 반호는 아마도 개 토템을 갖고 있던 민족의 우두머리였던 것 같다. 위진시대의 책 《수신기搜神記》*에 기록된 반호의 이야기와 야오족과 서족이 전승하는 반호 신화를 비교해보면 다음과 같은 이야기가 성립한다.

아득히 먼 옛날 고신왕高辛王 시절에 왕비가 갑자기 귓병에 걸렸다. 왕비가 몹시 아파하니까 고신왕은 너무나 걱정되어 나라 안의 훌륭한 의사들을 모두 불러왔다.

"무슨 병인가? 왕비의 귀가 도대체 왜 그렇게 아픈 것인가?"

"글쎄요, 도무지⋯⋯."

도대체 무슨 병인지 사방에서 훌륭한 의사들이 몰려와 왕비의 귀를 들여다보았지만 모두들 고개만 갸웃거릴 뿐, 뾰족한 치료법을 찾지 못했다.

그러던 어느 날이었다. 귀가 유별나게 아프더니 마침내 왕비의 귀에서 무엇인가가 나왔다.

"에구머니나, 이게 뭐야?"

왕비의 귓속에서 튀어나온 것은 손가락 길이 정도 되는 황금빛 벌레였다. 그런데 누에처럼 생긴 금빛 찬란한 벌레가 나오자마자 왕비의 귓병은 씻은 듯이 나았다.

"거 참 신기하네. 이놈이 뭔데 내 귓속에 들어 있었던 것일까?"

왕비는 참으로 이상하다는 생각이 들어서 그 벌레를 잡아 박 속에 넣고 쟁반으로 덮어두었다. '반槃'은 '쟁반'이요, '호瓠'는 바가지를 만드는 데 쓰는 식물인 '박'이라는 뜻이니, '반호'라는 이름은

---

* **《수신기》** 동진(東晉)시대에 간보(干寶)가 편찬한 소설집 제목이다. 당시의 '소설(小說)'이란 허구적 상상력으로 써낸 글이라기보다 한자 뜻 그대로 '자질구레한 이야기'를 의미했다. 《수신기》는 세상에 떠도는 온갖 이상하고 괴이한 이야기들, 즉 귀신이나 도깨비 이야기, 뱀이 나타나니 전쟁이 일어났다든가, 나무를 자르니 피가 나왔다든가 하는 등의 이상한 이야기들을 모아놓은 책이다. 특히 제물로 바쳐졌다가 뱀을 죽인 소녀 이기(李寄), 명검을 만들고 왕에게 죽임을 당했던 간장(干將)의 복수를 하는 아들 미간척(眉間尺) 이야기 등은 우리나라 설화와도 많은 관련이 있다.

'쟁반으로 덮어둔 박에서 나온 사람' 정도를 뜻한다고 하겠다.

머칠이 지났다. 쟁반으로 덮어둔 그 벌레가 갑자기 개로 변했다. 온몸이 오색찬란하게 반짝거리는 그 개가 얼마나 아름다웠는지, 고신왕은 한눈에 반해버렸다.

"허, 그놈 참 멋지군. 앞으로 너는 내 곁에 있거라."

고신왕은 사람에게 말하듯 반호에게 명령을 내렸다. 그날부터 반호는 고신왕 곁을 한 걸음도 떠나지 않았다.

그런데 그때 나라 안에 난이 일어났다. 방왕房王이라는 자가 반란을 일으킨 것이다. 고신왕은 노심초사하다가 신하들에게 이렇게 말했다.

"방왕이 감히 난을 일으켜서 나라를 어지럽히고 있다. 반란군의 괴수 방왕의 머리를 바치는 자가 있다면 공주를 주리라."

평소였다면 모두 눈이 확 뜨였을 것이다. 아름다운 공주를 주겠다니, 이것보다 더 큰 상이 어디 있겠는가. 아름다운 공주를 아내로 맞이하고 왕의 부마가 되는 것은 그야말로 부와 권력이 보장되는 매력적인 조건이었다. 그러나 아무도 선뜻 나서지 않았다. 난을 일으킨 방왕의 세력이 워낙 엄청났기 때문에 그를 무찌르겠다고 나설 만한 담력을 가진 용사가 고신왕의 신하 중에 없었다.

"어허, 큰일이로고."

고신왕은 근심에 빠졌다. 자신이 내걸 수 있는 최고의 조건을 제시했는데도 선뜻 응하는 자가 없다니, 나라의 운명이 바람 앞의 등불이었다.

"반호야, 이리 오너라!"

마음이 울적해진 고신왕이 반호를 불렀다. 반호의 털을 쓰다듬으면 우울한 심정이 좀 나아질 것 같았기 때문이다.

"반호야, 어디 있느냐?"

평소 같으면 말이 떨어지기가 무섭게 곁으로 달려왔을 반호가 오늘은 아무 기척이 없었다.

"아니, 이놈이 어디로 간 거야? 반호야, 반호야!"

그러나 여전히 대답은 없었다. 반호를 찾아 궁정 구석구석을 뒤졌지만, 그림자도 보이지 않았다.

"허 참, 하필 이럴 때 어디로 가다니……."

반호가 어디로 갔는지 모두 궁금했지만 아무도 알 길이 없었다. 바로 그때 반호는 고신왕의 곁을 떠나 방왕의 진중에 가 있었다.

"왕왕!"

털이 멋진 개 한 마리가 느닷없이 나타나서 우렁찬 소리로 짖어 대니 진중의 사람들이 모두 뛰쳐나왔다.

"뭐가 이리 시끄럽냐?"

드디어 방왕이 밖으로 나왔다. 윤기가 자르르하고 털이 멋진 개 한 마리가 요란하게 짖는 것을 본 방왕이 물었다.

"저 개는 무엇이냐? 왜 이리 소란스러운 거야?"

"고신왕의 개이옵니다. 고신왕의 애견이지요."

"고신왕의 개? 하하하, 개까지 내게로 투항하다니, 이제 고신왕이 망하는 것은 시간문제다. 우리의 승리가 눈앞에 있구나!"

방왕은 그 개를 보고 매우 흡족했다. 그리고 잔치를 열어 이 좋은 징조를 축하했다.

"하하, 마음껏 먹고 마셔라. 승리는 우리의 것이다!"

그렇게 밤이 깊어갔다. 타오르는 불꽃만큼이나 방왕의 욕망은 커졌고, 그만큼 방왕은 기고만장해졌다.

"마셔라, 마셔!"

그러다가 몸을 가눌 수 없을 만큼 취해버린 방왕은 진중의 천막 안에 쓰러져서 코를 골며 잠이 들었다. 누가 와서 업어가도 모를 만큼 방왕은 곯아떨어졌고, 방왕의 호위 군사들도 모두 취해 쓰러졌다. 고신왕의 충성스러운 개 반호는 바로 이런 기회를 노렸다. 눈을 반짝이며 방왕 주위를 맴돌던 반호는 아무도 신경 쓰지 않는 틈을 타서 방왕이 잠든 천막 안으로 뛰어 들어갔다. 세상모르고 잠들어 있던 방왕의 목을 자르는 것은 어려운 일이 아니었다. 반호는 맹렬한 기세로 방왕의 머리를 물어뜯었다.

그리고 바람처럼 달려 고신왕 곁으로 돌아왔다.

"멍멍!"

고신왕은 잠결에 반호가 짖는 소리를 들은 것 같았다. 고신왕이 기쁜 마음에 일어나서 나가보니 반호가 입에 뭔가를 물고 있었다.

"아니, 이건 방왕의 머리가 아니냐? 그렇다면······!"

고신왕은 감격했다. 방왕의 머리를 물고 오다니, 신하 중 누구도 하지 못한 일을 반호가 해낸 것이다. 고신왕은 감격에 겨워 반호의 아름다운 털을 한 번 더 쓰다듬어주고 다진 고기를 듬뿍 먹이게 했다. 그러나 이상한 일이었다. 반호가 평소 같으면 숨도 쉬지 않고 단숨에 먹어치웠을 고기를 거들떠보지도 않는 것이었다. 반호는 다진 고기 접시에 코를 대고 킁킁 냄새만 맡아보고는 입맛이 없는 듯이 그냥 가버렸다. 그러고는 한쪽 귀퉁이에 엎드려서 꼼짝도 하지 않았다. 밥도 먹지 않고 잠도 자지 않았다. 그냥 쭈그리고 엎드려서 눈만 껌뻑거리고 있는 것이었다. 고신왕이 아무리 불러도 다가오지 않았고 쓰다듬어주어도 꼬리를 흔들지 않았다.

"반호야, 왜 그러느냐? 어디 아픈 거냐?"

그러나 반호는 여전히 미동도 하지 않았다.

'저놈이 왜 저러는 걸까? 아니, 혹시?'

고신왕은 불현듯 짚이는 것이 있었다. 그래서 반호에게 다시 말을 걸었다.

"반호야, 왜 음식도 먹지 않고 짖지도 않는 거냐? 너 혹시 공주를 아내로 맞고 싶은 거냐? 내가 약속을 지키지 않아서 화가 난 게야? 하지만 이놈아, 생각해보아라. 내가 약속을 지키지 않는 게 아니란다. 너는 개가 아니냐. 공주는 사람이야. 개와 사람이 어떻게 혼인을 한단 말이냐?"

고신왕은 반호란 놈이 말도 안 되는 욕심을 부린다는 생각에 퉁명스럽게 말했다. 그런데 고신왕이 말을 끝내기가 무섭게 반호가 사람의 말을 하는 것이었다.

"왕이시여, 제가 개의 몸이라서 공주님을 주실 수 없으면 제가 사람의 몸으로 변하면 되지 않습니까?"

"아니, 네가 사람의 말을 하다니! 그래, 어떻게 사람의 몸으로 변할 수 있다는 말이냐?"

"저를 금으로 된 종 안에 넣어주십시오. 일곱 낮 일곱 밤이 지나면 사람으로 변할 수 있습니다."

"정말이냐? 그렇다면 어디 한 번 해보도록 하자."

고신왕은 반신반의했지만 자기가 사랑하는 개의 말이니 한번 믿어주기로 했다. 당장 황금으로 종을 만들고 그 안에 반호를 넣어두었다.

〈미녀와 야수〉나 〈개구리 왕자〉처럼, 마법에 걸려서 추해지거나 동물로 변한 왕자가 여인의 진정한 사랑으로 본래의 모습을 되찾는 이야기는 우리에게 낯설지 않다. 여기서 동물 모습의 '껍데기'는 낯선 것, 경계해야 할 것, 야만적인 것을 의미한다. 따라서 주인공은 동물의 모습을 그대로 지닌 채 인간의 여자와 결혼할 수 없다.

아주 오래된 고대 신화에는 인간인 여자가 원숭이나 곰 등과 결혼하는 이야기가 종종 등장한다. 동물과 인간이 같은 생명의 가치를 가진 존재라는 관념을 반영한 신화인데, 여기서 동물성은 야만적인 것, 경계해야 할 것이 아니었다. 동물은 인간과 결혼할 수도 있는, 인간과 동등한 생명을 지닌 대칭적 존재였다. 그러나 〈미녀와 야수〉나 〈개구리 왕자〉, 반호 이야기에서 개구리나 야수, 개는 인간 여자와 결혼할 수 없다. 동물은 이제 더는 인간과 같은 위치에 있지 않았다.

이야기 속에서 동물이 인간 여자와 직접 결혼하는 것이 아니라 인간으로 '변해' 결혼하는 것은 인간이 이제 동물과 인간을 같은 위치에 두고 생각하던 사유 세계에서 벗어났음을 보여준다. 동물성은 이제 벗어던져야 할 껍데기에 불과했다. 반호 역시 그랬다. 모래시계의 모래가 다 떨어지기 전에 야수는 왕자로 변해야 하고,

개구리도 왕자로 변해야 한다. 반호 역시 이레라는 시간 동안 멋진 왕자로 변해야 했다. 다시 이야기로 돌아가 보자.

하루 이틀 시간은 흘러서 드디어 엿새째가 되었다. 이제 하루만 더 지나면 반호는 사람으로 변할 수 있을 것이다. 그런데 그때 뜻밖의 일이 일어났다. 사건을 일으킨 것은 다름 아닌 공주였다. 공주는 원래 다정다감한 성격의 착한 아가씨였다. 공주 역시 반호의 일을 모를 리 없었다. 자신의 남편이 될 반호가 황금 종 안에서 엿새째 먹지도 마시지도 않고 있다는 것을 안 공주는 너무 걱정스러웠다.

'어떻게 먹지도 마시지도 않고 엿새를 보낼 수 있지? 혹시라도 굶어 죽으면 어쩐담?'

그래서 공주는 황금 종 곁으로 살금살금 다가갔다.

'뭐, 살짝 열어보는 거야 어떻겠어?'

공주는 금기*를 깨버리고 말았다.

"아니!"

---

* **금기** 인간의 참을성에는 늘 한계가 있는 법. 신화 속에서 우리는 참을 수 없는 호기심 때문에 금기를 위반하는 신과 인간의 모습을 자주 보아왔다. 열어서는 안 된다는 금기를 어기고 호기심에 가득 차서 상자를 열어본 판도라의 이야기(판도라 모티프)야 누구나 다 아는 것이고, 미의 상자를 열지 말라는 금기를 어기고 열어보는 바람에 영원한 잠에 빠지게 된 프시케는 에로스의 사랑 덕분에 겨우 잠에서 깨어난다. 하지만 그녀는 보아서는 안 된다는 금기를 어기고 남편의 모습을 몰래 바라보다가 촛농이 떨어지는 바람에 결국 남편을 잃게 된다. 지하세계에서 뒤를 돌아다보는 바람에 사랑하는 아내를 잃은 오르페우스. 보아서는 안 된다는 금기를 어기고 구더기가 들끓는 아내 이자나미(伊耶那美)의 몸을 보는 바람에 황천국에서 혼자 지상으로 돌아와야 했던 남편 이자나기(伊耶那岐) 등 셀 수 없이 많은 신화가 인간의 원초적 욕망 중 하나인 '호기심'에 대해 말하고 있다.

황금 종 안에 웅크리고 있던 반호 역시 화들짝 놀랐다. 반호의 몸은 이미 멋진 남자의 몸으로 변해 있었다. 하지만 머리는 여전히 개의 모습이었다. 공주는 당황해서 엉겁결에 황금 종을 다시 닫았다. 아주 짧은 시간이었지만 돌이킬 수는 없었다. 공주는 후회했지만 이미 때는 늦었다.

"열지 말 것을! 이를 어쩌나. 조금만 더 참을 것을."

공주의 호기심을 누가 탓할 수 있으랴. 하지만 신의 영역을 들여다본 것에 대한 징벌은 늘 있게 마련이니, 금기 위반으로 황금 종이라는 성스러운 공간은 이제 오염되었다. 그래서 공주는 멋진 미남 대신 개의 머리를 한 남편을 맞이해야 했다.

개 머리에 사람 몸을 한 영웅

고신왕은 완벽하게 인간이 되지 못한 사위가 영 마음에 들지 않았지만, 약속을 지키지 않을 수 없었고, 개의 머리에 사람의 몸을 한 반호는 마침내 공주와 혼인하게 되었다. 일설에 의하면, 반호는 외투를 걸치고, 공주는 반호의 머리 모양과 비슷한 모자를 쓰고 결혼식을 올렸다고 한다. 반호가 개의 머리를 하게 된 것이 자기 탓이라는 생각 때문이었을까. 아름다운 공주에게 개의 머리처럼 생긴 모자는 어울리지 않았지만, 공주는 기꺼이 그런 모자를 쓰고 반호에게 시집갔다.

결혼 후, 그들은 고신왕의 궁전을 떠나 남산의 깊은 동굴에 거처를 정했다. 공주는 궁전에서 입던 화려한 옷을 벗고 서민들의 거친 옷을 입고 집안일을 해야 했지만 조금도 불평하지 않았다. 아름답고 착한 공주는 영웅적 기개를 지닌 반호를 깊이 사랑했다. 산속에서 반호는 매일 사냥을 했고, 그것으로 생활을 꾸려가던 부부는 몇 년 후 3남 1녀를 낳았다.

"여보, 우리 애들이 벌써 이렇게 자랐는데 아버지께 한번 가봐야 하지 않겠어요?"

공주가 반호에게 말했다.

"그럽시다. 가서 우리 아이들에게 성씨를 내려달라고 합시다."

그래서 반호 부부는 아이들의 손을 잡고 고신왕을 찾아갔다. 고신왕은 딸을 보내놓고 노심초사했는데 아이들을 데리고 화목하게 친정으로 돌아온 딸을 보니 무척 흐뭇했다.

"어서들 오너라. 보고 싶었단다."

"그동안 안녕하셨습니까?"

반호는 아이들에게 성씨를 내려달라고 장인에게 청했고, 고신왕은 신이 나서 손자들에게 성을 내려주었다.

"큰아이는 어떻게 태어났다고?"

"큰아이가 태어났을 때 저희가 그 아이를 쟁반에 담았습니다."

"그래? 그러면 큰아이는 쟁반 반盤, 반씨로 하자."

그래서 큰아들은 반씨의 조상이 되었다.

"둘째는 어디에 담았느냐?"

"둘째는 바구니에 담았는데요."

"그래? 그럼 볼 것 없다. 둘째는 바구니 람藍, 남씨!"

그래서 둘째 아들은 남씨의 선조가 되었다.

"셋째는 어디에 담았느냐?"

"글쎄요, 그것이…… 잘 기억나지 않습니다."

"그래? 그럼 어쩐다?"

고민하고 있을 때 마침 천둥이 우르릉우르릉 울렸다.

"옳거니! 셋째는 천둥 뢰雷, 뇌씨!"

그래서 셋째 아들은 뇌씨의 선조가 되었다. 하지만 손녀에게는 성씨를 내려주지 않았다. 나중에 손녀가 커서 시집을 갔는데, 남편이 종鍾씨 성의 위대한 용사였다. 그래서 손녀는 남편의 성을 따라 종씨가 되었다. 이후 반씨, 남씨, 뇌씨와 종씨는 서로 결혼해서 번성했는데, 모두 반호를 공동의 조상으로 모신다.

여기까지가 반호 신화다. 이 이야기에 나오는 반호는 발음이 비슷한 반고라는 이름으로 불리기도 하면서 중국 남방의 야오족, 서족, 좡족에게 광범위하게 전승되는 신화의 주인공이다. 특히 야오족은 그를 '반왕'이라고 부르며 숭배한다. 그들에게 반왕은 삶과 죽음, 부귀와 가난을 주관하는 위대한 신이다. 그래서 마을에 가뭄이 들면 반왕에게 기우제를 올리고, 반왕의 형상을 만들어서 밭 옆을 행진하며 들판의 곡식이 타들어가는 모습을 반왕에게 보여준다.

야오족에게 전해지는《반왕서盤王書》는 반왕을 온갖 농기구와 베틀 등을 만들어낸 문화 영웅으로 묘사하고 있다. 전승되는 이야기로 보건대 반호는 중국 남방 여러 민족의 시조로서 상당히 숭배받았던 인물인 것 같다.

이런 내용으로도 알 수 있듯이, 반호 신화는 중국 고대 문헌에 기록된 반고 신화와는 성격이 완전히 다르다. 반호 신화는 세상의 시작과 관련된 창세신화가 아니라 남방 민족들의 기원에 관한 민족 기원 신화인 것이다. 반고와 반호의 이름이 비슷하다는 이유만으로 반호가 곧 한족 문헌신화에 나오는 반고라고 해서는 안 된다. 중국처럼 땅이 넓고 민족이 다양한 나라에서는 신화에도 서로 다른 전승 계통이 있으므로 그런 다양성을 인정하는 균형 잡힌 시각이 무엇보다 필요하다.

4장 ‖ 자연과 물, 시간이 만들어진 이야기

해와 달이 떠오르다

아주 먼 옛날, 하늘에는 해도 달도 없었고 인간 세상은 암흑과 추위에 휩싸여 있었다.

"아이 추워. 이렇게 계속 살 수는 없어."

견디다 못한 청년 양췌陽雀는 돌판을 다듬어서 아홉 개의 해를 만들었고, 다시 돌판을 다듬어서 여덟 개의 달을 만들었다. 그리고 아홉 개의 해와 여덟 개의 달을 순서대로 하늘에 뜨게 했는데, 아무래도 해의 개수가 많았는지 너무 뜨거웠다. 그래서 지상의 모든 초목이 타죽고 오직 마앙수麻秧樹 한 그루만 살아남았다.

"저런, 저런! 너무 많이 만들었나 보다. 하지만 어쩜? 해와 달들을 이미 하늘로 올려버렸으니."

그렇게 속을 끓이고 있는 양췌의 눈에 마앙수가 들어왔다.

"그래, 유일하게 살아남은 마앙수, 네가 바로 해결책이다!"

양췌는 마앙수를 베어 그 줄기로 활을 만들었다. 그리고 나뭇가지로는 화살을 만들어서 해와 달을 한 개씩만 남기고 모두 쏘아 떨어뜨렸다.

"이제야 해결되었다. 나무들이여, 풀들이여, 다시 살아나라!"

그러나 문제가 생겼다. 화살을 맞지 않고 살아남은 해와 달이 겁을 집어먹고 검은 구름 속으로 깊이깊이 숨어버린 것이다. 세상은 다시 암흑천지가 되었다.

"골치 아픈 일이로구나. 저 녀석들을 어떻게 나오게 한다지?"

그래서 양췌는 구름 속에 숨어 있는 해와 달에게 사신을 보내기로 했다. 맨 먼저 파견된 것은 얼룩소였다. 얼룩소는 하늘로 올라가서 멋진 뿔을 높이 치켜들고 큰 눈을 부라리며 소리쳤다.

"음매, 음매! 어서 나와!"

그렇게 세 번을 목청껏 외쳤다. 구름 속에 몸을 숨기고 있던 해와 달이 살그머니 밖을 내다보고는 말했다.

"에구머니! 저 뿔 좀 봐. 너무 날카로워서 무섭다! 게다가 저 튀어나온 눈 좀 봐, 어이구!"

그리하여 해와 달은 검은 구름 속으로 더욱 깊이 꼭꼭 숨어버리고 말았다.

"뭐야? 안 나온다고? 그렇다면 비룡아, 네가 가거라!"

이번엔 하늘을 나는 멋진 용마가 해와 달을 부르러 갔다. 용마는 하늘 높이 치솟은 꼬리를 더 치켜세우고 발굽 소리를 요란하게 내며 입을 크게 벌리고서 소리쳤다.

"히히힝! 푸르르, 히히힝! 어서 나와!"

이번에도 해와 달은 구름 속에서 살그머니 용마의 모습을 내다보았다.

"어이구, 저 짐승은 지난번에 왔던 그 이상하게 생긴 소보다 더 무서워!"

그러면서 해와 달은 산속으로 더 깊숙이 들어가서 아무도 찾을 수 없는 곳에 숨었다. 사신을 보내면 해와 달이 금방 모습을 드러낼 거라고 믿었던 양췌는 당황했다.

"아니, 도대체 왜 안 나오는 걸까? 그렇다면…… 이번엔 틀림없겠지."

이번에 양췌가 꺼내든 비장의 카드는 수탉이었다. 수탉은 성격도 온화하고 모든 일을 신중하게 처리하니까 잘할 수 있을 것이라는 생각이 들었다.

"예! 염려 마십시오. 제가 반드시 해와 달을 데리고 오겠습니다!"

수탉은 미소를 지으며 하늘로 날아올라 갔다. 그리고 고운 구름 위에 올라가 아름다운 목소리로 소리쳤다.

"꼬끼오! 어서 나와요!"

산속 깊은 곳에 숨어 있던 해와 달이 들으니 그 목소리가 참으로 청아했다. 즐거움과 기쁨이 묻어나오는 경쾌한 소리였다. 그리고 가만히 살펴보니 수탉이라는 동물이 참으로 겸손하고 열정적이며 성실해 보였다. 그래서 해가 먼저 나섰다.

"내가 먼저 나갈게!"

해는 숨어 있던 골짜기에서 나와 산꼭대기로 올라가기 시작했다. 그리고 수탉이 세 번 다 울기도 전에 산꼭대기 높은 곳에서 둥실 떠올랐다.

"와아! 해가 나왔다, 해가 나왔어!"

사람들이 기쁨에 겨워 소리쳤다. 산꼭대기로 올라간 해는 아직도 골짜기에 숨어 있는 달에게 말했다.

"나와 보니 괜찮네. 아무 일도 없어. 겁내지 말고 너도 나와!"

하지만 달은 겁이 많았다. 여전히 골짜기에 숨어 나올 생각을 하지 않았다.

"그래, 아직 겁이 나는 모양이구나. 그렇다면 내가 먼저 떠날게. 내가 저 하늘을 가로질러 가도 아무 일 없으면 너도 나오렴!"

해는 그렇게 말하고 산꼭대기를 떠나 하늘 저 높은 곳으로 올라갔다. 달은 꼼짝도 하지 않고 숨어서 해가 하늘 높이 올라가는 것을 지켜보았다. 조심조심 얼굴을 내밀고 바라보았지만 해에겐 아무 일도 일어나지 않았다.

"어어, 정말 괜찮은 모양이네."

그제야 달도 조심조심 산꼭대기로 올라갔다. 그리고 슬그머니 해의 뒤를 따라 떠올랐다.

이렇게 해서 세상에는 낮과 밤이 생겼다. 그리고 해와 달은 자기들을 다시 세상으로 나오게 해준 수탉에게 고맙다는 뜻으로 멋진 황금색 빗을 주었다.

"이걸 내게 주는 거야? 정말 멋지다. 고마워!"

수탉은 그 황금색 빗이 무척 마음에 들었다. 그래서 그것을 머리 위에 얹었다. 빗살이 하늘로 향하게 얹고서도 수탉은 그것이 거꾸로인지 바로인지 개의치 않았다. 어쨌든 그 황금빛 빗은 정말 멋졌으니까. 그래서 오늘날까지도 수탉의 머리에는 거꾸로 꽂힌 빗 모양의 멋진 볏이 솟아 있게 되었다.

먀오족에게 전해지는 이 신화는 동화처럼 흥미롭고 유쾌하다. 물론 전승되는 지역에 따라 활을 쏜 주인공의 이름은 양야楊亞나 쌍자桑札 등으로 달라지고, 숨어버린 해를 부르러 가는 동물들도 조금씩 다르긴 하다. 그러나 기본 구조는 거의 비슷하다.

이것과 흡사한 신화가 부이족布依族에게도 전승되는데, 그 이야기에서는 해가 수탉에게 황금색 빗이 아니라 오색구름 한 자락을 잘라내서 만든 찬란한 새 옷을 선물로 준다. 오늘날 수탉의 깃털이 그렇게 예쁘고 고운 것은 바로 해가 수탉에게 선물로 준 구름옷 때문이라는 것이다.

중국에 거주하는 소수민족의 신화가 보여주는 상상의 세계는 한족의 문헌신화에 비해 훨씬 더 어린아이들이 그려내는 세상에 가깝다. 중국 명나라 말기에 인간성을 속박하는 모든 봉건적 예교禮敎에서 벗어나야 한다고 외치다가 죽임을 당했던 이탁오李卓吾*가 그렇게도 소리 높여 주장했던 '동심'이라는 것은 머릿속에 들어 있는 지식이 많으면 많을수록 아무래도 줄어드는 것이 아닌가 하는 생

각을 하게 하는 대목이다.

이어서 소개할 좡족의 창세신화에 등장하는 부뤄퉈布洛陀의 세상 만들기 역시 무척이나 기발하다. 넓고 네모난 땅을 둥근 하늘이 다 덮을 수 없게 되자, 신은 어떤 생각을 해냈을까?

땅에 주름을 잡아 산을 만들다

아득한 옛날에는 하늘과 땅이 붙어서 마치 딱딱한 바위처럼 한 데 엉겨 있었다. 그런데 갑자기 "우르릉!" 하는 소리가 나더니 그 엉긴 것이 두 조각 났다. 한 조각은 위로 올라가 천둥 신 뇌공雷公이 사는 하늘이 되었고, 한 조각은 아래로 내려가 인간이 살아가는 대 지가 되었다.

하늘에는 바람과 구름이 있었고 땅에는 생물들이 나타났다. 당 시에는 하늘이 아주 낮아서 사람들이 산꼭대기에 올라가 손을 내 밀면 별을 따서 바구니에 담을 수 있었고, 오색구름도 잘라내서 갖 고 놀 수 있었다. 하지만 하늘과 땅이 너무 가까워서 인간이 생활 하기에는 불편한 점이 많았다. 햇살이 지나치게 눈부시고 뜨거워 서 견디기가 힘들었고, 하늘의 천둥 신이 코를 골면 시끄러워서 잠 을 잘 수가 없었다. 코 고는 소리가 조금 더 커지면 그야말로 천지 가 갈라지는 것 같았다. 그래서 사람들은 하늘에서 조금이라도 더 멀리 떨어져 살고 싶어 했다.

그때 원뤄퉈산에 부뤄퉈라는 노인이 살고 있었는데, 그는 좡족

삼왕三王 중 한 명이었다. 삼왕이란 천둥 신 뇌왕雷王과 물속의 용왕 그리고 부뤄퉈를 가리킨다. 부뤄퉈는 지혜로웠고 신통력이 뛰어났다. 그래서 사람들은 그를 찾아가서 대지를 다스리는 법을 묻곤 했다. 부뤄퉈는 나이가 좀 많기는 했지만, 여전히 건강해서 얼굴에는 늘 불그레한 기운이 감돌았다. 하늘에서 좀 멀리 떨어져 살고 싶다는 사람들의 소망을 듣고 부뤄퉈가 웃으면서 말했다.

"하늘이 너무 낮다고? 그러면 하늘을 높이면 되지 않겠느냐?"

이 말을 듣고 사람들은 깜짝 놀랐다. 도대체 어떻게 하늘을 높인단 말인가?

"뭐가 어렵나? 세상에서 가장 크고 긴 철목鐵木(새우나무)이나 유창목愈瘡木을 찾아 하늘을 받치는 기둥으로 삼으면 되는 거지. 내가 그대들과 힘을 합하면 하늘을 얼마든지 높일 수 있다네."

그래서 사람들은 그 단단한 철목을 찾아 산을 넘고 물을 건넜다. 그렇게 999개의 산을 지나 마침내 열 명이 둘러서서 팔을 벌려도 다 에워쌀 수 없는 엄청난 철목을 찾아냈다. 부뤄퉈는 신의 도끼로 나무를 베어내어 그것으로 하늘을 받쳤다. 거대한 기둥으로 하늘과 땅 사이를 받치니, 하늘에 사는 천둥 신은 아득히 머나먼 하늘 꼭대기로 올라가야 했고 땅에 사는 용왕은 땅속 저 깊은 곳으로 내려가야 했다.

그런데 하늘이 먼저 만들어지고 땅이 나중에 만들어지는 바람에 우산처럼 둥글게 생긴 하늘이 땅을 다 덮을 수 없게 되었다. 하늘보다 땅이 더 넓어진 것이다.

"이 일을 어쩌나?"

고민에 빠진 부뤄퉈는 곰곰이 생각하다가 마침내 무릎을 쳤다.

"그렇지, 간단하네! 땅이 너무 넓다면 땅에 주름을 잡아서 우글 쭈글하게 만들면 될 것 아닌가?"

그래서 부뤄퉈는 손가락으로 땅에 주름을 잡아, 높고 낮은 산들을 만들었다. 이렇게 하니 하늘보다 넓었던 땅이 줄어들었고, 마침내 하늘은 땅을 다 덮을 수 있게 되었다.

이 이야기 속의 부뤄퉈는 남신이다. 그런데 좡족에게 전해지는 또 다른 전승을 보면, 원래 창세 신은 여신 무류자였고, 바느질해서 하늘과 땅의 크기를 맞춘 것은 무류자라고 한다. 이것과 비슷한 이야기가 등장하는 중국 남부 지역의 다른 민족 신화를 보면, 땅에 주름을 잡는 신은 대부분 여신이다.

그들의 사회에서 바느질이 원래 여자의 일이었다는 점에서 보면, 여신이 땅의 가장자리를 바느질해서 땅에 주름이 잡혔고, 그 때문에 이 세상에 높은 산과 깊은 계곡이 생겨났다고 하는 것이 본래 전승이었을 것이다. 시대가 흐름에 따라 여성 창세 신이 남성 창세 신으로 바뀌는 것이 신화의 일반적인 변천 과정이라고 한다면, 좡족 신화에서도 원래는 창세 여신 무류자가 그 역할을 했다고 보아야 할 것이다.

별을 잡아먹는 해

그 옛날, 해와 달과 별은 한 가족이었다. 해는 아버지, 달은 어머니였고 별들은 그들의 자식이었다. 그런데 아버지 해의 성질이 난폭해서 매일 새벽이 되면 별들을 잡아먹었다. 새벽하늘이 붉게 물드는 것은 아기별들이 흘린 피 때문이었다. 다행히 잡아먹히지 않은 별들은 잽싸게 도망쳐 숨었다. 날이 밝아지고 해가 뜨면 별들이 하나도 보이지 않는 것은 아버지인 해가 별들을 모조리 잡아먹었기 때문이다.

그러나 해가 아무리 별을 잡아먹어도 별들이 모두 사라지지는 않았으니, 그것은 어머니인 달이 매달 열흘 동안 계속해서 별들을 낳았기 때문이다. 어머니 달이 별들을 임신하면 배가 뚱뚱해져서 보름달이 되고, 별들을 낳기 시작해서 다 낳으면 그믐달이 된다.

어머니 달은 무척이나 자애로워서 날씨가 맑은 날이면 아기별들을 데리고 하늘을 산책했는데, 그런 날 밤하늘에는 별이 반짝거린다. 아기별들은 어머니 달 옆에 붙어서 눈을 깜빡거리며 노는데, 이때 아기별들이 어머니 달에게 윙크하면 우리에게는 별이 반짝이는 것으로 보인다.

하지만 긴 밤이 지나고 새벽이 오려고 하면 별들은 사나운 아버지 해에게 잡아먹힐 것이 두려워서 눈물을 흘리곤 했는데, 이른 아침 나뭇잎이나 풀 위에 떨어져 있는 이슬이 바로 아기별들의 눈물이다.

중국 내에 거주하는 소수민족 중 가장 인구가 많은 좡족에게 전승되는 창세신화다. 해와 달과 별에 관한 이 이야기는 일종의 자연신화다. 이런 자연신화는 중국 소수민족이 전승하는 창세신화의 중요한 한 부분을 구성하고 있다.

해를 사나운 아버지에, 달을 자애로운 어머니에 비유한 것도 흥미롭지만 아침 이슬을 '별들이 흘린 눈물'이라고 한다거나 새벽노을을 '별들이 흘린 피'라고 이야기하는 것도 상당히 독특하다. 남부지역 신화에서 해가 못된 주인공으로 등장하는 것은 이 이야기만이 아니다. 먀오족의 신화에는 아름다운 물의 요정과 억지로 결혼하려는 고약한 해의 이야기도 있다.

달과 결혼한 물의 요정

냥아사娘阿沙는 산골짜기의 맑은 샘물에서 태어났다. '냥아사'라는 단어는 먀오족 말로 '맑은 물 아가씨'라는 뜻이다. 나이는 18세로 근방에 아름답다고 소문이 자자했다. 그 소문을 듣고 '검은 구름'이 해의 환심을 사기 위해 냥아사를 해에게 시집보내려고 결심했다.

"냥아사, 해에게 시집가지 않겠니?"

"네에?"

마침 냥아사 옆에 있던 앵두꽃과 화미조畵眉鳥가 앞으로 나서며 반대했다.

"안 돼요, 냥아사 아가씨! 해가 얼마나 성격이 고약한데요. 그런 자에게 시집을 가다니 말도 안 돼요!"

"안 되긴 뭐가 안 돼!"

검은 구름은 냥아사의 팔을 잡아 해가 사는 집으로 끌고 가서 해에게 강제로 시집보냈다.

해는 못생겼을 뿐 아니라 게을렀고 성격도 아주 나빴다. 해는 달을 데려다가 자기 집에서 부려먹고 있었는데 달은 아주 성실하고 부지런했다. 바로 그 달이 가엾은 냥아사와 사랑에 빠지게 되었다.

"아가씨, 우리 먼 곳으로 도망쳐요!"

"네, 달님, 그래요!"

그래서 달과 냥아사는 먼 곳으로 도망쳤다. 그런데 큰 별 퉁쌍이 그것을 알아채고서 해에게 일러바쳤다.

"달이란 놈이 당신 아내와 함께 도망쳤소!"

"뭐라고?"

화가 난 해는 달과 냥아사를 찾아 나섰다. 가는 길에 해는 백로와 물오리를 만났다.

"내 아내를 보았느냐?"

"당신 아내가 누군데요? 우리는 모릅니다!"

백로와 물오리는 알려주지 않았다. 다음에는 거북을 만났다.

"거북아, 내 아내를 보았느냐?"

거북은 알려주지 않았을 뿐 아니라 해에게 그러면 안 되는 거라고 훈계까지 했다.

"뭐라고? 아니, 이런 고약한 놈이!"

해는 화가 나서 거북을 마구 밟아버렸다. 오늘날 거북의 몸이 그렇게 납작한 것은 이 일 때문이다. 다시 길을 가던 해는 수달을 만났는데, 수달에게 온 강의 물고기를 다 먹게 해주겠다며 달과 냥아사가 어디로 갔느냐고 물었다. 강에 있는 물고기를 다 먹게 해준다니, 그 미끼에 덜컥 넘어간 수달이 대답했다.

"그 둘은 이미 저 머나먼 하늘 끝으로 갔는데요!"

그 말을 들은 해는 하늘 끝까지 달려가 달과 냥아사를 찾아냈다. 기세등등하게 찾아온 해를 보고도 냥아사는 이제 두려워하지 않았다. 사랑에 빠진 여인은 강하다더니 신화 속의 요정도 마찬가지였던 모양이다. 냥아사는 해에게 당당하게 말했다.

"당신은 해예요. 당신이 해야 할 일을 하지 않고 이렇게 머나먼 곳까지 매일 나와서 돌아다녀서야 쓰겠어요?"

생각지도 못했던 냥아사의 말을 듣자 해는 일순간 할 말을 잃었다. 그곳의 장로를 불러 물어보았지만, 장로의 대답 역시 마찬가지였다. 명분이 없어진 해는 달에게 말했다.

"좋다. 만약 양쪽에 꼬리가 달린 소와 양쪽에 갈기가 달린 말을 찾아온다면 냥아사를 너에게 주겠다."

그것은 아마도 자존심이 상해버린 해가 내건 명분이었는지도 모른다. 달은 소 두 마리를 서로 마주 보게 하고 말 두 마리가 서로를 걷어차게 한 다음 해를 데려다가 그 모습을 보게 했다.

"자, 보시오. 소의 양쪽에 꼬리가 달렸지요? 말갈기도 양쪽에 있지 않소?"

해는 할 말이 없었다. 그리하여 아름다운 물의 요정 냥아사는 달

에게 시집가게 되었고, 자존심이 상한 데다가 부끄럽기도 했던 해
는 황금빛 바늘 1만 개를 쏘아 사람들의 눈을 찔렀다. 오늘날 사람
들이 해를 똑바로 바라볼 수 없는 것은 그 때문이다.

이 신화 속에서 아름다운 물의 요정 냥아사는 달과 결혼한다. 달
이 여성이나 물과 관련된 신화적 상징물이 된 이유를 추측하게 하
는 신화다.

앞의 두 신화에서 해가 고약하고 난폭한 남성으로 등장하는 것
이 재미있다. 이런 이야기가 전승되는 지역이 주로 중국의 남부 지
역이기 때문에 뜨거운 해를 일종의 '악'으로 상정한 것이 아닌가
하는 견해도 있긴 하다. 그러나 그보다는 그 지역 사람들이 달의
여성성을 중시했다는 점과 관련지어 해석하는 것이 더 타당할 듯
하다. 벼농사를 주로 짓던 중국 남부 지역 소수민족의 창세신화에
서 세상을 창조하고 인간을 만드는 역할을 담당하는 신이 주로 여
신인 것도 그런 해석을 가능하게 한다. 벼농사를 짓기 위해서는 물
이 필요하고, 물은 달과 관련되어 있으며, 차고 기우는 달은 여신
혹은 여성성과 관련된다. 물의 여신 냥아사와 달이 혼인했다는 이
야기는 그런 신화의 상징체계를 보여주는 것이다.

물을 다스리던 게으른 거인 부부

박보 부부는 엄청난 거인이었다. 배의 둘레가 키와 맞먹었다고

하니 엄청나게 크고 둥글둥글한 공 모양의 몸매를 하고 있었다고 보면 되겠다. 몸이 그렇게 무거웠으니 물길을 다스리는 일은 애초부터 그들에게 힘겨운 숙제였는지도 모른다. 어쨌든 그 뚱보 거인 부부에게 천제가 말했다.

"지금 하늘이 생겨났다. 물길이 아직 다스려지지 않았으니 너희들이 강의 물줄기를 바로잡도록 하여라."

내키지는 않았지만 지엄하신 천제의 명을 어찌 거역하랴. 박보 부부는 두 손을 맞잡고 공손히 대답했다.

"네, 명령을 받들도록 하겠습니다."

그리하여 박보 부부는 어지럽게 얽히고설킨 물줄기를 바로잡는 일을 시작했으나 걱정이 이만저만이 아니었다.

"이 일을 어쩐담? 여보, 우리가 이런 어려운 일을 어떻게 해요?"

"할 수 없지 뭐. 하라니까 일단 하는 시늉이라도 합시다."

뚱보 거인 부부는 강을 파내기도 하고 흙을 메워 넣기도 하면서 일을 해나갔다. 하지만 그 일은 몸이 무거운 뚱보 거인들에게는 너무 힘겨웠다. 강바닥을 파내다가 그만 너무 깊어진 곳도 있었고 좀 깊게 파내야 할 곳은 대충 얕게 파내기도 했다. 물길을 터야 할 곳은 막아두고, 막아야 할 곳은 터놓은 곳도 한두 군데가 아니었다. 박보 부부는 이렇게 대충 일을 끝내버렸다.

"천제시여! 저희에게 맡기신 일을 드디어 다 끝냈습니다."

"그래, 벌써 다 했단 말이냐? 훌륭하구나."

그러나 이곳저곳을 둘러본 천제는 불같이 화를 냈다.

"아니, 이것도 일이라고 했단 말이냐? 막아야 할 곳은 터놓고, 터놓아야 할 곳은 막아놓고! 바보 같은 놈들, 너희들이 해놓은 꼴을 좀 봐라."

정말 그랬다. 막아야 할 곳을 터놓는 바람에 한쪽에서는 강물이 엉뚱한 곳으로 흘러갔고, 터놓아야 할 곳을 막아놓는 바람에 다른 쪽에서는 강물이 마구 넘쳐흘렀다. 깊게 파야 할 곳은 파다 말았고, 조금만 파야 할 곳은 엄청나게 깊이 파놓기도 했다. 그야말로 안 하느니만 못하게 되어버린 것이다.

"게으른 놈들! 너희들을 용서할 수 없다."

천제는 박보 부부에게 벌을 내렸다.

"너희들처럼 게으른 놈들은 옷을 입을 필요도, 음식을 먹을 자격도 없다. 옷을 다 벗어라. 그리고 저 동남쪽 황무지로 떠나라."

그래서 박보 부부는 벌거숭이가 된 채 머나먼 동남쪽 황무지로 떠났다. 그곳에서 그들은 실오라기 하나 걸치지 못한 채 어깨를 맞대고 서 있어야 했다. 쏟아지는 뜨거운 햇살 때문에 살갗이 검게 그을었고, 몰아치는 거친 바람 때문에 피부가 쩍쩍 갈라졌다. 무엇보다 그들은 아무것도 먹을 수가 없었다. 먹지도 마시지도 못하고 오직 하늘에서 내려오는 이슬로 연명해야 했다. 너무 가혹한 형벌 같았지만, 천제는 끄떡도 하지 않았다.

"게으른 자들에게 그런 벌을 내리는 건 당연한 일이다."

보다 못해 곁에 있던 신하들이 박보 부부를 가엾게 여겨 그 죄를 사해주면 안 되겠느냐고 천제에게 물었다. 천제는 단호하게 대답했다.

"용서해줄 수는 있지. 하지만 조건이 있다. 내가 저들에게 다스

리라고 했던 황하黃河의 물이 맑아지는 날이 오면 그때 용서해주도
록 하마."

그러나 그것은 영원히 있을 수 없는 일이었다. 황하가 그 이름으
로 불리는 이유는 물에 황토가 가득 섞여서 황토 빛깔이 나기 때문
이고, 중원 땅이 황토로 이루어진 이상 황하의 물이 맑아지는 것은
영원히 불가능한 일이었기 때문이다. 이렇게 자신들의 게으름으로
인해 화를 자초한 거인 박보 부부는 오늘도 여전히 아득한 동남쪽
황무지에서 부들부들 떨며 서 있다고 한다.

시간을 관장하는 촉룡

사람의 얼굴에 뱀의 몸을 하고 있고 피부는 붉은색에 몸의 길이
가 무려 1000리나 되는 신, 그가 바로 《산해경》에 등장하는 장미
산章尾山의 신 촉룡燭龍이다. 그의 눈은 우리 인간처럼 가로로 나 있
는 것이 아니라 세로로 되어 있어서 직선 두 개를 그어놓은 것 같
았다. 촉룡이 눈을 뜨면 세상은 환한 낮이 되고 눈을 감으면 캄캄
한 밤이 되었다. 숨을 내쉬면 세상은 구름으로 가득 차고 눈발이
흩날리는 겨울이 되었으며, 숨을 들이쉬면 태양이 이글거리는 뜨
거운 여름이 되었다.

촉룡은 종산鍾山의 산신 촉음燭陰과 동일한 신으로 여겨지기도
한다. 촉음은 종산에 엎드려서 먹지도 마시지도 않고 숨도 쉬지 않
았는데, 그가 한 번 숨을 내쉬면 1만 리 밖 아득히 먼 곳까지 거센

촉룡은 종산의 산신 촉음과 같다. 촉음은 입에 촛불
을 물고 서서 북쪽 어두운 천문을 비춰주는 신이다.

바람이 불었다고 한다. 또한 그는 입에 촛불을 물고 서서 북쪽 어
두운 천문天門을 비춰주었다. "어둠(陰)을 밝혀준다(燭)"고 해서 '촉
음'이라는 이름을 갖게 된 것이다.

　사람의 얼굴에 뱀의 몸을 한 이 신은 참 매력적으로 보인다. 숨
도 쉬지 않고 먹지도 않으면서 춥고 아득히 먼 북쪽 땅을 밝혀주
는 그는 아마도 시간을 관장하는 신이었던 듯하다. 그가 숨을 쉬는
것에 따라 겨울이 되고 여름이 되었으며, 눈을 떴다가 감았다 하는
것에 따라 낮과 밤이 뒤바뀌었다.

5장 인간을 만들어낸 여신들

투자족의 여신 이뤄냥냥

여신이 인간을 만들어냈다는 이야기는 중국 소수민족 신화에 종종 등장한다. 일찌감치 유가 사상의 세례를 받았던 중원 지역과 달리 중국 내 소수민족은 고대인의 사유를 비교적 온전한 형태로 간직하고 있었기 때문이다.

투자족土家族의 신화에서도 인간을 만든 신은 여신이다. 남신 둘이 인간을 만들었으나 모두 실패했고, 결국 인간을 만들어낸 신은 여신인 이뤄냥냥依羅娘娘이다.

아득한 옛날에 장구라오가 하늘을 만들고 리구라오가 땅을 만들었다. 그러나 지상에 인간이 없어 적막하기 이를 데 없었다. 그래서 천신 모터파墨特巴가 장구라오에게 말했다.

"장구라오, 그대가 가서 인간을 만들어보아라."

장구라오는 천신의 명령대로 지상으로 내려와서 돌을 깎아 사람을 만들었다. 꼬박 닷새 밤낮을 고생해서 머리를 만들고 손과 발도 만들었다. 그러나 장구라오가 만든 인간은 배설을 제대로 할 줄 몰라 걷지도 못했고, 잠을 잘 땐 숨도 쉬지 않았다. 실패한 장구라오는 한숨을 내쉬며 하늘로 올라갔다.

"리구라오야, 이번엔 네가 가서 해보아라."

이번엔 리구라오가 지상으로 내려왔다. 그는 진흙을 빚어 사람을 만들었다. 엿새 동안 열심히 만들어서 리구라오도 드디어 사람 모양을 빚어냈다. 리구라오가 만든 사람은 배설은 제대로 했으나 배꼽이 없어서 역시 잠을 잘 때 숨을 쉬지 않았다. 그 역시 진흙 인형을 제대로 움직일 방도를 알 수가 없었다.

"어유, 나도 방법이 없구나!"

리구라오 역시 힘이 빠져서 하늘나라로 돌아갔다.

"너도 못하겠단 말이냐? 그렇다면 이번엔 그대가 해보아라."

그래서 지상으로 내려오게 된 신이 바로 여신인 이뤄냥냥이었다. 여신은 지상에 내려오자마자 우선 대나무를 베었다. 대나무로 뼈를 만들고 연잎으로 폐를 만들었으며, 무로 살을 만들고 조롱박으로 머리를 만들었다. 그런 후 얼굴에 일곱 개의 구멍을 뚫고, 동부(콩)로 큰창자와 작은창자를 만들어서 배설을 제대로 할 수 있게 해주고 배꼽도 뚫어주었다. 그리고 숨을 불어넣으니, 식물로 만들어진 사람이 걸어 다니기 시작했다.

"성공이다!"

천신만고 끝에 이뤄냥냥은 마침내 사람을 만들었고, 이때부터 지상에는 인간이 번성하기 시작했다.

이 신화에서 인간을 만든 신은 남신이 아니라 여신이다. 물론 이 이야기에 등장하는 투자족의 천신 모터파가 다른 전승에서는 옥황 상제玉皇上帝*로 등장하기도 한다. 후대의 도교道敎적 개념이 가미되어 여신의 상위 신으로 옥황상제가 나타나게 된 것인데, 이는 입에서 입으로 전해져 내려온 이야기들이 필연적으로 가질 수밖에 없는, 전승이나 채록 과정에서 생겨나는 변형이라고 봐야 할 것이다.

야오족의 여신 미뤄퉈

야오족의 한 지파인 부누 야오족 신화에 등장하는 미뤄퉈密洛陀는 중국 내 소수민족의 여신 중에도 특히 유명하다. 인간 창조가 얼마나 힘든 과정을 거친 결과인지를 보여주는 이 신화에서 여신 미뤄퉈가 인간을 만들어내게 도와주는 동물은 다름 아닌 신들의 사자使者 매다.

---

*　　**옥황상제**　도교의 최고신. 하늘나라 궁전인 천궁(天宮)에 살면서 하늘과 땅, 인간 세상의 모든 신을 다스린다. 옥황상제는 고대의 천제나 상제(上帝) 숭배에 그 연원이 있다고 하겠다. 추상적인 신이 옥황상제라는 인격화된 신으로 나타나게 된 것인데 은나라나 주나라 때 상제 혹은 천제로 불리던 신이 동한(東漢) 시대 이후 도교가 확립되면서 민간신앙 속으로 들어와서 신선 세계의 황제, 즉 옥황상제가 된 것이라고 보면 무리가 없을 것이다.

아득한 옛날, 여신 미뤄튀가 천지 만물을 만들고 나서 사람을 만들려고 했다. 그래서 진흙으로 인간을 빚기 시작했다. 그런데 생각처럼 쉽지 않았다.

"어휴, 왜 이렇게 잘 안 만들어진담?"

여신 미뤄튀는 최선을 다해서 진흙을 조물조물 다듬었다. 하지만 다 만들어놓고 보니 그것은 사람이 아니라 물 항아리였다.

"진흙으로 만들면 안 되는 모양이네. 그렇다면 무엇으로 만들어야 할까?"

그래서 미뤄튀는 쌀밥으로 사람을 만들어보았다. 쌀밥으로 열심히 빚었으나 막상 만들어진 것은 사람이 아니라 술이었다. 술을 한 모금 떠 마시며 미뤄튀는 다시 고민에 휩싸였다.

"이것도 재료가 안 좋은 모양이야. 이젠 무엇으로 해본담?"

이번에 미뤄튀가 택한 재료는 나뭇잎이었다. 그러나 만들어진 것은 어이없게도 메뚜기였다. 미뤄튀는 속이 상했으나 다시 호박과 고구마를 가져다가 오랜 시간 공들여서 작업했다.

"이번엔 틀림없을 거야. 어디 보자!"

그러나 이번에는 사람과 비슷하게 생겼으나 사람이 아닌 원숭이였다.

참고로, 부이족 신화에 등장하는 천신들은 나무를 베어낸 다음 가지를 쳐내고 다듬어 사람과 동물을 만든다. 그들은 하늘나라가 너무 엄숙하고 재미가 없어서 아래 세상으로 내려왔는데, 아래 세상에도 살아 움직이는 것이 없어서 심심했다. 그래서 하늘로 그냥 돌아갈까 하다가 생각을 고쳐먹고 나무를 잘라내 사람과 동물을 만들어 숨을 불어넣었다. 인간과 동물을 만들어놓고 보니 아래 세상이 제법 재미있는 곳이 되었다. 생명을 가진 것들이 그렇게 뛰어놀게 해놓고, 신들은 하늘나라 생활이 심심해지면 지상으로 내려와서 놀다 가곤 했다. 그러고 보면 인간 세상은 하늘나라 신들이 심심해서 만들어낸 신들의 놀이터인 걸까?

어쨌든 부이족 신들의 솜씨가 뛰어났던 것과 비교해보면 여신 미뤄퉈의 솜씨는 형편없었던 모양이다. 거듭되는 실패에 곰곰이 원인을 따져보던 미뤄퉈는 마침내 그럴듯한 이유를 찾아냈다.

"맞아, 땅이 안 좋아서 그래. 좋은 땅을 찾아 거기서 사람을 만들면 될 거야."

그래서 미뤄퉈는 돼지를 보내 좋은 땅을 찾아보게 했다.

"애야, 가서 좋은 땅을 한 번 찾아보고 오너라."

"네!"

대답은 그럴듯하게 했으나 돼지는 산에 올라가서 지렁이만 배불리 잡아먹고 돌아왔다.

"아니, 네 배만 채우고 왔단 말이냐?"

미뤄퉈는 화가 났다. 그래서 막대기로 돼지의 귀를 때려주었다. 그리고 멧돼지를 다시 보냈다. 그러나 멧돼지도 고구마만 잔뜩 캐먹고 배가 불룩해져서 그냥 돌아왔다. 화가 난 미뤄퉈는 펄펄 끓는 물을 멧돼지에게 부어버렸다.

"이런 고얀 놈들이 있나. 이번엔 네가 가봐라. 반드시 좋은 땅을 찾아내야 한다. 알겠지?"

그래서 간 것이 곰이었는데, 곰은 가는 길에 개미를 보자마자 아예 중도에 포기하고 개미만 잔뜩 잡아먹고 배를 두드리며 돌아왔다. 그때 마침 미뤄퉤는 옷감을 염색하고 있었는데, 사실을 알고는 홧김에 푸른 물감을 곰에게 부어버렸다. 그래서 곰의 털 색깔이 그렇게 검푸르게 된 것이다. 마지막으로 사향노루를 보냈으나 사향노루 역시 풀 뜯어 먹는 데 정신이 팔려서 땅을 찾는 일 따위는 까맣게 잊어버리고 말았다. 화가 난 미뤄퉤는 사향노루에게 불붙은 장작을 던졌고, 그래서 생겨난 물집이 아직도 사향노루 배에 맺혀 있다고 한다.

네발로 걸어 다니는 짐승들을 아무리 보내봐야 소용이 없음을 안 미뤄퉤는 이번에는 날짐승들을 보내보기로 했다. 맨 먼저 가게 된 것은 딱따구리였다.

"자, 날개 달린 네가 가면 좀 잘 찾을 수 있겠지. 훨훨 날아서 가거라."

그러나 딱따구리라고 다를 것이 없었다. 딱따구리는 숲속에 들어가서 나무 구멍의 벌레를 잡아먹느라 땅을 찾는 일 따위는 안중에도 없었다. 미뤄퉤는 화가 치밀어 딱따구리에게 자신이 입고 있던 알록달록한 무늬가 있는 조끼를 던졌다. 딱따구리는 "엄마야!" 하면서 조끼를 등에 얹은 채 줄행랑을 쳤다. 그래서 지금도 딱따구리 등에는 알록달록한 무늬가 있는 것이다. 다음으로 미뤄퉤는 긴 꼬리새를 보냈다.

"이번엔 네 차례다. 잘 해내길 바란다."

그러나 그 소망도 헛된 것이 되어버렸다. 긴꼬리새도 밭에서 감자를 캐 먹느라 돌아올 줄을 몰랐고, 화가 난 미뤄뤄는 새를 향해 화살을 날렸다. 화살을 맞고 도망친 그 새는 지금도 꼬리에 화살을 매달고 다니기 때문에 그렇게 꼬리가 긴 것이라고 한다. 그다음으로 가게 된 새가 바로 까마귀다. 까마귀라면 다른 나라 신화에서 지혜로운 새로 자주 등장하니까 혹시 제대로 땅을 찾아냈을까? 전혀 아니다. 까마귀는 먹이를 먹으려다가 잘못해서 온몸이 시커멓게 그을어 돌아왔다.

"어이구, 어찌 한 놈도 제대로 하는 놈이 없단 말이냐?"

길고 긴 이 이야기가 이제 끝날 때가 되었다. 미뤄뤄는 마지막으로 매를 보냈다. 성실한 매는 식량을 등에 짊어지고 먼 길을 떠나 새벽부터 저녁까지 열심히 새로운 땅을 찾아다녔다.

"아, 저곳이다!"

매는 마침내 여신이 원하는 장소를 찾아냈다. 일 년 내내 봄처럼 따뜻하고 철쭉이 피어 있는 곳이었다.

여신은 무척이나 기뻐하며 매가 찾아낸 곳으로 갔다. 그리고 우거진 숲으로 들어가서 커다란 나무 구멍에 둥지를 만들어놓고 열심히 꽃가루를 나르는 벌들을 유심히 살펴보았다. 여신은 그 나무를 베어내고 벌집을 끄집어내서 짊어지고는 집으로 돌아왔다. 그리고 꼬박 사흘 동안 벌집을 불에 녹여서 상자 속에 넣어두었다. 그렇게 아홉 달이 지났다. 도대체 벌집 속에서는 무슨 일이 일어날 것인가?

어느 날 상자 속에서 웅성거리는 소리가 들려왔다. 여신 미뤄뤄는 상자를 열었다. 그랬더니 상자 속의 밀랍이 모두 사람으로 변해서 밖으로 튀어나오더니 펄쩍펄쩍 뛰는 것이었다.

"호호, 귀엽기도 하지. 그런데 저 애들에게 무엇을 먹인담?"

갑자기 늘어난 인간에게 먹일 것이 없어서 잠시 고민하던 미뤄뒈는 자신의 젖을 사람들에게 먹였고, 그들은 점차 성장했다. 그리고 마침내 어른이 된 사람들은 미뤄뒈의 곁을 떠나 이 산 저 산으로 흩어졌고 자기들끼리 마을을 만들어 밭을 갈며 살았다. 그렇게 해서 이 세상 곳곳에 인간이 살게 된 것이다.

이 이야기의 마지막 부분에서 미뤄뒈를 도와 좋은 땅을 발견한 매는 신의 도우미 역할을 충실히 해내고 있다. 샤머니즘적 세계관이 바탕에 깔린 민족들의 신화에서는 저 멀리 높은 하늘까지 날아오르는 매가 신의 도우미로 등장하는 경우가 많다. 북방에서 이주해 온 것으로 여겨지는 윈난성의 이족彝族 신화에도 활 잘 쏘는 영웅 즈거아루가 매의 핏방울에 감응한 어머니의 몸에서 태어난다는 이야기가 전해지며, 북방 만주족의 신화에서도 매는 여신 압카허허(아부카허허)의 충실한 조력자 역할을 하고 있다. 샤먼의 법기法器에 매의 발톱이 매달려 있는 것, 청나라를 세웠던 만주족 귀족들의 어깨에 언제나 해동청海東靑이 얹혀 있던 것 역시 따지고 보면 같은 맥락에서 바라볼 수 있다.

앞의 이야기에 등장하는 미뤄뒈는 동아시아 신화에 등장하는 창세 여신의 전형적인 모습을 보여준다. 동아시아 지역의 신화에서 여신은 이렇게 인간을 만들 뿐만 아니라 하늘과 땅을 만들기도 하고 무너진 우주의 질서를 바로잡기도 한다. 윈난성 이족의 여신 아헤시니모 역시 자신의 몸에 달린 스물여덟 개의 젖으로 자신이 창조한 인간과 동물을 키워내고, 구이저우성貴州省 둥족侗族의 창세여신 싸톈바薩天巴도 하늘과 땅이 흔들거릴 때 자신의 몸에서 토해낸 튼튼한 거미줄로 하늘과 땅을 받쳐 우주의 질서를 바로 세운다. 하니족哈尼族의 여신인 천신 어마俄瑪는 규칙의 여신과 예절의 여신을 낳은 이후 모든 신과 인간의 조상이 된다. 그런가 하면 만주족의 여신 압카허허도 세상을 눈과 얼음으로 덮어버리려는 악신 예루리와 싸운다. 부계 사회가 확립되면서 사라진 듯이 보이는 여신들이 중국 소수민족 신화에는 고스란히 남아 있는 것이다. 2부에 이어지는 여와女媧의 이야기 역시 그런 동아시아 창세 여신 신화의 맥락 안에 있다.

2부

인류의 시작에
얽힌 이야기

1장 ‖ 흙으로 인간을 빚은 여와

신이 흙으로 사람을 만들었다는 이야기는 전 세계 어느 지역에서나 발견할 수 있는 인류 공통의 모티프라고 할 수 있다. 아프리카 대륙에서 발견된 최초의 인간 루시를 모르는 사람도 흙으로 만들어진 인간인 아담에 대해서는 잘 알고 있다. 신이 흙으로 사람을 만들었다는 이야기는 왜 그렇게 많은 지역에서 나타나는 것일까?

그것은 흙이 지닌 상징성 때문일 수 있다. 사람이 죽으면 돌아가는 곳, 씨를 뿌리면 거둘 수 있는 대지. 흙은 '생명'이라는 상징성을 갖고 있다. 그러나 소박하게 생각해본다면 우리 인간이 흙으로 도기를 만들고 인간이나 동물의 형상을 빚듯이 고대인들 역시 자신들을 신들이 빚어낸 작품이라고 여겼던 것은 아닐까? 여와가 사람을 처음으로 만든 이유가 다름 아닌 '세상이 너무 조용해서'이며, '신들이 심심해서' 사람을 만들었다는 소수민족 신화도 있으니 말이다.

중국 신화에는 진흙으로 사람을 빚은 여와라는 여신이 등장한
다. 여와는 얼굴은 사람이고 몸은 뱀인 여신이다. 여와가 어떻게
태어났는지에 관한 기록은 없다. 여신인 여와는 애초부터 그냥 혼
자 등장한다. 흙으로 여자와 남자를 빚어 혼인을 시켜주기도 하고,
무너져 내린 하늘을 고운 빛깔의 돌을 녹여 메우기도 한다. 자신이
만들어낸 사람들을 휩쓸어가는 홍수를 다스리기도 하고 사람들을
잡아먹는 무시무시한 용을 없애기도 한다. 하늘과 땅을 갈라놓은
신은 반고지만 사람을 만들고 우주의 질서를 바로잡은 신은 여신
인 여와다.

인간을 만들다

여신 여와가 어느 날 강가를 거닐고 있었다. 산도 있고 강도 있
어서 자연 만물이 아름다웠으나 세상은 너무 조용했다. 여와는 세
상이 너무 고요해서 심심하다는 생각이 들었다. 그래서 진흙을 한
줌 떠서 사람의 모양을 빚기 시작했다.

진흙 인간을 하나 빚어서 땅 위에 내려놓으니 곧 이리저리 팔짝
팔짝 뛰어다니며 소리를 질렀다.* 참으로 귀여웠다. 신이 난 여와
가 열심히 진흙으로 인간을 만들어서 땅 위에 내려놓자 살아난 진

---

* **소리를 질렀다** 이 말은 그 뜻 그대로 매우 '시끄러웠다'거나 아니면 '말을 할 줄 알았다'는
의미로 해석할 수 있을 듯하다. 소수민족 신화에 인간이 너무 '시끄럽게 굴어서' 신들이 인간과 신
이 서로 오르내릴 수 있는 하늘 사다리를 끊어버렸다는 이야기가 자주 등장하기 때문이다.

흙 인간들은 소리를 지르고 뛰어다니며 이곳저곳으로 흩어졌다.

그러나 세상은 너무 넓었다. 여와는 매일매일 열심히 진흙으로 인간을 빚었지만 넓은 세상을 다 채우기에는 역부족이었다.

"이를 어쩌나. 언제 이 세상을 인간으로 가득 채운다지?"

고민하던 여와에게 마침내 좋은 생각이 떠올랐다. 여와는 산으로 올라가서 넝쿨을 걷어 강가로 내려왔다. 그리고 그 넝쿨에 진흙물을 묻혀 하늘을 향해 힘껏 휘둘렀다. 넝쿨에 묻은 진흙물은 사방으로 튀었고 이리저리 떨어진 진흙 물방울이 모두 사람으로 변했다. 그리고 그 진흙 인간들 역시 소리를 지르고 팔짝팔짝 뛰면서 이곳저곳으로 흩어졌다. 만물의 어머니 여와는 자신이 만든 진흙 인간들이 살아 움직이는 모습을 바라보며 흐뭇한 미소를 지었다.

여와가 진흙물로 인간을 만든 이 이야기에 대해 사람들은 나름대로 또 다른 해석을 붙였다. 여와가 진흙으로 정성껏 빚은 인간은 오늘날 귀하고 부유한 사람들이고, 진흙물을 흩뿌려서 만든 인간은 천하고 가난한 사람들이라는 것이다. 그러나 신화시대에 어디 이런 구분이 있었을까. 중국 고대에 전승되어오던 이야기들을 문헌에 문자로 기록한 사람들은 아무래도 귀하고 부유한 축에 끼는 사람들이었을 테니 당시의 신분제도를 하층민들이 당연시하도록 만들기 위해 덧붙여진 해석이리라.

어쨌든 여와는 이 세상이 귀여운 자신의 작품들로 인해 떠들썩해지는 것이 신나고 기분 좋았다. 그래서 매일 진흙으로 빚고 또 넝쿨을 휘둘러서 인간을 만들었다. 그러나 그것도 한계가 있었다.

인간에게는 수명이 있어서 때가 되면 죽어버리니, 세상을 채우기 위해 여와는 끊임없이 진흙으로 인간을 만들어야 했다.

결혼의 기원

"어유, 힘들어! 뭔가 다른 방법이 없을까?"

진흙으로 끝없이 인간을 빚는 작업이 점점 힘겨워지자 여와는 드디어 기막힌 방법을 생각해냈다.

"그렇지, 인간들을 짝지어주는 거야. 나 혼자서 계속 만들 것이 아니라 자기들끼리 짝을 지어 아이를 낳아 기르게 하면 되지!"

여와는 자신이 생각해낸 방법에 매우 흐뭇해하며 인간을 짝지어주기 시작했다. 남자와 여자를 결혼시키니 자기들끼리 아이를 낳아 길렀고, 세상은 이제 여와가 걱정하지 않아도 인간들로 넘쳐나게 되었다.

이렇게 해서 여와는 인간을 만들어낸 신일 뿐 아니라 혼인을 주관하는 신의 역할까지 맡게 된다. 이런 이유로 여와는 '고매高媒'라고도 불린다. '매媒'는 중매쟁이를 가리키는 말이니 '중매쟁이 신'이라는 뜻이다.

《시경詩經》*이라는 고대 주周나라의 노래집을 보면, 따뜻한 봄날에 젊은 남녀가 모임에서 만나 자신의 짝을 찾는 내용이 나온다. 우리는 일반적으로 중국 봉건사회에서는 남녀 간의 자유로운 연애가 불가능했던 것으로 알고 있다. 그러나 그것은 유가 이데올로기가 지배했던 후대의 일이고 아주 아득한 고대에는 중원 땅에도 자유연애가 가능했다. 그 시대에는 꽃피는 아름다운 봄, 어느 하루 좋은 날을 잡아 고매 신을 모신 사당 앞에서 잔치가 열렸다. 마을의 젊은 남녀가 그곳에 모여들어 춤추고 노래하며 짝을 찾았다. 너그러운 여신 고매는 그런 젊은이들의 모습을 보고 흐뭇해하며 각자에게 맞는 짝을 찾을 수 있도록 축복해주었다.

그러나 중국에서 유가가 통치 이념으로 채택되면서부터 이런 풍습은 사라졌고 중국의 변방 소수민족 지역에만 남아 있게 되었다. 먀오족, 이족, 둥족 등 남방 지역에 거주하는 다양한 소수민족은 지금도 아름다운 봄날 마을의 젊은 남녀가 고운 옷을 차려입고 한데 모여 루성蘆笙**이라는 악기의 반주에 맞춰 노래하고 춤추며 자신에게 맞는 사람을 찾는 축제를 여전히 행하고 있다.

---

* 《시경》 중국 문학사의 맨 앞에 등장하는 책. 주나라 이후 춘추시대에 이르기까지 북부의 중원을 중심으로 한 지역에서 유행하던 노래를 모아놓은 시가집이다. 모두 305편이라서 '시삼백(詩三百)'이라고도 한다. 주나라 열다섯 지역에 유행하던 대중가요인 〈풍(風)〉, 귀족들의 고전적인 음악이었던 〈아(雅)〉, 제사에 쓰이던 음악인 〈송(頌)〉으로 구성된다.

** 루성 길고 짧은 여러 개의 대나무로 만든 악기. 중국 남부 지역 소수민족들의 축제나 제사에 빠지지 않는 가장 중요한 악기로서 대개 현지 남성들이 직접 만들어서 분다. 중국 남부 소수민족의 문화적 상징물이라 할 수 있을 정도로 중요하다. 짧은 것은 40센티미터, 긴 것은 몇 미터에 달한다. 축제나 제삿날 남자들이 루성을 불면 여자들은 그 소리에 맞춰 춤을 춘다. 루성이 가느다란 대나무로 만들어서 손에 들고 부는 것이라면, 망통(莽筒)은 굵은 대나무로 만들어서 땅바닥에 놓고 부는 것이다. 루성이 가늘고 높은 음색을 내는 것에 비해 망통은 낮게 깔리는 베이스 음색을 낸다.

일곱 번째 날, 인간이 태어나다

한편 하늘과 땅이 생겨난 이후 인간이 만들어진 날에 관한 또 다른 신화가 전해지는데, 이 신화에서 인간이 만들어진 날은 하늘과 땅이 생겨난 지 이레째 되는 날이다. 이레라고? 성경에서 창조주가 인간을 만들었다는 날이 바로 일곱 번째 날인데?

신기하게도 사실이 그렇다. 중국의 고대 문헌에는 '인일人日'이라는 기록이 보인다. '인간의 날'이라고 번역할 수 있는 이 날은 하늘과 땅이 만들어진 후 일곱 번째 날을 뜻한다. 인일이란 음력 정월 초하루를 기준으로 정월 초이레를 가리키는 말인데 그 기록은 다음과 같다.

> 일설에 의하면 하늘과 땅이 처음으로 갈라진 뒤, 첫째 날에는 닭을 만들었고 이레째 되는 날에는 사람을 만들었다.

물론 이 책에도 과연 누가 하늘과 땅을 만들었는지, 누가 닭과 인간을 만들었는지에 관해서는 언급이 없다. 왜 소수민족들의 신화와는 달리 중국 고대 문헌신화에는 이렇게 하늘과 땅을 만든 '누구'에 관한 기록이 없을까? 그것은 인간의 운명을 주재하는 신을 상정하지 않고 일찍부터 인간 중심의 사고를 했던 그들의 지식 전통과 관련 있어 보인다.

하지만 중원 지역에서는 여신 여와가 여섯 가지 가축과 인간을 만들었다는, 그 주체가 분명한 신화가 전해지고 있다. 첫째 날에는 닭, 둘째 날에는 개, 셋째 날에는 돼지, 넷째 날에는 양, 다섯째 날에는 말, 여섯째 날에는 소를 만들었으며 이레째 되는 날 사람을 만들었다는 것이다. 이 이야기에 따르면 여와가 진흙으로 만든 닭과 개의 울음소리로 인해 혼돈 상태였던 하늘의 문과 땅의 문이 각각 열렸다고 한다. 그리고 여섯 가지 가축으로 인해 사람들의 생활이 풍요로워졌다는데 이런 이야기를 통해 여와가 번식과 풍요라는 여신의 일반적인 특징을 지닌, 위대한 어머니 여신이었음을 알 수 있다. 지금까지 전해 내려오는 이야기의 구체적인 내용은 다음과 같다.

처음 하늘이 생겨났을 때는 온통 혼돈 상태였다. 땅은 질퍽질퍽한 진흙탕이었는데 여와는 진흙을 빚어 여러 가축을 만들었다.
첫째 날 만들어낸 것은 닭이었다. 닭이 울자 하늘의 문이 열려 해와 달과 별들이 쪼르르 쏟아져 나왔다. 둘째 날은 개를 만들었는데, 개가 땅의 문을 열어젖히자 동서남북과 중앙이라는 방위가 생겨났다. 셋째 날 돼지를 만들었는데, 돼지는 나중에 집집마다 가장 중요한 재산이 되었다. 넷째 날 만든 양으로 사람들은 하늘에 제사를 지냈고, 제사를 받은 하늘은 사람들에게 복을 내려주었다. 다섯째 날 말을 만들고, 여섯째 날에는 소를 만들었다.
이렇게 여섯 가지 가축이 모두 만들어졌는데, 닭과 개와 돼지는 이리저리 날뛰며 돌아다녔고 양과 소와 말은 이것저것 걷어차며 돌아다녔다. 그래서 여와가 일곱째 날에 사람을 만들어 천방지축 날뛰는 동물들을 다스리게 했다. 닭은 새벽이 되면 울게 했고 개는 집을 지키게 했으며 돼지는 우리 안에 얌전히 있게 했다. 양은 산으로 올라가게 했고 말에게는 수레를 끌게 했으며 소에게는 밭을 갈게 했다. 이렇게 하니 가축들이 번식하고 오곡을 풍성하게 거둬들일 수 있었다.

2장 여와의 다양한 모습들

여와보천의 유래

태초에 하늘은 완전하지 못했다. 하늘과 땅이 아직 완벽하게 자리 잡지 못해서 그랬는지, 하늘 한쪽이 무너져 내렸다. 하늘이 무너지니 땅도 갈라지고, 갈라진 틈에서는 큰물이 솟구쳐 나와 온 세상에 홍수가 났다. 그리고 홍수 때문에 숲에서 뛰쳐나온 온갖 사나운 동물들이 사람을 해쳤다. 조용하던 인간 세상에 그야말로 일대사건이 일어난 것이다. 가엾은 인간이 고통을 당하는 모습을 보고 있으려니 여와의 마음이 너무나 아팠다.

"저런, 저런! 이 일을 어찌해야 한단 말이냐? 그래, 모든 일이 다하늘이 무너져서 생긴 것이니 우선 하늘부터 메워야겠다."

여와는 몸을 일으켜서 강가로 걸어 나갔다. 그리고 강가에서 아름다운 빛깔의 알록달록한 돌들을 주워서 녹였다. 오색찬란한 돌

| 사람의 얼굴에 뱀의 몸을 한 창세여신 여와가 오색 돌로 구멍 뚫린 하늘을 메우고 있다.

들은 참 아름다웠으나 그 단단한 돌을 녹이는 것이 쉬운 일은 아니었다. 하지만 여와는 인간을 구해야겠다는 일념으로 돌을 녹여서 하늘로 올라갔다. 하늘에는 처참할 정도로 커다란 구멍이 뚫려 있었다.

"정말로 큰일이네! 얼른 메워야겠다."

여와는 아름다운 빛깔의 오색 돌을 녹인 물을 가지고 침착하게 하늘의 구멍을 메웠다.* 힘겨운 일이었지만 여와는 그 일을 마침내 해냈다.

"휴우, 됐다! 하늘이 제 모습을 갖추었으니 이제 모든 것이 제자리로 돌아오겠지."

그러나 구멍은 메워졌지만 무너진 하늘을 제대로 지탱하려면 커다란 기둥이 필요했다. 이것은 중국 고대인들이 땅의 네 귀퉁이에 거대한 기둥이 있어서 하늘을 받쳐주고 있다고 생각했다는 사실을 보여준다. 하늘이 무너져 내리고 기둥이 망가졌으니 하늘을 받쳐줄 새로운 기둥이 필요했는데, 여와가 생각해낸 것은 거대한 거북의 다리였다.

"그래, 바로 이거야. 거북의 다리를 잘라 기둥을 세우면 튼튼할 거야."

---

* **하늘의 구멍을 메우다** 오늘날까지도 중국 사람들이 자주 쓰는 말 중 하나인 고사성어 '여와보천(女媧補天)'이 바로 이 신화에서 유래했다. '여와보천'은 말 그대로 해석하면 '여와가 하늘을 수리하다'라는 뜻이지만 어떤 사람이 눈부신 공적을 이루어냈을 때, 특히 자신을 돌보지 않고 희생적으로 어떤 업적을 이루어냈을 때 흔히 사용된다.

전욱과 공공의 전쟁

　여와는 거북의 다리를 잘라 하늘의 네 귀퉁이를 받쳤다. 그렇게 무너진 하늘을 메우고 우주의 질서를 바로잡았지만 땅 위에는 여전히 엄청난 홍수가 계속되어 온 세상 사람들이 다 물에 휩쓸려 떠내려갈 지경이었다. 검은 용 역시 계속해서 사람들을 괴롭혔다. 자애로운 여신 여와는 이제는 더 참을 수가 없었다.

　여와는 우선 검은 용을 죽였다. 그리고 지상의 이곳저곳에서 자라나는 갈대를 모으기 시작했다. 하늘에서 비가 그치지 않고 내릴 때는 갈대를 태워서 그 재를 쌓으면 비가 그친다고 했다. 여와는 온 세상의 갈대를 태워서 그 재로 넘쳐나는 물을 막았다. 오늘날에도 중국 전역에서 여와의 사당을 찾아내는 것은 어려운 일이 아닌데, 이런 이유로 비가 많이 내려 홍수가 날 때 여와의 사당에 가서 제사를 올렸기 때문이다. 이렇게 해서 세상에는 다시 평화가 찾아왔다.

　그런데 여와가 이렇게 고생해서 만들어놓은 우주의 질서가 파괴되는 사건이 일어났다. 신들의 나라에 전쟁이 일어난 것이다. 하늘나라에서 북쪽 지방을 다스리는 신 전욱顓頊과 물의 신 공공共工이 무슨 일 때문이었는지는 모르겠으나 전쟁을 하게 되었다. 물의 신 공공은 용맹스럽긴 했지만 북방 상제 전욱의 상대가 되지 못했다. 싸우다가 패배가 눈앞에 보이자 승복할 수 없었던 공공은 화가 나서 서쪽으로 달려가 서쪽 하늘을 떠받치고 있던 하늘 사다리인 부주산不周山을 들이받았다.

고대인은 땅 위에 거대한 네 개의 기둥이 있어 하늘을 떠받친다고 생각했는데, 그 기둥 중의 하나가 부주산이었다. 공공이 들이받는 바람에 서쪽 하늘을 받치는 기둥인 부주산이 무너져 내리니 그쪽으로 하늘이 기울어버렸다. 그래서 오늘날 해와 달과 별들이 모두 동쪽에서 떠서 서쪽으로 지게 된 것이다. 이때의 충격으로 땅은 동남쪽이 낮아졌고, 그래서 오늘날 중국의 모든 강이 서쪽에서 동남쪽으로 흘러드는 것이라고 한다.

이처럼 여와가 무너진 하늘을 메웠다는 이야기와 공공이 부주산을 들이받아 하늘이 서북쪽으로 기울었다는 이야기는 서로 아무런 관계가 없다. 여와의 작업이 태초의 시대에 이루어진 것이었다면 전욱과 공공의 이야기는 오늘날 중국 땅이 동남쪽으로 기울어지고 해와 달이 서쪽으로 지는 이유를 설명해주는 일종의 기원 신화인 셈이다.

그런데 한나라 이후 이 두 개의 이야기가 절묘하게 합해져, 여와가 하늘을 메우는 작업을 한 것이 태초의 시대가 아니라 공공과 전욱의 전쟁 이후라고 기록된다. 남신인 전욱과 공공의 전쟁으로 무너진 하늘을 여와가 메웠다는 식으로.

언뜻 보기에는 뭐 다를 것이 있나 하는 생각이 들겠지만, 꼼꼼하게 들여다보면 태초의 시대에 여와가 했던 하늘 보수 작업에 대한 평가절하가 이루어지고 있음을 알 수 있다. 여와의 작업이 태초의 시대가 아니라 전욱과 공공의 전쟁 뒤에 일어났다고 함으로써 여와는 창조신으로서의 신격을 잃어버리고 남신들이 저질러놓은 일을 수습하는 역할만을 하는 존재로 격하된 것이다.

복희의 등장과 유가 이데올로기

중국 고대의 문헌신화 속에서 인간을 빚은 창조신으로 등장하던 여와는 어느 순간 신격에 변화가 생기기 시작한다. 대략 한나라 때 쯤이다. 한나라 때가 되면 무제武帝에 의해 유가가 중국의 통치 이념으로 채택된다. 여와가 단독으로 등장하지 않고 복희伏羲라는 신의 배우자로 나타나게 된 게 이때부터다. 여와는 인간을 만들고 하늘을 메웠던 고대의 위대한 여신으로서의 지위를 잃어버리고 복희라는 남신의 아내가 된다.

여신들이 고대에 독립적인 창세 신의 신격을 갖고 있다가 후대로 올수록 그 신격을 잃어버리고 남신에 종속된 존재로 등장하는 것은 동서양을 막론하고 공통된 현상이다. 우리가 그리스 신화를 보면서 제우스의 위대함에 익숙해져 그의 아내 헤라가 원래 지중해의 다산多産 신앙과 관련된 풍요의 여신이었음을 잊기 쉽듯이 중국의 위대한 여신 여와도 한나라 이후에는 단지 복희라는 남신의 아내로만 대부분 기억하게 되는 것이다.

위대한 여신이 이처럼 남신을 배우자로 갖게 되는 것은 메소포타미아나 그리스 신화에서도 마찬가지였다. 수메르 신화에서 '모든 살아 있는 것들의 어머니'라는 이름을 가진 여신 닌후르사그Ninhursag는 나중에 유명한 이난나Innana, 즉 이슈타르Ishtar와 이미

지가 겹쳐지게 되는데, 이난나는 하늘과 땅의 여신으로 생명과 죽음을 관장하지만, 그녀에게는 풍요의 신 두무지Dumuizi 혹은 탐무즈Tammuz라는 배우자가 있다. 그런데 남신을 배우자로 두고 있기는 하지만 이난나의 경우 여전히 생명력을 지니고 있어서 남신의 종속적인 지위로 전락한 것 같지는 않다.

이집트 신화의 이시스Isis 역시 남편 오시리스Osiris를 부활시키고 아들 호루스Horus를 왕위에 오르게 한다. 위대한 여신의 신격을 그런대로 간직한 것이다. 그러나 바빌로니아 신화에서 마르두크에게 여신 티아마트가 살해되면서 마침내 여신은 그 지위를 남신에게 내주게 된다. 그리고 그리스 신화에 이르면 헤라나 아프로디테처럼 본래 빛나는 신격을 갖고 있었던 것으로 추측되지만 남신의 아내가 되는 여신들이 등장하고, 헤라는 마침내 질투심 많은 제우스의 아내로서만 인식되게 된다. 그리스 신화의 경우 남편을 가진 여신들뿐 아니라 이른바 '처녀신'인 아테나, 아르테미스, 헤스티아 등도 모두 비정상적인 성격을 지닌 신들로 그려져 있다. 여신들은 이제 남신의 그늘 아래에서 다소곳하게 복종할 때만 정상적인 배역으로 등장하게 된 것이다.

뱀으로 하나가 된 한나라 대표 아이콘

신화 속에서 문화 영웅으로 등장하던 복희가 한나라 때가 되면 왕업을 이룬 인간 세계의 제왕으로 등장하는데, 그의 아내로 여와가 채택된다. 원래는 따로따로 신화 속에 등장하다가 한나라 때부터 복희와 여와가 함께 등장하게 된 이유를 한마디로 설명하기는 어렵지만, 확실한 것은 그것이 유가 이데올로기 확립과 관련 있다는 사실이다. 음과 양의 결합을 통해 천지 만물의 조화를 이루는 것이 한나라 시기 유가의 이상이었고, 이를 위해 위대한 남신 복희에게는 함께하는 여신이 있어야 했다. 그리고 당시 사람들 생각으로 복희에게 어울리는 짝으로는 인간을 만든 여신인 여와가 가장 적당했다.

그런 까닭에 한나라 때부터 복희와 여와는 하나의 도상 속에 종종 같이 등장한다. 그것도 평범한 인간의 모습이 아니라 뱀 모양의 꼬리를 서로 휘감고 있는 모습으로. 복희와 여와는 왜 뱀의 꼬리를 하고 있으며, 그들의 꼬리는 왜 서로 감겨 있는가? 그 대답은 산둥성山東省 무량사武梁祠의 화상석畵像石*에 새겨진 유명한 도상을 보면 알 수 있다.

아담과 이브 이야기에 익숙한 사람들은 뱀이라고 하면 일단 사악함을 떠올린다. 그 이야기에서 뱀은 인간을 유혹하는 사악한 지혜를 상징하기 때문이다. 그러나 그리스 신화나 중국 신화에서 뱀

---

* **무량사의 화상석** 산둥성 자샹현(嘉祥縣)에 있는 무씨사(武氏祠)는 동한 말기 무씨(武氏) 집안의 가족묘에 세워진 사당이다. 무량사는 송나라 때까지도 건재해서 당시 문헌에 무량사의 도상들에 대한 묘사가 남아 있다. 무량사 벽에 새겨진 도상들은 청나라 때 이후로 많은 학자의 관심을 받았으며, 고구려 고분 벽화와 관련해서도 많은 연구 거리를 제공해주고 있다. 그림에는 동왕공(東王公)과 서왕모(西王母), 복희와 여와 등 신화 속의 신들도 등장하지만 주로 역사 이야기들이 담겨 있다. 또한 부엌의 모습이라든가 수레를 타고 나가는 인물의 모습 등 당시 사람들의 생활상도 묘사하고 있다.

은 그렇게 사악한 존재만은 아니다. 오히려 지혜, 재생, 불멸, 초월 등을 상징하는 경우가 더 많다.

뱀이 사악하다는 것은 히브리 신화의 영향일 뿐이다. 그리스 신화의 헤르메스Hermes가 들고 다니는 지팡이에 등장하는, 감겨 올라가는 모양의 두 마리 뱀은 초월을 상징하고 의술의 신 아스클레피오스Asclépios의 지팡이에 등장하는 뱀은 재생과 불멸을 상징한다. 급히 지나가는 구급차의 뒷문을 자세히 바라본 사람이라면 거기 그려진 뱀이 휘감긴 지팡이를 보았을 것이다. 만일 사악함의 상징이라면 왜 구급차에 뱀이 그려져 있겠는가. 그것은 의술의 신 아스클레피오스의 지팡이를 그린 것이다. 그 지팡이를 휘감고 있는 뱀은 재생과 불멸의 상징이다. 생명을 구하기 위해 촌각을 다투는 구급차에 인간의 재생과 불멸을 기원하는 뱀이 그려진 것은 당연한 일인 것이다.

인도 신화에 등장하는 대양의 뱀 아난타Ananta는 말할 것도 없이 영원성을 상징한다. 우주적 대양 위에 똬리를 틀고 떠 있는 거대한 뱀 아난타(혹은 세샤Sesha라고도 한다)에게는 머리가 1000개 달려 있다. 그리고 그 머리로 자신 위에 누워 있는 신 비슈누Visnu를 보호해준다. 여기서 뱀은 우주적 에너지를 상징하고, 아난타라는 말 자체가 '무한함'이나 '영원성'이라는 의미다.

중국 신화에서도 마찬가지다. 상대商代의 청동기에 이미 뱀 문양이 등장한다. 제사 지낼 때 주로 사용했던 기물에 뱀 문양이 새겨진 것은 당시 사람들이 뱀의 초월성과 불멸성을 믿고 있었음을 보여준다. 한나라 때 조상의 영혼이 머무는 사당이나 무덤의 화상석에 뱀 모양의 신을 새겨 넣은 것 역시 영혼의 불멸을 믿었기 때문이다.

그렇다면 복희와 여와는 왜 뱀 모양의 꼬리를 서로 감고 있을까? '교미交尾'라는 말이 있다. 동물들의 생식 행위를 교미라고 하는데 이 한자를 풀어보면 '꼬리(尾)를 꼰다(交)'는 뜻이다. 뱀 모양의 꼬리가 감겨 있는 것은 음과 양의 결합, 즉 남녀의 결합을 상징한다. 무량사 화상석에서는 복희와 여와 사이에 작은 아이가 한 명 보인다. 또한 쓰촨성四川省에서 발굴된 석관石棺에 새겨진 도상에도 복희와 여와 사이에 아이가 등장하고 있다. 복희와 여와 사이에 아이가 있다는 것은 그 그림의 의미를 확실하게 보여준다. 복희와 여와의 결합을 통해 당시 사람들은 자손이 영원히 번성하기를 기원한 것이다.

3장 | 대홍수의 재앙

고대 신화 속에서 여와와 복희는 따로 등장하던 신이었는데 한 나라 때 이르면 여와가 복희의 배우자로 함께 등장한다. 게다가 여와는 이제 혼자서 인간을 만들어내는 신이 아니라 복희의 아내로서 생식을 통해 아이를 생산해내는 존재가 되었다.

당나라 문헌에는 여와 남매에 관한 기록이 등장한다. 복희와 여와가 남매였는데 대홍수가 일어나서 이 세상에 인류가 모두 사라지고 오직 그 둘만 살아남았다. 그리하며 복희와 여와 남매가 결혼해 이 세상에 인간이 다시 생겨났다는 것으로, 전형적인 인류 재탄생 신화의 구조를 보여준다.

그러나 중국 고대 문헌에는 복희와 여와가 '남매'라는 기록은 보이지 않는다. 그렇다면 복희와 여와가 남매라는 이 이야기는 도대체 어디서 나온 것일까?

이것은 아마도 중국 서남부 지방 소수민족 신화의 영향을 받았을 것이다. 복희와 여와가 부부로 등장하는 신화에, 중국의 소수민족 사이에 광범위하게 전승되는 홍수 남매혼 신화가 결합하면서 복희와 여와가 원래 남매인데 그들이 대홍수에서 살아남은 유일한 인간이 되어 혼인했다는 구도가 생겨난 것이다.

조롱박 속에서 살아남은 남매

창족 어느 마을에 아버지와 남매가 살고 있었다. 아버지 부보布伯는 원래 천신이었는데 하늘의 천둥 신과 원수지간이 되어 지상으로 내려와 있었다.

어느 날 아버지가 말했다.

"머지않아 천둥 신이 공격해올 거야. 지붕을 고쳐놓아야지."

지붕을 다 고치자마자 무시무시한 천둥 신이 아버지와 승부를 가리기 위해 정말로 하늘에서 내려왔다. 용감한 아버지는 지붕에 미리 푸른 이끼를 깔아놓았고, 천둥 신은 그 이끼를 밟고 미끄러져서 부보에게 붙잡혔다. 아버지는 천둥 신을 쇠로 만든 둥우리 속에 가둬두었다.

"애들아, 좀 나갔다가 올 테니 천둥 신을 잘 지키고 있어라. 천둥 신에게 절대로 물을 주어서는 안 된다."

아버지가 나간 지 얼마 되지 않았을 때 웅크리고 있던 천둥 신이 불쌍한 표정을 지으며 남매에게 말했다.

"애들아, 목이 말라 죽을 것 같구나. 물을 조금만 줄 수 없겠니?"

《산해경》에 등장하는 천둥 신 뇌공. 뇌공은 중국 남부 지역 소수민족 신화에서 가장 중요한 신이다. 천둥 신은 대부분의 신화에서 최고신으로 등장한다. 벼농사를 주로 짓는 지역에서 천둥 신은 가장 큰 힘을 지닌 존재로서 종종 인간과 대립하곤 한다.

"안 돼요. 아버지께서 물을 주면 안 된다고 말씀하셨는걸요."

오빠는 제법 의연하게 말했다. 그러나 천둥 신은 거듭 아이들에게 하소연했다.

"얘들아, 많이 주지 않아도 돼. 제발 한 방울만이라도…… 제발 부탁이다."

천둥 신은 계속 애원했고, 시간이 흐를수록 아이들은 마음이 약해졌다. 결국 누이가 오빠에게 말했다.

"오빠, 너무 불쌍해. 목이 정말 마른 것 같아. 물을 조금만 주자."

"안 돼! 아버지께서 절대로 주면 안 된다고 그러셨잖아."

"그래도 저걸 좀 봐. 다 죽어가는걸."

오빠가 천둥 신을 곁눈질해 보았다. 정말 천둥 신은 곧 죽을 듯한 표정으로 축 늘어져 있었다.

"가엾긴 하구나. 그럼, 조금만 주자."

두 아이는 부엌에서 수세미를 가져다가 천둥 신에게 건네주었다. 물 몇 방울이 천둥 신의 입으로 떨어졌다. 그런데 물방울이 입에 닿는 순간 죽어가던 천둥 신이 한껏 몸을 부풀리며 일어났다.

"우르릉, 꽝!"

뒤이어 철창이 부서지는 소리가 나면서 천둥 신이 뛰쳐나왔다.

아이들은 너무 놀라서 꼼짝도 하지 못한 채 그 자리에 멍하니 서 있었다.

"우하하! 얘들아, 정말 고맙다. 너희들 덕분에 살았다! 이걸 줄 테니 땅에 심어봐라!"

천둥 신은 자신의 이빨을 하나 뽑아서 아이들에게 던져주고 하늘로 올라가 버렸다.

아이들은 망연자실했다. 그러나 이미 벌어진 일이니 어쩔 도리가 없었다. 그래서 아이들은 천둥 신이 주고 간 이빨을 뒤뜰에 심었다. 그런데 신기하게도 땅에 심자마자 이빨에서 싹이 돋아나더니 무럭무럭 자라나서 순식간에 하늘에 닿을 정도가 되었고 커다란 조롱박이 열리는 것이었다.

얼마 지나지 않아 아버지가 돌아왔다. 천둥 신이 도망친 것을 보자 잠시 난감했으나 아버지는 용감하게 말했다.

"천둥 신이 곧 다시 쳐들어올 거야. 준비를 철저히 해야겠다."

아버지는 그날부터 쇠로 배를 만들었다.

"곧 큰 비가 쏟아질 거야. 튼튼한 배를 만들어야 해."

아버지가 배를 다 만들어갈 무렵 비가 내리기 시작했다. 마치 하늘에 구멍이라도 난 것처럼 억수 같은 비가 7일 밤낮을 계속해서 내렸다. 세상 모든 것이 물에 잠기기 시작했다.

"이 못된 천둥 신 녀석, 어디 두고 보자."

화가 난 아버지는 넘실거리는 물 위에 쇠로 만든 단단한 배를 띄웠다. 겁이 난 아이들은 뒤뜰에 열린 조롱박을 따서 속을 파내고 그 속에 들어가 숨었다. 세상의 생명 있는 모든 것이 물속에 잠겨버리고, 넘실거리는 물 위에는 아버지의 배와 아이들의 조롱박만 둥실 떠 있었다. 아버지는 쇠로 만든 배를 타고 하늘 문 앞까지 갔다. 그리고 굳게 닫힌 하늘 문을 두드리며 소리쳤다.

"야, 이 못된 천둥 신 녀석아, 빨리 나오지 못하겠느냐? 왜 불쌍한 생명을 없애는 거냐? 나와 한판 겨뤄보자!"

아버지는 배로 하늘 문을 꽝꽝 두드리면서 외쳤다. 서슬 퍼런 기세에 하늘 문이 곧 무너질 것 같았다. 더럭 겁이 난 천둥 신은 하늘까지 차 있던 물을 순식간에 빼버렸다. 물이 빠지면서 물 위에 떠 있던 아버지의 배는 땅바닥으로 곤두박질쳤고 배는 산산조각이 났으며 용감했던 아버지는 그만 죽고 말았다. 그러나 아이들이 숨어 있던 조롱박은 물이 빠졌어도 아무 일이 없었다. 조롱박은 탄력성이 있었기 때문에 땅바닥에 떨어져도 깨지지 않고 무사했다.

남매는 사태가 진정된 것 같아 조롱박 밖으로 나왔다. 하늘까지 차올랐던 물은 다 빠졌으나 세상은 고요했다. 천지사방에 살아 있는 인간이라고는 남매밖에 없었다.

근친혼의 유래

"우리밖에 안 남았네."

홍수 후에 살아남은 유일한 인간인 남매는 그 후 열심히 농사를 짓고 옷감을 짜며 살아갔다.

그러던 어느 날 오빠가 누이에게 말했다.

"누이야, 세상에 인간이라곤 너와 나밖에 없구나. 이 세상에 인간이 다시 퍼지려면 너와 내가 혼인하는 수밖에 없지 않겠니?"

"안 돼! 남매끼리 혼인이라니 안 될 말이야."

누이는 차갑게 거절했다. 난감해진 오빠가 다시 말했다.

"그래? 그렇다면 하늘의 뜻을 물어보기로 하자. 하늘이 우리의 결합을 허락하신다면 우리 혼인하는 거다. 어때?"

잠시 생각하던 누이는 마지못해 그러자고 대답했다.

"그런데 어떻게 하늘의 뜻을 시험하지?"

"우선 저 강물을 사이에 두고 나는 바늘을, 너는 실을 들고 바늘에 실을 꿰어보는 거야. 실이 꿰어지면 혼인하라는 하늘의 계시인 거지."

그래서 그렇게 해보았더니 바늘에 실이 잘 꿰어졌다. 그러나 누이는 아직 뜻을 정하지 못하고 한 번 더 하늘의 뜻을 시험해보자고 했다.

"좋아, 그러면 이번엔 이 산과 저 산의 봉우리에서 연기를 피워 올려보자. 두 산봉우리의 연기가 하늘로 올라가서 서로 합쳐지면 혼인하라는 하늘의 뜻인 거지."

남매는 그렇게 해보았다. 과연 연기는 하늘에서 서로 합쳐졌다.

"저걸 보렴. 연기가 합쳐지잖아. 우리도 합쳐지라는 게 하늘의 뜻이야."

"아니, 한 번만 더 해봐."

"그래, 좋아. 이번에는 맷돌을 굴려보자. 암맷돌과 숫맷돌을 산 위에서 굴려 산 아래에서 합쳐지면 혼인하라는 하늘의 뜻이다. 이제 더는 다른 말 하기 없다. 알았지?"

"응, 알았어."

그래서 맷돌을 굴렸는데 역시 산 아래에서 맷돌 둘이 합쳐지는 것이었다. 그래서 누이는 오빠와 결혼하기로 했다. 그러나 누이는 아무래도 오빠와 혼인하는 것이 마음에 걸려 커다란 부채로 얼굴을 가리고 혼인을 했다. 예전에 중국에서 혼인할 때 여자의 얼굴을 붉은 천으로 가리는 풍습이 여기서 비롯되었다는 해석도 있지만, 알 수 없는 일이다.

중국 남방의 먀오족과 좡족 그리고 야오족에게 전승되는 남매혼 신화의 대체적인 내용이다. 여기 소개한 것은 좡족의 신화인데, 먀오족과 야오족의 신화에서는 아버지와 남매의 이름만 다를 뿐이다. 남매가 결혼하다니 말도 안 된다고 하겠지만 그건 지금의 관점일 뿐, 세계 여러 나라 신화에는 대개 근친혼 모티프가 나타난다. 그뿐인가, 근친혼은 전국시대戰國時代 중국에서 비일비재한 일이었고 근세 유럽에서도 심심치 않게 일어난 일이었다. 지금도 영화나 드라마 등에서 남매 사이의 묘한 애정과 근친혼 모티프가 여전히 그 명맥을 이어가고 있다. 인간의 깊은 욕망과 관련되어 있음이 분명한 근친혼 모티프는 전 세계 각 지역 신화에 그야말로 두루두루 나타난다. 그리고 신화에 등장하는 근친혼은 대부분 새로운 생명을 탄생시키는 동력이 된다.

예컨대 수메르 신화에서는 대기의 신인 엔릴Enlil이 어머니인 땅의 신 엔키Enki를 아내로 삼아 여러 신들을 낳는다. 위대한 어머니 여신과 연인인 아들의 결합이다. 이집트 신화에서는 천공의 여신 누트Nut와 대지의 신 게브Geb의 자식인 이시스와 오시리스가 부부가 되고, 또 다른 자식인 네프티스Nephthys와 세트Seth 역시 부부가 된다. 남매의 결합을 보여주는 전형적인 신화다.

히브리인의 성경에서도 근친혼의 흔적을 찾는 것은 어려운 일이 아니다. 그리스 신화의 가이아 역시 아들인 우라노스와 결합해서 티탄족을 낳는다. 일본 신화에서도 남매인 이자나기와 이자나미가 결합해서 오노고로섬을 비롯한 열네 개의 섬을 낳고, 35명의 신을 낳는다. 신화의 시작에 이처럼 근친혼이 많이 등장하는 것은 이런 카오스적인 결합이 창조적 에너지가 되기 때문이다. 그리고 사회적, 문화적 맥락에서 본다면 고대에 존재했던 근친혼의 흔적일 수 있다.

근친혼을 금하라

중국 서남부 지역에 전승되는 대홍수신화는 일반적인 홍수신화와 비슷하게 전개되지만, 그저 남매의 결합으로 "세상에 인간이 다시 생겨났다"고 끝나는 여타의 신화와 달리 조금 특이한 이야기가 첨가된다.

남매는 결혼했다. 그리고 오빠는 밭을 갈고 누이는 옷감을 짜며 열심히 살았다. 그러다가 누이가 임신하여 열 달 만에 뭔가를 낳았다. 여기서 '뭔가'라고 한 것은 누이가 낳은 것이 그저 둥그렇기만 한 살덩어리였기 때문이다. 아무리 들여다보아도 그것이 무엇인지 알 수 없어서 남매는 하늘나라의 천신에게 물어보기로 했다.
그때만 해도 하늘과 땅이 지금처럼 그렇게 멀리 떨어져 있지 않았다. 그래서 남매는 하늘로 통하는 거대한 나무를 타고 자주 하늘로 놀러 가곤 했다. 남매는 그 살덩어리를 잘게 다져 나뭇잎에 싸서 들고 나무를 타고 올라가기 시작했다. 그런데 중간쯤 올라갔을 때 갑자기 거센 바람이 불어왔고, 그 바람에 나뭇잎에 쌌던 살 조각들이 지상으로 떨어졌다. 다져진 것이었기 때문에 살덩어리는 여기저기로 흩어져버렸다. 어떤 것은 나무 위에 떨어졌고, 어떤 것은 돌 위에 떨어졌다. 어떤 것은 나뭇잎 위에, 어떤 것은 쇠 위에, 어떤 것은 강 위에, 어떤 것은 버드나무 위에. 그렇게 떨어진 살 조각들은 모두 사람이 되었는데 각각 떨어진 장소를 성씨로 삼았다. 나무 위에 떨어진 것은 목木씨, 돌 위에 떨어진 것은 석石씨, 그 외 김金씨, 강江씨, 유柳씨 등등이었다. 이렇게 해서 세상은 사람들로 다시 가득 찼고 사람들은 저마다 성씨를 갖게 되었다.

신화는 대부분 기원에 관한 이야기라고 말한 사람도 있거니와 이 이야기도 인간과 성씨의 기원에 관한 신화라고 할 수 있다. 그러나 여기서 흥미로운 점은 남매가 결혼하여 이상한 '살덩어리'를 낳았다는 대목이다.

이 대목에서 남매가 결혼해서 낳았다는 '이상한 것'은 근친혼의 결과로 장애를 가진 아이가 태어났음을 의미하며, 이런 이야기를 통해 사람들은 근친혼을 해서는 안 된다는 것을 배웠다는 해석이 제기되기도 한다. 실제로 근친혼으로 장애를 가진 아이가 탄생한 것을 보고 사람들이 근친혼을 하지 않게 되었다는 신화가 가오산족高山族에게 전해진다.

옛날 바위와 대나무에서 두 명의 신이 탄생했다. 둘은 친구가 되어 매일 함께 놀고 함께 자면서 지냈다. 어느 날 동굴 속에서 잠을 자며 몸을 뒤척이다가 두 신의 무릎에서 각각 한 쌍의 남자 아기와 여자 아기가 나왔다.

바위 신과 대나무 신은 각각 자기 무릎에서 나온 아기들을 고이 잘 길렀다. 그리고 자라서 청년이 되자 바위 신에게서 나온 아이들은 그 아이들끼리, 대나무 신에게서 나온 아이들은 또 그 아이들끼리 혼인을 시켰다. 그리고 혼인을 한 남녀는 얼마 지나지 않아 각각 아이를 낳았다.

"아니, 아이가 이상해요!"

바위 신의 자식들은 다리를 절룩거리는 아들과 말을 할 줄 모르는 딸을 낳았다. 그리고 대나무 신의 자식들은 눈먼 아들과 역시 말할 줄 모르는 딸을 낳았다.

"정말 이상하군. 이 아이들은 왜 우리와 다르게 생긴 걸까?"

당황한 바위 부부와 대나무 부부는 신에게 기도를 올려 그 이유를 물었다. 그랬더니 신은 이렇게 대답했다.

"그것은 근친혼 때문이니라. 앞으로 다시는 그런 혼인을 하지 말도록 하라."

그래서 바위 부부와 대나무 부부는 모여 앉아 대책을 의논했고, 마침내 각각 낳은 아이들을 바꿔서 결혼시키기로 했다. 그렇게 했더니 과연 그다음부터는 기골이 장대하고 잘생긴 남자아이와 아름답고 총명한 여자아이를 낳게 되었다.

일본 신화에도 근친혼 모티프가 나타나는데 이 경우 남매의 혼인으로 장애를 가진 아이가 탄생하는 것은 앞의 이야기와 같으나 그 원인은 조금 다르게 나타난다.

이자나기와 이자나미가 처음 결합할 때 남자인 이자나기가 여자인 이자나미에게 말한다.

"나의 몸은 차츰차츰 생겨나서 완전히 이루어졌으나 한 곳 남은 데가 있다. 그래서 나의 여분의 몸으로 완전히 이루어져 있지 않은 너의 몸과 합쳐 국토를 낳고자 하는데 너의 생각은 어떠냐?"

여자는 '완전히 이루어져 있지 않은' 존재라는 말에서 여자를 태어날 때부터 남자에 비해 뭔가 모자라는 존재로 여긴다는 느낌을 받게 된다. 이야기는 이어진다. 이자나기와 이자나미는 결혼 전, 중국 남매혼 신화의 주인공들처럼 기둥을 가운데 두고 빙빙 돌기 내기를 한다.

"우리 둘이 이 기둥을 돌면서 만나 결혼하기로 하자. 너는 오른쪽으로 돌고 나는 왼쪽으로 돌아서 만나기로 하자."

그래서 '하늘에 떠 있는 다리'라는 의미의 천부교天浮橋 위에 이자나기와 이자나미가 서서 아메노누보코天沼矛라는 창을 들고 바닷물을 찔러서 부글부글 소리가 나도록 휘저은 다음 들어 올렸고, 그 창끝에서 바닷물이 떨어져 쌓여 오노고로라는 섬이 생겼다. 둘은 이 섬으로 내려와 신성한 하늘 기둥을 세우고 거기에 넓은 궁전을 지었다. 남매는 결혼하기 위해 이 신성한 기둥 주위를 돌았다. 그러다가 여신인 이자나미가 먼저 입을 열었다.

"정말 잘생긴 남자구나!"

그러자 이자나기도 말했다.

"정말 사랑스럽고 어여쁜 여자구나!"

그러면서 이자나기는 이자나미에게 한마디 덧붙였다.

"여자가 먼저 말을 하는 것은 좋지 않았다."

그렇게 기둥을 돌다가 결혼을 한 둘은 히루코水蛭子라는 자식을 낳았다. 그런데 이 아이는 세 살이 되도록 일어서지를 못해 결국 갈대로 만든 배에 태워서 바다로 떠내려 보냈다. 그다음에 낳은 자식은 아와시마淡島라는 섬이었는데, 이 아이도 "자식으로 셈하지 않았다." 뭔가가 모자라 자식으로 치지 않았다는 말이다. 이자나기가 말했다.

"지금 우리가 낳은 자식은 좋지 못하다. 역시 천신이 계시는 곳으로 올라가 사실을 아뢰는 것이 좋겠다."

그래서 이자나기와 이자나미는 중국 신화 속의 남매처럼 천신이 있는 곳으로 올라가 왜 제대로 된 자식이 태어나지 않는 거냐고 물었다. 그랬더니 천신이 대답했다.

"여자가 먼저 말을 한 것은 좋지 못하다. 다시 내려가 새롭게 고쳐 말하라."

그리하여 두 신은 아래로 내려와 기둥을 돌면서 천신이 하라던 대로 다시 해보았다. 이번에는 이자나기가 먼저 입을 열었다.

"정말 사랑스럽고 어여쁜 여인이구나."

그러자 여신인 이자나미가 말했다.

"정말 훌륭한 남자구나."

그 후 두 신은 줄줄이 제대로 된 섬을 낳았다.

8세기경에 편찬된 고대 일본의 신화와 전설이 실려 있는《고사
기古事記》에 나오는 이야기다. 이 이야기에서 문제는 근친혼 그 자
체가 아니라 남자보다 여자가 먼저 입을 열어 말을 했다는 것에 있
다.《일본서기日本書紀》에도 비슷한 내용이 있다. 이 책에서도 이자
나기는 이렇게 말한다.

"나는 남자다. 남자가 먼저 말하는 것이 당연한 이치다. 그런데
어찌하여 여자가 먼저 말하는 것인가? 좋지 못하다. 다시 고쳐서
하자."

신화시대에 어디 남자가 먼저 말해야 한다는 법이 있었겠는가.
이는 바로《고사기》와《일본서기》에 기록된 신화가 남존여비 사상
이 강했던 후대에 '정리된 것'임을 보여주는 증거다. 그리고 이 대
목이 중국 남매혼 이야기와 일본 남매혼 이야기의 큰 차이점이다.

후에 이자나미는 불의 신을 낳다가 죽어서 저승인 황천국黃泉國
(요미노쿠니)의 신이 되어 죽음의 신으로 돌변한다. 이 내용도 중국
신화와 매우 다르다. 중국 신화의 경우 여신이 생명의 신이나 어머
니 여신이라면 모를까, 죽음의 신으로 나타나는 경우는 아주 드물
다. 그러나 이자나미는 죽음의 신, 어둠의 신이 되어 빛과 생명을
뜻하는 남편 이자나기와 대립하는 위치에 서게 된다.

이자나미가 불의 신을 낳다가 죽은 뒤 이자나기는 마치 오르페
우스처럼 아내인 이자나미를 찾아 황천국에 갔다. 함께 돌아가자

는 남편 이자나기에게 이자나미가 말했다.

"실로 애석한 말입니다. 조금만 일찍 오셨더라면 좋았을 것을. 나는 이미 황천국의 음식을 먹고 말았어요. 하지만 사랑하는 당신이 와준 것은 정말 고맙습니다. 그러므로 돌아가는 문제를 잠시 황천국의 신과 의논해보겠어요. 그동안 나의 모습을 보아서는 안 됩니다."

그러나 이자나기는 오르페우스와 마찬가지로 금기를 지키지 못했다. 기다리기가 지루해서 아내의 모습을 돌아다보던 이자나기는 아내의 몸에서 우레 같은 소리를 내며 들끓는 구더기들을 보고 질겁하여 도망친다. 그런 남편을 따라가며 아내가 소리쳤다.

"사랑하는 당신이 이런 짓을 하시면, 하루에 당신 나라 사람 1000명이 죽을 거예요."

아내를 버리고 도망치는 야속한 남편 이자나기는 지지 않고 소리쳤다.

"사랑하는 나의 아내여, 그대가 정녕 그렇게 한다면 나는 하루에 1500개의 산실産室을 지을 것이다."

그리하며 이자나기는 저승에서 돌아왔고, 부정함을 씻기 위해 바닷물에 몸을 담근 후 태양의 여신 아마테라스 오미카미天照大神와 달의 신 츠쿠요미 노미코토月讀命 그리고 아마테라스 오미카미의 남동생 다케하야 스사노오 노미코토建速須佐之男命를 낳았다. 그러므로 여신인 아마테라스 오미카미가 태양의 신이라는 것만 가지고 일본 신화에 위대한 여신의 전통이 살아 있다고 말하기는 어렵다. 아마테라스 오미카미는 어머니인 이자나미를 저승에 두고 온,

"여자가 먼저 말하는 것은 좋지 못하다"고 말한 아버지 이자나기의 왼쪽 눈에서 나왔고, 아버지의 명에 따라 하늘로 가서 천상계인 다카마가하라高天原를 다스릴 뿐이기 때문이다.

이자나기와 이자나미의 남매혼 신화는 중국이나 우리나라의 일반적인 남매혼 신화 유형에서 벗어나 있기에 무척 흥미롭다. 그리고 그것은 일본의 남매혼 신화가 또 다른 계통에 속하는 것임을 보여주는 자료일 수도 있다.

해와 달 오누이의 결혼

이렇게 남매가 결혼해서 부부가 되고 그 부부가 이상한 것을 낳았는데 그것이 다시 새로운 인류의 시작이 되었다는 이야기는 중국 남부 지방에 거주하는 야오족 신화에도 보인다. 재미있게도 이 신화에서 혼인하는 남매는 해와 달이다.

아득한 옛날 오랫동안 계속해서 엄청난 비가 퍼붓듯이 내렸다. 그래서 높다란 야오산瑤山만 빼놓고 아래 세상이 모두 물에 잠겨서 사람들이 다 죽어버렸다. 하늘 높이 뜬 해와 달만이 그 처참한 광경을 바라보며 눈물을 흘렸다.
그러다가 해와 달은 몸체와 약간의 빛만을 하늘에 남겨놓은 뒤, 해는 잘생긴 청년으로 달은 청초한 아가씨로 변했다. 두 사람은 구름을 타고 야오산으로 내려와서 혹시 살아남은 사람이 있는지 찾아보았다.

"못 찾겠어. 어디에도 사람이 없어. 정말 모두 죽었나 봐."

"그렇구나. 그러면 이렇게 하면 어떻겠니? 너와 내가 결혼하는 거야. 그러면 세상에 사람이 다시 생겨나게 할 수 있잖아."

"뭐라고? 그건 안 돼!"

여동생인 달은 일곱별 자매들이 비웃을까 걱정도 되고 천왕에게 벌을 받을까 두렵기도 해서 거절했다. 하지만 오빠인 해는 집요했다. 결국 달은 야오산을 빙빙 도는 달리기 내기를 하자고 했다. 여기서 야오산은 하늘과 통하는 사다리, 즉 하늘 기둥의 역할을 하고 있다.

"오빠가 날 잡으면 결혼해줄게."

그래서 해는 달을 쫓아 야오산을 빙빙 돌기 시작했다. 그런데 달이 얼마나 빨리 달리는지 아무리 쫓아가도 잡을 수가 없었다.

"헉헉, 저 애가 어쩌면 저렇게 빠른 걸까? 도무지 따라잡을 수가 없네."

그때 거북 한 마리가 나타나더니 해에게 말했다.

"바보, 뭘 그렇게 계속 쫓아가기만 해? 조금 쫓아가는 척하다가 돌아서서 기다리면 동생이 품 안으로 들어올 텐데."

"아, 그런 방법이 있었구나."

해가 따라오는 줄 알고 앞만 보며 열심히 달리던 달은 돌아서서 기다리던 해의 품에 덜컥 안기고 말았다. 바로 그때 옆에서 웃고 있는 거북의 모습이 달의 눈에 들어왔다. 화가 난 달은 거북을 밟

아버렸고, 그래서 거북은 지금까지도 그렇게 납작한 것이다.

"이건 무효야. 다시 해!"

"좋아. 그럼 이번엔 무엇으로 할까?"

"맷돌로 점을 쳐보자."

해와 달이 산꼭대기에서 암맷돌과 숫맷돌을 굴려서 그 둘이 산 아래에서 하나로 합쳐지면 혼인해도 된다는 하늘의 뜻으로 여기기로 했다. 해와 달은 산꼭대기에 올라가 각각 맷돌을 굴렸다. 그랬더니 맷돌 두 개가 산기슭으로 굴러 내려오다가 마침내 하나로 합쳐지는 것이었다.

"봐라. 하늘이 우리가 혼인해도 된다잖아."

"마지막으로 한 번만 더 해봐."

그래서 하게 된 것이 각각 산 위에 올라가서 머리를 빗는 것이었다. 해와 달이 각각 산꼭대기에 올라가서 머리를 빗는데, 머리카락이 점점 자라더니 공중에서 한데 합쳐졌다. 결국 세 번의 시험이 모두 해의 승리로 끝났다.

'아아, 이를 어쩌나 일곱별 언니들이 흉볼 텐데.'

달은 하늘로 돌아가 일곱별 언니들을 찾아갔다. 하지만 자초지종을 들은 일곱별 언니들은 오히려 달의 혼인을 축하해주었다.

"잘되었구나. 아무 걱정하지 마. 너희들이 혼인하는 것을 천왕께서 모르시게 우리가 도와줄게."

그러면서 일곱별 언니들은 뛰어난 솜씨로 커다란 구름 비단을 짜서 야오산을 덮어주었다.

"자, 이제 천왕께서는 아무것도 보실 수 없을 거야. 얼른 가서 결혼식을 올리렴."

그래서 달은 해와 함께 야오산에서 살게 되었고 얼마 지나지 않아 임신했다. 그러던 어느 날 까치 한 마리가 야오산에 날아와 울었다. 대나무로 엮은 집 안에 누워 있던 달은 매우 기뻤다.

"어머! 까치가 우네. 분명히 아들을 낳을 거야."

그러나 달이 낳은 것은 아들이 아니라 커다란 호박이었다.

"아니? 오빠, 이럴 수가!"

놀랍기는 해도 마찬가지였다. 해는 칼로 호박을 잘라보았다. 그 속에는 씨앗만이 가득 들어 있었다.

달은 놀랍고 기가 막혀서 그 씨앗들을 꺼내 산골짜기 여기저기에 흩뿌렸다.

"오빠, 어찌 이럴 수가 있을까? 이 세상을 사람들로 다시 가득 채우고 싶었는데……"

집에 돌아온 해와 달은 엉엉 울었다. 그런데 울다가 잠이 든 해와 달의 귀에 까치가 우는 소리가 다시 들려왔다. 눈을 뜨니 어슴푸레 동이 터오는 새벽인데 까치 울음소리가 들려온 것이다. 급히 대나무 집의 창문을 여는 순간, 해와 달은 놀라지 않을 수 없었다. 밖에 까치가 셀 수 없이 많았다. 그리고 원래는 없었던 대나무 집들이 밤사이에 여기저기 생겨 있었다.

해와 달은 벌떡 일어나서 집 밖으로 나가보았다. 그랬더니 산 여기저기에 대나무 집들이 들어서 있고, 집집마다 밥 짓는 연기가 모락모락 피어올랐다. 그리고 수많은 사람이 일곱별 언니들이 덮어놓은 야오산의 아름다운 구름 비단을 잘라내어 옷을 만들어 입고 밭에 씨앗을 뿌리고 있었다.

"그래, 맞아. 어제 우리가 흩뿌려놓은 씨앗이 모두 자라 사람이 된 거야."

"드디어 세상에 사람들이 다시 생겨났구나!"

이렇게 해서 야오산 골짜기마다 사람들이 살게 되었고, 그들은 야오산에서 살아가는 사람들이라고 해서 '야오인瑤人'이라고 불리게 되었다.

그런데 그들이 지상으로 내려올 때 하늘에 조금 남겨놓고 온 빛이 이미 다하여 해와 달이 서서히 빛을 잃어가고 있었다.

"오빠, 우리 돌아갈 때가 됐어요."

해와 달은 사람들을 모아놓고 자기들이 어디서 어떻게 왔는지를 일러주었다. 그리고 사람들과 작별 인사를 하고 다시 하늘로 올라갔다. 그 후 해와 달은 다시는 땅으로 내려오지 않고 하늘에서 따뜻하고 밝은 빛을 인간들에게 골고루 보내주고 있다.

해와 달이 오누이라는 이야기는 우리나라에도 전승되고 있으나 해와 달의 '빛'이 사람으로 변해서 혼인하고 세상에 다시 인류를 퍼뜨린다는 발상이 참 독특하다. 하늘나라의 옷감 짜기 선수들인 일곱별 자매가 아름다운 구름 옷감을 만들어서 산을 덮는다거나 그 구름 옷감을 잘라내 옷을 지어 입는다는 상상도 아름답다. 오늘날 야오족 사람들의 복장이 그렇게 화려하고 눈부신 것은 바로 하늘나라 여신들이 만든 고운 옷감 덕분은 아닐까.

야오족의 이 신화에도 중국의 여러 지역과 우리나라에 전승되는 남매혼 신화들에서 공통적으로 볼 수 있는 '하늘의 뜻 시험하기'* 모티프가 나타나고 있다. 우리나라의 연오랑과 세오녀 설화에도 연오랑과 세오녀가 바다 건너 일본으로 떠난 뒤 해와 달이 빛을 잃자 세오녀가 짠 옷감을 보내서 해와 달이 다시 빛을 찾게 했다는 내용이 보인다. 이 이야기 역시 해와 달 오누이, 남매혼, 옷감 짜는 여신, 빛과 생명 등의 모티프와 관련지어 생각할 거리를 많이 제공해준다.

천상의 여인과 혼인하는 인간 청년 이야기

중국에 거주하는 여러 민족의 신화와 전설에는 홍수 뒤에 살아남은 유일한 인간인 한 청년이 하늘로 올라가서 여러 가지 어려운 시험을 거친 뒤 하늘나라의 여신을 아내로 얻는 이야기가 전해진다. 청년은 천상의 여신뿐 아니라 곡식의 씨앗까지 얻어 지상으로 돌아온다. 인간 세상의 남자와 하늘나라 여신의 결합에 곡식의 기원에 관한 모티프가 덧붙여진 것이다. 우리가 잘 알고 있는 선녀와

---

* **하늘의 뜻 시험하기** 남매는 결혼할 수 없으므로 하늘의 뜻이 어떠한지를 물어본다는 것. 원래 남매가 결혼하는 것은 금기였지만 이 신화에서 그 금기는 절대적인 법칙이 아니었다. 인류의 생존이라는 대의명분 앞에서 금기는 얼마든지 깨질 수 있었기 때문이다. 하늘의 뜻을 시험하는 방법도 여러 가지인데, 맷돌을 굴리는 방법이 가장 많이 등장하고 연기를 피워 올리는 것도 자주 등장한다. 이 밖에도 대나무나 박, 풀이나 가시 등에 물어보는 방법, 이리저리 돌아다니는 방법, 거북이나 까마귀에게 물어보는 방법, 머리카락을 서로 휘감는 방법, 키나 체를 굴리는 방법 등이 등장한다.

나무꾼 이야기도 넓은 의미에서 인간 세상의 남자와 천녀의 결합이라는 범주에 속하는 설화이긴 하지만 약간 성격이 다르기 때문에 여기서는 윈난성의 나시족納西族에게 전승되는 이야기를 소개하기로 한다.

아득한 옛날, 많은 비로 홍수가 하늘까지 차올랐다. 넘쳐나는 큰물 때문에 인간과 동물이 모두 물에 빠져 죽었는데, 초제르으라는 청년만이 천신이 알려준 대로 야크를 잡아 껍질을 벗기고 그것으로 가죽주머니를 만들어 그 속에 숨은 덕분에 살아남았다. 홀로 남은 청년은 풀뿌리라도 캐려고 밖으로 나갔는데, 집에 돌아오니 누군가가 밥을 해놓았다. 청년이 숨어서 지켜보니, 하늘에서 내려온 학이 깃털 옷을 벗고 젊은 여인으로 변해 불을 피우고 밥을 짓고 있었다. 알고 보니 그 여인은 천신의 딸인 체흐부버라 했고, 아버지가 정해준 하늘의 짝이 마음에 들지 않아 인간세상으로 자신의 배우자를 찾으러 내려온 것이었다.

체흐부버는 청년 초제르으를 데리고 하늘로 갔고, 아버지인 천신을 만나게 했다. 천신은 인간세상의 청년이 마음에 들지 않았으나 딸의 설득 때문에 어쩔 수 없이 청년을 시험해보기로 했다.

"초제르으야, 네가 능력이 있다면, 네가 재주가 있다면, 네게 하루 낮과 밤을 주마. 아흔아홉 군데 숲의 나무를 모조리 베어버린다면, 내 딸을 너에게 시집보낼 수도 있어."

청년은 난감했지만, 체흐부버의 도움으로 하룻밤 사이에 아흔아홉 군데 숲의 나무를 모두 벨 수 있었다. 하지만 천신의 시험은 그것으로 끝나지 않았다. 이번에는 하룻밤 사이에 아흔아홉 군데의 나무를 모두 태우라고 했는데, 역시 체흐부버 여신의 지혜로 그 일을 완수했다. 물론 천신의 시험은 계속되었다. 셋째 날에는 씨앗을 뿌리고, 넷째 날에는 곡식을 거둬오는 일을 시켰다.

초제르으가 여신의 도움으로 일을 끝내고 곡식을 거둬 왔는데, 천신이 곡식의 낱알을 세어보더니 곡식 '세 톨'과 '두 입'이 모자란다면서 마저 찾아오라고 했다. 이번에도 해답을 찾아낸 것은 체흐부버였다. 곡식 세 톨이 멧비둘기 모이주머니에 있다는 것을 알아낸 체흐부버는 초제르으에게 활을 쏘게 하여 멧비둘기가 삼킨 곡식 '세 톨'을 찾아오고, 곡식 두 입을 삼킨 것이 개미라는 것을 알아내어 말총을 개미 허리에 묶어 '두 입'을 뱉어내게 했다. 개미 허리가 오늘날 그렇게 가느다란 것은 바로 그때 체흐부버가 말총을 묶어 곡식을 뱉어내게 했기 때문이라고 한다.

천신은 이것뿐 아니라 '양을 잡아 와라', '물고기를 낚아 와라', '호랑이 젖 세 방울을 구해 와라' 등 여러 가지 어려운 과제를 계속 냈지만, 체흐부버의 도움으로 모든 문제를 해결했고, 초제르으는 마침내 메밀을 비롯한 곡식의 종자와 가축들을 얻어 체흐부버와 함께 인간 세상으로 내려오게 되었다.

그러나 천신은 초제르으와 체흐부버에게 하늘나라의 보물인 순무 씨앗과 고양이는 주지 않았다. 하지만 아버지가 주지 않는다고 못 갖고 올 체흐부버가 아니다. 아버지의 반대를 극복하고 인간세상의 남자와 혼인한 당찬 딸이 아닌가. 체흐부버는 양쪽으로 길게 땋아 내린 머리카락을 풀고 그 안에 순무 씨앗을 숨긴 다음 다시 머리를 땋았다. 고양이는 가축들 틈에 숨겨 데리고 왔다. 자신이 아끼던 고양이를 딸에게 빼앗긴 천신은 너무나 화가 났지만 어찌할 방도가 없어 이렇게 심술을 부렸다.

"밤이 되면 고양이가 야옹거리면서 울어 너희들이 잠들기 어려울 것이다!"

오늘날 새벽녘에 고양이 날카롭게 우는 소리를 내어 우리의 잠을 깨우는 것은 바로 사랑하는 고양이를 빼앗긴 천신의 소심한 복수이니, 이해해줄 만하다.(《나시족 창세신화와 둥바문화》에서 인용)

중국 내에 거주하는 소수민족에게는 이처럼 호기심 많고 씩씩한 인간 세상의 남자가 하늘로 올라가 천신의 시험을 거친 뒤 천신의 딸과 혼인하고 곡식의 씨앗을 가져오는 이야기가 많이 전승된다.

우리나라 제주도 지역에는 이와 유사한 이야기가 남녀의 역할이 바뀐 채 전승되고 있다. 제주도에 전해 내려오는 서사 무가巫歌 〈세경본世經本풀이〉에서는 인간 세상의 여자인 자청비가 하늘나라 문곡성文曲星*의 아들인 문도령과 혼인하고 하늘나라에서 곡식의 씨앗을 가지고 온다. 물론 이 이야기에서 천신이 내는 온갖 시험을 거치고 곡식의 씨앗을 가져오는 인물은 문도령이 아니라 자청비다. 자청비는 나중에 문도령과 더불어 농사의 신인 세경신이 된다.

---

*　**문곡성**　북두칠성의 네 번째 별로 '천권성(天權星)'이나 '괴성(魁星)'이라고도 한다. 공부하는 사람들의 수호신으로 알려져 있으며, 과거에 급제하거나 글재주가 뛰어난 사람을 가리켜 문곡성이 세상에 내려왔다고 말하기도 한다. 지금도 대학입시 등을 앞두고 마을의 문곡성 사당에 가서 합격을 기원하는 모습을 종종 볼 수 있다.

자청비는 인간 세상의 여자이지만 하늘나라 문도령을 사모하여 남장을 하고 문도령과 함께 3년 동안 공부를 한다(이 대목은 중국의 4대 전설 중 하나인 양축梁祝 전설과 비슷하다). 그러나 문도령은 자청비가 여자인 것을 모르고 장가를 가기 위해 하늘로 돌아간다. 떠나간 문도령을 그리워하는 자청비에게 하인인 정수남이 접근한다. 정수남은 문도령을 만나게 해주겠다며 자청비를 산으로 데려가서 겁탈하려 했고, 이를 피하려다가 정수남을 죽이게 된 자청비는 집으로 돌아가서 부모님께 용서를 빌고 자신이 대신 종노릇을 한다. 이 대목에서 개미 허리 이야기가 나오는데 그 전말은 이렇다.

부모가 넓은 밭에 좁쌀 닷 말 닷 되를 뿌려놓고 하나도 남김없이 주위 오라고 했다. 자청비는 눈물로 다리를 놓으며 좁쌀을 모조리 주웠는데 딱 한 알을 줍지 못했다. 개미 한 마리가 그 좁쌀을 물고 있었기 때문이다.

"너마저도 내 애간장을 태우느냐."

자청비는 좁쌀을 빼앗고는 개미 허리를 발로 밟았다. 그래서 개미 허리가 홀쭉하고 가늘어졌다.

곡식과 관련된 이야기에 개미 허리 모티프가 똑같이 등장하는 것이 흥미롭지 않은가. 그렇다고 해서 이 이야기가 어느 한 지역에서 다른 지역으로 일방적으로 전파되었다고 말할 수는 없다. 자청비가 남장을 하고 문도령과 3년 동안 함께 공부했다는 모티프가 나온다고 해서 이 이야기를 반드시 중국의 양축 전설에서 따온 것이라고 말할 수도 없고, 개미 허리가 잘록해진 이야기 역시 중국의 곡물 기원 신화에서 온 것이라고 말할 수 없다. 곡식이나 농사의 기원에 관한 신화에 곡식을 주워 먹는 새나 개미가 자주 등장하는 것은 어쩌면 당연한 일이기 때문이다. 여기서 우리가 주의를 기울여야 할 것은 어떤 이야기가 어느 나라에서 어느 나라로 전파된 것일까 하는 점보다 그 이야기들이 나라마다 어떻게 다른가 하는 점일 것이다.

똑같은 남매혼 이야기라도 우리나라와 중국과 일본 신화는 각각 다른 점이 있다. 곡물의 기원에 관한 신화들도 내용은 비슷하지만 각각 다른 특색이 있다. 나시족 신화에서는 인간 세상의 남자가 하늘나라 천신의 딸과 혼인하고 곡식의 씨앗을 가져오지만, 제주도에서는 인간 세상의 여자가 하늘나라 도령과 혼인하고 곡식의 씨앗을 가져온다. 다른 세상으로 먼 길을 떠나 모험을 하고, 자신이 목적하던 바를 이루고 오는 영웅의 모습이 남자가 아닌 여자로 그려지는 것이다. 그렇다면 왜 이렇게 다른 특징이 나타나는 것일까 하는 '다름'에 주의를 기울여야 할 것이다.

예컨대 자청비 이야기는 제주도가 육지와 멀리 떨어져 있는 섬이라는 지리적 배경, 인구가 줄어들 것에 대비해서 육지로 나가는 것이 오랫동안 금지되었던 제주도의 혹독한 역사적 배경, 배를 타고 바다에 나갔다가 죽는 남자들이 많아서 농사 등의 집안일을 여자들이 책임질 수밖에 없었던 제주도의 사회문화적인 배경 등을 보여주는 신화로 읽어낼 수 있다. 참고로 제주도 지역의 신화에 등장하는 신은 여신이 80퍼센트 이상을 차지한다. 물론 그렇다고 해서 자청비 신화가 독립적인 여신의 모습만 보여주는 것은 아니다.

결국 자청비는 천신의 '며느리'가 되기 위한 시험의 과정을 겪고 있기 때문이다. 그에 비해 나시족 신화는 여성이 남성 배우자를 찾는 것이 보편적이었던 그 지역의 사회문화적 배경을 잘 보여주고 있다.

이런 식의 신화 읽기는 매우 중요하다. 동아시아 삼국의 신화에서 비슷한 모티프를 찾아내는 것은 어려운 일이 아닌데, 그것을 일방적인 전파 관계로만 파악하려 한다면 각자 자기 민족과 국가의 우월함을 보이려는 시도에 그칠 우려가 있다. 반면 비슷해 보이는 신화들 속에서 각 민족, 각 나라의 특색을 찾아내는 작업을 한다면 서로의 '다름'을 인정하는 열린 사고를 할 수 있게 될 것이다.

3부

물을 다스려
세상을 구하다

1장 곤, 천제의 보물을 훔치다

중국의 홍수신화

"중국 신화에도 홍수 이야기가 있나요?"

중국 신화에 관심을 가진 분들이 자주 묻는 것 중 하나다. 다른 나라의 창세신화를 보면 대홍수에 관한 이야기가 자주 등장하기 때문에 던지는 질문일 것이다. 물론 중국에도 홍수신화가 있다. 그러나 그 양상은 다른 나라 신화와 조금 다르다.

중국의 홍수신화는 크게 두 종류로 나뉘는데, 하나는 고대로부터 기록으로 전해져오는 홍수신화, 즉 물을 다스리는 치수治水 신화이고 다른 하나는 소수민족 지역에 전해져 내려오는 신화다. 대홍수로 세상의 인간들이 모두 죽고 유일한 부부 혹은 남매만이 살아남아 인류가 다시 탄생하게 된다는 것이 일반적인 홍수신화의 구조라고 본다면 소수민족 지역에 전승되는 홍수신화가 일반적인 홍수신화의 유형에 더 접근해 있다고 하겠다.

그러나 고대 문헌에 기록된 중국의 치수 신화는 다른 나라의 홍수신화와는 다른, 매우 중국적인 색깔을 지닌 독특한 이야기로 구성되어 있다. 그 대표적인 기록을 보기로 하자. 《상서尚書》에 나오는 대목이다.

요堯임금 시절 온 세상이 물로 가득 찼다. 근심에 휩싸인 요임금이 신하들에게 물었다.

"세상에 큰물이 들어 걱정이구나. 누구를 시켜 이 홍수를 다스리게 할까?"

그러자 신하들이 대답했다.

"곤鯀이라는 자가 있습니다. 그에게 한번 시켜보시옵소서."

요임금이 말했다.

"곤? 그자는 안 되네. 고집불통이야. 남의 말을 귀담아듣지 않지."

그러나 신하들은 그 일을 맡을 사람으로는 그래도 곤이 가장 적당하다고 계속 추천했고, 요임금은 마지못해 그에게 일을 맡겼다.

이렇게 해서 곤에게 홍수를 다스리라는 명령이 떨어졌다.

이것은 익숙하게 보던 다른 나라의 홍수신화와 매우 다르다. 우선 다른 나라 신화에서는 홍수가 일어나는 이유가 인간의 방종함에 대한 신의 분노인 경우가 많다. 홍수는 인간에 대한 징벌의 성격을 띤다. 신은 선택받은 유일한 인간을 제외하고 나머지 인간들을 홍수로 모두 죽인다. 그리고 대홍수 후 세상은 새로 시작된다.

그러나 중국 고대 문헌에 기록된 홍수는 다르다. 홍수에는 이유가 없다. 신의 분노 때문에 홍수가 일어나지는 않는다. 그것은 그저 단순한 자연재해일 뿐이다. 그리고 홍수가 인간을 모두 휩쓸어버리지도 않는다. 사람들은 뛰어난 자를 대표로 뽑아 홍수에 대처한다.

신화 속에서 곤과 우禹는 홍수를 다스리기 시작한다. 중국 고대 문헌신화에 기록된 홍수신화는 바로 치수 신화인 것이다. 세상을 끝장내버리는 '신'에 관한 기록이 아니라 엄청난 자연재해에 대항해서 물을 다스리는 '인간'의 이야기다. 그것이 다르다. 중국의 홍수신화에서는 인간이 중심에 서 있다.

자, 그렇다면 여기서 문제가 생긴다. 인간의 이야기라니 그렇다면 이것을 어떻게 신화라고 할 수 있을까?

중국 신화의 경우 역사와의 경계가 매우 모호하다. 신화가 문자로 기록되던 시기에 신들은 신의 세계가 아닌 인간의 세계로 내려왔다. 여기에 나오는 곤이나 우뿐 아니라 앞에서 보았던 복희나 여와도 인간 세상의 제왕이 되어버렸다. 곤이나 우는 신화 세계의 천신이 아니라 인간 세상의 영웅이다. 그러나 그들의 행적을 보면 인간의 평범함을 뛰어넘는다. 천계에 가서 신들의 보물을 훔쳐 오고 곰으로 변해 험한 산을 뚫는 인간이 어디에 있겠는가. 그러나 위대한 영웅에게 신적인 역량이 부여된 것인지, 아니면 원래 위대한 신인데 인간화시킨 것인지에 대한 논의는 아직도 진행 중이다. '그리스인은 신화를 믿었는가'만큼이나 '중국인은 신화를 믿었는가' 하는 문제 역시 아직도 풀리지 않은 숙제인 셈이다.

천제를 배신한 '동양의 프로메테우스'

큰물을 다스리는 방법에는 두 가지가 있다. 하나는 제방이나 둑을 쌓아 물을 막는 방법이고 다른 하나는 물길을 터서 적절히 흘러가게 하는 방법이다. 곤이 사용했던 것은 둑을 쌓아 물을 막는 방법이었다.

그는 열심히 제방과 둑을 쌓았다. 그러나 아무리 높게 쌓아도 물은 넘쳐흘렀고 사람들은 그 물에 휩쓸려 생명을 잃곤 했다. 곤은 고민에 빠졌다.

"큰일 났네. 둑과 제방을 더 높이 쌓아야 할 텐데. 그 많은 흙을 어디서 날라 온담?"

그때 거북과 올빼미*가 나타나 곤에게 속삭였다.

"걱정하지 마세요. 하늘나라 궁전에 신비로운 흙이 있는데 그 흙을 조금만 떼어서 물속에 던져 넣으면 저절로 불어나서 엄청난 양이 된대요."

이런 기막힌 정보가 있다니! 곤은 귀를 쫑긋 세웠다.

"뭐라고? 그것이 어디에 있다고?"

"천제의 궁전에요. 그 흙은 식양息壤이라고 하는데 조금만 떼어 물속에 던져 넣어도 엄청나게 불어나지요. 식양은 천제의 보물이

---

* **거북과 올빼미** 거북과 올빼미는 영웅신화에 자주 나타나는 조력자다. 다른 나라 신화에도 영웅이 먼 길을 떠나거나 모험을 하다가 곤경에 빠질 경우 조력자가 등장하는 것이 보통이다. 그 조력자는 뱃사공일 수도 있고 나이 지긋한 할머니나 지혜로운 여성일 수도 있는데 동물 조력자가 나타나는 경우도 종종 보인다. 이 이야기에서는 거북과 올빼미가 그 역할을 하고 있다.

라서 아주 비밀스러운 곳에 숨겨져 있대요."

그들의 말을 들은 곤은 고민에 빠졌다. 식양만 가져올 수 있다면 제방과 둑을 쌓는 것은 일도 아닐 테지만 천제의 보물을 훔쳤다가는 살아남지 못할 것이기 때문이다. 그러나 마침내 곤은 결심했다.

"제방을 완성하지 못하면 저 불쌍한 사람들은 계속 물고기 밥이 될 거야. 내가 벌을 받더라도 가져오는 수밖에 없다."

곤은 결국 하늘나라 궁전으로 들어갔고 천제의 보물인 식양을 훔쳐오는 데 성공했다. 조금씩 떼어 물속에 던져 넣으니 식양은 정말 한없이 불어났고 제방은 마침내 높이 쌓였으며 홍수는 거의 다 다스려진 듯했다. 큰물을 피해 나무 위로 올라갔던 사람들이 나무 밑으로 내려왔고, 높은 산 동굴 속으로 들어가 있던 사람들도 마을로 돌아왔다.

그러나 바로 그때 천제의 궁전에서는 난리가 났다. 식양이 사라진 사실이 발각된 것이다. 불같이 노한 천제는 범인을 잡으라는 명령을 내렸고 식양을 훔쳐간 자가 곤이라는 사실이 밝혀졌다.

"감히 내 보물을 훔쳐가다니, 네 이놈!"

노한 천제는 곤에게 보물을 훔쳐간 이유를 대라고 했다.

"인간이 당하고 있는 고통을 차마 볼 수 없었을 뿐입니다."

곤은 간단하게 대답했다.

"정녕 그 이유뿐이란 말이냐."

"예."

그러나 이유가 무엇이든 천제의 보물을 훔쳐간 것은 그 무엇으로도 용납할 수 없는 범죄였다. 마침내 천제는 명령을 내렸다.

"저놈을 죽여라!"

그래서 곤은 우산羽山의 들판에서 죽임을 당하게 되었다. 그리고 천제가 식양을 거둬들이는 바람에 다 쌓였던 제방과 둑은 무너졌고 인간은 또다시 홍수에서 헤어나지 못하게 되었다.

곤의 신화는 그리스의 프로메테우스 신화와 종종 비교되곤 한다. 인간을 위해 불을 훔쳐내고는 끝없이 고통을 당하는 프로메테우스와, 역시 인간에 대한 동정심으로 천제의 식양을 훔쳐온 대가로 죽임을 당해야 했던 곤은 그 성격에 있어서 흡사한 점이 있다. 어떻게 보면 "곤은 고집불통"이라고 했던 요임금의 말이 맞는지도 모른다. 인간을 홍수에서 구해내야겠다는 일념으로 그 무엇도 돌아보지 않고 천제의 보물을 훔쳐오는 일은 '고집불통'에 외골수인 곤이 아니면 할 수 없는 일이었기 때문이다.

2장 | 만주를 구해낸 흰 구름 여신

　중국 동북 지역에 거주하는 만주족의 신화에도 곤과 비슷하게 스스로의 목숨을 던지면서까지 인간을 사랑하고 아끼는 신의 이야기가 등장한다. 이 이야기의 주인공은 만주족 신화답게 여신이다. 여기서 '만주족 신화답다'고 말하는 것에는 이유가 있다.

　만주족의 신화는 여신들의 세계라고 해도 과언이 아니다. 이 신화 속에서 홍수에 휩쓸려 떠내려가는 인간을 구해주는 신은 홍수를 일으킨 하늘나라 천신의 막내딸인 흰 구름 여신이다. 흰 구름 여신 역시 아버지의 법을 거역하고 보물을 훔쳐내 인간을 홍수에서 구해준다. 중원 땅 한족漢族에게 전승되는 곤 신화의 만주족 버전인 셈이다. 아니, 신화 속의 세상이 원래는 여신들의 세계였다고 본다면 곤 신화가 흰 구름 여신 신화의 한족 버전이라고 말하는 것이 더 정확할지도 모르겠다.

　자애로우면서도 인류를 위해 악신과 투쟁하는 강인한 여신의 모습이 만주족 신화에는 자주 보이는데, 여기 소개하는 흰 구름 여신 바이윈거거白雲格格도 인간을 비롯해 모든 생명 있는 것들을 홍수에서 구해준 자애롭고 강인한 여신이다.

흰 구름 여신은 하늘나라 천신 압카언두리(아부카언두리)가 사랑하는 막내딸이다. 천신에게는 딸이 셋 있었는데 첫째는 순거거, 둘째는 비야거거 그리고 막내는 바이윈거거라고 불렀다. 만주족 말로 '거거'는 여신을 가리킨다. 그러니까 순거거는 태양의 여신, 비야거거는 달의 여신, 바이윈거거는 흰 구름의 여신이라는 의미다.

하늘이 처음 열렸을 때 강물은 하늘에 닿아 있었다. 그때 하늘은 누렇고 땅은 흰색이었다. 나중에 인류가 나타났고 온갖 동물이 생겨났다. 그런데 천신은 그것들이 번식하고 자라나는 것이 싫었다. 그래서 홍수를 일으켜서 땅 위의 살아 있는 모든 것을 쓸어버리려고 했다.

어느 날 흰 구름 여신이 세상을 좀 구경하려고 구름 궁전을 나왔다. 자기가 사는 흰 구름 궁전의 구름 한 조각을 베어 배를 만들고는 하늘 끝 머나먼 곳으로 노를 저어 갔다. 그런데 갑자기 까치들이 날아와서 슬피 우는 것이었다. 그래서 아래 세상을 내려다보니 온 세상이 물로 가득 차 있었다.

"아니, 이게 어찌 된 일이니?"

까치들은 물에 젖은 날개를 퍼덕이며 흰 구름 여신의 구름 배에 올라탔다.

"맞아, 아버지가 그러신 거지? 그렇지?"

까치들은 말없이 고개를 끄덕였다.

"아버지는 너무 하셔! 어쩌면 그러실 수가 있담!"

화가 나서 뺨이 빨갛게 달아오른 흰 구름 여신은 구름 배 안에 있던 나뭇가지들을 손닿는 대로 집어 아래 세상으로 던졌다. 가느다란 나뭇가지들은 물 위로 떨어지자 곧 엄청나게 거대한 나무로 변했다. 사방으로 뻗어나간 나뭇가지 주위로 물에 휩쓸려가던 짐승과 새와 사람들이 모여들었다. 흰 구름 여신의 배에 타고 있던 까치들도 그 나무로 내려가서 둥지를 틀었고, 사람들은 굵은 나뭇가지를 잘라내어 작은 뗏목을 만들어서 목숨을 보전했다.

"아, 너무 불쌍해!"

흰 구름 여신은 일단 하늘나라 궁전으로 돌아갔다. 그러나 물속에 빠져 허우적대던 사람들과 동물들의 모습이 눈앞에 어른거려서 잠을 이룰 수가 없었다.

'그래, 무슨 방법을 써서라도 저 홍수를 막아야 해. 무슨 방도가 없을까?'

흰 구름 여신은 문득 아버지의 궁전에 잔뜩 쌓여 있던 보물 상자들을 기억해냈다.

'그래, 궁전에 있는 보물 상자에 해결 방법이 들어 있을 거야.'

하지만 궁전의 열쇠는 늘 아버지가 가지고 다녔다. 그걸 훔쳐내는 것은 아버지의 법을 어기는 것이었고, 아버지의 법을 어긴 사실이 발각되면 분명히 큰 벌을 받을 것이었다. 하지만 흰 구름 여신에게 그것은 아무런 문제도 되지 않았다. 사람들을 구해내는 것이 더 시급한 일이었다. 그래서 여신은 아버지가 잠든 틈을 타서 열쇠를 훔쳐냈다. 아버지의 화려한 궁전, 그 비밀의 문을 열고 살금살금 걸어 들어갔다.

궁전에 들어선 순간 흰 구름 여신은 어지럼증을 느낄 지경이었다. 멋지고 화려한 아버지의 보물 상자 33만 3000개가 일렬로 늘어서 있었기 때문이다.

"정말 대단하네! 이렇게 멋진 줄은 정말 몰랐어! 그런데 도대체 어떤 상자를 열어야 홍수를 다스릴 수 있는 보물이 나올까?"

마음이 급했던 흰 구름 여신은 일단 자기 옆에 있는 상자 두 개를 열어보았다. 상자 하나에는 황금빛 가루가, 다른 하나에는 검누런 가루가 들어 있었다. 손으로 만져보니 마치 모래알처럼 스르르 손가락 사이로 흘러내렸다.

"그래, 홍수를 막으려면 흙이 필요하잖아. 이 흙을 가지고 가면 되겠다!"

흰 구름 여신은 황금빛 가루와 검누런 가루가 들어 있는 보물 상자 두 개를 집어 들고 뛰어나갔다. 그리고 자신의 구름 배에 상자들을 싣고 다시 인간 세상으로 내려갔다.

"황금빛 가루야, 얼른 홍수를 막아주렴!"

흰 구름 여신은 먼저 황금빛 가루를 뿌렸다. 그러나 아무 일도 일어나지 않았다. 흰 구름 여신은 마음이 조급해졌다.

"잘못 가져왔나, 왜 아무 변화도 없는 걸까?"

흰 구름 여신은 이번에는 검누런 가루를 뿌렸다.

"제발!"

검누런 가루를 뿌리자마자 온통 물로 가득 찬 세상이 조금씩 변하기 시작했다. 가루를 뿌린 곳에 언덕이 생겨나기 시작한 것이다.

작은 산들이 만들어지더니 그 사이로 강물이 흐르기 시작했다. 가루가 많이 떨어진 곳에는 높다란 산이 생겨났고 적게 떨어진 곳에는 야트막한 언덕이 생겨났다.

"아, 성공이다!"

흰 구름 여신은 기뻐서 어쩔 줄을 몰랐다. 이때 검누런 가루가 많이 쌓여서 만들어진 산이 바로 만주 지역에서 가장 장대한 산맥인 다싱안링大興安嶺 산맥이다. 그런데 흰 구름 여신이 처음에 뿌린 황금빛 가루는 흙이 아니라 정말로 황금이었다. 그래서 다싱안링 산맥에서 황금*이 많이 나온 것이다.

그런데 이 모습을 지켜본 천둥, 바람, 우박, 비의 여신들이 이 일을 천신에게 일러바쳤다. 천둥, 바람, 우박, 비의 여신들은 천신의 아내들로서 천신의 명령을 받고 바다로 변해버린 세상을 지키는 일을 하고 있었는데 갑자기 변고가 일어난 것이었다.

"온통 물뿐이었는데 왜 산이 생기는 거지?"

"저걸 좀 봐. 흰 구름 여신이 뭘 뿌리고 있는데?"

"큰일 났다, 큰일 났어! 얼른 천신께 알리자."

깊은 잠에 빠져 있던 천신은 여신들의 보고를 듣고 정신이 번쩍

---

*　**다싱안링 산맥과 황금** 다싱안링 산맥은 삼림자원의 보고이기도 하지만 일찍이 사금이 많이 생산되기도 했다. 그래서 20세기 초 헤이룽장성(黑龍江省)의 가장 북부에 있는 모허(漠河)라는 도시에는 황금을 찾는 사람들이 몰려들기도 했다. 모허 근처에는 '연지구(臙脂溝)'라는 곳이 있는데, 이곳에서 생산되는 금으로 청나라 자희태후(서태후)가 '연지'를 샀다거나, 이곳에 몰려든 기녀들이 발랐던 지분이 시냇물을 적셔 그런 지명이 붙었다는 전설이 풍문으로 전해진다. 모허는 중국 최북단 도시로서 2008년에 공항이 생겨 이미 유명한 관광지가 되었지만, 20세기 초에는 황금을 찾아 몰려든 사람들의 수많은 사연과 그들을 따라 모여든 기녀들의 눈물이 서린 곳이었다.

들었다.

"뭐라고?"

눈을 뜬 천신은 우선 보물 상자 열쇠부터 찾았으나 그 어디에도 보이지 않았다.

"이런! 내 열쇠가 어디로 갔단 말이냐? 무슨 일이 일어났다고?"

자초지종을 들은 천신은 불같이 노했다.

"모두 막내의 짓이다! 막내를 잡아와라, 어서!"

아버지가 모든 일을 알아차리고 분노하고 있다는 소식을 전해 들은 흰 구름 여신은 숨을 곳을 찾아다녔다.

"아버지가 이 일을 아셨으니 잡히면 큰일이야. 그런데 어디로 도 망쳐야 하지?"

하늘 궁전은 엄청나게 넓었으나 모두가 아버지의 영역이다. 흰 구름 여신은 우선 큰언니를 찾아갔다. 그러나 큰언니인 태양 여신 은 아버지에게 혼날 것이 두려워서 흰 구름 여신이 다가오지 못하 도록 뜨거운 불길을 일으켰다.

"미안해, 막내야! 하지만 나도 어쩔 수 없구나."

흰 구름 여신은 할 수 없이 작은언니를 찾아갔다. 작은언니는 마 음이 약했고 막내를 사랑했지만 역시 아버지의 분노가 두려웠다.

"막내야, 나 역시 아무것도 도와줄 수가 없네. 얼른 도망치렴! 아 버지한테 잡히면 혼이 날 거야, 빨리 도망가!"

하늘 궁전에는 이제 흰 구름 여신이 머물 곳이 없었다. 흰 구름 여신은 눈물을 흘리면서 은빛 찬란한 구름옷을 입고 붉은 노을로 만든 목도리를 두르고 인간 세상으로 내려왔다.

천신은 막내 흰 구름 여신이 몰래 도망쳤다는 사실을 알았다. 그래서 천둥, 바람, 우박, 비의 여신들을 시켜서 흰 구름 여신을 추격하게 했다.

쫓기던 흰 구름 여신은 꽃들이 가득 피어 있는 화려한 꽃밭 위를 지나가게 되었다. 흰 구름 여신은 얼른 꽃 한 송이를 따서 머리 위에 얹고 꽃밭으로 숨었다. 흰 구름 여신을 끈질기게 따라오던 네 명의 여신이 순간 어리둥절했다.

"분명히 저 꽃들 사이에 있을 텐데, 꽃이 저렇게 많으니 도무지 찾아낼 수가 없네."

신들은 할 수 없이 천신에게 가서 그대로 말했고 천신은 더욱 화가 났다.

"그렇다면 천둥 신아, 인간 세상에 눈을 퍼부어라! 피어 있는 꽃들이 모두 얼어 죽어버리면 나타나겠지."

안타깝긴 했으나 천둥 신은 천신의 명령을 거역할 수 없었다.

'흰 구름 여신아, 얼어 죽으면 어떡하니. 얼른 나와서 용서를 빌려무나.'

천둥 신은 마음속으로 그렇게 빌며 눈이 내리게 했다. 눈은 하염없이 내렸다. 키가 큰 나무들도 눈 속에 파묻힐 정도였다. 퍼붓는 눈 때문에 꽃들은 이미 다 시들어버렸다. 그러나 흰 구름 여신은 그 어디에서도 찾을 수 없었다.

"흰 구름 여신이 보이지 않습니다."

천신은 슬슬 걱정되었다. 막내딸의 행동은 괘씸했지만 그래도 이렇게 꼭꼭 숨어서 나오지 않을 줄은 몰랐다. 천신은 하늘 꼭대기까지 쌓인 눈을 바라보며 마음속으로 중얼거렸다.

'막내야, 제발 나타나거라. 네가 잘못했다고 빌기만 하면 용서해 주마.'

천신은 막내딸이 보고 싶었다. 그러나 몰래 보물 상자를 열어서 자신이 인간 세상에 내린 홍수를 막다니, 이건 용서하기 어려운 반역이었다. 그래서 천신은 이렇게 말했다.

"빨리 나타나서 용서를 빌지 않으면 일 년 중 반은 눈이 내리게 하겠다. 그건 앞으로 절대 변하지 않을 거야."

그러나 용감하고 고집이 세며 마음이 착했던 흰 구름 여신은 절대로 자기가 잘못했다고 생각하지 않았다.

"아버지, 저는 잘못한 것이 없어요. 아무런 죄도 없는 생명을 없애려 하신 아버지가 잘못하신 거예요. 저는 절대로 잘못했다고 빌 수가 없답니다."

눈은 점점 더 세차게 내렸다. 그럴수록 흰 구름 여신의 의지는 굳건해졌다. 눈 속에 서 있는 흰 구름 여신의 찬란한 은빛 구름옷은 하얀 눈에 덮여갔다.

흰 구름 여신은 그렇게 하얀 눈을 뒤집어쓴 채 마침내 은빛 자작나무로 변했다. 그래서 지금도 다싱안링 산맥의 자작나무 숲에 눈이 내리는 날이면 스쳐 가는 바람 사이로 "돌아가지 않아요, 돌아가지 않아요!"라는 여신의 목소리가 들려온다고 한다.

큰언니 태양 여신은 그제야 흰 구름 여신을 도와주지 않은 것을 후회하며 자작나무 위로 따뜻한 햇볕을 내려주었고, 둘째 언니인 달 여신도 어두운 밤이면 푸른 달빛을 쏟아내어 어린 동생을 지켜주었다.

　고운 마음씨를 가진 어린 여신이 자신을 희생해서 살아 있는 모든 것을 살려내고 구름옷을 입고서 쏟아지는 눈을 뒤집어쓴 채 은빛 자작나무로 변해가는 모습은 상상만 해도 처연하고 아름답다. 게다가 자작나무는 집은 물론이고 온갖 생활용품의 재료로 쓰이고 약재로도 사용되며, 목마른 사람에게는 달콤한 수액을 주기도 한다. 수렵 위주로 살아가던 북방 민족들이 나무에 매달아놓는 요람 역시 자작나무로 만들었다. 다싱안링 산맥에 기대어 살아가는 북방 민족에게 자작나무는 성스러운 생명의 나무다. 자작나무로 변한 흰 구름 여신처럼 자신의 모든 것을 내어주는 희생적이면서도 강인한 의지를 가진 여신, 그것이 만주 지역 여신의 이미지다.

3장 ｜ 신화 최초의 여행자 우

곤의 배를 가르고 세상에 나오다

흰 구름 여신이 자작나무로 변했듯이 곤은 천신을 거역했다는
이유로 우산에서 죽었다. 그러나 중국 신화의 다른 영웅적 인물들
이 그러하듯이 곤의 죽음 역시 그냥 그대로 끝나지 않았다. 홍수를
다스려서 인간을 구하고자 했던 그의 열망과 이루지 못한 꿈은 그
대로 남아 있었고 그것은 아들 우로 형상화되어 나타난다.

하지만 분명한 차이점이 존재한다. 프로메테우스는 끊임없이 독
수리에게 간을 쪼이는 형벌을 받았고 곤은 아예 죽임을 당했으나
그 이후의 이야기들은 전혀 다른 방향으로 전개된다. 프로메테우
스가 여전히 혹독한 형벌 속에 갇혀 있었다면 곤은 아들 우를 통해
이루지 못한 꿈을 실현해나간다. 흰 구름 여신도 그냥 스러져버린
것이 아니라 사람들에게 사랑받는 자작나무로 변해 영원한 생명을

이어갔듯이 말이다.

곤을 죽이고 한동안의 시간이 흐른 뒤 천제는 부하에게서 이상한 소식을 들었다.

"곤의 시체가 썩지 않고 있다고 합니다."

"뭐라고? 죽은 지 3년이나 지났는데?"

곤이 죽은 지 이미 3년이나 지났으나 시체가 썩지 않았다. 천제는 걱정이 되었다.

'죽은 지 3년이 되도록 썩지 않는다니, 그놈이 혹시 요괴라도 되어 나를 찾아온다면 정말 골치 아픈 일인데.'

천제는 부하에게 명령을 내렸다.

"가거라! 오도吳刀를 가지고 가서 그놈을 베어버려라."

오도는 천하의 보검이었다. 그것으로 곤의 시체를 베어버린다면 죽은 자가 더는 요사스러운 짓을 하지 못할 것이었다.

천제의 부하는 명령대로 곤이 묻혀 있던 우산으로 가서 오도로 곤의 시체를 갈랐다.

"오냐, 오랫동안 기다렸다. 어서 갈라라! 내 속에 들어 있는 또 다른 생명이 나의 뒤를 이을 것이다."

곤의 영혼이 남아 있었다면 아마 이렇게 중얼거렸으리라. 천제의 부하가 오도로 곤의 배를 가르는 순간 이상한 일이 일어났다.

갈라진 곤의 배 속에서 용 한 마리가 튀어나온 것이다. 머리에 날카로운 뿔이 달린 규룡虯龍이었다. 그 용이 바로 곤의 아들인 우다. 우는 이루지 못한 꿈을 안고 죽은 곤의 다른 모습이다. 곤은 죽었으나 우를 통해 재생한 것이다.

규룡은 용트림을 하면서 하늘로 솟아올랐고, 곤의 시체는 다른 동물로 변하여 우산에 있는 우연羽淵이라는 연못으로 뛰어들었다.

'잘 가거라, 나의 아들아! 나의 뒤를 이어 꿈을 이뤄다오!'

곤의 영혼은 그렇게 마음속으로 말하면서 먼 길을 떠났다.

여기서 막연히 '다른 동물'이라고 말한 이유는 곤의 시체가 무엇으로 변했는지에 대해서 워낙 여러 이야기가 있기 때문이다. 발이 세 개 달린 자라, 수염 달린 물고기 현어玄魚, 누런 용 혹은 누런 곰이라는 설이 그것이다. 이야기의 맥락이나 신화의 배경을 볼 때 물과 관련 있는 곤이 누런 용으로 변했다는 설이 비교적 타당하게 여겨진다. 중국에서 용은 불과 관련되기도 하지만 대체로 물과 관련된 신화나 전설에 자주 등장한다. 일반적으로 용은 물의 기운을 상징하기 때문이다.

우의 치수와 거인 방풍씨의 죽음

아버지 배 속에서 나온 우는 곤이 이루지 못했던 꿈을 하나하나 실현해나갔다. 고집스러웠던 곤에 비해 우가 비교적 온건했는지는 알 수 없지만 어쨌든 식양을 훔쳤다는 이유로 곤을 죽였던 천제가 이번에는 우가 하고자 하는 일을 지원해주었다. 천제는 우에게 아예 물을 다스리는 일을 맡겼다. 그리고 황제黃帝와 치우蚩尤가 싸울 때(4부에서 자세히 살펴볼 것이다) 황제의 편에서 혁혁한 공을 세웠던 응룡應龍을 보내 우를 돕게 했다.

우는 천제의 명령에 따라 치수 작업을 시작했다. 그러나 물의 신 공공은 공연히 화가 나서 인간 세상에 더욱 큰 홍수를 일으켰다. 공공이 화가 난 이유는 무엇이었을까. 우가 물을 다스리는 것이 마음대로 홍수를 일으킬 수도, 거둬들일 수도 있는 물의 신인 공공 자신에 대한 도전으로 여겨진 탓일지도 모른다. 공공은 엄청난 홍수를 일으켜서 중원 지역이 몽땅 물에 잠기게 해버렸다.

우는 공공이 일으킨 홍수를 다스리기 위해 지금의 저장성浙江省에 있는 회계산會稽山에 신들을 모이게 했다. 그때 모두가 시간 맞춰 도착했는데 거인 방풍씨防風氏만이 늦게 왔고, 약속을 지키지 않은 방풍씨는 우에게 죽임을 당했다.

훗날 춘추시대에 '와신상담臥薪嘗膽*' 고사의 주인공인 오나라 왕 부차夫差가 월나라의 왕 구천句踐이 사는 회계산을 포위하고 있었는데 치열한 전쟁으로 무너진 산에서 거대한 뼈가 하나 나왔다. 그 뼈가 얼마나 큰지 수레에 실었더니 수레 밖으로 튀어나올 정도였다고 하는데, 부차는 그 뼈가 무엇인지에 관해 지혜로운 공자孔子에게 물어보았다. 민간에 전승되는 이야기와 노래들에 관해서 상당히 많이 알고 있던 공자가 이렇게 말해주었다.

"옛날 우임금이 회계산에 신들을 모이게 했는데 방풍씨가 늦게 와서 죽임을 당했지요. 그 뼈가 수레 하나에 가득 찼다고 하는 말

---

* **와신상담** '섶에 누워 쓸개를 씹는다'는 뜻으로, 원수를 갚으려고 온갖 괴로움을 참고 견딤을 이르는 말이다.

을 내가 들었다오."

어떻게 보면 억울한 죽임을 당했다고도 볼 수 있는 거인 방풍씨에 관한 전설은 지금도 중국 동남방 저장성 지역 여기저기에 전승되고 있다. 어떤 기록에는 방풍씨가 어마어마하게 큰 거인이라서 직접 목을 벨 수가 없어 방풍씨 옆에 흙으로 높다란 축대를 쌓고 그 위에 올라가 형을 집행했다는 이야기가 보인다. 기골이 장대한 인물이었다는 얘기니 대단한 힘을 가진 그 지역의 영웅적 인물이었으리라고 추측해볼 수 있다.

또한 고대 월나라 지역에 방풍신에게 제사를 지내는 풍습이 있었고 "대나무를 3장丈 길이로 잘라 불면서 '방풍씨의 옛 음악(防風古樂)'을 연주했으며, 그 앞에서 세 사람이 머리를 풀어헤치고 춤을 추었다"는 중원 지역의 기록도 보인다. 여기에서 '머리를 풀어헤치다'라는 것은 '피발披髮'이라는 단어를 우리말로 풀어쓴 것이다. 피발은 중원 지역의 한족이 남긴 고대 문헌에서 변방 소수민족의 특성을 묘사할 때 자주 보이는 용어다. 중원 지역 사람들처럼 상투를 트는 것이 아니라 머리카락을 말 그대로 '늘어뜨리고 있다'는 것인데 스스로 문명인이라고 생각했던, 중원 사람들의 눈에는 피발이 중원의 '문명인'과 변방의 '야만인'을 구별 지어주는 표시로 보였을 법하다. 그래서 한족이 남긴 문헌에서는 변방의 '야만인'들이 항상 피발에 문신을 하고 있다고 기록되어 있다.

그러나 문명과 야만은 어느 한 민족만의 시각으로 재단될 수 있는 것이 아니다. 머리를 풀어헤치는 것이 자연스러운 일이었던 민족의 시각에서 본다면 반듯하게 상투를 틀고 살아가는 사람의 모습이 우스꽝스러울 것이고, 온몸에 울긋불긋 아름다운 꽃 혹은 멋진 매와 뱀의 문신을 새겨 넣고 살아가는 민족의 관점에서 본다면 아무런 그림도 그려지지 않은 밋밋한 피부로 살아가는 사람들의 모습이 이상하게 느껴질 것이기 때문이다. 누구의 시각에서 보는가에 따라 문명과 야만의 기준은 달라진다.

수에서 혹은 힘에서 우위에 있는 민족의 관습이 절대적으로 옳거나 그것만이 문명인 것은 아니다. 신화는 이런 단순한 진리를 알려준다. 어느 한 민족, 한 지역의 시점으로만 문화를 보아서는 안 된다는 것, 다양한 시점에서 바라볼 수 있는 넓은 시각을 가져야 한다는 것, 중원 지역에서 우가 위대한 치수의 영웅이었다면 그에게 죽임을 당한 방풍씨는 동남부 지역의 영웅이었을 수도 있다는 것 등 우리는 항상 그 '다름'과 '차이'에 주의를 기울여야 한다는 것을 말이다.

어쩌면 방풍씨는 중원에서 동남방으로 진출한 영웅인 우에게 협조하는 것을 거부하다가 죽임을 당한 그 지역의 위대한 영웅이었을지도 모른다. 동남방 지역을 장악하는 데 걸림돌이 되었던 방풍씨를 제거하고 나서야 우의 권위가 서기 시작했고 그 지역 사람들을 장악할 수 있게 된 것일 수 있다는 말이다. 정치적 걸림돌을 제거한 뒤에 우의 치수 작업이 탄력을 받았음은 물론이다.

하백과 복희의 도움

아버지 곤이 물을 막는 작업에 목숨을 걸었던 것과 달리 우는 물길을 트는 방법을 사용했다. 응룡을 앞세워서 튼튼하고 긴 꼬리로 땅에 금을 긋게 해, 금이 생겨난 곳으로 물줄기가 흘러가게 했다. 그렇게 물길을 트며 황하에 이르렀을 때였다. 키가 크고 얼굴이 희며 물고기 몸을 한 신이 갑자기 물속에서 튀어나오는 것이 보였다. 황하의 신 하백河伯이었다.

"이것을 가져가시오."

하백은 그렇게 말하면서 물이 뚝뚝 떨어지는 푸른 돌 하나를 우에게 건네주고 다시 물속으로 들어갔다.

"이게 뭘까?"

자세히 보니 돌 위에는 무엇인가가 구불구불 그려져 있었다. 그것은 하도河圖, 즉 물길을 그려놓은 그림이었다. 우는 하백이 전해준 지도에 의지해서 응룡에게 물길을 트게 했다.

우가 신들의 도움을 받은 것은 그뿐이 아니었다. 용문산龍門山을 뚫고 있던 어느 날, 우는 우연히 깊은 동굴 속으로 들어가게 되었다. 동굴이 어찌나 깊은지 안으로 들어갈수록 점점 어두워졌다. 우는 횃불을 들고 계속 안으로 들어갔다. 그랬더니 동굴 안쪽 깊은 곳에서 무엇인가가 빛을 발하고 있었다. 동굴 속을 온통 환하게 밝혀주고 있는 것이 대체 무엇인지 궁금해서 자세히 보았더니 머리에 뿔이 돋은 엄청나게 기다란 검은 뱀이 입에 빛나는 구슬을 물고 있었다. 우는 뱀이 이끄는 대로 동굴 속 깊은 곳으로 들어갔다. 그

| 응룡은 황제를 도와 비를 내리게도 했고 우를 위해 땅 위에 금을 그어 물길을 다스리기도 했다.

러다 마침내 넓은 곳에 도착하게 되었는데 그곳에는 검은 옷을 입은 많은 사람이 인간의 얼굴에 뱀의 몸을 한 신을 둘러싸고 있었다. 우가 물었다.

"혹시 화서씨華胥氏의 아들인 복희가 아니신지요?"

"그렇소. 내가 바로 구하신녀九河神女 화서씨의 아들 복희요."

복희는 치수라는 위대한 작업을 하고 있는 우를 내심 존경해왔고 그를 돕고 싶어 했다. 복희가 품속에서 뭔가를 꺼내 우에게 주었다.

"이것을 갖고 가시오. 그대가 물길을 다스리는 데 크게 도움이

하백은 황하의 수신이다. 황하의 물길 지도인 하도를 우에게 주어 우가 치수 작업을 성공적으로 끝낼 수 있게 돕는다.

될 거요."

대나무 조각처럼 생긴 그것은 옥간玉簡이었는데, 하늘과 땅의 길이를 잴 수 있는 일종의 측량 기구였다. 대규모의 토목 공사를 벌이고 있던 우에게 그것은 하백이 준 지도와 함께 그야말로 유용한 도구가 아닐 수 없었다.

행운의 구미호를 만나다

하도와 옥간을 손에 넣은 우는 더욱더 힘을 얻어 치수 작업을 해나갔다. 그가 복희를 만났던 용문산은 어마어마하게 큰 산이었다. 그 거대한 산이 황하의 물길을 가로막고 있어서 강물이 이곳에 이르면 다시 상류로 거슬러 올라가는 통에 비만 왔다 하면 물이 넘쳐 흘러서 늘 홍수가 일어났다. 우는 신통력으로 용문산을 가르고는 갈라진 절벽 사이로 황하의 물을 흐르게 했다.

이 산의 이름이 '용문龍門'이 된 것에 대해서는 다음과 같은 유명한 이야기가 전해진다.

옛날에 강과 바다에 살고 있던 물고기들은 일정한 때가 되면 모두 이곳에 모여들어 높이뛰기를 했다. 이 산을 성공적으로 뛰어오른 물고기는 용이 되어 승천할 수 있었지만 뛰어넘지 못한 물고기들은 다시 강과 바다로 돌아가서 그냥 물고기로 살아야 했다. 이때 절벽을 뛰어넘지 못한 물고기들은 절벽을 들이받고 밑으로 떨어진 까닭에 머리에 푸른 멍이 든 채로 돌아왔다던가.

　이 이야기에서 어려운 관문을 통과하여 크게 출세하는 것 또는 그렇게 출세할 수 있는 관문을 가리키는 '등용문登龍門'이라는 말이 생겨났다. 용문산 상류에는 우의 사당이 있는데, 예전에는 지나가는 뱃사공이 이곳에 들러서 제사를 올리며 안전 운행을 기원했다. 용문은 지금의 산시성陝西省 한청시韓城市 북쪽, 산시성陝西省과 산시성山西省의 경계인 진섬晉陝 협곡에 있으며, 역사가 사마천司馬遷의 고향으로도 유명하다. 황하가 내려다보이는 황토 언덕 꼭대기에 사마천의 무덤과 사당이 있으며 부근에는 고색창연한 우의 사당이 있다.

　우는 이렇게 열심히 치수 작업을 하느라 나이 서른이 되도록 장가를 안 가고 있었다. 그런데 어느 날 그가 치수 작업을 하느라 지금의 저장성 도산塗山 근처에 갔을 때 꼬리가 아홉 개 달린 하얀 여우를 보게 되었다. 우리가 '구미호九尾狐'라고 말하는 바로 그 여우였다. 지금 우리는 구미호라는 단어를 그리 좋은 의미로는 사용하지 않는다. "그 여자 구미호 같아"라는 말에서처럼 구미호는 남자를 유혹해서 망치는 존재 정도로 여겨질 뿐이다. 그러나 고대 중국에서 구미호는 전혀 다른 존재였다.

　한나라 때 무덤에서 출토된 화상석을 살펴보면, 구미호가 서왕모西王母 곁에 자주 등장한다. 구미호는 서왕모와 함께 곤륜산崑崙山 신선들의 나라에 사는 상서로운 동물이었다. 그때까지만 해도 구미호는 유혹자가 아니라 행운의 상징이었다. 뱀과 마찬가지로 여우가 사악한 유혹자의 성격을 갖게 되는 것은 아마도 위진시대 즈음인 것 같은데, 동물성을 인간적인 것에 대립되는 위치에 놓는 관념이 생겨난 때와 시기를 같이한다.

그리스 신화에서는 유혹자이자 사악한 존재로서 동물 형상을 한 괴물이 주로 여성성을 갖고 있는 것으로 등장한다. 특히 치명적인 죽음을 불러오는 괴물의 형상을 보면 몸의 일부가 뱀이나 새의 모습을 하고 있다. 물뱀 히드라Hydra, 입에서 불을 내뿜는 키마이라Chimaera, 황금 사과를 지키는 뱀 라돈Ladon 등을 낳은 어머니 에키드나Echidna는 아름다운 여인의 얼굴을 하고 있으나 하반신은 뱀이다. 새의 몸을 한 하르피아Harpyia와 세이렌Seiren 역시 아이들을 잡아가거나 선원들을 잡아먹는 요괴로 나타난다. 그리스 신화에서 사악한 존재로 등장하는 이들은 모두 영웅에 의해 살해되는데, 동물성이 유혹자를 의미한다는 점에서 볼 때 이 이야기들은 여우나 뱀 등을 남자를 유혹하는 요사스러운 존재로 그려낸 중국 위진시대 이후의 이야기들과 유사하다.

그런데 우는 구미호를 보며 당시 도산에 유행하던 노래를 떠올렸다.

> 꼬리 아홉 달린 흰 여우를 보는 자, 왕이 될 거야
> 도산의 여인과 결혼하는 자, 집안을 흥하게 할 거야

노래에 따르면 구미호를 본 그는 도산의 여인과 결혼하게 될 것

이었다. 아니나 다를까, 그때 도산에 여교女嬌라는 아름다운 아가씨가 살고 있었는데, 우는 그녀를 보자마자 한눈에 반해 결혼하기로 마음먹었다. 구미호는 정말로 행운의 상징이었다. 그러나 우는 치수 작업이 바빠지자 다시 남쪽으로 떠났고, 여교는 홀로 남아 우를 기다리게 되었다.

기다림의 노래

기원전 3세기경 편찬된 《여씨춘추呂氏春秋》 〈음초편音初篇〉에 기록된 이 노래는 남방 최초의 노래로, 여교가 우를 기다리며 불렀다고 한다. 먼 길에서 마침내 돌아온 우는 여교와 대상臺桑에서 결혼하지만 기쁨도 잠시일 뿐, 우는 곧 치수 작업 때문에 길을 떠나야 했고 여교는 또다시 기나긴 기다림의 노래를 불러야만 했다.

'그대의 일이 소중한 것은 압니다. 하지만 언제까지 이렇게 당신을 기다리고 있어야만 하나요?'

그러나 가엾은 여교는 그런 말은 입 밖에 내지도 못했다. 중국 고대에 기다림은 언제나 여인의 몫이었으니까.

'미안하오. 당신을 사랑하지 않는 것은 아니지만 내겐 사랑보다 더 중요한 일이 있다오.'

남자가 여자 때문에 자신의 할 일을 포기한다는 것은 있을 수 없는 일이었다. 나라와 민족을 위해서 개인의 행복 따위는 접어야 마땅하다는 중국인 특유의 희생 의식은 신화 속에서도 여지없이 나타나고 있다.

13년간이나 밖에서 지내야 했던 우는 아내가 있는 곳에 와도 홍수를 다스리는 중요한 일 때문에 집에 들르지 못한 채 세 번이나 그냥 지나쳤다. 큰물을 다스린다는 엄청난 명분 앞에서 여교는 '일 중독자' 남편에게 한마디 원망도 할 수 없었다.

그렇게 일에 열중했던 우였기에 손과 발에는 굳은살이 생겼고 얼마나 돌아다녔던지 다리와 가슴에는 털이 날 틈도 없었다고 한다. 이곳저곳에서 치수 작업을 하면서 습기와 태양열 때문에 병을 얻은 그는 마비 증세가 있어서 절룩거리며 걸어 다녔다는데 여기에서 '우의 걸음걸이', 즉 '우보禹步'*라는 말이 나오기도 했다. 어쨌든 어느 날 우가 집에 들렀을 때 아내 여교는 마침내 남편을 따라나섰다. 그리고 환원산轘轅山에서 그들은 엇갈리는 운명과 만나게 된다.

돌로 변한 우의 아내

우는 치수를 할 때면 종종 곰으로 변하곤 했다. 산을 뚫어 물길을 트는 작업은 힘든 일이었기 때문에 곰으로 변해 돌을 나르곤 했

---

* **우보** '무보(巫步)', 즉 '무당들의 걸음걸이'를 뜻한다는 또 다른 설도 있다. 우가 남쪽 바닷가에서 홍수를 다스리는 작업을 할 때 이런 걸음걸이로 걸어 다니며 주문을 읊으면 큰 바윗돌들을 자유자재로 움직일 수 있었다는 이야기에서 나온 주장인데, 그렇다면 우의 이 걸음걸이는 무당들이 주술을 걸 때의 행동이라는 말이다. 고대에 왕이 샤먼의 역할을 겸한 경우가 많았기 때문에 나온 이야기라 하겠다.

다. 지금의 허난성에 있었다는 환원산을 뚫을 때 그는 일을 나가면서 아내에게 말했다.

"절벽에 북을 매달아놓고 때가 되면 칠 테니 북소리가 들리거든 밥을 갖다 주시오."

"네, 그렇게 할게요."

우는 검은 곰으로 변해 열심히 돌을 옮기면서 산을 뚫는 작업을 했다. 그런데 그만 실수로 돌 하나를 건드렸고, 그 돌은 매달려 있는 북의 한가운데를 정확하게 맞혔다.

"둥!"

북소리가 울렸고 그 소리를 들은 아내는 열심히 밥을 챙겨 남편이 있는 곳으로 갔다. 그러나 우는 북소리를 듣지 못한 채 여전히 돌을 나르고 있었다. 밥 바구니를 들고 오던 아내는 검은 곰을 보고 소스라치게 놀라서 비명을 지르며 밥 바구니를 떨어뜨렸다.

"여보! 나요, 나! 놀라지 말아요!"

우는 그런 아내의 모습을 보면서 소리를 질렀다. 그러나 곰이 자신의 남편이라고는 꿈에도 생각하지 못한 아내는 몸을 돌려 도망치기 시작했고, 우는 아내의 뒤를 따라 달리기 시작했다.

"여보, 나라니까! 도망치지 말아요!"

우는 다급한 나머지 원래의 모습으로 변하는 것을 잊어버렸다. 무서운 검은 곰이 쫓아오는 것을 본 아내는 더욱더 멀리 달아났고 우는 계속 아내를 따라갔다. 당시 임신 중이었던 우의 아내 여교는 숭고산嵩高山 기슭에 이르자 더는 달릴 수가 없어서 멈춰 섰고, 온몸에 힘이 빠진 그녀는 그만 돌로 변해버렸다.

'아아, 결국은 이렇게 되는 것이었나. 애초에 따라나선 것이 잘못이었나……'

어쩌면 여교는 마지막 순간에 이런 생각을 했을지도 모를 일이다. 그러나 야속한 우는 아내가 돌로 변하는 것을 보며 이렇게 소리칠 뿐이었다.

"내 아들을 돌려주시오!"

그러자 돌로 변한 여교의 몸이 북쪽을 향해 갈라졌고 그 안에서 '갈라져 열린다'는 뜻이 있는 '계啓'라는 이름의 아들이 튀어나왔다. 길고 긴 기다림의 노래를 불렀던 아름다운 여교, 우의 아내는 이렇게 돌로 변한 채 생을 마쳤으며, 돌로 변한 그녀의 몸에서 나온 아들 계는 우의 후계자가 되었다.

도망치던 여교는 왜 돌로 변했을까? 곰으로 변한 남편 우를 보았다는 것은 금기를 위반한 것이었다. 금기를 위반한 자에게는 항상 징벌이 따르게 마련이니 신의 영역인 우의 변신의 비밀을 알아챈 그녀는 돌로 변할 수밖에 없었는지도 모른다. 물론 그것은 어쩌면 지나친 공포 때문이었을 수도 있다. 그리스 신화에서 메두사를 본 사람들이 엄청난 공포로 인해 돌로 변했듯이 우의 변신은 그녀에게 너무나 큰 충격이고 공포였기 때문에 돌로 변한 것이라는 말이다. 물론 돌로 변한 여교의 몸에서 계가 나온다는 이야기도 심상치 않다.

일설에는 그것이 일종의 '어머니 살해'로서 농경의 풍요와 관련 있는 상징이라고도 주장한다. 예컨대 일본 신화의 경우 이자나기의 코에서 태어난 스사노오 노미코토가 코와 입과 엉덩이에서 음식을 꺼내주는 여신 오호케츠 히메노가미大氣都比賣神를 살해하자 살해된 여신의 몸에서 볍씨, 조, 팥 등 온갖 곡식이 생겨난다. 인도네시아 하이누벨레Heinuwele 신화 역시 마찬가지다.

그러나 중국 문헌신화의 경우 서구 신화에서처럼 신이나 늙은 왕이나 어머니 등의 살해를 통해 농경의 풍요를 추구하는 의례는 존재하지 않았던 것으로 여겨진다. 디오니소스나 아도니스의 죽음을 통해 농경의 풍요를 추구하는 것과 같은 제의가 중국 문헌에는 보이지 않는다. 가뭄이 들었을 때 인간 제물을 바쳐서 비를 기원하거나 홍수가 났을 때 강물에 처녀를 바쳤다는 기록은 은나라 갑골문에도 보이고 춘추시대까지도 그런 풍습이 존재했던 것으로 전해지지만 신의 몸을 찢는다거나 늙은 왕을 살해하는 행위, 어머니를 살해하고 그 지체肢體를 땅에 묻어 풍요를 추구하는 것과 같은 제의는 보이지 않는다.

중국의 고대 문헌에서 왕의 살해와 관련지어 흔히 예로 들곤 하는 은나라 탕왕湯王의 경우 스스로를 제물로 바쳐서 기우제를 지내며 비를 기원했다고 하지만, 그것은 왕이 늙으면 생명력이 없다고 해서 젊은 왕으로 대체하는 다른 나라 신화 속의 '왕의 살해'와는 성격이 다르다. 탕왕의 신화는 왕에게 덕이 없어 하늘에서 가뭄이라는 재앙을 내리는 것이기 때문에 왕이 하늘에 정성을 보여야 한다는, 일종의 '재이설災異說'과 관련된 것일 뿐이다.

설사 이것을 어머니 살해로 인정하더라도 이 신화는 농경의 풍요보다는 차라리 고대 모계 사회에서 부계 사회로 넘어가던 시기를 상징하는 것으로 읽어내는 편이 낫다. 메소포타미아 신화에서 마르두크에게 여신인 티아마트가 살해되는 것, 그리스 신화에서 동물 형상을 한 많은 여신이 '괴물'이라는 이름하에 남성 영웅들에게 죽임을 당하는 것, 오레스테스Orestes에게 어머니 클리타임네스트라Clytaemnestra가 살해당하는 것 등을 통해 남성 중심의 부계 사회가 확립되는 역사적 상황을 읽어낼 수 있다면, 어머니인 여교의 몸을 깨고 계가 나왔다는 것 그리고 아들 계를 아버지인 우가 데려갔다는 것 역시 어머니 살해를 통한 부계의 확립으로 읽어낼 여지가 있는 것이다.

하지만 또 하나 중요한 해석은 돌을 대지의 생명으로, 대지를 여신으로 보았던 중국 고대인들의 자연에 대한 관념에 기초한 것이다. 돌로 변한 어머니의 몸에서 아이가 나오는 것은 돌을 대지의 생명으로 생각했던 것과 깊은 관계가 있다. 영험하기로 이름난 각지의 기자석祈子石을 찾아가서 아이를 낳게 해달라고 기도를 올리는 일이 과거에는 비일비재했다. 기자석은 돌을 대지의 생명으로 보는 시각이 형상화된 결과물이다. 돌로 변한 여교의 몸에서 아이가 나온 것은 어머니를 살해한 것이라기보다는 대지의 생명을 품고 있는 돌에서, 즉 어머니로서의 대지에서 아이가 나온 것으로 볼 수 있다.

이처럼 여교가 돌로 변한 것 그리고 그 돌에서 아들인 계가 나온 것에 대해 여러 가지 해석을 시도해볼 수 있다. 그냥 보기에는 단순한 이야기 같지만, 이 짧은 이야기 속에는 다양한 상징들이 숨어 있다. 여기 소개한 해석들은 그 다양한 상징들을 읽어내는 몇 가지

방법이다.

아내를 잃은 우는 그 후에도 치수 작업에 여전히 힘을 기울이며 세상의 여러 곳을 돌아다닌다. 중국 신화에 등장하는 최초의 토목 기술자 우는 동시에 최초의 여행자였다.

4장 | 하백이 신부를 맞이하다

황하의 신 하백은 사람의 얼굴에 물고기의 몸을 한 물의 신이다. 그는 용 두 마리가 끄는 연꽃 덮개를 한 수레를 타고 황하의 물결을 따라 이리저리 돌아다녔다고 한다. 전국시대 초나라 시인 굴원은 〈구가九歌〉*에서 하백에 대해 이렇게 묘사했다.

물고기 비늘로 지은 집, 용무늬 궁전.

보랏빛 조개로 지은 집, 진주로 만든 궁궐.

하백의 집은 물속에 있네.

하얀 자라 타고 다니며 예쁜 물고기들 따라다녔네.

---

* 〈구가〉 당시 초 땅에서 신들에게 제사를 지낼 때 부르던 노래. 천신 동황태일(東皇太一), 구름의 신 운중군(雲中君), 상수의 신 상군(湘君)과 상부인(湘夫人), 사람의 운명을 주관하는 대사명(大司命), 자손을 보내주는 소사명(小司命), 태양신 동군(東君), 강물의 신 하백, 산신 산귀(山鬼) 등 하늘과 땅의 신들에게 바치는 노래 9수에 죽은 병사들의 영혼을 보내는 〈국상(國殤)〉과 신들을 보내는 〈예혼(禮魂)〉을 합해 전체 11수로 구성된다.

그대와 더불어 황하 물가를 돌아다니네.

전국시대 업鄴 땅에는 하백에게 신부를 시집보내는 습속이 있었다. 업 지방은 고대 은나라의 수도가 있었던, 지금의 허난성 안양시安陽市에서 멀지 않은 곳이니 황하의 신에게 인간을 제물로 바치는 풍습이 고대부터 존재했다고 추측해볼 수 있다. 그 업 땅에 일 년에 한 번 하백에게 처녀를 제물로 바치는 행사가 있었다. 이 행사를 주관하는 사람은 삼로三老와 정연廷掾 등 마을의 유지들과 나이가 일흔이나 된 무당 할미였다.

처녀를 뽑아 제물로 바치다

"자, 자! 하백님께 신부를 시집보낼 때가 되었소. 처녀를 내놓으시오. 그리고 제사를 지내야 하니 돈도 내시오! 빨리, 빨리!"

마을 유지들은 집집마다 돌아다니며 제사에 쓸 비용이라면서 돈을 걷어갔다. 무당 할미는 할미대로 바빴다. 하백의 신부로 보낼 처녀를 뽑아야 했기 때문이다.

"이번에는 이 집 딸이 뽑혔네."

"아이고, 안 됩니다. 데려가시면 안 됩니다!"

"아니, 그게 무슨 말이야? 하백님의 신부로 뽑히는 영광을 누리게 되었는데?"

"우리 딸은 절대로 데려갈 수 없어요!"

"어딜 감히! 신부는 내가 뽑는 거야!"

무당 할미는 신부로 뽑힌 처녀의 부모에게 약간의 돈을 던져주고 처녀를 재궁齋宮으로 데려왔다. 재궁이라는 것은 제사를 지내기 위해 임시로 지어놓은 강가의 집인데 하백의 신부로 뽑힌 처녀를 그곳에 데려다두고 열흘 동안 술과 고기를 실컷 먹게 했다.*

그렇게 열흘이 지난 뒤 처녀는 예쁘게 단장하고 자신의 부모와 마지막으로 만난다. 그리고 강가에서 부모와 함께 제사를 올린다. 처녀와 부모는 마지막 순간을 함께하며 통곡을 한다. 그러나 그 모습을 바라보는 마을 유지들은 시큰둥하다. 뭘 저렇게 울고 야단이람. 처녀 하나 바쳐서 일 년 내내 마을이 평안할 수만 있다면 그쯤은 아무것도 아니지.

"빨리 서둘러라! 하백님께서 기다리신다!"

"예에!"

마을의 장정들이 아직도 울고 있는 처녀를 들어 꽃가마에 태운다. 그리고 그 꽃가마를 강물 속으로 던져 넣는다. 꽃가마는 잠시 물결을 따라 흘러가다가 천천히 강물 속으로 가라앉는다. 장엄한 제사 음악이 울리기 시작하고, 부모의 울음소리가 강가에 울려 퍼

---

*   술과 고기를 실컷 먹게 했다 우리가 잘 아는 동화 〈헨젤과 그레텔〉에도 사탕으로 만들어진 집에 잘못 들어간 남매를 붙잡은 늙은 마녀가 오빠 헨젤을 잡아먹기 위해 가둬놓고 매일 맛있는 것을 먹여서 살이 쪘는지 살펴보는 대목이 나온다. 여기서 헨젤을 선택해 맛난 음식을 실컷 먹인다는 것은 인간 제물을 뽑아 희생 제의를 올리기 전까지 술과 음식을 배불리 먹게 하던 고대의 습속과 관련 있는 것으로, 이런 고대 서구의 습속에 관해서는 영국의 사회인류학자 제임스 G. 프레이저(James G. Frazer)가 쓴 《황금가지(The Golden Bough)》에 상세히 소개되어 있다. 제사 효과의 극대화를 위해 인간 제물에게 술과 음식을 배불리 먹이는 것은 어디에서나 마찬가지였던 모양으로, 처녀에게는 열흘 내내 맛있는 음식이 제공되었다.

진다. 지켜보던 사람들은 그 소리에 약간 콧등이 시큰해져서 눈물을 흘리지만, 그저 그뿐이다.

"그래, 바로 이거야. 홍수 때문에 뒤숭숭해졌던 마을 사람들의 불안과 불만을 처녀 하나 강물에 던져 넣는 것으로 잠재울 수 있거든. 게다가 가난한 집 처녀 하나를 데려오는 데는 돈도 많이 들지 않아, 조금만 주어도 되니까. 이렇게 손쉬운 해결 방법이 있나. 처녀애를 데려온다고 해서 누구 하나 반항할 수 없지. 걷은 돈도 아직 이렇게 많이 남아 있으니 우리끼리 충분히 나눠 먹을 수 있어. 어리석은 백성들은 강물에 제물을 바쳤으니 홍수가 일어나지 않을 거라고 믿을 테고, 혹시 다시 홍수가 난다고 한들 그것이 뭐 우리 탓이라고 생각하겠어? 변덕 심한 하백이 또 심술을 부리는 것이라고 생각하겠지. 하하, 이거야말로 꿩 먹고 알 먹고 아닌가."

마을의 유지들은 이렇게 중얼거리며 흐뭇하게 집으로 돌아간다.

'가엾은 처녀⋯⋯. 부모들이 가엾기도 하지. 다 키운 딸을 저렇게 빼앗기다니. 하지만 어쩔 수 없지 뭐. 제물을 바치지 않으면 하백님께서 노하실 테니. 농사를 잘 지으려면 홍수가 일어나지 않아야 하고, 그러려면 하백님께서 노하시면 안 돼. 남의 집 다 큰 딸을 바치게 하는 건 좀 마음 아픈 일이지만 홍수가 일어나는 건 더 무서운 일이야. 암, 무서운 일이고말고!'

마을 사람들은 이렇게 생각하며 집으로 돌아가 자신들의 일에 열중한다.

"세상에 이런 일이 있을 수 있나!"

"그러게 말이야. 다음번에는 또 뉘 집 딸이 뽑히려나?"

딸을 둔 사람들은 전전긍긍하며 살아가야 했다. 그러나 딸을 두지 않아 직접적인 피해자가 되지 않는 사람들은 이렇게 말했다.

"그렇다고 제물을 바치지 않을 수도 없잖나."

"그래, 하백님께서 노하시면 우린 모두 끝장이야. 농사도 마찬가지고."

"암, 그렇고말고! 처녀 하나를 제물로 바쳐서 일 년 농사를 잘 지을 수 있다면 그럴 만한 가치가 있는 거 아냐?"

마을 처녀 하나가 강물에 바쳐지는 것은 안타까운 일이었지만 그보다 더 두려운 것은 홍수의 공포였고, 이를 극복하기 위해 필요한 건 희생양 논리*였다.

서문표의 지략

이런 일이 한창일 무렵 서문표西門豹가 업 땅에 현령으로 부임해오게 된다. 서문표는 악명 높은 업 땅의 습속에 대해 일찌감치 알고 있었다.

'세상에 이런 말도 안 되는 풍습이 있다니. 내가 이 나쁜 습속을

---

* **희생양 논리** 분노보다 공포가 앞설 때 사람들은 현실의 제도에 침묵한 채 폭력에 순응하게 된다. 본래 처녀와 같은 편에 서 있었던 사람들이 결과적으로는 마을 유지들의 편에 서게 되는 것이다. 이것이 바로 르네 지라르(René Girard)가 말했던 '희생양'의 논리다. 처녀는 강물 속에 던져져서 폭력의 피해자가 된다. 본래 외부자였던 마을 사람들이 마을 기득권자들과 같은 내부자로 편입하는 순간 처녀는 희생양이 되는 것이다.

반드시 끝장내리라.'

서문표는 업 땅에 도착하자마자 마을의 장로들에게 말했다.

"들자 하니 이곳에서는 일 년에 한 번씩 하백에게 제사를 올린다고 하더군요. 다음번 제사 때가 되면 꼭 알려주십시오. 저도 나가서 하백에게 제물로 바쳐지는 가엾은 처녀를 배웅할까 합니다."

새로 부임해 온 현령이 감히 이런 말을 하다니. 마을의 장로들에게 서문표의 이 말은 상당히 도발적으로 들렸을 것이다.

'흠, 이자가 보통이 아니로군. 어디 어떻게 하는지 두고 볼까?'

아마도 마을 장로들은 자기들이 오랫동안 민중을 지배해온 방법에 대해 상당한 믿음을 가졌던 듯하다. 그럴 만도 한 것이 습속만큼 바꾸기 어려운 것도 없다. 처녀를 제물로 바쳐서 제사를 지내는 풍습은 언제부터인지 알 수도 없을 만큼 오래전부터 계속되어온 것이다. 아무리 패기만만한 신임 현령이라고 한들 무슨 뾰족한 수가 있겠는가.

"그럽시다. 때가 되면 알려드리지요."

마을의 장로들은 마뜩잖은 표정을 지으며 대답했다.

시간이 흘러 마침내 다시 하백에게 제사를 지낼 때가 되었다. 성대하게 잔치 준비가 시작되었고 마을의 장로들은 다른 때와 마찬가지로 집집마다 돈을 걷으러 다녔으며, 무당 할미 역시 가난한 집처녀를 골라 제물로 바칠 준비를 했다.

"준비가 다 되었는데 나와 보시겠습니까?"

장로들은 '이미 다 끝난 게임이다. 네게 무슨 비장의 무기가 있겠느냐' 하는 식으로 서문표에게 말했다.

"아, 그렇습니까? 당연히 가봐야지요."

서문표는 무심한 표정으로 강가로 나갔다. 강가는 이미 떠들썩했다. 천지에 울리는 제사 음악 소리, 모여서 구경하는 사람들이 웅성거리는 소리, 제물로 바쳐지는 처녀의 부모가 애절하게 우는 소리…….

서문표는 제단 앞으로 다가가 무당 할미에게 말했다.

"하백에게 바치는 신부를 좀 보고 싶소이다. 이쪽으로 한번 데려와 보시오."

"그러시지요."

무당 할미는 서문표가 도대체 무슨 생각을 하는 건지 궁금했지만 일단 신부를 데리고 왔다. 서문표는 제물로 바쳐질 신부의 얼굴을 요리조리 뜯어보았다. 한참을 들여다보던 서문표가 눈살을 찌푸리며 이렇게 말했다.

"너무 못생겼잖아. 아무리 보아도 하백의 신부가 되기에는 부족하겠는데. 이렇게 못생긴 처녀를 바쳐서야 어디 하백이 흡족해하겠어? 그렇다고 지금 당장 더 예쁜 처녀를 고를 시간도 없고, 이를 어쩌지? 아하, 좋은 수가 있소! 무당 할미, 그대가 직접 물속으로 들어가게나. 수고스럽겠지만 가서 하백에게 자초지종을 설명해주고 오게. 이번엔 좀 못생긴 처녀를 바치더라도 너무 노여워 마시라고, 다음에는 더 예쁜 아가씨를 보낼 터이니 노하며 홍수를 일으키지 마시라고 말해주고 오게나. 알겠지? 자, 그럼 빨리 다녀오게!"

새파랗게 질린 무당 할미가 뭐라고 말할 틈도 주지 않고 서문표는 무당 할미를 물속으로 밀어 넣었다. 순식간에 벌어진 일이라서 모두들 당황한 채 멍하니 서 있었다. 무거운 침묵 속에서 잠시 시간이 흘렀다. 서문표의 낭랑한 목소리가 다시 공중에 울려 퍼졌다.

"어허, 하백에게 이야기하러 간 무당 할미가 왜 아니 오지? 이렇게 늦어지는 이유가 뭘까? 아무래도 무당 할미의 제자분들이 다녀와야겠소. 그리고 이분들만 보내기엔 미덥지 않으니 연세가 많으신 삼로께서도 함께 가보시지요. 가셔서 우리 입장을 한 번 더 하백에게 설명해주고 오시구려."

"네?"

놀란 그들이 입을 채 다물기도 전에 서문표는 무당 할미의 여제자 세 명과 삼로를 다시 물속에 빠뜨렸다. 마을의 장로들은 물론, 제사를 구경하기 위해 강가에 나와 있던 사람들 모두가 충격에 휩싸였다.

그렇게 오랜 세월 동안 하백에게 신부를 시집보내는 습속이 전해 내려왔지만 이런 장면은 처음이었다. 저렇게 무모한 인물은 업땅에 한 번도 나타난 적이 없었다. 본래 독재라는 것이 그냥 무너지는 법은 없다고 하지 않던가. 독재는 스스로 무너지는 것이 아니라 언제나 더 큰 힘에 의해 무너지는 것이다.

"허허, 무당 할미 제자분들도 돌아오지 않고 삼로께서도 한번 들어가시더니 나오시질 않네. 도대체 하백에게 가서 무얼 하는 걸까? 이거 궁금해서 안 되겠소이다. 이번엔 장로들께서 직접 들어가 보시지요. 어떻습니까?"

마을의 장로들과 세력가들이 순간 땅바닥에 납작 엎드렸다.

"용서하시옵소서!"

"제발 저희를 불쌍히 여겨주소서!"

그때까지 기세등등하던 인물들이 갑자기 고개를 숙여 서문표에게 절을 하기 시작했다. 얼마나 당황했던지 그들은 이마에서 피가 날 정도로 땅바닥에 머리를 박았다.

"어허, 이러지들 마십시오. 하백을 찾아가 한마디만 하고 돌아오시면 될 것을 뭘 이렇게까지 하십니까?"

고개를 꼿꼿하게 세운 채 거들떠보지도 않던 자들이 갑자기 이렇게 변하다니 가소롭구나. 그러나 서문표는 능청맞게 아무것도 모르는 척하며 그렇게 말했다.

"아닙니다. 저희가 정말로 잘못했습니다. 용서해주십시오."

"그렇습니다. 다시는 이런 일을 하지 않겠습니다. 목숨만 살려주십시오."

숨을 죽인 채 둘러서서 상황을 지켜보던 사람들은 그제야 꿈에서 깨어났다. 모두가 미쳐 있던 꿈, 자기 집 딸만 아니라면 처녀 하나 바쳐서 편안하게 사는 것도 괜찮다고 생각했던 집단적 이기심. 지배자들이 만들어놓은 그 교묘한 집단적 공포와 최면 상태에서 깨어난 사람들은 이제야 상황을 바로 볼 수 있는 이성을 회복하게 되었다.

본디 치수는 통치자들의 임무였다. 그것을 게을리한 자들이 '처녀'라는 '희생양'을 택해 자신들의 책임을 희생양에게 전가한 것이다. 본래 처녀와 함께 '외부자'에 속해 있던 마을 사람들은 처녀의 고통을 외면하는 순간 통치자들과 같은 '내부자'로 포섭된다. 홀로 외부자로 남겨진 하백의 신부만이 물가에서 떨고 있을 뿐이다. 그것은 거대한 '폭력'이다. 그리고 그 폭력은 서문표가 행하는 더 강력한 폭력 앞에서 무너진다.

　이것이 바로 '희생양과 폭력'의 논리를 적나라하게 보여주는, '하백이 신부를 맞이하다(河伯娶婦)'라는 유명한 이야기의 본질이다.

5장 ‖ 장강의 강신을 물리친 이빙 부자

서문표의 이야기가 황하의 신 하백에게 바쳐지던 처녀 제물에 관한 것이라면 장강長江 유역에도 비슷한 이야기가 전승되고 있는데 그 이야기의 중심에는 이빙李冰과 이랑二郎이라는 영웅적 인물들이 있다.

딸을 바치고 푸른 소로 변하다

이빙은 촉군蜀郡의 태수였다. 진秦나라 소왕昭王이 이빙을 촉군 태수로 보냈고 촉군에 도착한 이빙은 강을 양쪽으로 갈라서 촉군 사람들이 그 물로 관개하여 농사를 지을 수 있게 했다. 이 수리 작업의 결과물이 지금까지도 쓰촨성 청두成都 부근에 남아 있는 도강언都江堰*이다.

당시 촉군에는 해마다 장강의 강신江神에게 처녀를 신부로 바치는 습속이 계속되고 있었다. 그렇게 하지 않으면 강신이 화를 내어 홍수가 난다고 사람들은 믿었다. 제사를 주관하는 사람이 새로 부임한 촉군 태수 이빙에게 말했다.

"백만금의 돈을 내어 강신에게 신부를 마련해주는 제사를 올려야 합니다."

이빙이 말했다.

"걱정하지 마시오. 내게 딸이 있으니 그 딸을 바치리다."

제사를 주관하는 사람은 깜짝 놀랐다.

'태수가 자기 딸을 바친다고? 어떻게 이런 일이?'

그도 그럴 것이 그때까지 제물로 바치는 처녀들은 민간에서 뽑아왔다. 자청하여 자신의 딸을 제물로 바치겠다고 하는 태수는 한 명도 없었다. 마침내 강신에게 제사를 지내는 날이 왔다. 이빙은 자신의 딸을 곱게 단장시켜서 강가에 데려다놓았다. 조금 있으면 강신에게 제물로 바쳐질 판이었다.

그때 이빙이 앞으로 나가 제단 위로 올라갔다. 사람들의 시선이 그에게 집중되었다. 이빙은 술잔을 높이 치켜들며 말했다.

---

* **도강언** 쓰촨성 청두 근처에 있는 고대의 수리(水利) 시설. 전설에 의하면 이빙과 그의 아들 이랑이 기원전 3세기 중엽에 건설했다고 한다. 쓰촨성은 홍수가 잦았는데, 청두 평원을 지나가는 민강(岷江)의 물줄기를 둘로 갈라 내강(內江)과 외강(外江)으로 나눔으로써 청두 평원으로 들어오는 물의 양을 조절했다. 내강과 외강을 가르는 구조물은 '분수어취(分水魚嘴)'라 하는데, 그 구조물이 마치 '물고기 주둥이(어취)'처럼 생겼다고 해서 붙은 이름이다. 2008년 쓰촨 대지진이 일어났을 때 도강언 근처의 수많은 건물이 무너졌지만 도강언은 무사하여 2000년 전 건축기술의 우수함을 다시 증명한 바 있다. 현재 유네스코 세계문화유산으로 지정되어 있다.

"위대한 장강의 신 강군대신江君大神이시여! 이제 당신과 사돈을 맺어 구족九族의 반열에 오르게 되었으니 영광이로소이다. 존귀한 당신의 모습을 좀 보여주십시오. 제가 술 한잔 올리리다!"

이빙이 술잔을 치켜들고 기다렸으나 신단에서는 아무런 소리도 들려오지 않았다. 잠시 답변을 기다리던 이빙이 술잔을 던지며 벽력같이 소리를 질렀다.

"이렇게 사람을 무시하다니 참을 수 없소이다!"

분노한 이빙이 칼을 뽑아 든 순간 그의 모습이 제단에서 사라졌다. 그리고 잠시 후 강기슭에서 두 마리의 푸른 소가 머리를 맞대고 싸우는 모습이 사람들의 시야에 들어왔다. 이빙과 강신이 똑같이 푸른 소로 변한 것이었다.

여기서 강의 신이 푸른 소로 나타나는 것이 매우 흥미롭다. 그리스 신화에서 헤라클레스와 싸운 강의 신 아켈로스Achelos도 푸른 옷을 입고 나타나며 황소로 변신할 줄 알았다. 농경의 신이 황소로 형상화되는 것은 세계 여러 나라 신화에서 자주 볼 수 있다. 고대 가나안 지역에서 원래부터 숭배되던 위대한 풍요의 신 바알Baal도 황소로 형상화된다. 히브리인들이 그렇게 없애고자 했어도 없애지 못했던 뿌리 깊은 토착 신앙의 밑바닥에는 농경민들이 숭배하던 풍요의 상징인 황소가 있었다. 그리스 신화에서도 쇠뿔은 '풍요의 뿔'로 불린다. 농경과 직접 관련이 있는 강물을 관장하는 신이 소의 모습으로 나타나는 것은 농경민족의 상징체계에서는 당연한 일이다.

어쨌든 푸른 소로 변한 강물의 신과 역시 푸른 소로 변한 이빙이 머리를 맞대고 열심히 싸우기 시작했다. 사람들이 상황을 파악하지 못해서 어리둥절한 사이, 땀으로 범벅이 된 이빙이 갑자기 나타났다.

"내가 힘이 모자라니 그대들이 좀 도와주어야겠다. 남쪽을 바라보고 있고 허리에 하얀 비단을 묶은 소가 바로 나다! 그리고 북쪽을 바라보고 있는 소가 강신이다."

이빙은 말을 마치고 다시 급하게 사라졌다.

사람들이 고개를 돌려보니 강가에서 푸른 소 두 마리가 여전히 싸우고 있었는데, 한 마리가 남쪽을 바라본 채 허리에 하얀 끈을 묶고 있는 것이 보였다. 이빙의 부하가 북쪽을 보고 있는 소를 향해 화살을 날렸고, 강신은 마침내 죽게 되었다.

한편《태평광기太平廣記》라는 송나라 시대의 소설집에 인용된 것을 보면 약간 내용이 다르다. 장강의 강신이 원래는 교룡蛟龍이라는 것이다.

강에 사는 교룡이 요동을 치면 강물이 흘러넘쳤는데, 이빙이 소로 변해 강물 속으로 들어가 교룡과 싸웠다. 교룡이 워낙 힘이 강해서 밀리게 되자 그는 일단 밖으로 나왔다.

"궁수들을 불러라!"

이빙은 활 잘 쏘는 명사수 수백 명을 불러 모아 활을 들고 강가에 지키고 있게 했다.

"잘 들어라. 방금 내가 소로 변했기 때문에 강신도 이번에는 소로 변할 것이다. 나는 흰 비단을 동여매고 있을 테니 몸에 흰 비단을 묶지 않은 소를 쏘도록 하여라. 알겠나?"

"예. 알겠습니다!"

이빙이 다시 강물 속으로 들어간 뒤 비바람이 몰아치고 하늘이 어두워지더니 소 두 마리가 강물 위에 나타나서 치열하게 싸우기 시작했다. 병사들이 가만히 바라보니 한 마리는 하얀 비단을 둘렀고 다른 한 마리는 아무것도 두르지 않았다.

"쏘아라! 비단을 두르지 않은 저 소를 향해 쏴라!"

수백 명의 궁수가 쏘는 화살을 맞고 강의 신 교룡은 죽고 말았다. 그리고 교룡이 죽자 촉군의 홍수가 사라졌다.

그런데 쓰촨 지역에 전승되는 전설에 의하면 이때 이빙이 잡은 강신은 얼룡孽龍이라고 한다. 이빙은 산 채로 잡은 그 얼룡을 치수할 때 파놓은 '이퇴離堆'라는 깊은 연못에 가둬두었다. 용을 가둬둔 곳이라고 해서 그곳은 이후 '용을 항복시킨 곳', 즉 '복룡담伏龍潭'이라고 불렸다. 이빙은 이렇게 얼룡을 잡아 가둔 후 돌로 사람 모양을 세 개 만들어 강 가운데에 세워놓았다. 그리고 나서 강신에게 약속을 받아냈다.

"강에 물이 아무리 넘쳐도 저 돌로 만든 사람의 어깨를 넘으면 안 되며, 물이 아무리 줄어든다고 해도 발등 아래로 내려가서는 안 된다, 알았느냐?"

"알겠소이다."

말하자면 돌로 만든 사람은 강물의 높이를 가늠하는 자의 역할을 했던 셈이다. 또한 강신을 감시하는 이빙의 대리인이기도 했다. 이후로 강신은 감히 돌로 만든 사람을 물에 잠기게 하지 못했으니 말이다. 실제로 도강언 강바닥에서 몇 개의 석상이 발견되었는데, 중국 학자들은 그중 하나가 이빙의 석상이라고 말하고 있다.

아들 이랑과 멋진 일곱 친구

이빙과 함께 치수에 혁혁한 공을 세운 인물로 이빙의 아들인 이랑이 있다. 이랑은 관구이랑灌口二郎이라고도 하는데, 이빙의 둘째 아들이며 사냥을 좋아하는 용감한 젊은이였다. 일설에 의하면 이빙이 신부로 변장시켜서 강가에 앉혀놓았던 인물이 이랑이었다고 한다. 그러고 보면 이랑은 미남이었을 법도 하지만 민간에 전승되는 그림이나 가면을 보면 강의 신이 놀라서 도망칠 만큼 험악하고 사나운 모습을 하고 있다. 홍수를 일으키는 못된 용을 처치한 이랑의 영웅담이 민간에 전해지면서 그의 용맹함이 무서운 얼굴이나 가면으로 형상화된 것으로 보인다.

"자네들 나와 함께 강물 속으로 들어가세."
"왜 그러나?"
"강물 속에 홍수를 일으키는 못된 얼룡이 산다고 하잖아. 가서 그놈을 잡아 없애세."

"좋아, 멋진 사냥감이 강물 속에 숨어 있었군. 하하!"

젊고 활달한 이랑은 그의 용감한 친구들인 매산칠성梅山七聖과 함께 강물 속으로 들어가 얼룡을 베어 죽였다. 이랑과 매산칠성의 만남, 얼룡을 잡게 된 경위에 대해서는 다음과 같은 이야기가 전해지고 있다.

이빙은 아들인 이랑을 데리고 쓰촨으로 갔다. 이랑은 체격이 크고 당당해서 호랑이도 이랑을 보면 무서워할 정도였다. 이빙 부자는 쓰촨에 도착한 뒤 도대체 왜 이 지역에 홍수가 자주 일어나는 것인지, 홍수의 근원지가 어디인지 찾아다니기 시작했다. 이랑은 아버지의 허락을 받고 홍수의 원인을 찾아 먼 길을 떠났다. 막 홍수가 물러간 때여서 길은 온통 진흙탕이었고 여기저기 막혀 있었으며 사람들도 그리 많이 보이지 않았다. 이랑은 계절이 바뀌도록 이리저리 돌아다녔으나 홍수의 원인이 무엇인지 도무지 찾을 수가 없었다.

그러던 어느 날 산에서 길을 잃고 헤매는데 커다란 호랑이 한 마리가 숲에서 튀어나오는 것이었다. 이랑은 얼른 활을 당겨 호랑이를 죽였다. 잠시 후 숲속에서 젊은 사냥꾼 일곱 명이 뛰어나오더니 이랑에게 물었다.

"혹시 호랑이 한 마리가 지나가는 것을 못 보았습니까?"

"호랑이라고요? 이놈 말씀하시는 겁니까? 여기서 이렇게 게으름을 피우고 있습니다만."

그제야 활을 맞고 쓰러져 있는 호랑이를 발견한 젊은이들은 깜짝 놀라며 이랑에게 어디서 온 누구냐고 물었다.

"저는 이빙의 아들로, 홍수의 원인을 찾기 위해 이곳에 왔소. 아직 그 이유를 찾지 못해 이렇게 헤매는 중입니다."

자초지종을 들은 젊은이들은 용감한 이랑에 매료되어 그와 함께 가겠다고 했다. 이랑 역시 씩씩한 젊은 사냥꾼들이 마음에 들었다.

"좋소, 함께 갑시다!"

그들이 이렇게 함께 길을 나서 관현灌縣 부근의 강가에 이르렀을 때였다. 날은 저물어가는데 강가에 있는 작은 초가집에서 흐느끼는 소리가 들려왔다. 울음소리가 참으로 절절하고 처량하여 이랑과 친구들은 그 집으로 들어갔다. 집 안에 들어가 보니 노인 부부가 슬피 울고 있었다.

"어르신들, 어인 연유로 그리 우시는 겁니까?"

"젊은이들은 누구요?"

"길 가던 사람들입니다. 어르신들께서 하도 슬피 우시기에 연유라도 들을까 해서 와본 것입니다."

"잘 오셨소! 그러잖아도 어디 하소연할 곳이 없었는데. 이렇게 기가 막힌 일이 있을 수 있겠소?"

"도대체 무슨 일입니까?"

노인은 한숨을 쉬더니 이야기를 시작했다.

"관현 서쪽에 있는 봉서와鳳棲窩라는 곳에 강물의 신이 사는 걸 아시오?"

"저희는 이곳이 초행이라서 아직 잘 모릅니다."

"바로 그곳 강가에 강신의 사당이 있어요. 해마다 그곳에서는 강신에게 어린아이들을 제물로 바치지요."

"뭐라고요? 어린아이를 제물로?"

"그렇소. 그 강신이라는 자는 원래 얼룡이라고 합니다. 해마다 아이들을 산 제물로 바치게 하고도 모자라서 심술이 나면 다시 홍수를 일으키곤 하지요. 그렇다고 해서 아이들을 바치지 않을 수도 없는 것이, 만약 제물을 바치지 않았다가는 엄청난 홍수를 일으키기 때문이오. 그런데 이번에 하필이면 우리 손자가 제물로 뽑혔다오. 눈에 넣어도 아프지 않을 손자를 제물로 바쳐야 하다니 이런 기막힌 일이……."

노인은 말을 다 맺지도 못한 채 다시 울음을 터뜨렸다. 이랑은 드디어 홍수의 원인을 찾았다고 생각했다.

"그 강신이라는 놈이 홍수의 원인이었군."

"가세! 얼른 가서 그 못된 얼룡을 죽여 없애야겠네."

"아니, 일단은 아버지를 찾아가서 의논해야겠네."

그래서 이랑은 친구들과 함께 아버지 이빙에게 돌아가서 상황을 보고했다. 이빙과 함께 그들은 머리를 맞대고 강신을 없앨 작전을 짰다. 마침내 강신의 제삿날이 되었다. 강가의 사당에는 불이 환히 켜졌고, 강신을 모신 자리 앞에는 제물로 바쳐질 어린아이들이 앉아 있었다.

"자, 때가 되었다. 각자 자기 자리를 지켜라."

이랑은 양쪽에 칼날이 달린 창을 들고 강신을 모신 자리 뒤쪽에 숨어 있었고, 이랑의 일곱 친구들 역시 무기를 챙겨 들고 숨어 있었다.

"휘잉!"

갑자기 서늘한 바람이 몰아치더니 이빨을 드러내고 날카로운 발톱을 세운 얼룡이 성큼 사당 안으로 들어왔다.

"으악!"

제물로 바쳐진 아이들이 소리를 질렀다. 얼룡이 아이들을 향해 발톱을 휘두르려는 순간, 이랑과 일곱 친구가 무기를 휘두르며 뛰쳐나왔다. 얼룡은 얼떨결에 당한 공격에 정신을 차리지 못하고 사당에서 도망쳐 나와 강물 속으로 뛰어들었다. 그 모습을 본 사람들은 북을 두드리고 징을 치며 이랑과 친구들을 응원했다.

"저놈이 강으로 도망쳤다! 뒤쫓아라!"

이랑과 일곱 친구는 얼룡을 따라 강물 속으로 뛰어들었다. 얼룡은 다시 강물 밖으로 뛰쳐나왔고, 이랑과 일곱 친구는 조금의 틈도 주지 않고 얼룡의 뒤를 따랐다. 그렇게 도망치기를 수십 리, 얼룡은 이랑과 일곱 친구에게 사로잡히고 말았다. 하지만 수십 리를 쫓느라 그들도 지쳐 힘이 없었다.

"잠시 이놈을 여기에 묶어두자."

"그래, 강물 속에 잠시 가둬두고 우리도 눈 좀 붙이자."

그들은 얼룡을 '왕할머니의 절벽'이라는 뜻의 '왕파애王婆崖' 아래 강물에 가둬두고 잠시 쉬었다. 그런데 누가 알았으랴, 강물 속의 동굴을 통해 얼룡이 우리에서 빠져나간 것이었다. 잠시 눈을 붙이던 이랑은 강물 속에서 아무런 기척도 들리지 않자 이상한 생각이 들어서 갖고 다니던 칼을 강물 속에 넣고 칼자루에 귀를 대보았다. 아무런 소리도 들리지 않았다.

"아니, 이놈이? 여보게, 큰일 났네. 얼룡이 탈출했어!"

잠시 쉬고 있던 일곱 친구는 즉시 자리에서 일어났다. 그들은 도망친 얼룡의 자취를 찾아다니다가 마침내 동자언童子堰이라는 곳에서 얼룡을 다시 잡을 수 있었다.

이랑과 일곱 친구가 얼룡을 잡아 왕파애로 돌아왔을 때 그들이 강가의 초가집에서 만났던 할머니가 나타났다. 할머니는 손에 굵은 쇠사슬을 들고 있었다.

"어서들 오시구려. 얼룡을 잡았다지요?"

"예. 어떻게 아셨습니까? 그리고 여긴 어쩐 일로 오셨는지요?"

"얼룡이 잡혔다는 소식을 들었는데 어찌 그냥 앉아 있을 수 있겠습니까. 제가 쇠사슬을 가지고 왔으니 이걸로 얼룡이라는 놈을 묶어놓으세요. 절대로 도망치지 못할 겁니다."

"그러잖아도 다시 도망치면 어쩌나 큰 걱정이었는데, 정말 고맙습니다. 이 정도의 쇠사슬이라면 얼룡이라는 놈도 어쩔 수가 없을 겁니다."

이랑은 그 쇠사슬을 이용해서 복룡담 아래 깊숙한 곳에 있는 돌기둥에 얼룡을 꽁꽁 묶어두었다. 그 이후로 다시는 얼룡이 나쁜 수작을 부리는 일이 없었으며 이빙과 이랑 덕분에 쓰촨 땅은 홍수에서 해방될 수 있었다고 한다. 모두가 이랑과 그의 유쾌한 일곱 친구가 세운 공적이다.

아이들을 제물로 잡아먹는 괴물과 그 괴물을 처단하는 영웅의 이야기는 다른 나라 신화에서도 자주 보인다. 하지만 이런 이야기에서 중국 신화가 그리스 신화와 다른 점이 하나 있다. 중국 문헌 신화에는 영웅과 사랑을 나누는 여자가 등장하지 않는다. 그래서 이런 중국 신화를 읽을 때면 누구나 한 번쯤 의문을 갖게 된다.

"다른 나라 신화를 보면 말이야, 영웅이 괴물을 처단하러 떠날 때 공주든 누구든 여인이 등장해서 영웅을 도와주는 경우가 많잖아. 그리스 신화를 봐. 비록 나중에 낙소스섬에 버려지기는 했으나 테세우스Theseus를 도왔던 미노스 왕의 딸 아리아드네Ariadne가 있고, 오디세우스Odysseus도 이타카섬에 잘못 들어갔으나 마녀 키르케Circe가 그의 매력에 빠져서 도와주잖아. 알키노스 왕의 딸 나우시카Nausikaa는 어떻고? 난파당한 오디세우스를 한없는 자애로움으로 보살펴주지. 참, 황금 양털을 가지러 온 이아손Iason을 도운 메데이아Medeia도 있어. 영웅신화에는 이렇게 자신의 모든 것을 버려가면서 도와주는 여인과 영웅의 사랑 이야기가 꼭 등장하게 마련인데, 왜 중국 문헌신화에는 그런 게 없을까? 서문표와 이빙은 그렇다고 쳐도 젊은 이랑에게는 멋진 사랑 이야기가 하나쯤은 있을 법도 한데, 왜 중국 문헌신화에는 영웅과 여인의 사랑 이야기가 없는 거냐고……."

앞에서 본 우와 여교가 나눈 사랑 이야기도 필자가 재구성해본 것이지, 고대 문헌에 기록된 내용만 보면 그들 사이의 대화 같은 건 전혀 없다. 우는 그저 엄청난 자연계의 재앙을 다스려준 위대한 '영웅'일 뿐이지, 여인과 사랑 따위나 나누는 '남자'가 아니다. 홍수를 일으키는 강의 신을 붙잡는 일도 이랑이라는 젊은 영웅과 그의 멋진 친구들의 몫일 뿐, 여인이 들어갈 여지 따위는 애초부터 없다.

영웅과 여인의 사랑 이야기는 고대 중국의 문헌 기록자들에게 중요한 것이 아니었다. 국가와 민족을 어려움에서 구해낸다는 대의명분, 그것이 '사나이 대장부'로서 해야 할 일이었다. 어쩌면 중국에서는 신화가 문자로 기록될 무렵에 이미 유가적 엄숙주의가 확립되어 있었기 때문에 영웅과 여인의 아름다운 사랑 이야기가 그 기록들 사이에 끼어들 틈이 없었는지도 모르겠다.

4부

신들의 전쟁

1장 ┃ 황제와 치우의 탁록 전쟁

문헌신화 속 가장 치열했던 전쟁

중국의 문헌신화에서 가장 웅장하고 장엄한 전쟁 장면을 꼽는다면 당연히 탁록涿鹿에서 벌어진 황제와 치우의 전쟁일 것이다. 비와 바람을 불러오는 신인 우사雨師와 풍백風伯, 괴상한 소리를 내며 잿빛 하늘을 날아다니면서 비를 부르는 응룡, 푸른 옷을 입은 뜨거운 불덩어리의 여신 발魃, 괴이하게 생긴 온 세상의 도깨비와 귀신, 곰이나 표범 등으로 구성된 무시무시한 동물 돌격대, 남부 지방의 반항적 민족인 묘민苗民, 그들이 한꺼번에 모여들어 승부를 겨뤘으니, 그 장면을 상상만 해도 가슴이 뛴다. 게다가 신들의 나라에서 중심의 위치에 있는 황제, 구리로 된 머리와 쇠로 된 이마를 가진 치우, 이 용맹스러운 두 명의 신이 벌이는 밀고 밀리는 싸움은 현대를 살아가는 사람들에게도 많은 영감을 제공해주는, 참으로 흥미로운 소재가 아닐 수 없다.

그런데 문제는 이런 신화 속의 전쟁을 역사적 사건으로 인식하는 일부 중국 학자들의 시각이다. 신화를 역사와 동일시하면서 생겨나는 문제점은 심각한 결과를 초래한다. 고구려의 역사를 두고 우리나라와 중국이 팽팽한 신경전을 벌이는 것도 그런 시각에서 비롯되었다. 황제는 본래 다섯 개의 방위 중 중앙을 다스리는 신에 불과했다. 그런데 한나라 때 이후로 황제가 민족의 시조로 추앙되면서부터, 즉 황제가 화하족華夏族, 지금 말로 하면 중화 민족의 시조로 받들어지면서부터 모든 중국의 역사는 '황제를 위하여' 방향을 틀게 된다. 황제와 만만치 않은 싸움을 벌였던 치우는 중화 민족의 시조신인 황제에게 대항했던 주변부의 '악신惡神'이 되어 탐욕스럽고 거칠고 야만적인 못된 신으로 역사서에 이름을 남기게 되고, 그 전쟁에서 승리한 황제는 중심에 자리한 '선신善神'이 된다.

전욱 역시 마찬가지다. 신화 속에서 북방의 신으로 등장하는 전욱을 중국의 학자들은 지금의 랴오닝성遼寧省 지역을 다스렸던 역사 속의 제왕으로 본다. 랴오닝성을 다스렸던 전욱 고양씨高陽氏의 후예들이 한반도에 와서 고구려를 세웠기 때문에 고구려가 중국 역사의 일부라는 식의 해석을 제기하고 있는 형편이니, 신화와 역사의 경계 문제에 대해 우리가 끊임없이 문제를 제기해야 할 이유는 충분하다. 국가와 민족의 이름을 앞세워 신화를 역사로만 해석할 때 그 폐해는 상상을 초월하기 때문이다.

이번에는 중국 문헌신화에서 가장 치열했던 신들의 전쟁 두 가지를 소개하기로 한다. 하나는 황제와 치우의 전쟁이고, 다른 하나는 북방을 다스리는 신 전욱과 물의 신 공공의 전쟁이다. 계보로 볼 때 전욱을 황제의 자손으로 친다면, 물의 신 공공은 치우의 조상인 염제炎帝 계통의 신이다. 그러니까 전욱과 공공의 전쟁도 황제와 치우, 더 거슬러 올라가면 중앙의 신 황제와 남방의 신 염제의 전쟁, 그 연장선에 있다고 할 수 있겠다.

황제와 염제의 전쟁

염제는 성품이 자애로운 천제였다. 백성들에게 농사짓는 법을 가르쳐주고, 백성들이 병에 걸리면 몸소 약초를 찾아 병을 고쳐주기도 했다. 이런 염제가 황제와 전쟁을 하게 되었는데 그것이 바로 판천阪泉의 전쟁이다.

전쟁을 벌인 이유에 대해서는 기록에 남아 있지 않지만, 중원을 두고 서로 세력 싸움을 벌였던 황제와 염제의 영토 분쟁이 원인이 아니었을까 싶다. 불을 장악한 신인 염제에게는 신들의 전령이자 불의 신 축융祝融이 있었다. 그리하여 화공법火攻法을 써서 황제를 공격했는데, 황제가 누구인가. 바로 뇌신雷神, 천둥 신이 아니던가. 염제가 불을 앞세워 공격한다면 비바람을 몰아치게 해서 꺼버리면 그만이었다.

"염제 따위는 내 적수가 되지 않는다. 나의 용맹스러운 선봉대를 불러오라."

황제에게는 하늘의 신들로 이루어진 장수와 병사들이 있었다.

무엇보다도 호랑이, 이리, 곰 등 사나운 맹수들로 이루어진 충성스럽고 용감무쌍한 선봉대가 있었다.

"우리의 주인님, 지혜로운 황제시여! 부르셨나이까!"

불려온 것은 맹수들뿐만이 아니었다. 수리, 매, 솔개, 사나운 산새 등 맹금猛禽들 역시 당도했다. 힘이 넘치는 황제의 선봉대는 공격 깃발을 높이 들고 판천의 들판으로 달려갔다.

"아니, 저들은 누구란 말이냐?"

거칠게 밀려오는 황제의 선봉대를 보고 자애롭기만 한 염제는 기가 죽었다.

"염제 따위는 아무것도 아니다. 모두 때려잡자!"

판천의 들판으로 몰려온 황제의 군사들은 기세등등하게 공격을 가했고, 염제의 군사들은 방어조차 제대로 해낼 수 없었다.

"도망쳐라! 병사들이여, 어서 도망쳐라!"

염제는 소리쳤다. 자신의 가엾은 병사들이 죽임을 당하는 것을 더 이상 두고 볼 수 없었던 염제는 결국 남방으로 물러날 것을 명령했다.

황제는 호탕하게 웃으며 말했다.

"물러가거라, 염제야. 그대의 땅으로 돌아가라. 그리고 다시는 중원 땅에 발을 디디지 마라."

염제는 자존심이 상했으나 자기 백성들이 전쟁 때문에 고통을 당하는 것보다는 차라리 후퇴하는 편이 낫다고 생각했다. 그래서 그때부터 염제는 남방 한구석에서 남방 천제 노릇을 하며 조용히 살아가게 되었다.

치우의 탄생

2002년 월드컵 이후 치우에 대해 아는 사람이 많아졌다. 우리나라 축구팀 응원단인 '붉은 악마'가 휘두르는 커다란 깃발 속에 그려진 도깨비 형상의 신이 '치우'라고 불렸기 때문이다.

그러나 치우가 도대체 누구인지에 대해서는 아직 많은 연구가 필요하다. 중국에서는 치우를 이른바 '중화 민족의 3대 시조' 중 하나로 여기고 있고, 우리나라 재야 학계는 그를 '치우천황蚩尤天皇'이라고 하여 동이東夷의 위대한 조상으로 여긴다. 치우가 붉은 악마 응원단의 깃발에 그려져 민족혼을 북돋우는 역할을 하게 된 것은 이런 맥락에서가 아니었나 하는 생각이 든다. 그러나 중국의 역사책에서 치우는 중화 민족의 위대한 시조인 황제에게 반항한 남방의 못된 신으로 묘사되어 있다. 물론 여기에는 이긴 자의 역사관이 당연히 개입되어 있다. 고대 문헌에서 치우가 위대한 전쟁의 신이었다는 증거는 여러 곳에서 발견된다. 특히 2000년 전인 한나라 때 지금의 산둥 지역에서 모셨던 여덟 신 중 하나가 전쟁의 신(兵主)인 치우였다는 점은 치우라는 신을 동이의 맥락에서 바라볼 수 있는 단서를 제공해주기도 한다.

한편 중국 남방 소수민족 중 하나인 먀오족 사람들도 치우를 자신들의 조상으로 여기고 있다. 먀오족 사람들 모두가 그렇게 여기는 것은 아니지만, 자기 민족이 머나먼 북방에서 이주해왔다고 여기는 그들의 구비전승 속에서 치우는 자신들을 외족의 침입에서 지켜준 자애로우면서도 용감한 조상으로 등장한다. 그들의 신화에 등장하는 치우는 '구리 머리에 쇠로 된 이마'와는 거리가 먼, 친근한 조상 할아버지의 모습이다.

동아시아에서 치우는 이렇게 여러 모습으로 나타나고 있다. 더구나 각 민족의 '시조'와 관련된 신화에 등장한다. 그렇다면 치우는 과연 어떤 인물이었을까? 지금부터 하는 이야기들은 치우에 관한 중국의 기록에 근거한다. 동아시아 고대 역사와 관련된 치우의 문제는 간단한 것이 아니기에 여기서 구체적으로 논할 수는 없고, 다만 중국 문헌에 전해지는 치우 이야기만 소개하기로 한다.

치우는 염제의 자손이다. 그와 81명(혹은 72명이라고도 한다)의 형제들은 모두가 비길 데 없이 용감했다. 생김새부터 그들은 다른 사람들과는 달랐다. 머리는 구리로 만들어졌고 이마는 쇠로 되어 있었다. 몸은 짐승처럼 생겼으나 사람의 말을 했고, 머리에는 단단하고 날카로운 소의 뿔이 달려 있었다. 귀 옆의 머리카락은 칼처럼 뻣뻣하게 서 있었다. 어떤 기록에서는 팔다리가 여덟 개나 되었다고도 하는데, 이런 것들은 '중심'을 대표하는 황제에게 대항했던 '주변'의 신이었기 때문에 일부러 이상한 괴물 혹은 악한 신의 모습으로 묘사하려 한 끝에 나온 얘기가 아닌가 한다.

생김새가 특이했던 만큼 치우는 먹성도 특이해서 모래, 구리, 쇳덩이 등을 주식으로 삼아 매일 먹었다고 한다. 치우는 또 무기를 만드는 데 빼어난 재능을 갖고 있어서 뾰족하고 날카로운 창, 커다란 도끼와 튼튼한 방패, 활과 화살 등을 잘 만들었다. 사실 치우의 '머리가 구리이고 이마는 쇠(銅頭鐵額)'라는 것은 치우가 구리와 쇠로 만들어진 투구를 쓰고 있었음을 묘사한 것이라고도 한다. 쇠를 다스려서 무기를 만들 수 있었던 용감한 전쟁의 신, 그가 자신의 조상 염제를 무참하게 패배시킨 황제와 싸워서 잃어버린 땅을 찾고 싶어 했던 것은 충분히 있을 수 있는 일이었다.

염제를 위한 설욕의 기회

치우는 예전의 패배를 설욕해보자고 염제를 설득하려 했다. 그러나 원래가 인자한 성품인 데다가 이제는 노쇠해진 염제는 전혀 들으려고 하지 않았다.

"아니 된다."

"왜 안 됩니까?"

"나는 이제 그런 일에는 관심이 없다. 그저 백성들과 편안히 살아가면 그뿐이야."

"그게 전부는 아니지 않습니까?"

"나에겐 그게 전부다."

염제는 조용히 살고 싶었다. 땅을 좀 더 넓힌들, 중원으로 다시 진출한들 무슨 대수리. 여유롭게 농사지으며 백성들과 편안하게 살아가면 여기가 바로 낙원이지, 그깟 땅 조금 더 가진들 얼마나 더 행복하겠는가.

"한 번만 다시 생각해주십시오."

"다시 생각할 것도 없다. 그만 얘기하자."

염제는 단호했다. 결국, 치우는 그냥 물러 나와야 했다. 염제가 군사를 일으킬 생각이 없음은 분명해 보였다. 그러나 치우는 포기할 수 없었다.

'여기서 포기할 순 없다. 용맹스러운 나의 형제들과 더불어 오랜 세월 준비해왔는데. 황제가 제아무리 강하다고 해도 붙어봐야 아는 것이다. 해보지도 않고 포기하다니 그럴 수는 없지.'

치우는 마음을 굳혔다. 용맹스러운 형제들이 그를 도와 함께 군사를 일으키기로 했다. 무기도 충분히 만들어두었다. 그는 세상의 도깨비들을 부릴 수 있는 술법을 알고 있었으며 비바람을 부를 수 있는 능력도 있었다. 아무것도 두려울 것이 없었다.

'세상의 모든 도깨비가 내 말을 들을 것이다. 황제가 비를 부를 수 있다면 나 역시 비바람을 부릴 수 있다. 하지만 황제에게는 동물 선봉대가 있다지. 나도 뭔가 더 필요하다.'

곰곰이 생각하던 치우는 인간을 끌어들이기로 했다. 치우는 남방의 묘민을 찾아갔다.

묘민은 원래 황제의 후손이었으나 다른 종족과 달리 제대로 대접받지 못해서 불만이 가득했다. 그래도 그들은 황제에 대항해서 전쟁을 일으킬 생각까지는 하지 않았다. 그러나 치우는 가담하지 않으면 큰 벌을 내리겠다고 그들을 협박했다.

마침내 치우는 묘민을 끌어들였다. 이번에는 온 세상에 흩어져 있는 도깨비들을 불러 모을 차례였다.

"휘이! 세상의 도깨비들이여, 나의 말을 들었으면 모두 모여라."

남방의 늪지대와 우거진 숲에 사는 온갖 귀신과 도깨비가 치우의 부름을 받고 삽시간에 모여들었다.

"치우님, 무슨 일로 부르십니까?"

"나를 좀 도와줘야겠다. 곧 황제를 치려고 한다. 막강한 황제이 긴 하지만 그대들이 도와준다면 이길 수 있으리."

"흐흐, 재미있겠군요! 우리도 그 천제는 맘에 안 듭니다. 신도神茶 인지 울루鬱壘인지 하는 자들을 시켜서 우리 동료들을 잡아다가 호 랑이 밥으로 던지곤 한다니까요."

이제 모든 준비가 끝났다. 한판 붙는 일만 남았다. 귀기鬼氣가 흐 르는 남방의 물가에서 치우는 드디어 깃발을 휘날리며 진군에 나 섰다.

"형제들이여, 떠나자. 천제 염제의 이름을 걸고 황제를 물리치러 가자!"

치우의 용감한 형제 81명과 묘민 사람들, 세상의 모든 귀신에다 가 도깨비까지 모였으니 치우의 군대는 말 그대로 남방 '연합군'이 었다. 이들이 모여 머나먼 북쪽 탁록의 들판을 향해 진군을 시작했 다. 그들의 함성이 하늘을 울리고 발소리는 땅을 흔들었다.

"내가 곧 염제다! 이제 우리 함께 염제의 복수를 하러 가자. 진군 하라!"

칼날이 번득였고 날카로운 창은 푸르스름한 빛을 내뿜었다. 위 풍당당한 치우의 군대는 마침내 탁록의 들판에 도착했다.

치우의 반격, 탁록 전쟁

"뭣이? 치우란 놈이 반란을 일으켰다고?"

온갖 꽃이 찬란하게 피어 있는 곤륜산의 공중 정원을 유유히 거닐며 태평하게 지내던 황제는 치우가 쳐들어온다는 소식을 듣고 깜짝 놀랐다. 염제가 다시 한판 붙자고 할지 모른다는 생각은 했지만, 무명의 치우라니 뜻밖이었다.

"그자가 지금 탁록으로 오고 있다는 말이냐?"

"예, 그런데 그놈이 스스로 염제라고 칭한답니다."

"뭐라? 염제의 이름을 내세워?"

용서할 수 없는 일이었다. 염제라는 호칭을 사용한다는 것은 자기를 몰아내고 중앙 천제가 되겠다는 뜻을 내보인 것으로, 곧 황제에 대한 정면 도전이었기 때문이다.

"고약한 놈!"

하지만 황제는 일단 무력 대응을 자제했다. '후厚와 흑黑'*을 지닌 노회하고 치밀한 전략가였던 황제는 일단 자신이 넓은 포용력을 지닌 어진 천제라는 것을 만천하에 보여야 했다.

황제는 말했다.

---

* **후와 흑** 한나라를 세운 고조 유방(劉邦)에 대해 '후와 흑'을 지닌 지도자라고 말하는 사람들이 있다. 성질이 급하고 자기 속내를 쉽게 드러내 보이는 항우(項羽)를 물리치고 절대로 자신의 감정을 드러내지 않는 노회함을 지닌 유방이 천하를 제패할 수 있었던 것은 바로 그가 지닌 후와 흑 때문이라는 설명인데 이른바 인의(仁義)를 지녔다고 하는 중국의 역대 지도자들이 알고 보면 대부분 그런 인물이라고 그들은 말한다. 중국 신화를 보면 황제야말로 그런 후와 흑을 지닌 지도자의 원조 격인 듯하다.

"어쨌든 우선은 인의로써 다스려야 하느니."

속이 탔겠으나 황제는 일단 인의로써 치우를 대하고자 했다. 그러나 그 소식을 들은 치우는 코웃음을 쳤다.

"인의? 웬 말라비틀어진 인의? 그런 건 당신이나 가지시지!"

덕으로 치우를 다스리려던 황제는 일단 세상에 자신이 덕으로 해결해보려 했다는 사실을 보여주고 나자 명분이 확보되었다고 생각했다. 그러니 이제 더는 머뭇거릴 필요가 없었다.

"좋다, 네놈에게 쓴맛을 보여주마! 여봐라, 당장 군대를 동원하도록 해라!"

"예!"

황제는 먼저 자신의 동물 선봉대를 불렀다.

곰, 비휴貔貅, 호랑이 등의 맹수로 이루어진 선봉대가 앞장섰다. 그리고 그 뒤를 사방의 귀신들과 인간 세상의 부족들이 따랐다. 황제는 중앙 천제였으니 사방의 귀신을 부리고 인간을 전쟁에 참여시키는 것이 당연히 가능했다.

"남방의 요괴 놈들을 모조리 잡아라."

드디어 전쟁이 시작되었다. 치우의 군대는 과연 강인하고 용감했다. 황제의 선봉대도 용맹했으나 치우 군대의 적수가 되지 못했다. 치우에게는 쇠로 만든 온갖 뛰어난 무기들이 있었다.

"저놈들이 가진 저게 도대체 무엇이란 말이냐?"

"아무리 내리쳐도 머리에 뭘 뒤집어썼는지 무기가 들어가질 않습니다."

"황제시여, 안 되겠습니다. 놈들이 너무 강합니다."

황제의 군대는 뒤로 밀렸다. 황제는 믿을 수가 없었다. 일개 변방의 오합지졸이 어찌 중원을 다스리는 자기의 군사보다 강하다는 것인가. 도무지 믿을 수 없는 일이었다. 그래서 황제는 소리쳤다.

"다시 진격하라! 돌격, 돌격!"

황제의 진격 명령에 앞으로 나아가긴 했으나 용기를 잃어버린 황제의 군사들은 이미 전의를 상실한 상태였다. 게다가 눈앞이 갑자기 부옇게 되더니 하늘과 땅 사이에 안개가 가득 차 동서남북을 분간할 수 없었다. 치우에게는 안개를 피우고 비를 내리게 하는 재주가 있었던 것이다. 황제의 군대는 자욱한 안개 속에서 방향을 잃고 정신을 차리지 못하고 있었다.

"으악!"

천지를 뒤덮은 부연 안개 속에서 머리에 뿔 달린 투구를 쓴 치우의 병사들이 날카로운 무기를 쥐고서 홀연히 나타나 황제의 군사들을 베어 넘겼다.

"모두 길을 찾아 빠져나가거라. 이 안개를 헤치고 빠져나가란 말이다!"

"못 찾겠습니다. 길이 보이지 않습니다!"

황제의 군사들이 아무리 날래고 용맹스럽다고 해도 천지를 가득 메우고 있는 부연 안개 속을 빠져나가는 것은 불가능한 일이었다. 그리고 안개 속에서 출몰하여 황제의 군사를 벤 치우의 병사들은 금방 다시 자취를 감추었다.

군사들이 우왕좌왕하며 어찌할 바를 모르고 헤맬 때 황제는 풍후風后가 전차戰車 위에 가만히 앉아 느긋하게 눈을 감고 있는 모습을 보게 되었다.

'아니, 이 난리 통에 혼자 앉아 잠이나 자고 있다니!'

화를 참으며 황제가 낮은 목소리로 물었다.

"풍후, 자넨 지금 뭘 하는 거냐? 이 상황에 잠이 오더냐?"

"잠을 자다니요? 소신이 어찌 그럴 수가 있겠나이까."

"그럼 무얼 하고 있었단 말이냐?"

"이 안개 속을 어찌 빠져나갈까 생각하고 있었사옵니다."

"그래, 좋은 방도라도 있단 말이냐?"

"예, 바로 북두칠성이옵니다."

"북두칠성?"

풍후는 똑똑한 사람이었다. 모두가 방향을 잃고 헤맬 때 그는 북두칠성을 면밀히 관찰하며 생각에 잠겨 있었다. 북두칠성의 국자 모양 손잡이는 시간의 흐름에 따라 빙빙 돌지만 왜 가리키는 방향은 항상 같은 것인가. 북두칠성 같은 물건을 하나 발명해내기만 한다면 그것을 어떻게 돌려놓더라도 항상 같은 쪽을 가리킬 테니 방향을 알 수 있을 것이 아닌가. 생각 끝에 그는 마침내 어떤 물건을 만들어냈다.

"이것이 무엇이냐?"

"'지남차指南車'라는 것이옵니다."

"어떻게 쓰는 것인가?"

"수레 맨 앞에 사람이 하나 있지요? 그 사람의 손가락을 유심히 봐주십시오."

그러면서 풍후는 '지남차'라는 수레를 빙빙 돌렸다. 신기하게도 어느 방향으로 돌려놓아도 수레 끝에 달린 사람이 가리키는 손가락 방향은 일정했다.

"정말 신기하구나!"

"예, 손가락이 가리키는 방향이 바로 남쪽이옵니다."

"오호! 자네가 내 목숨을 구했도다. 우리 모두를 구했도다!"

황제는 감탄했다. 마침내 천지를 가득 메운 아득한 안개 속에서 빠져나갈 방도가 생긴 것이다. 기진맥진해진 황제의 군대는 지남차를 앞세우고 마침내 겹겹이 싸인 안개의 그물망 속에서 빠져나올 수 있었다.

버림받은 응룡과 황제의 딸 발

이 사건 이후로도 전쟁은 치열하게 계속되었는데 황제의 군대는 여전히 고전을 면치 못하고 있었다. 치우의 군대에 가담하고 있는 세상의 온갖 도깨비와 귀신들은 이상한 소리를 내 사람을 홀리는 특별한 재주를 갖고 있었다. 사람들이 그 소리를 듣게 되면 자기도 모르게 멍청해져서 넋을 잃고 소리 나는 쪽으로 걸어가서 도깨비들의 밥이 되어버리곤 했다. 이매魑魅, 망량魍魎, 신괴神槐가 바로 그 도깨비들이었다.

이매는 동물처럼 생겼으나 얼굴은 사람 같았고, 다리는 네 개였다. 망량은 어린아이처럼 생겼으며 온몸이 검붉었다. 귀는 길고 눈은 새빨갰으며 검은 머리카락을 길게 늘어뜨리고 있었는데 사람들의 말소리를 특히 잘 흉내 냈다. 신괴는 사람의 얼굴에 동물의 몸을 하고 있으며 팔다리가 한 개씩밖에 없었고 꼭 하품하는 것 같은 소리를 냈다. 이런 것들이 온갖 기괴한 소리를 내면서 병사를 홀리자 황제 군대의 희생은 점점 늘어만 갔다.

대책을 궁리하던 황제는 그 도깨비들이 무서워하는 것이 다름 아닌 용의 소리라는 사실을 알게 되었다.

"용이라고? 용의 소리를 어떻게 낼 수 있다는 말인가?"

"걱정 마시옵소서. 용과 비슷한 소리를 낼 수 있는 악기가 있습니다. 소나 양의 뿔로 나팔을 만들면 되옵니다."

"그래, 어서 만들어보도록 해라."

병사들이 급히 뿔로 나팔을 만들어 불기 시작했다. 낮게 웅웅거리는 소리가 전장에 멀리멀리 퍼져나갔다.

"부웅!"

신기하게도 이 나팔 소리는 금방 효과를 나타냈다. 도깨비와 요괴들은 그 소리를 듣자 모두가 힘을 잃고 마치 술에 취한 듯 흐느적거리며 몽롱해져서 사람을 홀리는 짓을 하지 못하게 되었다.

"성공이다. 저 요괴 놈들이 맥을 못 추는군. 진격하라! 저 요괴 놈들을 없애라!"

요괴들이 정신을 놓은 틈을 타서 황제의 군대는 치우의 진영으로 진격해 들어갔고, 처음으로 작은 승리를 얻어낼 수 있었다.

'요괴 놈들이 용의 소리를 무서워해? 그렇지! 바로 그거다!'

황제는 이번에는 응룡을 불러올 생각을 했다. 응룡은 날개가 달린 신룡神龍으로서 흉리토구산凶梨土邱山 남쪽에 살고 있었는데, 물을 모으고 비를 내리게 하는 능력을 지니고 있었다.

"치우 놈이 짙은 안개를 피워서 꼼짝 못 하게 하니 응룡을 불러다가 큰비를 내리게 해보자. 비가 엄청나게 내리면 안개쯤이야 금방 사라지겠지. 게다가 요괴 놈들이 용을 무서워하니, 이거야말로 일석이조 아니겠는가."

황제의 명에 따라 응룡은 출정 준비를 했다. 날개를 펼치고 하늘을 날며 구름을 몰아왔다. 비를 내리게 하려는 것이었다. 그런데 바로 그때였다. 갑자기 엄청난 먹장구름이 몰려오더니 치우의 진중이 아닌 황제의 진중에 비가 억수같이 쏟아져 내리고 광풍이 휘몰아치는 것이었다.

"응룡아, 이게 어찌 된 일이냐? 치우의 진중에 비를 내리게 하렸잖아. 왜 우리에게 비를 쏟아 붓는 거냐?"

응룡은 당황했다.

"아니옵니다. 제가 그런 것이 아닙니다. 이게 도대체……?"

응룡을 불러 큰비를 내리게 하려는 황제의 계획을 치우가 이미 알아차렸던 것이다. 그래서 응룡이 비를 내리기 전에 먼저 자신의 부하인 풍백과 우사를 보내 황제의 진중에 비바람이 몰아치게 한 것이었다.

"으하하, 황제여! 항복하라. 네가 하려는 일을 나는 이미 다 알고 있다!"

치우는 기고만장하여 호탕하게 웃었다. 반면 높은 산꼭대기에 올라가 엄청난 비바람에 군사들이 우왕좌왕하며 오합지졸이 되어 가는 것을 내려다보던 황제는 가만히 어금니를 악물었다.

"저놈이 비바람을 부르는 솜씨가 우리보다 한 수 위로군. 비바람으로는 저놈을 어찌해볼 도리가 없겠다. 좋아, 물에는 불이다! 발을 불러라!"

발은 황제의 딸이었다. 그녀는 계곤산系昆山 공공지대共公之臺에 살았는데 늘 푸른 옷을 입고 다녔다. 반짝이는 대머리 여신 발은 몸속에 거대한 불덩어리를 품고 있어서 항상 이글이글 열기를 내뿜고 있었다.

"아버지, 부르셨어요?"

가슴속에 불덩어리를 품고 있는 발이 나타나자 비바람이 몰아치던 전쟁터는 일순간에 햇볕이 쨍쨍한 곳으로 변했다. 몰아치던 폭풍우가 언제 그랬냐는 듯이 사라지고 날씨가 무더워졌다. 발의 등장에 놀란 치우 군대가 잠시 얼이 빠져 있는 사이에 황제는 다시 공격을 개시하여 치우의 형제 몇 명을 없앨 수 있었다.

황제의 딸 발은 아버지의 명령을 충실히 수행했다. 그러나 몸속의 기를 너무 소모했던 탓일까, 천제의 딸인데도 그녀는 다시 하늘로 돌아갈 수 없었다. 자기를 불러 불을 내뿜어달라고 했던 아버지 황제도 쓸모가 다하자 그녀를 다시 돌아보지 않은 듯하다.

'아버지, 저는 어찌합니까?'

발은 속으로 중얼거렸다. 다가가려고 했지만, 아버지는 너무나 바빠 보였다. 혼자서 머뭇거리던 발은 하는 수 없이 스스로 갈 곳을 찾아 나서기로 했다.

'어디로 가야 하지?'

그렇게 망설이면서 발이 정처 없이 이리저리 왔다 갔다 하는 사이 지상에는 난리가 났다. 발이 가는 곳은 어디나 쨍쨍 내리쬐는 뜨거운 햇볕 때문에 가뭄이 들어 농작물이 모두 타죽고 마실 물도 사라졌다. 여름에 가뭄이 심하게 들면 '한발이 들었다'라는 표현을 우리나라에서도 쓰는데 '가뭄'이라는 뜻의 한자어인 '한발旱魃'은 바로 황제의 딸 이름에서 온 것이다.

"저 대머리 여신을 우리 마을에서 쫓아내야 합니다. 그러지 않으면 계속 가뭄이 들어 우리 모두 말라 죽고 말 거요."

"맞소, 맞소!"

발이 가는 곳마다 사람들은 이구동성으로 외쳤다. 그리고 발을 마을에서 쫓아내기 위해 제사를 지냈다.

"여신이시여, 떠나주시오! 우리 마을에서 떠나주시오, 제발!"

사람들의 기도가 간절했으므로 발은 그곳에 더 머물지 못하고 다른 곳으로 떠났다. 하지만 다른 곳으로 가보아도 사정은 마찬가지였다. 모두가 그녀를 꺼려하고 미워했기에 이 지상에 발이 머물 수 있는 곳은 더 이상 없어 보였다.

마침내 황제가 자신의 딸이 이곳저곳 떠돌아다니며 사람들에게 재앙을 가져다주고 있다는 소식을 듣게 되었다. 황제는 당장 발을 불렀다.

"얘야, 네가 이곳에 와서 나를 도와준 것은 정말 고마운 일이다. 하지만 지금 사람들의 원성이 저렇게 자자하니 너를 아무 곳이나 마음대로 돌아다니게 둘 수가 없구나, 미안하다."

황제는 발에게 적수赤水의 북쪽으로 가라고 했다. 적수라는 곳은 말하자면 지금의 적도쯤 될 것이니, 오늘날 적도 부근이 일 년 내내 더운 것은 발이 그곳에 살게 되었기 때문이라고 한다.

"발아, 이제 다른 곳으로 가지 말고 이곳에만 가만히 있거라."

"예, 아버지!"

대답은 그렇게 했으나 이리저리 돌아다니는 것이 이미 습관이 되어버린 터라 적수 북쪽에만 가만히 웅크리고 앉아 있는 것이 발은 너무 답답했다.

'몰래 나가볼까? 아버지가 아시면 불호령이 떨어질 테지만 너무 답답해. 에잇! 잠깐만 나갔다 금방 돌아오지 뭐.'

마침내 발은 적수 북쪽이라는 제한된 거주 공간에서 빠져나와 이리저리 돌아다녔다. 세상 구경 하는 것이 발에게는 너무 재미있었지만 그녀가 가는 곳에는 여지없이 가뭄이 들었다. 마을에 가뭄이 들면 사람들은 괴로워하며 다시 발에게 제사를 지냈다.

"여신이시여, 저희를 가엾게 여기셔서 제발 당신의 집으로 돌아가 주시옵소서."

그러면 발은 슬그머니 미안해졌다.

'미안! 나 때문에 그대들이 또 목이 마른 모양이구나.'

그렇게 생각하면서 발은 적수 북쪽의 집으로 돌아갔다. 하지만 그것도 잠시, 발은 또다시 나와서 이리저리 돌아다녔으니 오늘날에도 세상에 가뭄이 드는 것은 모두 그 때문이라고 한다.

그러면 비를 내리게 하려고 하늘에서 내려왔다가 실패했던 응룡은 어찌 되었을까? 응룡은 비를 내리는 일에는 실패했지만, 나중에 치우와 과보를 잡는 데 혁혁한 공적을 세우게 된다. 하지만 그도 사악한 기운에 오염되었는지, 아니면 힘을 너무 써서 그랬는지 발처럼 하늘로 돌아가지 못했다.

황제는 자기 딸인 발을 잊었듯이 응룡도 잊어버렸다. 신화는 딸인 발과 자신의 수족이나 다름없는 응룡을 곤경에 빠뜨린 황제의 심경에 대해서는 언급하지 않고 있다. 비정한 아버지처럼 느껴질 수도 있으나 전쟁에서 이기기 위해 자식과 측근을 희생시키는 지도자의 모습은 낯선 것이 아니다. 이것은 마치 《삼국지》에 나오는 영웅이 천하를 구하기 위해서라면 가족의 안위 따위는 중요하지 않다고 생각했던 것과 같다. 수없이 많은 후대 전설과 소설 속의 영웅들은 바로 황제의 '아바타르Avatar*'라고 해도 과언이 아니다.

머뭇거리던 응룡은 몰래 중국 남부 지방의 어느 산에 거처를 잡았다. 비를 몰고 다니는 응룡이 살고 있기에 지금도 남부에는 비가 많이 내리는 것이라고 사람들은 말한다. 비를 내려주는 응룡은 남부로 가버리고 원치도 않는 발만 가끔씩 나타나는 통에 북부 지역에는 툭하면 가뭄이 들었다. 그래서 그곳 사람들은 묘안을 생각해 냈다. 가뭄이 들 때마다 사람이 응룡으로 분장을 하고 춤을 추는 것이다. 신기하게도 그렇게 하면 비가 내렸다고 한다. 오늘날 중국 사람들이 명절날 용춤을 추는 것은 사악한 잡귀들을 쫓아내기 위

---

* **아바타르** '내려오다', '통과하다'라는 의미인 산스크리트어 '아바(Ava)'와 '아래', '땅'이라는 의미인 '테르(Terr)'의 합성어로 신의 화신(化身, incarnation)을 지칭한다. 사이버 공간의 아바타는 바로 이 아바타르 개념에서 왔다. 아바타르 개념은 현대에도 지속되고 있어서 근대 인도의 위대한 스승으로 일컬어지는 라마크리슈나(Ramakrishna) 같은 인물도 신의 아바타르로 해석되고 마하트마 간디 역시 신격화되고 있다. 뛰어난 능력을 지닌 역사적 인물을 신격화하는 인도 사람들의 성향은 중국 사람들과 매우 흡사한 데가 있다. 마오쩌둥 같은 인물을 신격화해서 숭배의 대상으로 삼는 경향도 나타나고 있으니, 혁명을 위해 아내와 자식을 희생했던 마오쩌둥 역시 황제의 다양한 아바타르 중 하나라고 볼 수 있지 않을까.

해서기도 하지만 용의 힘을 빌려 비를 내리게 해서 한 해 농사가 잘되기를 바라는 농경 사회 사람들의 오래된 소망이 들어 있기도 하다.

북소리로 사기를 올려라

작은 승리를 얻기는 했으나 황제 군대의 사기는 점점 떨어졌고 치우 군대는 여전히 기세등등했다. 황제는 군사들의 사기를 높여 주는 일이 가장 시급하다는 생각을 했다.

'전쟁은 기 싸움이지. 일단 군의 사기를 높여야 할 텐데, 어떻게 해야 좋을 것인가?'

곰곰이 궁리하던 황제에게 좋은 방법이 떠올랐다.

"그렇지, 북소리만큼 사람을 흥분시키는 건 없다. 커다란 북을 만들어서 두드리면 군사들이 힘을 낼 수 있을 것이다."

마침 동해의 유파산流波山에 '기夔'라는 동물이 살고 있다는 소식을 들은 터, 황제는 기를 잡아오라는 명령을 내렸다. 기는 소처럼 생겼으나 뿔이 없고 청회색 몸에 발이 한 개 달린 동물이었다. 육지에 살면서 수시로 바다에 드나들었는데, 기가 바다로 들어갈 때면 엄청난 폭풍우가 일어났다. 또 눈에서는 햇빛처럼 찬란한 빛이 나왔고 입을 벌려 소리를 지르면 그 소리가 천둥소리 같았다고 한다. 황제는 바로 그 소리에 매료되었던 것이다.

마침내 기가 잡혀왔고 황제가 명령했다.

| 유파산의 기. 황제는 기의 가죽으로 북을 만들어 치우의 병사들을 물리쳤다.

"껍질을 벗겨서 북을 만들어라!"

가엾은 기는 영문도 모른 채 죽게 되었고, 말린 기의 껍질은 거대한 북이 되었다.

"됐다. 멋진 북이야! 그런데 북채가 없지 않나?"

황제는 북채가 필요했다. 기의 가죽으로 만든 북에서 멋진 소리가 나오게 하려면 그것에 견줄 수 있을 만한 훌륭한 북채가 있어야 했다.

"북채라고 하면 뇌수雷獸의 뼈만큼 좋은 게 없겠지? 가서 뇌수를 잡아 오너라!"

뇌수가 어떻게 생긴 동물인지는 자세히 알 수 없지만 천둥 신의 연못가에 살면서 엄청나게 큰 소리를 냈던 것만은 확실하다. 황제는 그 뇌수가 탐났다.

"잡아 왔나이다!"

결국, 뇌수 역시 아무런 죄 없이 잡혀 와서 황제의 승리를 위한 제물이 되었다. 황제는 뇌수를 죽이고는 그 몸에서 가장 큰 뼈를 꺼내 북채로 삼았다. 천둥소리를 내는 동물의 가죽으로 만든 북에 우레 소리를 내는 동물의 뼈를 북채로 썼으니 그 소리가 얼마나 컸겠는가.

"둥! 둥! 둥!"

소리가 울리는 순간 사람들은 모두 귀를 막아야만 했다. 일설에 의하면 북소리가 500리 밖에서도 들렸다고 한다. 그 북을 전차에 싣고 일곱 번을 연달아 두드리니 온 들판이 우르릉 우르릉 울렸다.

"정말 대단한 소리야!"

북소리를 유심히 들어본 사람이면 알 것이다. 그 타악기 소리가 사람을 얼마나 흥분시키는지, 얼마나 피를 끓게 하는지. 황제 진영의 사기는 하늘 높은 줄 모르고 치솟았고, 치우 군대는 귀를 먹먹하게 하는 북소리에 정신이 나가 멍하니 있다가 습격을 당해 혼비백산 도망치기에 바빴다. 치우 군대가 꼼짝도 못 하는 틈을 타서 황제의 군대는 공격을 감행했고 엄청난 전과를 올렸다.

태양과 달리기 시합을 벌인 과보

이제 드디어 과보족夸父族이 등장할 때가 되었다.

대황大荒 가운데 성도재천成道載天이라는 산이 있다. 노란 뱀 두 마리를 귀에 걸고 또 발에 밟고 있는 사람이 있으니, 그가 바로 과보다. 후토后土가 신信을 낳았고, 신이 과보를 낳았다.

《산해경》에는 과보의 내력이 이렇게 기록되어 있다. 후토가 염제의 자손이니 과보 역시 염제의 후손이라서 치우가 위험에 처해 있을 때 과보가 도움을 주기 위해 등장한 듯하다. 더구나 같은《산해경》의 기록에 "응룡이 치우와 과보를 죽였다"는 구절이 보인다. 과보족이 치우의 편에 가담했음을 추측하게 하는 구절이다.《산해경》은 이렇게 이어진다.

과보가 자기 힘을 헤아리지 못하고 해를 따라가고자 했다. 우곡禺谷에 이르러 목이 말라서 강물을 마셨으나 목마름이 가시지 않았고, 대택大澤의 물을 마시려고 달려가다가 이곳에서 죽었다.

이것이 '과보가 해를 따라가다(夸父追日)'라는 신화에 관한 기록이다. 해와 달리기 시합을 했던 무모한 과보는 거인이었던 과보족 중 한 명이었다.

《산해경》에 등장하는 거인 과보. 해와 달리기를 하다가 목이 너무 말라 그만 죽고 만다.

매일매일 동쪽에서 떠서 서쪽으로 지는 해를 바라보던 과보가 언제부터인가 이렇게 생각하기 시작했다.

'저 해라는 녀석이 나보다 빠를까? 내 긴 다리로 내처 달리면 해쯤이야 쉽게 이길 수 있지 않을까?'

어느 날 해가 떠올랐을 때 과보는 그동안 생각해오던 것을 실행에 옮기기로 했다.

"준비, 출발!"

과보는 해를 바라보며 들판을 바람처럼 내달렸다. 그러나 지축을 울리며 온힘을 다해 쫓아가도 해는 항상 자기보다 한 걸음 앞서 있었다. 과보는 조금씩 마음이 급해지기 시작했다. 긴 다리로 단숨에 1000리를 넘게 뛰어도 해가 언제나 자기보다 앞에 있었기 때문이다.

그렇게 해를 따라 뛰다 보니 어느새 '우곡'이라는 곳에 가까워졌다. 우곡은 해가 지는 곳이다. 과보는 달리고 또 달려서 마침내 우곡에 도착했다.

"아, 다 왔다! 드디어 다 왔다!"

그러자 과보의 눈앞에 시뻘건 불덩어리가 나타났다. 해였다. 그 해를 잡으려는 순간 과보는 타는 것 같은 목마름을 느꼈다.

"아, 목이 마르다. 참을 수가 없구나!"

과보는 고개를 숙여 발밑에 흐르는 황하와 위수의 물을 다 마셨다. 그래도 목이 말랐다. 참을 수가 없었다.

"어디에 물이 더 있을까? 그래, 대택으로 가자!"

대택은 안문산雁門山 북쪽에 있는, 사방이 1000리나 되는 드넓은 호수였으니 그의 갈증을 충분히 해소해줄 만한 곳이었다. 과보는 다시 북쪽으로 달리기 시작했다.

'왜 이렇게 힘든 걸까? 이제 더는 달릴 수가 없구나. 목이 너무 마르다……'

과보는 점점 숨이 다해갔다. 뛸 힘이 실낱만큼도 남아 있지 않았다. 과보는 결국 대택에 이르지 못하고 도중에 쓰러지고 말았다. 그리고 그는 그 자리에서 죽었다. 과보가 쓰러지면서 들고 있던 지팡이가 땅에 떨어져서 순식간에 푸른 잎 무성한 복숭아나무로 변했고, 그가 쓰러진 곳은 눈 깜짝할 사이에 먹음직스러운 복숭아가 주렁주렁 열린 '등림鄧林'이라는 복숭아나무 숲이 되었다.

과보라는 거인이 해보다 더 빨리 서쪽으로 가려고 달리다가 목이 말라 길에서 죽었는데 그가 갖고 있던 지팡이가 복숭아나무 숲으로 변했다는 이야기다. 이 밖에도 과보가 해와 달리기를 할 때 솥을 걸어놓고 밥을 해 먹었다는 돌에 관한 전설, 과보가 달려가다가 남겼다는 돌 위의 발자국에 관한 전설 등도 이 신화와 관련해서 중국에 널리 전해지고 있다.

아무리 거인이라고 해도 어떻게 해와 달리기를 할 생각을 하지? 바보 아냐? 요즘 시각으로 보면 아마 이렇게 말할 사람이 많을 것이다. 그러나 이 무모한 행동을 단순히 바보짓으로만 생각해서는 안 된다.

그리스 신화에도 그런 무모함을 보이는 인물이 등장한다. 과보 신화와 자주 비교되는 이카로스Icaros 이야기를 보자. 이카로스는 자신의 능력을 과신하고 해를 향해 날아오르고자 한다. 밀랍으로 된 날개를 달고 날아오른 이카로스는 해에 접근하지 말라는 아버지 다이달로스Daedalos의 경고를 무시하고 해에 다가가다가 그만 밀랍 날개가 녹아서 추락해 죽고 만다. 그것으로 이야기는 끝이다. 피터 브뤼겔Pieter Brueghel이 그린 그 유명한 〈추락하는 이카로스가 있는 풍경〉이라는 그림이 있다. 이카로스가 추락해서 바다에 빠져도 낚시질하는 사람은 그냥 낚싯대를 드리우고 있고 밭을 가는 사람도 그냥 무심히 밭을 간다. 세상에는 아무런 변화도 없다. 신의 영역에 도전하던 이카로스는 자신의 무모함으로 인해 죽고 만다. 파에톤Phaëthon은 또 어떤가. 인간의 신분으로는 태양 마차를 몰 수 없다는 아버지의 경고를 무시하고 태양 마차를 몰던 파에톤 역시 추락해서 죽고 만다. 이성적 시각에서 본다면 파에톤과 이카로스의 도전은 '인간의 허황된 욕망' 때문인 것이다.

그러나 과보 신화는 다르다. 과보도 물론 무모하다. 해보다 먼저 서쪽에 도달하겠다는 것은 과보의 욕망이다. 그것은 신의 영역에 대한 도전이다. 신의 영역에 대한 무모한 도전은 실패로 끝난다. 그러나 그것이 끝이 아니다. 과보가 들고 있던 지팡이가 등림으로 변한다. 그리고 나무에 열린 복숭아는 이후 길 떠나는 여행자들의 목마름을 달래주는 과일이 된다. 과보의 도전 정신은 복숭아라는 과일로 형상화된다. 그것은 용감한 도전에 대한 일종의 보상이다. 나무로의 변형은 그런 도전 정신에 대한 긍정이다. 과보 신화는 신의 영역에 대한 도전을 인간의 욕망이 아니라 '도전 정신'의 발로로 보는 중국인의 가치관을 잘 보여주는 신화인 것이다.

치우의 최후

　이런 과보족이 전쟁에 참여했다. 그 구체적인 정황은 물론 알 수가 없다. 다만 《산해경》의 기록들로 미루어보아 같은 염제의 후손인 과보족이 전쟁에 참여했을 것이라는 추측을 해볼 뿐이다.

　과보족의 참전으로 치우가 힘을 얻으니 황제의 군대는 다시 밀리기 시작했다. 전략가 황제는 또 다른 방법을 생각해내지 않을 수 없었다. 머리를 쥐어짜고 있는 황제 앞에 어느 날 갑자기 어떤 부인이 나타났다. 부인은 사람의 얼굴에 새의 몸을 하고 있었다.

　"저는 현녀玄女라고 합니다. 득도하여 하늘나라의 선인仙人이 되었지요. 황제께서 고전하고 계시는 모습이 보기 안타까워서 병법을 알려드리고자 왔습니다."

　그러면서 현녀는 황제에게 병법을 하나 알려주었다. 때마침 곤오산昆吾山에서 불덩이처럼 붉은 구리가 나왔다는 연락이 왔다.

　"하늘의 뜻이로다. 그것으로 검을 만들어라!"

　곤오산의 붉은 구리로 만든 검이 완성되었다. 칼집에서 칼을 뽑으니 푸르스름한 찬 기운이 뻗쳐 나왔다. 칼은 수정처럼 투명했다.

　"멋진 칼이로다! 천하의 명검이로고!"

　황제는 흡족했다. 그 칼로 옥을 잘라보았더니 마치 진흙덩이를 베는 듯 쉽게 잘렸다.

　이 두 사건으로 사기가 오른 황제의 군대는 치우의 군영을 향해 돌격했다. 이제 황제는 무조건 진격하는 것이 아니라 현녀가 알려준 병법에 따라 움직였다. 치우의 군대가 용감했다고는 하지만 전쟁은 용맹만으로 되는 것이 아니다. 황제가 전략에 따라 이리저리 군대를 움직이니 황제의 속뜻을 파악하지 못한 치우의 군사들은 황제의 포위망에 갇히고 말았다. 겹겹이 둘러싼 황제의 포위망을 뚫는 것은 불가능했다. 더구나 하늘에서는 응룡이 날아다니며 치우와 과보족을 공격했다. 포위망을 좁혀가던 황제의 군사들은 드디어 치우를 생포했다.

"치우, 이제는 그만 포기해라!"

"다 끝났다. 죽여라!"

"그래, 네 소원대로 해주마."

황제에게 치우는 악이었다. 악은 제거해서 세상에서 사라지게 해야 했다. 황제는 탁록 지방에서 그를 죽였다. 물론 손과 발에 수갑과 족쇄를 채워서 꼼짝 못 하게 한 뒤에 그를 살해했다. 그리고 완전히 숨이 끊어진 것을 확인한 뒤에 말했다.

"저 수갑과 족쇄를 내다 버려라!"

치우의 붉은 피가 묻은 수갑과 족쇄는 거친 들판에 버려졌다. 그런데 그것이 후에 단풍나무 숲으로 변했다. 피처럼 붉은 단풍나무의 잎은 바로 치우의 피, 사라지지 않은 치우의 원한이라고 한다.

다른 기록에 의하면 치우는 탁록에서 후퇴를 거듭해 기주冀州 중부까지 밀렸다가 그곳에서 황제에게 잡혀 목이 잘렸는데, 머리와 몸이 완전히 분리되었기 때문에 치우가 목이 잘린 그곳을 '해解'라고 불렀다고 한다. 그곳이 지금의 산시성山西省 제현解縣인데 그 근처에는 '해지解池'라는 소금 연못이 있다. 둘레가 100리가 넘는 해지의 물은 붉은색인데, 사람들은 치우가 죽을 때 흘린 피가 스며들어 그렇게 된 것이라고 말한다. 그리고 잘려나간 머리와 몸은 각각 다른 곳에 매장되었다. 머리와 몸을 같은 곳에 묻었다가는 또 무슨 일이 일어날지 모르니 아예 멀리 떨어진 곳에 따로 묻으라고 황제가 명령했던 것이다.

그런데 치우의 머리가 묻혀 있다는 전설이 있는 산둥성 서우장현壽張縣에서는 이상한 일이 일어났다. 해마다 10월이 되면 사람들이 치우의 무덤에 제사를 지냈는데 그때가 되면 붉은 안개 같은 것이 무덤에서 하늘로 치솟았다. 그 모습이 마치 깃발이 하늘에 걸려 있는 듯했으니, 사람들은 치우의 원한이 붉은 깃발 모양의 기운이 되어 하늘로 솟아올랐다고 여겨 그것을 '치우의 깃발(蚩尤旗)'이라고 불렀다. 일설에 의하면 그것은 혜성이었다고도 한다.

머리가 없으면 몸으로 싸우리라

한편 황제에게 대항한 신이 하나 더 있었는데 염제의 신하였던 형천刑天이 바로 그였다. 형천은 치우가 황제와 싸운다는 소식을 듣고 달려가려 했으나 염제가 가지 못하게 막았다. 치우가 황제에게 패해 죽었다는 소식을 들은 형천은 더 참을 수가 없어 방패와 도끼를 들고 황제의 나라를 향해 달려갔다. 황제의 부하들이 막았지만 그는 그들을 모두 물리치고 황제의 궁전에 도착했다. 황제 역시 형천이 오고 있다는 소식을 듣고는 보검을 들고 나아가 그와 한판 승부를 겨루었다.

싸우다 보니 그들은 어느새 인간 세상으로 내려와 상양산常羊山 근처에 이르게 되었다. 상양산은 염제가 태어난 곳이었고, 근처에는 황제족이 사는 헌원산軒轅山도 있었다. 각자 자기들의 근거지에 왔다고 생각한 그들은 더욱 열심히 싸웠고, 결국 황제는 형천의 목을 베어 떨어뜨렸다. 형천은 머리가 없어진 것을 알고, 쪼그리고 앉아 없어진 머리를 찾았다. 그 모습을 본 황제는 형천이 머리를 찾아 다시 붙이고 덤벼들까 봐 상양산을 갈랐다. 그 갈라진 틈으로 형천의 머리가 굴러떨어졌고, 영원히 머리를 잃게 된 형천은 잠시 망연자실 그 자리에 앉아 있었다. 그러나 그는 패배를 인정하지 않았다. 벌떡 일어난 그는 젖꼭지를 눈으로, 커다란 배꼽을 입으로 삼았다. 그리고 자신의 몸을 머리로 삼아 한 손에는 방패를, 다른 손에는 도끼를 들고 황제를 향해 맹렬하게 덤벼들었다. 황제가 이미 상양산을 떠나 하늘나라 궁성으로 돌아갔음에도 형천은 여전히 상양산 부근에서 자신의 패배를 인정하지 않고 최선을 다해 방패와 도끼를 휘두르고 있는 것이다.

중국 사람들은 형천의 이런 불굴의 의지를 아주 높게 평가한다. 지금도 중국의 정치인들이 국민들을 격려할 때 자주 쓰는 '불요불굴의 정신'이란 말은 바로 이렇게 굽히지도, 꺾이지도 않는 형천과 같은 강한 의지를 뜻한다. 산시성山西省 시안西安 근처 바오지寶鷄라는 작은 도시에 상양산이 있는데, 그곳에 염제의 사당과 무덤이 있다. 형천을 위한 기념물은 보이지 않지만, 그곳을 찾는 사람들은 굽히지 않는 의지를 지녔던 형천을 여전히 기억하고 있다.

2장 ‖ 북방의 신 전욱과 물의 신 공공의 한판승

누가 해와 달을 묶어놓았나

전욱은 성격이 괴팍한 천제였다. 전횡을 일삼았으며 예법에 어긋나는 행동에 대해서는 가혹한 처벌을 내렸다. 보수적인 성향의 인물이면서도 여리고 섬세한 감성을 갖고 있어, 바람 소리를 들으면서 음률을 생각해내기도 했다. 한마디로 말해 매우 복잡한 성격의 소유자였던 셈이다. 전욱이 했던 여러 일 중에도 사람들을 가장 괴롭힌 것은 별들을 모조리 북쪽 하늘에 묶어놓아 그 자리에서 전혀 움직이지 못하게 한 일이다.

"정말 눈이 부시다. 저 해와 달은 왜 안 움직이는 거야?"

"천제께서 북쪽 하늘에 묶어놓으셨대."

"뭐? 어째서 그런 일을?"

세상의 한쪽에서는 이렇게 눈이 부셔서 어쩔 줄 몰랐지만 다른 한쪽에서는 해와 달을 잃어버려 칠흑 같은 어둠 때문에 불편해했다. 모두들 불평했지만 전욱은 들은 척도 하지 않았다. 이런 독단적인 성격은 결국 신들 사이의 전쟁을 초래했다.

"도대체 언제까지 이러고 살아야 한단 말인가?"

물의 신 공공의 불만이 특히 컸다. 공공은 염제의 후손인 불의 신 축융의 아들이다. 사람의 얼굴에 뱀의 몸을 하고 있었으며 타는 듯한 빨간 머리를 지니고 있었다.

"전욱, 너무 지나치군. 모든 것을 제멋대로 처리한단 말이야."

"정말 그렇습니다. 맘에 들지 않습니다."

공공의 부하 상류相柳와 부유浮游가 입을 모아 말했다. 상류는 '상요相繇'라고도 불리는데, 사람의 얼굴에 뱀의 몸을 하고 있었으며 온몸이 푸른색이었다. 게다가 아홉 개나 되는 머리로 아홉 군데 산에 있는 먹이들을 모조리 먹어치웠다. 부유는 어떻게 생겼는지 알 수 없으나 그가 죽은 뒤에 붉은 곰으로 변했다는 기록은 전해진다. 붉은 곰으로 변한 부유가 방에 들어가 병풍 뒤에 숨어 방 안을 기웃거리는 바람에 그 모습을 본 진나라 평공平公이 소스라치게 놀라 병에 걸렸다는 이야기도 전해진다.

"아들들아, 너희들은 어떻게 생각하느냐?"

공공이 아들들에게 물었다.

"아버지 말씀이 맞습니다. 전욱을 쫓아내야 합니다."

"그렇지?"

공공은 흐뭇했다.

잠시 공공의 아들들에 대해 말해보기로 하자. 공공에게는 성질

이 고약한 아들이 하나 있었다. 살아 있을 때도 못된 짓만 하더니 동짓날에 죽어 역귀疫鬼로 변했다. 역귀로 변한 그는 종종 무서운 전염병을 퍼뜨려 사람들을 괴롭히곤 했는데, 그런 그가 생전에 가장 두려워한 것이 하나 있었으니 바로 붉은 팥죽이었다. 그 사실을 안 사람들이 팥죽을 쑤어 집 주위에 뿌리니 과연 효험이 있었다.

"나는 저 붉은 팥죽이 싫어!"

역귀가 된 공공의 아들은 팥죽만 보면 1000리 밖으로 도망쳤다. 오늘날 사람들이 동짓날 붉은 팥죽을 쑤어 먹는 것은 이 역귀가 집에 들어오지 못하게 하기 위함이다.

상류나 부유, 역귀가 된 아들 등 공공 주변의 인물들이 모두 그
리 선량한 존재는 아니었던 것 같은데, 유독 '수修'라고 하는 아들
만은 성품이 조용하여 혼자 지내는 것을 좋아했다. 수는 특히 혼자
서 이곳저곳 떠돌아다니는 것을 즐겨 여행을 자주 했다. 그래서 그
가 죽은 뒤에 사람들은 그를 여행자의 신인 조신祖神으로 섬겨, 집
을 떠나 여행을 하게 될 때면 그에게 제사를 올렸다.

그러나 그것은 나중 일들이고 지금 공공, 상류, 부유, 그밖에 공
공의 아들들은 머리를 맞대고 전욱과 어떻게 싸울지에 대해 의논
하고 있었다.

"그럼 결정된 것이다. 우리의 위대한 조상인 염제의 복수를 할
날이 드디어 왔도다."

전욱은 황제의 후손이었고 공공은 염제의 후손이었다. 예전에
황제와 염제의 전쟁에서 염제가 패한 적이 있었으나 그것은 이미
과거의 일일 뿐, 이제는 다를 것이다. 드디어 원수를 갚을 때가 온
것이다.

공공, 부주산을 들이받다

공공은 평소에 전욱에게 불만을 품고 있던 신들을 불러 모았다.

"전욱을 내쫓읍시다. 뭐든지 자기 멋대로 하는 자는 이제 물러나
야 하오."

공공의 말에 그의 편에 가담하는 무리가 늘어났다. 거칠고 단순

했지만 용맹스러웠던 북방의 수신水神 공공은 물을 다스리는 자신의 힘을 이용해서 전욱을 권좌에서 끌어내리려 했다. 공공의 호령은 거침없었다.

"전욱! 물러나라!"

마침내 신들의 나라에 전쟁이 일어났다. 전쟁은 매우 치열했으나 자세한 상황은 알 수가 없다. 그들의 전쟁은 하늘나라에서 시작해서 지상으로까지 이어졌다. 지축을 뒤흔든 그 요란한 전쟁은 결국 부주산에서 결판이 난다.

부주산은 거대한 기둥처럼 하늘 높이 솟아 있는 산이었다. 구름을 뚫고 하늘 높이 솟아올라 있었지만 풀 한 포기 자라지 않았고 온통 누런 암석으로만 뒤덮여 있었다. 그야말로 하늘을 떠받치는 기둥과 같은 모습이었다. 예전에 여와가 거북의 다리를 잘라 하늘의 네 귀퉁이를 받치는 기둥으로 삼았다고 했는데, 아마도 그런 기둥이었던 것 같다. 공공과 전욱의 군대는 부주산 기슭에 이르렀고 그곳에서도 치열한 공방전을 계속했다. 그런데 공공은 이미 자신이 이길 수 없다는 것을 알아챘다.

"전욱의 군대는 너무 강하다. 내 일찍이 그것을 알았어야 했거늘. 아아, 정녕 이대로 끝난단 말인가."

공공은 자신의 패배를 인정해야 할 듯한 예감이 들었다. 그것은 참을 수 없이 자존심 상하는 일이었다.

"있을 수 없는 일이다. 나, 물의 신 공공이 조상의 원한도 갚지 못한 채 이렇게 물러나야 하다니."

공공은 계속 용감하게 싸웠으나 자신이 곧 한계에 다다랐음을 깨달았다.

"아, 이렇게 끝나는구나. 하지만 위대한 염제의 후예인 내가 무의미하게 죽을 순 없다."

공공은 온몸의 힘을 모아 부주산을 향해 돌진했다.

"우지끈!"

공공은 신들의 나라에서도 키가 크고 힘이 세기로 유명했다. 그런 그가 부주산을 있는 힘껏 들이받은 것이다.

"아니, 이게 무슨 소리야?"

밖으로 나온 사람들의 눈에는 무너져 내리는 부주산이 보였다. 서북쪽 하늘을 떠받치고 있던 거대한 기둥 하나가 눈 깜짝할 사이에 부러져버렸다.

이렇게 부주산이 무너짐과 동시에 공공이 죽음으로써 전쟁은 끝났다. 그러나 세상에서는 난리가 났다.

"기둥이 없어졌네? 그런데 저 별들 좀 봐."

기둥을 잃어버린 서북쪽 하늘이 기울어진 것이다. 전욱이 제멋대로 북쪽 하늘에 고정해두었던 해와 달과 별들은 이제 더 이상 그 자리에 그대로 있지 않아도 되었다.

"끈이 끊어졌다."

"이제 우리는 자유다!"

별들은 환호하며 자신들을 북쪽 하늘에 묶어두었던 끈에서 벗어나서 기울어진 하늘을 따라 서쪽으로 달려갔다. 이렇게 해서 항상 환한 대낮이던 곳과 늘 어두운 밤이었던 곳이 없어지고 오늘날 우리가 보는 것과 같은 천체의 운행이 이루어지고 온 세상에 낮과 밤이 생기게 되었다고 한다.

한편 서북쪽 거대한 산이 무너져 내리면서 생겨난 엄청난 진동 때문에 그 반대편인 동남쪽 땅이 내려앉아 깊고 깊은 골짜기가 생겼고, 모든 강물이 다 그쪽으로 흘러들어 바다가 되었다. 그래서 중국 땅이 서북쪽은 높아지고 동남쪽은 낮아져서 오늘날 모든 강물이 동남쪽을 향해 흐르게 된 것이다.

공공이 부주산을 들이받은 통에 세상에는 난리가 나고 그동안의 질서가 다 깨졌지만, 인간을 위해서 그것은 오히려 잘된 일이었다. 북쪽 하늘에 꼼짝도 하지 못하고 묶여 있던 해와 달과 별들이 동쪽에서 서쪽으로 움직여 세상에 햇빛과 달빛이 골고루 비치게 되었기 때문이다. 이런 일을 한 공공을 기리기 위해 사람들은 대황大荒의 북쪽 들판과 북쪽 바다 밖에 '공공대共工臺'라는 것을 세웠다. 성질 고약한 신이었고 홧김에 저지른 일이긴 했지만, 그가 있어서 오늘날 사람들이 밝은 햇살을 공유할 수 있게 되었으니 그럴 만도 하지 않은가.

부주산이라는 이름도 처음부터 있었던 것이 아니라 공공과 전욱의 전쟁 이후에 생겨난 것으로, 공공이 화가 나서 산을 들이받아 무너뜨리는 바람에 산이 부서져서 형태가 '온전하지 못하게(不周)' 되었다는 의미에서 붙여졌다고 한다.

바닷속 신비의 세계가 열리다

지축을 뒤흔든 공공의 박치기 덕분에 중국의 동남쪽에는 드넓은 바다가 생겼다. 바다 가까이에 살던 사람들은 끝없이 넓은 바다를 바라보며 온갖 상상에 빠져들었다. 특히 바다 위에 잠시 나타났다 사라지곤 하는 신기루는 사람들의 환상을 더욱 부채질했다. 지금도 발해와 황해가 만나는 산둥성 펑라이蓬萊 앞바다에는 심심치 않게 신기루가 나타난다. 중국 동부 해안 지대에 살던 사람들에게 신선 사상이 먼저 생겨난 것도 이런 지리적 요인과 어느 정도 관련이 있을 것이다. 특히 저 넓은 바다 어딘가에 있다는 삼신산三神山 이야기 같은 것은 아주 오랜 뒤에까지 수많은 문학작품의 소재가 될 정도로 사람들의 상상력을 자극했다. 그리고 바닷속에는 우리가 알지 못하는 많은 것이 살고 있다고 옛사람들은 굳게 믿었다.

그 시대에 어떤 장사꾼이 살고 있었다. 그는 배를 타고 먼 나라로 장삿길에 나서게 되었다. 배 위에서 몇 날 며칠을 보냈는지 알 수 없는 어느 날, 저 멀리 섬이 하나 보였다.

"아, 섬이다. 좀 쉬었다 가야지."

장사꾼은 열심히 섬으로 배를 저어갔다.

"나무도 많고 풀도 많은 것이, 쉬었다 가면 딱 좋겠네. 모두 내립시다!"

장사꾼은 선원들과 함께 섬에 내렸다. 그리고 그곳에 빽빽하게 가득 찬 나무를 베어 밥 지을 준비를 했다.

"불 있소?"

"예, 여기요."

장사꾼은 작은 나뭇가지들에 불을 붙이고 밥솥을 얹었다.

"그럼, 밥이 될 때까지 좀 쉴까?"

장사꾼이 나무 그늘에 앉아 잠시 눈을 붙이려는 순간이었다. 갑자기 섬이 요동치더니 바닷속으로 가라앉는 것이 아닌가.

"이게 어찌 된 일이지? 빨리, 빨리 배로 돌아가시오!"

모두들 혼비백산 온힘을 다해 배로 달려갔다. 그리고 닻줄을 끊고는 정신없이 노를 저어 가라앉는 섬에서 떠나왔다.

"휴! 죽을 뻔했네. 도대체 왜 섬이 갑자기 가라앉은 거지?"

그때 한 사람이 소리쳤다.

"저걸 좀 보시오. 게요, 게!"

"뭐라고?"

사람들의 눈이 휘둥그레졌다. 자기들이 방금 올라갔던 곳은 섬이 아니라 한 마리 거대한 게였다. 게딱지 위에 불을 피우니 뜨거워서 게가 요동을 쳤던 것이다.

"세상에! 저렇게 큰 게는 처음 보는군!"

모두 쩍 벌린 입을 다물지 못했다.

"저렇게 거대한 괴물을 어떻게 게라고 할 수 있겠소."

그 커다란 게는 등딱지 길이가 1000리에 이를 정도로 거대했다. 드넓은 바닷속에 그 어떤 기이한 생물이 사는지 21세기를 살아가는 우리도 아직 잘 모르는데 신화 속에 이 정도의 게가 등장하는 것이야 당연한 일이 아닐까.

그 바닷속에는 인어人魚가 살았다고 한다. 사람의 얼굴에 물고기의 몸을 한 신은 전 세계 신화 곳곳에 나타난다. 안데르센의 동화에 등장하는 인어공주는 비극적 운명을 지닌 인물로 묘사되지만, 중국 신화의 인어는 독특한 신화 세계의 주인공이다. 《산해경》에 나오는 물고기 몸의 인어는 이름을 '능어陵魚' 혹은 '용어龍魚'라고 한다. 능어는 사람 얼굴에 물고기 몸을 하고 있었고 손과 발이 달려 있었다. '교인鮫人'이라는 인어도 있는데 교인은 남해 바다에 살았다고 한다. 교인들은 바닷속에 살면서 베틀에 앉아 옷감을 짜곤 했다. 교인들은 사람처럼 감정이 있어서 울기도 했는데, 그들이 울 때 흘러내리는 눈물방울이 모두 영롱한 진주로 변했다고 한다. 그것을 '눈물 진주'라고 불렀다던가.

또 다른 이야기 속의 인어는 발랄하고 아름다운 미인들이다. 바다 인어들은 사람처럼 생겼는데, 이목구비가 또렷하고 손과 발이 달려 있었으며 남녀를 막론하고 모두 아주 아름다웠다고 한다. 그들은 피부가 옥돌처럼 말갛고 깨끗했다. 머리카락은 말총처럼 검고 숱이 풍부했으며 키도 훤칠하게 컸다. 그들이 술을 조금 마시면 온몸이 복사꽃 빛이 되어 더욱 아름다웠다는데, 바다에서 풍랑으로 아내나 남편을 잃은 사람들은 그들을 잡아다가 연못 속에 넣어 놓고 아내나 남편으로 삼기도 했다고 한다.

바다가 넘치지 않는 이유, 귀허의 비밀

한편 그 망망한 바다를 바라보던 사람들은 슬그머니 걱정되었다.

'참 물이 많기도 하다. 그런데 큰일 났네. 물이 한없이 저 바다로 흘러드는데 저러다가 혹시라도 물이 넘치면 우리는 다 죽을 거 아닌가?'

그런데 이상한 일이었다. 온 세상의 강물이 모두 바다로 흘러들어도 바다는 절대 넘치는 일이 없었다.

'어찌 된 일일까? 왜 바다가 넘치지 않는 걸까?'

그러던 어느 날 궁금해하던 사람들은 드디어 그 답을 찾아냈다. 바다 아득한 저쪽, 발해 동쪽으로 몇억만 리나 되는지 알 수 없는 곳에 깊이를 알 수 없는 골짜기가 있었다. '귀허歸墟'라고도 불리는 그 골짜기 덕분에 사람들은 마음을 놓아도 되었다. 온 세상의 물이 다 흘러들어도 절대로 넘치지 않을 정도로 깊고 아득한 골짜기가 바로 귀허이기 때문이다. 세상의 모든 물을 담아주는 귀허 덕분에 바닷물은 절대 넘치는 일이 없었다.

사람들은 마음을 놓았다. 그리고 귀허에 있다는 신선들의 산에 관해 이야기하기 시작했다.

"귀허에 신선들의 산이 있다는 걸 아시오?"

"나도 들었소. 그런 산이 있다고 하긴 하더이다. 원래는 다섯 개였는데 두 개는 멀리 북해 바다로 흘러가 버리고 지금은 세 개만 남아 있다고 하오."

"왜 그렇게 됐답니까?"

"글쎄, 무슨 거인들 때문이라고 하더이다."

그랬다. 용백국龍伯國의 저돌적인 거인들 때문에 신선들이 살고 있던 산이 두 개나 사라져버리고 세 개만 남게 되었다. 어찌 된 일인지 한번 살펴보기로 하자.

　귀허에는 신선들의 산이 다섯 개 있었다. 그것을 '오신산五神山'
이라고 했는데, 그 산들의 이름은 각각 대여岱與, 원교員嶠, 방호方壺,
영주瀛洲, 봉래蓬萊라고 했다. 이 산들은 높이가 3만 리, 둘레가 3만
리였으며 산과 산 사이의 거리는 자그마치 7만 리나 되었다. 산꼭
대기는 평평했는데 그 너비가 무려 9000리에 이르렀다. 낙원처럼
아름다운 그곳에는 황금으로 만든 궁전이 있었는데, 신선들이 사
는 궁전의 난간은 온통 하얀 옥으로 되어 있었다. 빛나는 햇살 아
래에서 황금빛 궁전과 하얀 옥 난간은 늘 찬란한 빛을 되쏘았다.
　"아, 이 얼마나 아름다운 곳인가!"
　신선들은 그곳에서 눈을 갸름하게 뜨며 정말 눈이 부셔서 죽을
지경이라는 표정을 짓곤 했다. 그곳에서는 모든 것이 새하얗게 빛
나고 있었다. 날아다니는 새도, 어슬렁거리며 돌아다니는 짐승도
모두 눈부신 흰색이었다. 궁전 곳곳에는 꽃들이 찬란하게 피어 있
었는데 그 꽃들이 지고 나면 진주와 오색영롱한 옥이 열렸다. 물론
그 열매는 먹을 수도 있었고 맛이 기가 막혔으며, 그것을 먹는 자
는 영원한 생명을 얻을 수 있었다. 신선들은 그 달콤한 진주 열매
를 먹고 살았다. 열심히 열매를 따 먹다가 고개를 들면 다른 신선
들이 눈앞을 스쳐 날아가곤 했다. 그곳에 사는 선인들은 모두 하얀
옷을 입었으며 등에는 작은 날개*가 달려 있었다.
　"정말 뭐라 말할 수 없이 아름다워. 저 밑에 있는 대여산 좀 보게.
저기가 바로 우리가 사는 곳이라네. 여보게, 오늘은 원교산으로 한

번 가볼까?"

친구를 찾아 선인들은 날개를 퍼덕이며 바다 위를 날아다녔다. 발밑에 펼쳐진 푸른 바다는 물감을 풀어놓은 듯 아름답고 투명했으며 그 위에 떠 있는 초록빛 산들은 크레파스 가루를 문질러놓은 듯 고왔다.

"그런데 원교산이 어디로 사라졌지? 여보게, 자네 어디 있는가?"

산은 아름다웠고 그곳의 선인들은 장생불사하며 행복하게 살아갔지만, 신선들의 세상이라고 해서 문제가 없는 것은 아니었던 모양이니 그들에게는 작은 걱정거리가 하나 있었다. 바로 그들이 사는 산들이 뿌리가 없어서 이리저리 떠다녔던 것이다. 보통 때는 그 자리에 그대로 있었으나 거센 바람이라도 몰아쳐서 산더미 같은 파도가 이는 날이면 산들이 파도에 휩쓸려 이리저리 움직였다.

"원교산이 제자리에 없군. 아니, 방호산도 안 보이지 않는가."

"그런 것 같소. 모두 어디로 간 거지?"

신선들은 이루 말할 수 없이 불편했다. 친구가 사는 봉래산에 다 왔다고 생각하고 내려가려고 하면 어느새 봉래산이 다른 곳으로 가버려서 원래의 자리에 있지 않은 경우가 많았다. 다른 산들도 다

---

* **날개** '날개'라고 하면 서양의 천사만 떠올리는 사람이 많겠지만 사실 2000여 년 전의 《산해경》에 이미 날개 달린 사람들의 나라가 등장하고 있다. 고대 샤머니즘의 흔적을 간직하고 있는 중국 서남부 윈난성 나시족의 돔바(東巴) 문화 유물에도 날개 달린 신들이 등장한다.(《나시족 창세신화와 돔바문화》 참조) 날개를 가진 새는 샤머니즘 문화권에서 신과 인간을 매개하는 샤먼의 조력자다. 날개를 가진 신이나 인간이 하늘로 날아오르는 것은 샤머니즘 문화권에서 공통으로 볼 수 있는 현상이다. 샤머니즘은 동서양을 막론하고 고대의 모든 문화권에서 가장 보편적인 믿음이었다는 연구 보고가 있으니 날개야말로 '샤먼의 코트'인 셈이다.

마찬가지였다. 신선들은 친구들이 살고 있는 산이 어디로 떠내려 갔는지 찾으러 다니느라 날갯죽지가 다 빠질 지경이었다. 견디다 못한 신선들이 의논을 했다.

"이거 안 되겠소. 찾으러 다니는 것도 하루 이틀이지, 매번 못할 노릇이구먼."

"정말이오. 찾아다니느라고 날개가 다 꺾일 지경이오."

"하지만 우리가 할 수 있는 일은 전혀 없는 것 같소이다. 천제께 한번 부탁드려보면 어떻겠소?"

"그 방법밖엔 없겠구려. 우리들 중 대표를 뽑아서 천제께 보내는 것이 좋겠소."

그리하여 신선들은 대표를 몇 명 뽑아 천제에게 보냈다.

"자네들, 가서 말 잘하게. 우리 날개가 부러지느냐 마느냐 하는 중대한 문제일세."

"걱정 말게. 잘하고 올 테니까."

다섯 신산神山의 신선 대표들이 천제에게 정말 말을 잘 전했던 모양이다. 신선들이 살 곳을 잃을까 봐 천제가 노심초사했으니. 신선들의 말을 들은 천제는 걱정스러워 잠이 오지 않았다.

'아아, 이거 골치 아픈 일이군! 그대로 두었다가는 신선들이 집을 잃게 생겼으니. 혹시 태풍이라도 불어서 산들이 북극으로 떠내려가 바다 밑으로 가라앉아버린다면? 생각만 해도 아찔하다. 살 곳을 잃은 신선이라는 자들이 모조리 내게 와서 집을 내놓으라고 꽥꽥 떠들어댈 것 아닌가. 어허! 문제로다.'

천제는 고민이 되어 북해의 신인 우강禹强을 불렀다.

"우강, 뭔가 좋은 방법이 없겠는가? 그대의 지혜를 빌려주게."

천제의 고민을 진지하게 경청한 우강은 곰곰이 생각에 잠겼다. 우강은 천제의 손자였으며 바다의 신이자 바람의 신이었다. 우강이 바람의 신으로 나타날 때는 새의 몸을 하고 있으며 귀에 뱀을 걸고 발밑에 뱀을 밟고 있는 위풍당당한 모습이다. 그가 거대한 날개를 퍼덕여서 바람을 일으키면 역병 균이 퍼져 사람들이 병에 걸리곤 했다. 하지만 우강이 바다의 신으로 등장할 때는 매우 선량해진다. 신들은 때로 이처럼 두 가지 상반된 신격을 지닌다. 서왕모가 불사약을 가지고 있는 존재인 동시에 인간의 목숨을 당장이라도 끝장낼 수 있는 무시무시한 능력을 지니고 있는 것도 바로 그런 경우다.

"천제시여! 걱정 마시옵소서. 제게 좋은 생각이 있나이다."

선량한 바다의 신 우강은 즉시 생각을 행동에 옮겼다.

"당장 거북들을 불러오너라."

우강은 열다섯 마리의 커다란 거북들을 소집했다.

"대령했사옵니다."

"그래, 귀허로 가자."

열다섯 마리의 크고 검은 거북들은 우강을 따라 줄지어 귀허로 향했다. 우강은 거북들을 다섯 조로 나누어서 중대한 임무를 부여했다.

"잘 듣거라! 세 마리가 한 조가 되어 신산을 하나씩 책임지는 것이다. 알겠느냐?"

"알겠습니다."

《산해경》에 등장하는, 삼신산을 등에 진 거북. 산을 등에 지고 6만 년을 꼼짝 못 하고 있어야 했으니 얼마나 지루했을까. 그들이 몸을 흔들면 신선들의 땅이 흔들렸다.

목소리도 우렁차게 거북들이 대답했다. 그중 한 마리가 물었다.

"그런데 산을 어떻게 책임지라는 말씀이신지?"

"말 그대로다. 등에 지는 것이다."

"예에?"

"한 마리가 산 하나를 등에 지고 나머지 둘은 옆에서 함께 지키면 된다. 알겠나? 각자 6만 년씩 지고 있도록 한다. 기억해라, 6만 년이다."

거북들은 내심 불만을 품지 않을 수 없었다.

'세상에! 6만 년 동안 계속해서 산을 짊어지고 있으라니 말도 안 되는 일이다.'

속으로는 모두 그렇게 생각했으나 누구의 명령이라고 거역할 것인가.

마지못해 거북들은 느릿느릿 대답했다.

"알겠-습-니-다."

'오신산'이 '삼신산'이 되다

그리하여 거북들은 다섯 개의 신산을 등에 지고 바닷속에 잠겨 있는 신세가 되었다. 한 마리가 등에 산 하나를 지고 있는 동안 두 마리의 거북은 각각 좌우에서 지키고 앉아 있었다. 그러나 우강의 명령에 따라 근엄한 표정으로 지키고 앉아 있던 것도 잠시, 거북들은 슬슬 무료해지기 시작했다.

"정말 심심하다! 너는 산을 등에 지고 있으니까 꼼짝도 못 하지만 우리는 이게 뭐냐? 아무 하는 일 없이 그냥 이렇게 6만 년을 앉아 있으라니, 아무리 생각해도 이건 너무한 것 같다."

"그래, 정말 심심해 죽겠다."

옆에서 지키고 앉아 있던 두 마리 거북이 슬그머니 춤추고 노래하기 시작했다. 그렇게라도 하지 않으면 그 답답한 시간을 견딜 수 없었다. 처음에는 느린 박자로 슬슬 시작했지만 갈수록 흥이 난 거북들은 점점 빠르게 움직였다.

"너도 같이 추자!"

옆에 있던 거북들은 산을 등에 지고 있는 거북을 꼬드겼다.

"안 돼, 나는 산을 지고 있어야 해."

그러나 이렇게 점잖게 말하며 한눈팔지 않고 꿋꿋하게 산을 등에 지고 있던 책임감 강한 거북도 마침내 유혹을 이기지 못하고 같이 손뼉을 치고 노래를 부르며 춤을 추기 시작했다.

"이야, 신난다!"

하긴 6만 년 동안 꼼짝 못 하고 산을 등에 지고 있어야 하는 거북들에게 푸른 바다에서 가끔씩 손뼉을 치고 노래를 부르며 몸을 흔드는 것 정도야 가벼운 애교가 아니었을까. 하지만 신산에 살고 있던 신선들은 깜짝 놀랐다.

"아니, 왜 산이 흔들리는 것이오?"

"저 거북 놈들이 또 발작을 일으켰나 보오."

"산을 가만히 지고 있으라는 명령도 못 들었단 말인가! 왜 저렇게 자주 발광을 하는 거요?"

"그래도 산이 이리저리 떠내려가는 것보다는 낫지 않소. 뭐, 이 정도는 참아줍시다."

"그렇긴 합니다만……."

신선들은 가끔 산이 덜컹덜컹 흔들려서 깜짝깜짝 놀라긴 했지만 그래도 산이 아주 멀리 떠내려가는 것보다는 나았기 때문에 그럭저럭 불편을 감수하며 살아가고 있었다.

"와하하, 신난다!"

"노래 한 곡 부르자!"

그날도 장난꾸러기 거북들은 신산을 등에 진 채 신나게 몸을 흔들며 놀고 있었다. 바로 그때 눈앞에 참신한 먹이가 나타났다.

"아니, 저게 뭐야?"

"지렁이다. 맛있는 거야."

"정말이네. 맛있겠다."

사건이 일어났다. 사건도 보통 사건이 아니라 신선들의 세계가 발칵 뒤집히는 사건이 일어난 것이다. 사건의 발단이 된 것은 용백국의 거인들이었다. 용백국은 거인족의 나라다. 곤륜산 북쪽 몇만 리나 되는지 알 수 없는 아득히 먼 곳에 있는 나라였는데, 백성 모두가 용족이었기 때문에 '용백龍伯'이라고 불렸다. 그곳에 사는 한 거인이 어느 날 매우 무료함을 느꼈다.

"심심한데 낚시나 하러 가볼까."

용백국 거인은 낚싯대를 떠메고 낚시질을 하러 나갔다. 바다에 발을 담그고 서서 두어 걸음 내디디니 금방 귀허에 도착했다. 용백국 거인의 키가 상상을 초월할 정도로 엄청나게 컸기 때문이다.

"여기가 어디지?"

주위를 둘러보니 발밑에 다섯 개의 점이 보였다. 신선들이 사는 다섯 개의 산이었다. 몇 발 걷지 않아 거인은 귀허에 있는 다섯 개의 신산을 한 바퀴 돌 수 있었다.

"옳거니, 여기서 낚시질을 해볼까?"

거인은 신산 근처에 낚시를 던졌다. 바로 그 낚싯줄에 드리워진 맛있는 미끼를 신산의 거북들이 본 것이다. 산을 등에 지고 있느라 오랫동안 맛있는 것을 먹지 못했던 거북들이 어찌 황홀하지 않았겠는가. 거북들은 냉큼 미끼를 입에 물었다. 그렇게 해서 순식간에 여섯 마리의 거북이 줄줄이 낚싯대에 걸려 올라왔다.

"어어, 뭐가 이렇게 빨리 잡히지? 여섯 마리나? 허허, 오늘은 수확이 짭짤하군."

거인은 왜 여섯 마리가 한꺼번에 잡혀 올라온 것인지, 또 왜 하필이면 거북인지 생각도 해보지 않은 채 신나게 콧노래를 흥얼거리며 집으로 돌아갔다.

등에 산을 지고 있던 거북 여섯 마리가 사라졌으니 신선들의 나라에는 난리가 났다. 받침대 역할을 하던 거북들이 졸지에 없어지니 원교산과 대여산, 두 개의 신산은 순식간에 북해 바다로 떠내려가 버렸고 봉래산, 방호산(혹은 방장산), 영주산, 세 개만 덩그러니 남게 되었다.

"산이 떠내려가고 있소. 빨리 피합시다!"

"어째서 이런 일이? 거북들이 기어이 사고를 쳤구려."

결국 원교산과 대여산은 북해로 떠내려가 바다 밑으로 가라앉고 말았다. 황금으로 된 궁전에서 편한 나날을 보내던 신선들은 서둘러 다른 산으로 이사를 가야 했다. 그리고 이때부터 오신산은 삼신산三神山이 되고 말았다.

이 소식을 전해 들은 천제는 기가 막혔다. 신선들이 찾아와 꽥꽥거리며 항의할 생각을 하니 머릿속이 어지러웠다.

"뭣이? 용백국 거인이 거기까지 가서 낚시를 했다는 말이냐?"

"예! 거인이 낚시질로 거북 여섯 마리를 낚아 갔다고 합니다."

"이런 고얀 놈이 있나! 다 키가 너무 커서 그런 것이니 그놈들 키를 줄여버려라. 아니, 아예 땅을 줄여버려!"

노발대발한 천제의 명령에 따라 그때부터 용백국은 땅도 작아지고 거인들의 키도 작아졌다. 큰 키로 귀허까지 와서 말썽을 부린 것이니 키를 줄여버리면 다시는 그런 사고를 칠 수 없을 것이었다. 하지만 용백국 거인들은 벌을 받아 그렇게 키가 줄었는데도 인간이 보기에는 여전히 커서 수십 길이나 되었다고 한다.

참을 수 없는 유혹, 장생불사

그때부터 동쪽 머나먼 바다 어딘가에 아름답고 신비로운 선인들의 나라가 있다는 소문이 퍼져나가 배를 타고 그곳에 가보려는 수많은 시도가 이어졌다.

어느 날 바닷가에서 고기를 잡던 부부가 풍랑을 만나 표류하다가 신산에 올라가게 되었는데 신산의 선인들이 친절하게 대해주고 다시 바람을 불게 하여 무사히 집에 돌아올 수 있었다고 한다. 그 이야기가 멀리까지 퍼져나가 점점 더 많은 사람이 신산을 찾아 바다로 떠났다. 더구나 그 신산에 불로장생의 영약이 있다는 소문까지 퍼지게 되니, 보통 사람들뿐 아니라 제왕들까지도 간절히 그곳에 가고자 했다.

봉건시대 전제군주들에게 부족한 것이 무엇이었겠는가. 무소불위의 권력을 휘두르던 전제군주들이 유일하게 소유하지 못한 것은 바로 영원한 생명이었다. 그 영원한 생명의 비밀을 찾아 수많은 제왕이 신선의 술법을 배우는 방사方士들을 바다로 내보냈으니, 연燕 나라의 소왕昭王과 제齊나라의 선왕宣王, 진시황秦始皇과 한무제漢武帝 등이 그 대표적 인물들이다.

당대의 지식인이었던 방사들과 제왕들의 관계는 특별했다. 신선술에 미혹되어 불사의 비밀을 찾고자 했던 제왕들은 방사들의 아주 특별한 후원자였다. 불사의 비밀을 찾아낼 수만 있다면 무엇이 아까울 것인가. 제왕들은 불사의 영약을 얻기 위해 방사에게 아낌없이 투자했다. 특히 시황제는 제나라의 방사 서불徐市에게 어린 남녀 500명을 거느리고 동쪽 바다 어딘가에 있다는 신화 속 세계인 삼신산을 찾아가게 했다. 서불이 지나간 흔적이 우리나라 남해 금산錦山에도 남아 있다. 또한 삼신산과 불사약을 찾지 못한 서불이 결국 아예 일본 열도로 도망쳐서 그곳에 정착했다는 전설도 전해진다.

최초로 중원을 통일한 진나라의 시황제와 중국 최초의 광대한 제국을 건설했던 한나라의 무제는 누구보다 영민하고 똑똑한 제왕이었다. 그런 그들이 불로장생의 영약을 찾아 방사들을 바다로 내보냈다는 것은 이성적인 시각으로 본다면 도무지 이해할 수 없는 일이다. 어디 그들뿐인가. 치열한 정권 다툼 과정을 거쳐 마침내 권력을 쟁취해서 '정관지치貞觀之治'라는 말을 역사에 남길 정도로 나라의 체제를 완벽하게 정비했던 위대한 제왕 당태종唐太宗도 불로장생을 위해 먹은 약이 잘못되어 고구려 정벌 중에 세상을 떠나지 않았던가. 그 위대한 제왕들을 장생불사의 미망 속으로 빠져들게 한 것은 무엇이었을까? 오래오래 살기를 원하는 인간의 욕망은 어쩌면 날카로운 이성까지도 잠재울 수 있는 강한 마력을 지닌 것인지도 모르겠다.

그렇다면 바다로 나간 사람들은 과연 신선들의 산을 찾았을까? 아쉽게도 대답해줄 수 있는 사람은 아무도 없는 것 같다. 신산에 다녀왔다는 사람은 그 누구도 없기 때문이다. 물론 신산 근처에 가보았다는 사람은 있다. 그 사람은 이렇게 말했다고 한다.

"봤어요. 아주 멀리서 구름 저 너머 바다에 떠 있는 것 같은 신산을 보았다니까요."

"정말이오?"

"그럼요, 제 두 눈으로 똑똑히 봤어요."

"그럼, 그 신산이 정말로 바다 위에 그렇게 높이 솟아 있다는 말이오?"

"아니오, 바다 위에 있는 게 아니라 바닷속에 있었어요."

"거짓말! 산이 어떻게 바닷속에 있단 말이오?"

"정말이에요! 제가 보았다니까요. 멀리서 보면 산들이 구름 속에 솟아 있는 것처럼 보이는데, 가까이 가보니까 산들이 바닷속에 있더라고요."

"그게 들여다보여요?"

"그럼요! 바닷물이 정말 맑아서 투명한 비췻빛 바닷속에 있는 몇 개의 산들이 다 보였어요. 그 산에는 아름다운 누각도 있었고 선인들도 있었어요. 나무와 짐승들도 있었다니까요."

"그래, 들어가 보았소?"

"어디요. 가까이 가보지도 못했어요."

"왜요? 그렇게 자세히 보았다면서?"

"배를 가까이 대보려고 했는데, 산에 접근하려고만 하면 한바탕 사나운 바람이 몰아치는 거예요. 마치 산이 배를 거부하는 것 같더라고요. 그래도 가보려고 했는데 엄청난 바람 때문에 다가갈 수조차 없었어요."

"그래서 그냥 돌아왔다는 말이오?"

"그럼, 어떻게 해요. 다가갈 수가 없는데!"

이것이 그 이야기의 전말이다. 삼신산이 바다 위 구름 저 높이 치솟아 있다는 것이 진실인지, 아니면 바다 깊은 곳에 투명하게 잠겨 있다는 것이 진실인지는 알 수 없다. 어쩌면 그것은 제왕들과 방사들 사이의 진실 게임이었는지도 모를 일이다.

이렇게 바다와 관련된 신비로운 이야기들은 주로 바닷가에 위치한 나라였던 연나라와 제나라를 중심으로 많이 생겨났다. 서쪽에 곤륜산이 있어서 그 산을 중심으로 황제와 관련된 여러 신들의 이야기가 펼쳐진다면, 동쪽 바다에는 삼신산이 있고 그곳을 중심으로 해서 신선과 관련된 다양하고 환상적인 이야기들이 전해지고 있는 것이다.

5부

신들의 계보,
오방 상제와 그 후손들

1장 ‖ 동방 상제 복희와 그 후손들

전국시대 이후 중국의 전통적 방위 개념은 오방이다. 아니, 중국 뿐 아니라 우리나라도 마찬가지다. '오방'이란 동서남북 그리고 중앙의 다섯 개 방위를 가리킨다. 중국 사람들은 그 각각의 방위에 그곳을 다스리는 신이 있다고 믿었는데, 그들이 바로 신화 속의 오방 상제上帝다. 풀어서 말하면 '다섯 방위를 다스리는 하늘나라 신들'이라고나 할까. 물론 오방 상제는 중국에서도 아득한 고대부터 있어온 것은 아니고 오행설五行說이 생겨난 이후, 즉 진秦나라 때부터 확립된 개념이긴 하지만 그 이후로 계속해서 중국인들의 사고 방식에 영향을 미치고 있다.

중국 신화 속의 신들은 모두 이 다섯 신의 후손이다. 그런데 흥미로운 것은 이 중에서 중앙의 신 황제가 신들의 계보 정점에 선다는 점이다. 이렇게 황제를 중심으로 한 피라미드형 계보가 만들어진 것은 한나라 초기의 역사가 사마천에 의해서다. 중국에서 최초로 통일의 위업을 달성한 제왕은 진나라의 시황제이지만 진나라는 일찍 망하고 사실상 거대한 통일 왕조를 이룩한 것은 한나라의 무제다. 끝없이 영토 확장을 도모하며 거대 제국을 꿈꾸었던 무제에게 제국의 영광을 위한 민족의 단일한 계보가 필요했을 법도 하다. 의도했던 것인지 아닌지는 확실하지 않지만 사마천의 의지와는 상관없이 《사기史記》〈오제본기五帝本紀〉에서 사마천이 만들어낸 황제를 중심으로 한 신들의 계보는 무제가 '대일통大一統'이라는 목표를 달성하는 데 아주 좋은 수단이 되어주었다. 사마천의 기록에 의해 다섯 방위의 신들은 결국 모두가 황제의 자손이 되었으며, 그 계보는 그대로 인간의 계보가 되었다. 다시 말해 한나라 때 신들이 역사 속의 제왕들로 자리 이동을 했던 것이다(《만들어진 민족주의 황제 신화》참조).

다섯 방위를 다스리던 신화 속의 신들은 어떻게 태어났으며 그들의 자손들에 대해서는 또 얼마나 아름답고 슬프고 기이하기까지 한 이야기들이 전해지고 있는지, 그 다양한 이야기들을 이제 시작해보겠다.

갈 수 없는 나라, 화서씨의 나라

갈 수 없는 나라가 있었다. 인간의 발로는 도저히 다가갈 수 없는, 오직 마음으로만 갈 수 있는 그 나라의 이름은 '화서씨의 나라'라고 했다.

화서씨의 나라는 고대의 제齊나라에서 자그마치 수천만 리나 떨어져 있었다. 머나먼 북쪽, 북풍 너머의 낙원 지대에 있으며 언제나 봄이었다는 그리스 신화의 히페르보레아Hyperborea* 같은 곳이 아니었을까 싶은, 중국 신화에 등장하는 몇 안 되는 유토피아 중 한 곳이다.

그 나라에는 우두머리 따위는 없었다. 모두가 자연에 따랐다. 사람들은 있는 듯 없는 듯, 욕심 없이 자연에 순응하며 살아갔다. 그런데 욕심이나 욕망에서 자유로울 수 있는 인간들이 사는 나라라는 것이 과연 존재할까?

왕자웨이王家衛 감독의 영화 〈동사서독東邪西毒〉에 나오는 유명한 대사가 있다.

"사람에게 번뇌가 많은 이유는 너무 많은 것을 기억하기 때문이다."

아마도 《노자老子》를 인용한 것으로 보이는 이 구절에서 '너무 많은 것을 기억하는 것'은 욕심과 욕망 때문이 아니겠는가. 인간이 욕심과 욕망을 버릴 수 있는 나라라면, 그렇다면 가히 낙원이라고 할 만하겠다. 유토피아라는 것은 존재하지 않기 때문에 더 아름답게 생각되는 법이니 화서씨의 나라가 바로 그랬다. 그곳 사람들은 사랑, 미움, 두려움 등의 감정에 흔들리지 않았고 이해타산 따위는

---

* **히페르보레아** 고대 그리스인도 중국 사람처럼 자신들이 살고 있는 곳이 세계의 중심이라고 생각했다. 그들이 살고 있는 바다는 지중해와 흑해가 전부였고, 지구의 가장자리에는 신들의 축복을 받은 민족이 살고 있다고 생각했다. 특히 멀리 북쪽에 있는 히페르보레아는 언제나 봄날처럼 따뜻하고 질병이나 전쟁 같은 것도 없는 곳이라고 한다. 하지만 그곳은 바다를 통해서도, 땅 위의 길을 통해서도 갈 수 없는 곳이었다.

안중에도 없었다.

욕망이 없는 사람들은 가벼웠다. 그래서 물 위를 걸어가도 물속으로 가라앉지 않았고 불 속에 뛰어들어도 타버리지 않았다. 땅을 딛지 않고도 걸을 수 있을 만큼 가벼웠던 그들은 구름과 안개가 부옇게 낀 날에도 모든 것을 또렷하게 볼 수 있었다. 물론 천둥소리 우르릉거리는 날에도 모든 것을 들을 수 있었다. 모든 것을 비워 가벼워진 사람들이 사는 나라, 그들은 안개처럼, 바람처럼 그렇게 가볍고 자유로웠다.

그 화서씨의 나라에 이름 없는 아름다운 아가씨가 살고 있었다. 어느 날 아가씨는 그 나라의 동쪽에 있는 호숫가로 놀러 나갔다. 나무가 우거지고 경치가 아름다운 그 호수는 '천둥 신의 연못', 즉 '뇌택雷澤'이라고 불렸다. 그런데 아가씨는 그곳에서 놀다가 호숫가에 찍힌 커다란 거인의 발자국을 발견했다.

"호, 엄청나게 큰 발자국이네. 내 발의 수십 배는 되겠어. 어디 한번 대볼까?"

아가씨는 호기심이 생겨 그 발자국 안에 자신의 발을 갖다 댔다. 그런데 바로 그때였다. 그 발자국에 발을 갖다 대는 순간 뭔가가 가슴속에서 '덜컹!' 하는 것이었다.

"뭘까, 이 이상한 느낌은?"

아가씨는 별일도 다 있다고 생각하면서 집으로 돌아왔다. 물론 거대한 그 발자국이 도대체 누구의 것인지 궁금하긴 했지만, 집으로 돌아올 때쯤에는 이미 그것에 대해 까맣게 잊어버리고 있었다. 그런데 기이한 일이 일어났다. 그날부터 아가씨의 몸에 태기가 있게 된 것이다. 그리고 열 달이 지난 뒤 아기를 낳았으니, 그가 바로 복희였다.

　이런 이야기 구조는 중국 신화에서 매우 자주 만날 수 있다. 특히 민족 기원 신화에서 이런 종류의 '감응感應' 신화가 자주 등장한다. 은나라의 시조인 설契은 어머니인 간적簡狄이 검은 새가 던져준 알을 먹고 임신하여 태어났고, 주나라의 시조 후직后稷은 어머니 강원姜嫄이 거대한 발자국을 밟고 임신하여 태어났다고 한다. 각민족 시조의 위대함을 찬미하기 위해 만들어졌을 이 신화들에는 '어머니만 알고 아버지는 모르던(知母不知父)' 시절에 대한 나름대로의 실마리가 들어 있다. 그러면 화서씨 아가씨가 밟은, 천둥 신의 연못가에 찍혀 있던 그 발자국의 주인은 누구였을까?

　문헌에는 명확한 답이 없다. 그러나 그 호수가 천둥 신의 연못이었다는 데서 해답을 찾을 수 있다. 연못의 주인은 다름 아닌 천둥 신이다. 사람의 머리에 용의 몸을 하고 있는 반인반수半人半獸의 천신이다. 기록에 의하면 복희 역시 사람의 얼굴에 뱀의 몸 혹은 사람의 머리에 용의 몸을 하고 있었다고 하니, 복희를 천둥 신의 자손으로 보아도 틀리지는 않을 것이다. 천신인 천둥 신과 낙원에 사는 여인 사이에서 태어났으니, 복희는 날 때부터 신의 계보에 속해 있었다.

문화 영웅 복희, 불을 만들어낸 수인

신의 혈통을 가진 복희의 능력은 무궁무진했다. 가장 대표적인 것이 팔괘八卦를 만든 것이다. '팔괘'란 하늘, 땅, 불, 물, 산, 천둥, 바람, 늪을 상징하는 부호 체계로서 세상 만물의 여러 상황을 포괄하고 있다. 사람들은 이것을 가지고 인간 세상에서 일어나는 여러 일을 해석했다. 또한 복희는 그물을 만들어 물고기 잡는 법을 사람들에게 가르쳐주었고, 그의 신하도 복희가 했던 대로 그물을 만들어 사람들에게 새 잡는 법을 가르쳤다고 한다. 이로써 인간의 생활은 좀 더 편리해졌다. 그중 복희가 그물을 만들어낸 것과 관련해서 다음과 같은 이야기가 전해진다.

복희가 살던 시절에는 사람들이 물고기를 잡아먹을 줄 몰라 주로 동물을 사냥해서 먹고 살았다. 사냥할 것이 많을 때는 걱정 없이 지냈지만 사냥감이 적을 때는 부족 사람들이 먹고 살 식량이 모자랐다. 복희는 그것이 걱정되어 자나 깨나 해결책을 찾아내려 고민하고 있었다. 그렇게 고민하던 어느 날 강가를 지나가는데 커다란 물고기 한 마리가 강 위로 뛰어오르는 것이 보였다. 무심하게 지나치려고 했지만 그 커다란 잉어가 강물을 박차고 수면 위로 뛰어오르는 것이 자꾸 눈에 들어왔다. 순간 복희의 머릿속을 번개처럼 스쳐 지나가는 것이 있었다.

"바로 저것이다! 저걸 먹어보자!"

복희는 강물 속으로 들어가서 손으로 물고기를 잡아 집으로 돌아왔다. 복희가 잡아온 이상한 것을 보고 부족 사람들 모두가 신기해하면서 모여들었다. 그리고 다 함께 그것을 먹어보았는데 생각보다 맛이 좋았다. 그래서 복희는 부족 사람들을 이끌고 강으로 나가 손으로 물고기를 잡기 시작했다. 처음에는 낯설었지만 물고기잡는 일이 그렇게 어렵지는 않아 각각 한 마리에서 서너 마리까지도 잡을 수 있었다.

"음, 정말 맛이 좋아! 사냥해서 먹는 고기보다 이 물고기 맛이 훨씬 좋은걸!"

그렇게 사흘쯤 나가서 물고기를 잡다 보니 이제는 모두 솜씨가 좋아져 많은 물고기를 잡을 수 있었다. 그런데 문제가 생겼다. 물속의 용왕이 엄청나게 화가 난 것이다.

"이놈들이 물고기 씨를 말리려고 하는구나!"

용왕은 재상인 거북을 데리고 복희를 만나러 갔다.

"도대체 무슨 억하심정이 있어서 이렇게 우리 식구들을 잡아가는 거요? 우리 자손들 씨를 말리려는 것이오?"

복희가 대답했다.

"그런 것은 아니오만, 물고기를 잡지 않으면 우리더러 뭘 먹고 살란 말이오?"

용왕이 화가 나서 소리를 질렀다.

"당신들이 뭘 먹고 살든 우리가 상관할 바 아니오! 어쨌든 앞으로는 우리 물고기들을 잡아가지 마시오!"

은근히 약이 오른 복희도 지지 않고 대답했다.

"좋소! 물고기는 잡지 않겠소! 하지만 오늘부터 우리가 당신이 살고 있는 강의 강물을 모조리 마셔서 없앨 테니 그리 아시오! 물이 다 말라 없어지면 당신들이 어떻게 하는지 두고 봅시다!"

그 말을 듣는 순간 용왕은 화가 머리끝까지 치밀어 올랐으나 갑자기 대답할 말이 생각나지 않아 그저 분을 삭이고 있어야만 했다. 그때 재상인 거북이 용왕의 귀에 대고 속삭였다.

"왕이시여, 그렇다면 조건을 하나 내거시옵소서. 물고기를 잡되 손으로 잡지 말라고요. 손을 쓰지 못하게 된다면 저들이 무슨 방법으로 물고기를 잡을 수 있겠나이까?"

그 말에 용왕의 얼굴색이 일순 환해졌다.

'기가 막힌 방법이로군! 발로 물고기를 잡을 수는 없을 터이니.'

용왕은 거북의 말대로 복희에게 조건을 내걸었고, 복희는 의외로 순순히 그 조건을 받아들였다. 용왕은 회담이 성공리에 끝났다고 생각하며 유유히 물속으로 돌아갔고, 복희는 그때부터 다시 고민에 빠졌다.

물고기를 아예 잡지 말라고는 하지 않았으니까 일단 시간은 벌었다. 하지만 손을 쓰지 않고 물고기를 어떻게 잡는단 말인가? 복희는 생각을 거듭해보았지만 좋은 방도가 떠오르지 않아 잠시 나무 밑에 누워 하늘을 쳐다보고 있었다. 그때 복희의 눈에 들어오는 것이 있었다. 거미줄이었다. 거미줄에 온갖 곤충들이 걸려들어 꼼짝도 못 하는 것을 본 복희는 산에서 등나무 넝쿨을 끊어다가 거미줄처럼 생긴 그물을 만들었다. 그리고 그것을 들고 강으로 갔다. 사람들이 그것이 무엇이냐고 물었다.

"허허, 이것은 그물이라네! 이걸로 물고기를 잡아볼 것이야."

복희는 그물을 던져 물고기를 잡았다.

"성공이다! 봐라, 물고기가 이렇게 많이 잡혔구나!"

"저희에게도 그 방법을 알려주시옵소서."

복희는 사람들에게 그물 짜는 법을 가르쳐주었고, 그 후로 사람들은 그물을 사용해 물고기를 잡게 되었다.

이 일로 용왕이 엄청나게 화가 났음은 물론이다. 복희가 '그물'이라는 이상한 도구를 만들어 이전보다 물고기들을 더 많이 잡아간다는 소식을 들은 순간 용왕은 너무나 화가 나서 눈이 앞으로 튀어나왔다. 지금도 용을 그린 그림을 보면 눈이 앞으로 튀어나와 있는데 바로 이 일 때문에 그렇게 된 것이라고 한다. 그때 하필이면 손으로 물고기를 잡지 못하게 하라는 계책을 낸 재상 거북이 용왕 곁으로 다가왔다. 또 다른 계책을 일러주기 위함이었다.

"왕이시여, 제게 다른 계책이 있습니다!"

거북이 가까이 다가와 낮은 목소리로 속삭이자 용왕은 버럭 화를 내며 거북을 내리쳤다.

"에이, 듣기 싫다! 지난번에 네가 낸 계책 때문에 이 모양이 되지 않았느냐. 썩 물러가거라!"

그 충격에 거북은 그만 옆에 있던 먹물 속에 빠지고 말았으니 지금 거북의 온몸이 시커먼 것은 그 때문이라고 한다.

그런데 인류를 위해서 복희가 했던 일 중 그 무엇보다 중요한 것은 불을 발견한 것이다.

"우르릉, 꽝꽝!"

"번쩍!"

밖이 몹시 소란스러웠다. 지축을 울리며 천둥이 치고 푸른빛을 내뿜으며 번개가 번쩍거렸다. 잠시 후 밖이 훤해졌다. 밖으로 나가 본 복희는 깜짝 놀랐다. 숲에 불이 붙어 활활 타고 있었다. 벼락이 떨어진 곳에 서 있던 나무에 불이 붙어 산불이 난 것이었다. 불길이 번지자 산짐승들이 도망쳤는데, 미처 도망치지 못한 산짐승들은 불에 타서 죽기도 했다. 복희는 그렇게 죽은 짐승의 고기를 먹어보았다.

"음, 불에 익은 고기는 정말 맛있군."

이렇게 해서 복희가 불을 발견했다고 한다. 복희는 '포희包犧'라는 이름으로도 불리는데, 이 말은 '희생물들을 부엌에 채운다' 혹은 '날고기를 익힌다'는 뜻이다. 요컨대 포희라는 이름에 '불로 고기를 익힌 자'라는 의미가 담겨 있다고 볼 수 있는 것이다.

사실 중국 신화에서 불의 발견자는 보통 수인씨燧人氏라고 한다. 그런데 복희가 불을 발견했다는 기록이 또 나오는 것은 중국 고대의 기록자들이 복희에게 좀 더 많은 업적을 부여하려고 했기 때문이다. 이것은 황제가 모든 유용한 발명품을 만들었다고 기록해놓은 것과 같은 맥락이다. 하지만 복희가 천둥 신의 혈통을 타고났다는 것, '불로 고기를 익힌 자'라는 이름을 갖고 있다는 것 등으로 미뤄볼 때 불을 발견한 신이 복희라고 해도 무리는 없겠다. 뇌우가 내린 뒤 숲속에서 타오르는 불로 고기를 익혀 먹는 것을 복희라는 문화 영웅이 발견해냈고 수인씨는 불을 만들어 사용했다고 정리해도 될 것이다.

아득한 옛날 서쪽 머나먼 곳에 '수명국燧明國'이라는 나라가 있었다. 이 나라에는 햇빛도 달빛도 없어 밤낮을 알 수 없었다. 이곳 사람들은 영원히 죽지 않고 살았는데, 세상이 재미없어지면 그때 하늘로 날아올라 갔다. 아주 어두운 암흑 속에 있는 이 나라 한가운데에 수목燧木이라는 나무가 자라고 있었다. 그 나무는 얼마나 큰지 뿌리, 줄기, 잎이 1만 이랑이나 되는 지역을 뒤덮고 있었고 나무 줄기 중간쯤에 안개와 구름이 서려 있을 정도였다. 수명국은 거대한 원시의 나무 한 그루로 이루어졌는데 그 나뭇가지 사이사이마다 어둠이 가득했다. 수명국은 아득한 어둠의 나라였던 것이다.

오랜 세월이 흐른 뒤 이 나라에 낯선 여행자가 나타났다. 그는 온 세상을 떠돌아다니다가 이 머나먼 서쪽 어둠의 나라에까지 들어오게 된 것이었다.

"휴우, 힘들다. 좀 쉬었다 가야지. 그런데 이 나라는 왜 이렇게 어두운 걸까?"

여행자는 얽히고설킨 나뭇가지 아래에 앉았다. 그런데 여행자가 설핏 잠이 들려는 순간 갑자기 눈앞이 환해지는 것이었다. 눈부시게 밝은 것은 아니었으나 나뭇잎 사이에서 뭔가가 어른거리며 깜빡깜빡 빛나고 있었다.

"이게 뭘까? 어둠뿐인 줄 알았는데 이 빛은 어디서 오는 걸까?"

여행자는 눈을 번쩍 뜨고 일어나 앉았다. 원래대로라면 해도 달도 없는 이 나라는 깊은 암흑 속에 잠겨 있어야 했다. 드넓은 숲에도 어둠뿐이어야 했다. 그런데 이상한 일이었다. 해도 달도 없는데 대삼림처럼 보이는 숲의 이곳저곳에 반짝이는 불빛이 보였다. 1만

이랑이나 될 정도로 널리 뻗어 있는 나무의 가지와 잎들 사이에서 보석처럼 작은 불빛들이 깜박이고 있었다.

"아니, 저 아름다운 작은 불빛들이 어디서 흘러나오는 걸까?"

여행자는 홀린 듯이 불빛이 흘러나오는 곳으로 다가갔다.

"따다닥, 딱딱!"

유심히 바라보니 발톱이 길고 등이 검으며 배가 하얀, 수리같이 생긴 큰 새들이 나무줄기에 앉아 짧고 단단한 부리로 나무를 쪼아 대고 있었다. 새들이 줄기를 쪼아댈 때마다 나무에서는 별처럼 반짝이는 푸른 불꽃이 일었다.

여행자는 그제야 수명국 사람들이 어떻게 이곳에서 살아갈 수 있는지를 깨달았다. 해도 달도 없는 나라에서 사람들이 살아갈 수 있는 것은 그 새들이 만들어내는 불빛 덕분이었다. 평생 해를 보지 못하고 사는 수명국 사람들은 작지만 찬란한 그 불빛 속에서 일하고 쉬었으며 밥을 먹고 잠을 잤다.

"그랬구나. 가만있자, 그렇다면……!"

여행자는 새들이 나무를 쪼는 모습을 오랫동안 지켜보았다. 총명하고 지혜로웠던 여행자는 어쩌면 불을 만들어낼 수 있을지도 모른다는 생각을 했다.

여행자는 작은 나뭇가지와 큰 나뭇가지를 주워 왔다. 그리고 작은 나뭇가지로 큰 나뭇가지를 두드려보았다. 그랬더니 작은 불빛이 일어났다. 그러나 그것도 잠시, 원하던 불꽃은 일어나지 않았다. 여행자는 실망했지만 좌절하지 않고 곰곰이 생각한 끝에 방법을 바꾸어보았다. 나무를 두드려서 구멍을 뚫는 대신 비벼보았던 것이다. 그 방법은 대성공이었다.

"된다, 된다! 불이다, 불!"

여행자는 수명국을 떠나 자기 나라로 돌아갔다. 그리고 불 피우는 방법을 사람들에게 가르쳐주었다. 총명한 여행자 덕분에 인류는 드디어 불을 얻게 되었다. 이제는 벼락이 떨어져 숲에 불이 붙기만을 기다리지 않고 언제든 불을 피워 고기를 익혀 먹을 수 있게 되었다.

불을 얻은 이후 사람들은 모두 행복해졌다. 그래서 불 피우는 방법을 가르쳐준 그 여행자를 '수인씨'라고 부르며 칭송했다. '수인'이란 '불을 얻어낸 사람'이라는 뜻이다.

복희의 보좌신 구망

오방 상제에게는 각각 그들을 보좌하는 신이 있는데, 동쪽 방향을 다스리는 동방 상제 복희의 보좌 신은 구망句芒이었다. 동방 상제는 봄을 주관한다. 봄에는 만물이 되살아난다. 동쪽은 봄을 상징하며 나무가 자라는 것과 깊은 관련이 있다. 후대의 역사서에서 복희가 '나무의 덕(木德)'을 지닌 제왕으로 등장하니, 복희의 보좌 신인 구망이 나무의 신인 것은 당연하다고 하겠다. 신화 속에서 복희와 구망은 동방 1만 2000리를 다스린다. 구망은 사람의 얼굴에 새의 몸을 하고 있었다. 얼굴이 네모나고 하얀 옷을 입은 구망은 두 마리의 용을 몰고 다녔다. 구망이라는 이름은 '봄에 나무에 돋아나

복희의 보좌 신 구망은 두 마리의 용을 몰고 다닌 나무의 신이다. 사람의 얼굴에 새의
몸을 하고 있다. 《산해경》 삽도.

는 새싹'이라는 뜻을 갖고 있으니, 구망은 말 그대로 봄과 생명을 상징하는 신이다. 이 신은 복희의 명에 따라 사람의 수명을 늘려주는 일도 해서 다음과 같은 이야기가 전해진다.

"진秦나라의 목공穆公은 지혜로운 왕이라지?"
어느 날 상제 복희가 구망에게 물었다.
"그런 줄로 아옵니다."
"왜 그런 소문이 났는지 아느냐?"
구망이 대답했다.
"목공은 현명한 신하들을 골라 쓸 줄 압니다. 초楚나라에서 '백리해百里奚'라는 지혜로운 사람을 구해 신하로 중용했지요."
"그것 말고는 없느냐?"
구망이 다시 대답했다.
"기산箕山의 야인野人들이 목공의 말을 잡아먹고 도망친 사건이 일어났다고 합니다. 다른 왕이었다면 아마 그 야인들을 붙잡아 모조리 죽였을 것인데 목공은 그들을 너그러이 용서해주었다지요. 감격한 기산의 야인들이 그 후 진晉나라 군대가 쳐들어왔을 때 목숨을 걸고 나가서 용감하게 싸웠답니다. 그들은 진나라 군대를 격파했을 뿐 아니라 그 왕인 이오夷吾를 사로잡는 혁혁한 공을 세웠다고 합니다."
"정말 훌륭한 인물이로구나. 그의 수명을 몇 년 더 늘려주도록 하여라."
"예, 그렇게 하겠습니다. 그런데 몇 년이나 더 줄까요?"

"그런 덕이 있는 인물이라면 많이 주어도 아깝지 않으니!"

그래서 복희는 목공에게 19년의 수명을 더 내려주게 했고, 나무의 신이자 생명의 신 구망은 그 명을 따랐다.

2장 ｜ 서방 상제 소호와 그 후손들

샛별 신의 탄생

아름다운 밤이었다. 서쪽으로 해가 넘어간 지 이미 오래, 하늘을 붉게 물들이던 아름다운 노을도 이젠 고운 빛을 잃었다. 베틀 앞에 앉아 옷감을 짜던 황아皇娥는 기지개를 켜며 자리에서 일어났다.

"아, 힘들어! 어머, 벌써 밤이 되었네."

황아는 하늘나라 궁전의 선녀인데 매일 아름다운 옷감을 짜는 일을 하고 있었다. 고운 옷감에 정신을 팔다 보면 어느덧 밤이 되어 있곤 했다.

"아이, 피곤해. 좀 놀다 와야겠다."

황아는 평소처럼 은하수에 뗏목을 띄우고는 서서히 젓기 시작했다. 별들의 바다를 헤쳐 나가는 그녀의 뺨에 시원한 밤바람이 스쳐 갔다. 하루 종일 일에 집중하던 그녀는 이렇게 잠시 나와 은하수

위를 노 저어가는 일이 즐거웠다. 하얀 별들의 바다를 거슬러 올라가면 서쪽 바닷가 저 멀리, 궁상窮桑이라는 나무가 있는 곳에 이르렀다.

"나의 멋진 나무야, 잘 있었니?"

황아는 뗏목에서 내리며 궁상에게 인사했다. 궁상은 높이가 1만 길이나 되는 거대한 뽕나무다. 단풍처럼 불타는 붉은 잎에 크고 탐스러운 보라색 열매가 1만 년에 한 번씩 열렸다. 귀하디 귀한 열매인 만큼 그 열매를 먹으면 천지간에 존재하는 그 무엇보다 오래 살 수 있었다. 황아는 그 거대한 뽕나무 궁상 아래에서 노는 것을 좋아했다.

그런데 평소에는 아무도 없던 나무 아래에 누군가가 있었다. 황아는 호기심을 참지 못하고 살금살금 다가갔다. 나무 밑에 있는 청년을 보고 그녀는 깜짝 놀랐다. 참으로 수려한 용모를 지닌 젊은이가 앉아 있었던 것이다.

"그대는 누구십니까?"

청년이 가까이 다가오는 이를 보고 입을 열었다.

"저, 저는 황아라고 합니다."

"반가워요. 나는 백제白帝의 아들입니다."

가까이서 보니 청년은 더욱 준수했다. 사실 청년은 새벽에 동쪽 하늘에서 빛나는 샛별, 즉 금성의 신이었다. 우연히 만난 두 젊은 남녀는 함께 금琴을 타고 노래를 부르며 유쾌한 밤을 보냈다.

마음이 맞은 두 사람은 서로 사랑하게 되었다. 집으로 돌아가야 한다는 것도 잊은 지 이미 오래였다. 그들은 황아가 은하수 물길을 거슬러 올 때 타고 온 뗏목에 함께 올라갔다. 그리고 노를 저어 달빛 쏟아지는 아름다운 바다 위를 함께 떠다녔다. 사랑에 빠진 남녀에게는 모든 것이 아름답게 보이는 법이다. 흔한 풀 한 포기도 그들에게는 향기 그윽한 향초였고, 나뭇가지조차도 아름다운 깃발이었다. 황아와 청년은 나뭇가지를 꺾어 배의 돛을 만들었고, 그 끝에 풀 한 포기를 매달아 깃발을 대신했다.

별들의 바다를 헤치고 온 아가씨와 하늘의 별이 변한 청년은 이렇게 아름다운 사랑을 나누었고 밤이 지새도록 번갈아 노래를 부르며 놀았다. 그리고 집으로 돌아온 황아는 아들을 낳았으니 그가 바로 소호少昊, 즉 궁상씨窮桑氏였다.

동방에 있는 새들의 나라

신의 아들 소호는 어른이 된 뒤에 동쪽 바다 밖 머나먼 곳에 '소호의 나라(少昊之國)'를 세웠는데 그 나라는 새들의 왕국이었다. 일설에 의하면 소호 자신이 매 종류의 무시무시한 새였다고 한다. 소호가 만든 새들의 왕국에서는 관리들이 모두 새였다. 제비와 때까치, 종달새와 금계金鷄 등이 일 년 사계절의 시간을 담당했고 봉황이 그들을 지휘했다.

"자, 사계절을 담당하는 관리들은 정해졌으니 이제 나라 안의 살림을 담당할 관리들을 정해야겠소."

소호는 우선 교육을 담당할 관리를 정했다.

"집비둘기에게 교육을 맡기겠소."

집비둘기는 날씨가 흐려서 비가 올 것 같으면 아내를 둥우리 밖으로 내쫓았고 맑아질 것 같으면 다시 집 안으로 불러들였다. 아내를 그렇게 '다스리는 것'을 보면 분명히 부모에게 효도를 다할 것이라고 여겨 소호는 집비둘기에게 교육을 맡겼다고 한다. 조금 심하긴 하지만 뭐, 그럴 수도 있지. 모두들 소호의 결정에 고개를 끄덕였다.

"병사를 통솔하는 거야말로 중요한 일이지. 병권은 수리에게 맡기겠소."

수리는 생김새부터 위풍당당하고 용맹스러운 새였다. 물론 수리만큼은 아니지만 매 역시 용감했으며 사사로움이 없고 강직한 성품이었기에 그에게는 법률과 형벌을 관장하는 일을 맡겼다.

"뻐꾸기는 공평한 성품을 지녔으니 집을 짓고 물길을 트는 일을 맡으시오."

뻐꾸기에게는 일곱 아들이 있었다. 뽕나무 위에 살면서 일곱 아들을 길렀는데, 아침에 먹이를 줄 때는 큰아들부터 순서대로 주었고 저녁에는 막내아들부터 주어 그 마음 씀이 매우 공평했다. 그래서 백성들에게 집을 지어 나누어주는 건축 일과 물길을 트는 토목 공사를 맡겼다.

"이제 다 되었나?"

"아닙니다. 국가에는 대변인이 있어야 합니다. 나라의 공식 대변인으로 누구를?"

"아, 그거야 적임자가 있지 않은가? 하루 종일 떠들어대는 산비둘기 말일세."

그래서 산비둘기에게는 조정의 대변인 역할이 맡겨졌다. 산비둘기는 꼬리가 짧고 검푸른 빛깔의 작은 새였는데 하루 종일 지지배배 울어댔기 때문에 대변인이라는 중책을 맡게 되었다.

"아이고, 일을 맡기는 것도 힘들구나. 이젠 정말로 끝났겠지?"

"아뇨, 가장 중요한 살림살이가 남아 있습니다. 농사짓는 일과 수공업을 관장하는 일입니다."

"그거야말로 백성들의 살림살이와 직접 관련되는 일이로구나. 누구로 할까?"

고민하던 소호는 마침내 결정했다. 다섯 종류의 꿩을 불러다가 그들에게 각각 목공, 금속공, 도공, 피혁공, 염색공 등의 일을 맡게 했다. 수공업자들의 일을 꿩들이 담당하게 한 것이다. 그리고 아홉 종류의 콩새들을 불렀다.

"그대들을 부른 것은 백성들의 파종과 수확을 담당하게 하기 위해서요. 그대들이 맡은 일을 잘해주길 바라오."

"염려 마시옵소서."

그렇게 해서 나라의 중요한 살림살이를 맡을 관리들이 다 정해졌다.

소호가 세운 새들의 왕국에서는 사나운 매와 수리부터 작고 귀여운 새들에 이르기까지 모든 새가 각각 자기들이 맡은 일을 충실히 해나가며 서로 어우러져 행복하게 살았다.

소호의 보좌 신 욕수

동방에 새들의 왕국을 세웠던 소호는 오랜 세월이 흐른 뒤 자신이 태어났던 서방의 고향으로 돌아가게 되었다. 고향으로 돌아갈 때 그는 아들 하나를 동방에 남겨두어 동방 상제 복희의 보좌 신이 되게 했으니, 그가 바로 앞에서 말했던 나무의 신 구망이다. 구망은 중重이라고도 불렀다.

"중아, 나는 이제 머나먼 서쪽으로 간다. 너는 이곳에 남아 동방 상제를 잘 보필하도록 하여라."

"예, 아버지. 그리하겠습니다."

소호는 또 다른 아들 해亥를 데리고 서쪽으로 떠났다. 소호의 아들 해는 나중에 금신金神 욕수蓐收로 불리게 된다. 욕수와 함께 서쪽으로 가서 서방 천제가 된 소호는 서방 1만 2000리를 다스린다.

서방에서 그들이 한 일은 사실 그렇게 복잡하고 어려운 일이 아니었다. 소호 부자는 각각 서쪽 장류산長留山과 유산㘉山에 살면서 지는 해를 살피는 일을 했다. 태양빛이 정상인지, 노을이 제 빛깔을 내는지 살폈으니 그들은 아마도 노을의 신이었던 것 같다.

"천제시여, 오늘은 해의 빛깔이 이상했습니다. 오늘따라 노을빛이 곱지 않고 검붉더이다. 내일은 좀 더 고운 빛깔을 내보도록 하겠사옵니다."

"오냐, 그렇게 해라."

해는 서산으로 질 때 더욱 커 보이고 붉은빛으로 장엄하게 타오른다. 그리고 그 붉은빛이 서쪽 하늘을 가득 채운다. 소호와 욕수는 그 노을빛을 관장했다. 그런 이유 때문에 소호는 '원신圓神', 욕수는 '홍광紅光'이라고도 불린다. 오늘도 그들은 지는 해와 노을을 바라보며 아름다운 물감을 풀어 빛깔을 제대로 냈는지, 여전히 고개를 갸웃거리며 앉아 있을 것이다.

한편 서방 상제의 보좌 신 욕수는 하늘나라의 형벌을 관장하는 일도 했다. 욕수가 개입했던 사건을 하나 소개해보기로 한다.

춘추시대에 괵虢이라는 작은 나라가 있었다. 그 나라에는 '추醜'라는 이름의 왕이 있었는데 어느 날 저녁에 그가 이상한 꿈을 꾸었다. 갑자기 종묘 서쪽 계단에 위풍당당한 신이 나타났다. 얼굴은 사람처럼 생겼지만 온몸에 하얀 털이 났고 호랑이 발톱을 하고 있는 신이었다. 생김새도 이상했지만 더 이상한 것은 손에 든 날카로운 도끼였다. 추왕은 그 모습을 보자 온몸이 얼어붙는 듯 무서웠다. 그래서 몸을 돌려 도망치려는 찰나 벽력같은 음성이 들려왔다.

"도망치지 마라! 진晉나라 군대가 너희 나라의 수도를 공격하게 하라고 천제께서 내게 명하셨다!"

"예에?"

추왕은 말문이 막혀 아무 말도 하지 못하고 그저 꾸벅꾸벅 절만 하다 잠에서 깨어났다. 온몸이 땀으로 흥건히 젖어 있었다. 왠지 불길한 꿈이었다.

'이게 무슨 흉한 꿈인가…… 알 수 없는 일이로다.'

새벽 내내 뒤척이며 잠을 이루지 못한 왕은 날이 밝아오자마자 곧 태사太史 은囂을 불러들였다. 그리고 꿈 이야기를 했다.

소호의 보좌 신 욕수. 《산해경》 삽도. 아래쪽에는 물고기를 잡는 장고국 사람.

"자, 이것이 무슨 징조인가?"

은이 한동안 말없이 가만히 앉아 있다가 무겁게 입을 열었다.

"왕께서 말씀하신 신은 아마도 욕수인 것 같습니다. 욕수의 생김 새가 그렇다고 들은 적이 있습니다. 욕수는 하늘나라에서 형벌을 관장하는 신입니다. 왕께서 꿈에 욕수를 보셨다니 아무래도 조심 하시는 편이 좋을 듯합니다. 군주의 길흉화복은 군주 스스로가 어 떻게 정치를 하는가에 달린 것이니까요."

태사 은의 마지막 한마디가 추왕의 심기를 건드렸다. 그러잖아 도 흉몽인 듯해서 기분이 나쁘던 차에 태사 은의 충고를 듣는 순간 영 비위가 상했다. 사실 추왕은 그 당시 정치를 엉망으로 하고 있 었다.

"뭐라고? 네놈이 말을 함부로 하는구나! 여봐라. 입을 함부로 놀 리는 저놈을 당장 가두어라!"

태사 은은 직언한 대가로 감옥에 갇히고 말았다. 화가 아직 가라 앉지 않은 추왕은 이어서 명령을 내렸다.

"내가 어젯밤 꿈에 천신 욕수를 만났다. 천신을 만났으니 어찌 길몽이 아니겠느냐? 온 나라가 나의 꿈을 축하해야 할 것이다!"

어리석은 국왕 추는 온 나라 백성들에게 자신의 꿈을 축하하라 고 명했다. 그러나 지도자가 어리석어도 깨어 있는 백성은 존재하 는 법, 나라 안에는 온갖 불길한 소문이 나돌았고, 민심이 흉흉해 졌다. 당시 괵나라의 대부大夫 주지교舟芝僑는 그 사태를 전해 듣고 탄식했다.

"허! 왕의 어리석음이 이 지경에 이르렀구나. 이 나라에 이제 희망이란 없다."

주지교는 가족들에게 이삿짐을 싸라면서 이렇게 말했다.

"이 나라가 곧 망할 거라는 말을 내가 전부터 들었다. 그래도 혹시나 했는데 지금 보니 그 소문이 맞는구나. 왕이 이상한 꿈을 꾸었으면 내가 뭘 잘못했나 하고 경계로 삼아 잘못을 고쳐야 정상이 아니겠느냐. 그런데 오히려 그런 흉몽을 축하하라니, 그건 큰 나라가 우리나라를 침략해올 것을 축하하라는 말 아니냐? 이런 정신 나간 왕이 어디 있단 말이냐!"

"듣고 보니 그렇군요. 얼른 짐을 싸야겠습니다."

"그래, 재앙이 곧 다가올 것을 알면서도 백성들에게는 태평성대인 척하다니 정말 한심하구나. 가만히 앉아서 나라가 망하는 꼴을 보느니 차라리 멀리 떠나자."

그래서 주지교는 그날 밤으로 보따리를 싸서 가족들을 데리고 머지않아 괵나라를 침략해올 진나라로 도망쳐버렸다. 그로부터 6년 뒤 진나라의 헌공獻公은 괵나라를 공격했고, 괵나라는 삽시간에 망해버렸다.

이 이야기에서 괵나라의 국왕 추의 꿈에 나타나 재앙을 예고한 신이 바로 욕수다. 그는 천제의 명령에 따라 하늘나라의 형벌을 가차 없이 집행할 것을 알리는 역할을 하고 있다. 그러나 이 이야기를 읽으며 주지교의 선택이 과연 옳은 것이었나 하는 의문을 품지 않을 수 없다. 큰 나라로 일찌감치 도망친 그의 선택은 지혜롭기는 해도 의롭지는 않은 듯하다.

서방 상제의 후손들

《산해경》은 소호의 후손들에 관해 간략하게 언급한다. 우선 소호의 아들 중에 '반般'이라는 인물이 있었는데 그는 활과 화살을 만들었다.

다음으로 '배벌倍伐'이라는 아들은 무엇을 잘못했는지 모르지만, 남방의 계리지국季釐之國으로 쫓겨 가서 그곳에서 민연緡淵의 주신主神이 되었다. 또 북쪽 바다 밖 머나먼 곳에 일목국一目國이라는 나라가 있었는데, 역시 소호의 후손들이 세운 나라였다. 나라 이름으로 짐작할 수 있듯이 그 나라 사람들은 그리스 신화의 외눈박이 거인 키클롭스Cyclops처럼 단 한 개의 눈이 얼굴 한가운데 큼지막하게 붙어 있었다고 한다.

그리고 순舜임금을 도와 많은 일을 했던 지혜로운 신하인 고요皐陶, 우임금을 도와 함께 홍수를 다스렸던 백익伯益, 분수汾水의 신인 대태臺駘 역시 소호의 후손들이라고 한다.

하지만 소호의 후손 중에서 가장 재미있는 인물은 아무래도 궁기窮奇라고 하겠다. 사마천의 《사기》에서 궁기는 소호의 말썽꾸러기 아들로 나오는데, 《신이경神異經》에서는 거친 야수로 묘사되고 있다.

서북쪽에 호랑이처럼 생긴 괴상한 동물이 있다. 겨드랑이 밑에 날개가 달려 있어 하늘을 날아다니곤 했다. 이 야수는 사람의 말을 알아들을 수 있었다. 궁기는 하늘을 빙빙 돌며 이리저리 날아다니

벌처럼 생긴 대봉(위)과 사람 얼굴에 들짐승의 푸른 몸을 한 탑비(가운데)와 궁기(아래)의 모습.

다가 쏜살같이 내려와 사람을 잡아먹곤 했는데 그가 잡아먹는 사람이 문제였다. 예를 들어 두 사람이 싸우고 있을 때 궁기는 그들이 싸우는 이유를 귀 기울여 가만히 들었다. 그러다가 못된 말을 하는 쪽이 아니라 정직하고 이치에 맞는 말을 하는 사람을 잡아먹었다. 성실한 사람이 있다고 하면 가서 그의 코를 잘라 먹었고, 나쁜 짓을 많이 하는 사람이 있다고 하면 짐승을 잡아 갖다 주었다.

그야말로 이해할 수 없는, 청개구리 같은 아들이 궁기였다. 서방 천제 노릇을 하던 위대한 소호에게 이런 아들이 있다는 건 의외지

5부 신들의 계보, 오방 상제와 그 후손들

만 위대한 천제의 아들들이라고 모두 훌륭한 것은 아니다. 위대한 아버지에게서 빗나간 자식들이 나오는 경우가 더 많으니, 아버지와 아들의 대립관계는 중국 신화에서도 마찬가지로 나타나고 있는 것 같다.

그런데 거친 야수와 같았던 삐뚤어진 궁기도 긴요하게 쓰일 때가 있었다. 바로 섣달 초여드레에 궁중에서 행해지던 대나大儺 때다. 대나는 해마다 음력으로 섣달 초여드레, 즉 납일臘日에 궁중에서 온갖 잡귀들을 쫓아내기 위해 행했던 제의다. 지금도 중국 남부의 구이저우성貴州省과 쓰촨성, 서쪽의 티베트 등지에서 명절이 되면 무시무시한 가면을 쓰고 잡귀를 쫓아내는 의례가 행해지고 있는데 고대의 대나도 그것과 비슷한 의례였다. 새해를 한 달 남짓 앞둔 시점에 궁중에 있는 귀신과 요괴들을 쫓아내기 위해서 벌이는 이 성대한 제의에서 궁기가 중요한 역할을 담당했다.

대나에서 가장 중요한 역할을 하는 것은 물론 위풍당당한 귀신들의 왕인 방상씨方相氏다. 우리나라에서도 안동 하회세계탈박물관에 가면 네 개의 부리부리한 눈을 가진 방상씨의 가면을 만날 수 있다. 방상씨는 대나 의식 행렬의 맨 앞에서 다른 참여자들을 이끌어가는 역할을 한다. 방상씨 역할을 맡은 사람은 머리에 큰 가면을 쓰고 금박으로 네 개의 커다란 눈을 만들어 붙인다. 등에는 곰 가죽을 두르고 검은 윗도리에 붉은 아랫도리를 입는다. 그리고 오른손에는 창, 왼손에는 방패를 들고 맨 앞에서 길을 인도한다. 그러면 방상씨의 무시무시한 형상을 본 귀신과 요괴들이 무서워서 길을 비킨다는 것이다. 방상씨의 뒤에는 열두 가지의 기이한 짐승 모양을 한 사람들이 따라가는데, 이 열두 짐승들 중 하나가 궁기다.

궁기는 등근腾根이라는 또 다른 동물과 함께 고蠱를 잡아먹기도 한다. 고는 강한 독성을 지닌 벌레로, 사람들에게 아주 큰 해를 끼쳤다. 나쁜 인간들이 거머리, 쇠똥구리 등을 한데 잡아놓고 서로 잡아먹게 한 뒤 마지막까지 남아 있는 놈을 골라 '고'라고 불렀다. 최후에 살아남은 벌레인 고는 그만큼 독성도 컸고 사람들을 많이 괴롭혔는데, 궁기가 이 고를 잡아먹었다.

인간을 위해 못된 고를 몽땅 잡아먹었던 궁기가 착한 인간은 미워하고 못된 인간들의 편을 들어주었던 것은 아버지 소호에게서 사랑받지 못한 끝에 저지른 일종의 위악僞惡은 아니었을까?

3장 남방 상제 염제와 그 후손들

농업의 신이자 의약의 신, 염제 신농

염제가 지상에 등장하기 이전까지 인간은 들판의 자연물을 채집하고 동물을 잡아먹고 살았다. 그러나 사람이 많아지면서 그것만으로 먹고 살기가 어려워졌다. 그러다가 염제가 세상에 나타나면서 사람들은 비로소 농사짓는 법을 배워서 더 이상 채집과 수렵 활동에만 의지하지 않아도 되었다. 사실 고대 문헌에서 염제와 신농神農은 다른 신이었다. 염제는 남방 상제로서 황제와 판천에서 싸운 신이었고 신농은 약초와 농업의 신이었다. 그러나 세월이 흐르면서 염제와 신농이 하나로 합쳐져 '염제 신농'이라고 불리게 되었다. 거기에는 복잡한 맥락이 있지만 여기서는 중국 신화의 일반적 흐름에 따라 그냥 '염제 신농'이라고 부르기로 한다.

그는 사람들에게 씨앗을 뿌려 농사짓는 법을 가르쳤다. 그 씨앗은 염제 신농이 다스리던 시절 하늘에서 비처럼 쏟아져 내린 것이다. 염제 신농이 씨앗을 거두어 개간해둔 밭에 뿌렸고, 사람들은 그때부터 오곡을 길러 먹을 수 있게 되었다.

그 시절 온몸이 붉은 새 한 마리가 머나먼 하늘 저편에서 날아왔다.

"입에 뭘 물고 있지 않소?"

"그러게 말이오. 무엇을 물고 있는 것일까요?"

사람들이 처음 보는 그것은 벼의 이삭이었다. 타는 듯 붉은빛의 새는 입에 아홉 개의 이삭이 달린 벼를 물고 하늘을 날아다니다가 땅에 떨어뜨렸다.

염제 신농이 그것을 주워 논에 뿌리니 크고 기다란 곡식이 자라났다. 신기한 것은 그 곡식을 먹으면 배가 부른 것은 물론이고, 죽지 않고 오래오래 살 수 있었다는 것이다. 사람들은 염제의 가르침에 따라 씨앗을 뿌리고 길러 곡식을 얻었다.

염제 신농은 농업의 신이라고 한다. 이런 신격 때문인지 염제 신농은 소의 머리에 사람의 몸으로 묘사된다. 따뜻한 남방을 다스리는 그는 농업의 신이면서 따스한 햇볕의 신으로 알려져 있다. 염제 신농이 태어나던 날 그 지방의 아홉 군데 땅에서 샘물이 저절로 솟아올랐다고 한다. 솟구쳐 오른 아홉 개의 샘물은 서로 이어져 있었다. 그래서 한 군데에서 누군가 물을 길으면 다른 여덟 군데의 샘물도 흔들렸다. 곡식의 씨앗, 물, 햇빛은 농사를 짓기 위해 꼭 필요한 것들이다. 염제 신농이 농업의 신이기 때문에 이 모든 것이 함께 나타나는 것이다.

염제 신농은 농업의 신이면서 또한 의약의 신이기도 했다. 그리스 신화에 나오는 의술의 신 아스클레피오스에게 지팡이가 있었다면 중국 신화에 등장하는 의약의 신 염제 신농에게는 자편赭鞭이라는 신기한 채찍이 있었다.

인간이 병에 걸려 신음하는 모습을 지켜보자니 본래부터 성품이 자애로웠던 염제 신농은 마음이 아파 견딜 수가 없었다. 그래서 그는 직접 그들의 병을 고쳐주기로 마음먹었다.

"약초를 찾아보자. 병이 있으면 그걸 고칠 수 있는 약도 있을 터이니."

염제 신농은 자편을 들고 길을 나섰다. 풀과 나무들은 지천으로 널려 있었지만 어떤 것을 약으로 쓸 수 있는지 알 도리가 없었다. 그런데 자편으로 풀과 나무들을 후려치면 그 풀과 나무들의 특성이 나타났다. 어떤 것이 독초이고 어떤 것이 약초인지, 어떤 것이 열 많은 사람에게 쓰이고 어떤 것이 열 없는 사람에게 쓰이는지, 그 특성들을 알 수 있었다.

염제 신농은 수없이 자편을 휘둘러 약초들의 특성을 알아냈다. 그러나 그것만으로는 부족했다. 그렇게 해서 얻은 약초들이 효험이 있는지 없는지는 직접 먹어봐야 아는 것이었기 때문이다. 고민하던 염제 신농은 결국 스스로 먹어보기로 했다.

"음, 이 풀은 맛이 괜찮군. 효과가 있으려나?"

어떤 약초는 효험이 있었다. 하지만 약초인 줄 알고 먹었던 것이 독초인 경우도 있었다. 일일이 다 먹어보려니 염제 신농은 헤아릴 수도 없이 자주 독초에 중독되곤 했다. 전해지는 말로는 하루에 70번이나 독초에 중독되기도 했다고 한다.

그렇게 약초를 찾아내 인간을 치료해주던 자애로운 염제 신농은 어느 날 '단장초斷腸草'라는 독초를 잘못 먹어 세상을 떠나게 된다. '단장'이라는 이름대로 창자가 끊어지고 온몸이 썩어버렸기 때문이다. 단장초는 담장이나 울타리를 타고 올라가는 넝쿨식물인데 작고 노란 꽃이 핀다. 중국 사람들은 지금도 단장초를 보면 염제 신농을 죽인 풀이라고 하며 경계한다.

그런데 명明나라 때 나온 《개벽연역開闢衍繹》이라는 책에 따르면 신농은 내장이 환히 들여다보일 정도로 몸이 투명했다고 한다. 그래서 세상의 온갖 약초를 맛보느라 하루에 열두 번씩 중독되었지만 다 해독시킬 수 있었다. 그런데 어느 날 다리가 100개 달린 벌레인 백족충百足蟲이 신농의 배 속으로 들어가 발 하나하나가 모두 벌레로 변하는 바람에 그 독을 풀지 못하고 그만 죽고 말았다는 것이다.

민간에 전해지는 신화에도 차茶의 기원을 염제 신농과 연결 짓는 이야기가 있어 소개해보기로 한다.

신농은 생긴 것이 남달랐다. 배 부분이 수정처럼 투명했다. 그래서 오장육부가 환히 들여다보였다. 당시 사람들은 불을 사용할 줄 몰라 풀과 열매, 물고기 등을 날로 먹는 바람에 자주 병에 걸렸다. 신농이 그 모습을 보고 안됐다는 생각이 들어 치료약을 찾아내기로 했다. 풀을 먹어보고 그것이 배 속에서 어떻게 움직이는지, 어떻게 변화하는지를 살피면 치료법도 찾아낼 수 있을 것이었다. 그래서 그는 자루 두 개를 만들어 양쪽 허리에 차고 길을 떠났다. 왼쪽 자루에는 먹을거리로 쓸 수 있는 것을, 오른쪽 자루에는 약으로 쓸 수 있는 것을 담을 작정이었다.

그렇게 길을 떠난 신농이 어느 날 작고 연한 초록색 잎을 발견했다. 참 부드러워 보여서 그것을 먹었는데 그 잎이 몸 안에서 아래 위로 오르락내리락하며 배 속을 깨끗하게 청소해주는 것이었다. 그 모습이 마치 무엇을 찾아다니는 듯해 그 풀을 '查(cha)'라고 불렀는데 나중에 그 이름이 잘못 전해져 발음이 같은 '茶(cha)'가 되었다고 한다('찾다'라는 뜻인 '査' 자의 중국어 발음은 '차茶'와 같다). 오늘날 우리가 마시는 찻잎을 신농이 찾아냈다는 말이다. 신농은 그것을 왼쪽 자루에 넣었다.

그다음으로는 나비처럼 생긴 작고 붉은 꽃을 먹어보았는데, 깃털처럼 생겼으면서도 달콤하여 '감초'라고 이름 짓고 오른쪽 자루에 넣었다. 이런 식으로 약초를 찾아다니던 그는 지금의 쓰촨성과 산시성陝西省의 경계 지역에까지 가게 되었다. 풍광이 기가 막히게 아름다운 곳이었다. 그는 깎아지른 듯 솟아 있는 절벽 꼭대기에서 소중한 약초를 발견했다. 원숭이조차 기어 올라가기 어려울 정도로 깎아지른 절벽이었지만, 귀한 약을 구하겠다는 일념으로 신농은 나무를 베어 사다리 같은 시렁을 만들어 세우고 올라가서 마침내 약을 구했다. 신농이 시렁을 만들어 약초를 채집한 그곳은 '시렁 가架' 자를 써서 '신농가神農架'라고 불리게 되었다. 지금도 그곳은 그 이름을 그대로 간직한 채 풍치가 아름다운 곳으로 유명하다.

신농은 약초를 맛보다가 중독되면 늘 찻잎으로 해독하곤 했다.

그렇게 그가 자신의 투명한 배 속을 들여다보면서 정신없이 약초를 골라 양쪽 주머니에 나눠 담는 동안 많은 시간이 흘러갔다. 마침내 신농은 왼쪽에 4만 7000종, 오른쪽에 39만 8000종의 약초를 채집해 넣었다. 그러던 어느 날 신농은 차나무 꽃처럼 생겼지만 저절로 늘어났다 오므라들었다 하는 요사스러운 풀 요초妖草를 잘못 먹게 되었다. 찻잎으로도 해독이 안 되는 그 꽃이 바로 단장초였다.

단장초에 중독된 것인지, 아니면 앞의 문헌에 나온 것처럼 백족충을 잘못 삼켜서 그런 것인지 확실치는 않지만, 신농이 인간을 질병에서 구하기 위해 스스로 온갖 약초를 시험해보다가 죽었다는 것은 중국 어느 지역에 전승되는 이야기든 똑같다. 인간을 위해 자신의 목숨을 희생한 의약의 신 염제 신농은 지금도 여전히 이야기 속에서 향기로운 이름을 드날리고 있다. 신농은 후에 '약왕의 사당(藥王廟)'에 모셔져 몸과 마음의 병을 고쳐주는 약왕보살藥王菩薩로 민간에서 추앙받기도 한다.

염제의 보좌 신 축융

염제의 보좌 신 축융은 불을 관장하는 염제의 후손*이다. 축융은 남방 상제 염제의 보좌 신으로서 사람의 얼굴을 하고 있지만 몸은 짐승이고 두 마리의 용을 타고 다녔다. 그는 불의 신이었는데 상당히 용맹스러웠던 듯하다. 천제가 홍수를 다스리기 위해 천상의 흙을 훔친 곤을 죽이라는 명령을 내리고 파견한 신이 축융이라고도 한다.

후에 은나라의 탕왕이 하나라를 멸망시키는 역사적 장면에도 축융의 이름이 등장한다. 그것은 아마도 탕왕이 천명天命을 받았음을 증명하기 위해 쓰인 듯하지만, 어쨌든 탕왕이 하나라를 멸하는 그 역사적 순간에 하늘은 축융을 시켜 하나라 궁전에 불을 지르게 한다. 물론 후에 은나라가 천명을 잃어 주나라가 은나라를 멸망시킬 때도 축융은 다시 등장한다. 주나라가 은나라를 멸하기 위해 군대를 일으켰을 때 눈으로 막혀서 아무도 올 수 없는 길을 뚫고 일곱 명의 신이 나타났는데, 그중 한 명이 축융이었다. 역시 천명이 주나라에 있음을 말하기 위한 대목에 축융이 나타난 것이다. 두 마리의 용을 타고 다니는 불의 신 축융은 후대의 역사화된 신화 속에서 천명을 얻은 자에게 신의 뜻을 알리는 신의 사자 역할을 충실히 하고 있다.

자애로운 염제에게는 축융 외에 물의 신 공공, 땅의 신 후토后土 그리고 열두 달이라는 시간을 낳은 열명噎鳴 등의 후손이 있다. 호

---

* **염제의 후손** 《산해경》에는 "염제의 아내가 염거(炎居)를 낳았고, 염거는 절병(節幷)을, 절병은 희기(戱器)를, 희기는 축융을 낳았다"라고 쓰여 있다. 어떤 기록에서는 황제의 후손이라고도 하는데, 황제와 염제는 원래 같은 조상에게서 나왔다고 하니 그렇게 말할 수도 있긴 하다. 동서남북을 관장하는 상제와 그 후손들이 따지고 보면 모두 황제의 자손이라는 것은 한나라의 역사가인 사마천 이후에 확립된 '신화의 역사화'의 결과다. 신들을 황제를 중심으로 하나로 연결된 인간 제왕의 계보에 들어가게 한 체계화된 역사화는 이후 '중화민족'의 동질성을 담보해주는 중요한 기제가 된다.

인지국互人之國 사람들 역시 염제의 후손이라고 한다. 그 나라 사람들은 사람의 얼굴에 손은 있었지만 발은 없었고 허리 아랫부분은 물고기였는데, 구름을 타고 비를 거느리며 하늘과 땅을 자유롭게 왕래했다고 한다. 여기서는 염제의 네 딸, 각각 다른 운명을 택했던 네 명의 여인에 대해 이야기해보기로 한다.

염제의 네 딸

염제의 딸들에게는 이름이 없다. 중국의 역사시대에 여인들이 이름을 잃은 채 그냥 성씨로만 불렸던 것과 마찬가지로 염제의 네 딸은 모두 '소녀少女'라든가, 막내딸이라는 뜻의 '계녀季女', 아니면 그냥 '여女'라고만 전해진다. 우선 '적송자赤松子'라는 유명한 신선을 따라간 염제의 고집쟁이 딸에 대해 알아보자.

적송자는 염제 때 비를 다스리는 직책을 맡았던 인물이다. 적송자는 늘 수옥水玉, 즉 수정이라는 귀한 약을 먹으며 수련했는데, 수련 과정에 불 속에 뛰어들어 자신을 태우는 놀라운 능력을 터득하게 되었다. 그는 맹렬하게 타오르는 불길 속에 몸을 던져서 스스로를 태우고는 연기를 따라 자유롭게 오르내리다가 마침내 환골탈태하여 몸이라는 껍질을 벗어버리고 선인이 되었다.

유럽의 중세시대에 수많은 연금술사가 불에도 타지 않는 그 무엇을 찾느라 고생했다면 중국 신화 속의 연금술사는 아예 스스로 태워버린다. 적송자는 이렇게 스스로를 태워버리는 기술을 터득하여 선인이 되었고 바람처럼 자유로이 자연 속에서 노닐었다.

"적송자님, 제게 당신의 능력을 전수해주세요."

염제의 딸은 적송자를 눈부신 듯 바라보며 간청했다.

"아니 되오, 당신은 할 수가 없다오!"

적송자가 연기 속으로 사라지며 말했다.

"아니, 저도 할 수 있어요. 당신을 따르겠습니다."

"이것은 보통 고된 수련이 아니라오. 당신은 하지 마시오."

하지만 적송자는 그녀의 고집을 꺾지 못했다. 적송자는 선인이 된 후에 서왕모가 있는 곤륜산으로 갔는데 그 아득히 먼 곳까지 염제의 딸이 찾아갔다.

"적송자님, 어디 계세요? 제가 왔답니다."

"아니, 저 고집쟁이 아가씨가……!"

적송자는 곤륜산의 동굴 속에 숨어 대답하지 않았다. 하지만 염제의 딸은 계속해서 적송자를 불렀고 결국 적송자는 그녀의 고집에 지고 말았다. 불에 스스로 태우는 기술을 기어이 익히고야 말겠다는 염제 딸의 고집을 적송자는 끝끝내 꺾지 못한 채 자신이 알고 있는 모든 기술을 그녀에게 가르쳤다.

그리고 선인 적송자를 따라 특수한 약을 먹으며 불 속에 드나드는 수련을 하던 염제의 딸은 드디어 선인이 되어 적송자와 함께 아득히 먼 곳으로 떠났다.

무슨 일이 있어도 신선이 되는 기술을 배우겠다고 했던 염제의 딸이 적극적이고 진취적인 성격이었다면 이제 얘기하게 될 딸은 마찬가지로 고집스럽긴 하지만 스스로의 내부에 갇혀 있는 소극적인 성격을 보인다.

"애야, 그만 내려오너라!"

염제가 애타게 불렀다.

"아가야, 이제는 그만 내려오라니까. 거기에 계속 있을 거냐?"

하지만 여전히 대답이 없었다. 염제가 애타게 부르고 있는 이 딸은 성격이 좀 남달랐다. 도를 배웠다는 그녀는 악산嶽山의 뽕나무 위에 집을 지었다. 정월 초하루가 되자 나뭇가지들을 가져다가 뽕나무 위에 집을 짓기 시작하더니 집이 완성되자 그 위에 올라가 절대로 내려오지 않았다. 더구나 그 위에 그냥 가만히 있는 것이 아니라 어떤 때는 하얀 까치로 변하기도 하고 또 어떤 때는 얌전한 소녀로 변하기도 했다. 물론 소녀로 변할 때도 나뭇가지 위의 집에 앉아 있기는 매한가지였다.

"아이고, 저 애가 왜 저럴까?"

딸의 기이한 행동에 애가 탄 염제는 온갖 방법으로 딸을 내려오라고 했다.

"애야, 너 정말 안 내려오면 나무에 불을 질러버릴 거다!"

참다못한 염제는 나무에 불을 지르겠다고 엄포를 놓았다. 그러나 이유 없는 반항인지, 이유 있는 반항인지 알 수 없으나 딸은 전혀 말을 듣지 않았다. 딸은 하얀 까치로 변해 날아다니다가 다시 소녀로 변해 나뭇가지 위에서 물끄러미 아버지를 내려다보았다. 염제는 더 이상 참을 수가 없어서 이번에야말로 '저 애가 어쩔 거야' 하는 생각으로 나무에 불을 질렀다. 불길이 활활 타올랐다. 하지만 나무 위에서는 아무런 기척도 들려오지 않았다. 아버지는 초조해졌다.

"애야, 어디 있는 거냐? 빨리 내려와라!"

하지만 나뭇가지 위의 딸은 여전히 보이지 않았다. 염제는 속이 새까맣게 타들어가는 느낌이었다.

'세상에, 이런 고집쟁이가!'

그런데 그 순간 놀라운 광경이 펼쳐졌다. 나무 위의 집에 들어앉아 있던 딸이 육신을 벗어버리고 하늘로 날아올라 갔다. 자신의 둥지 안에 들어앉아 있던 고집스러운 딸은 아버지의 슬픔을 뒤로 한 채 마침내 다른 세상으로 날아올라 간 것이었다.

딸이 죽은 뒤 그녀의 집이 있던 뽕나무는 '염제 딸의 뽕나무'라는 뜻의 '제녀상帝女桑'이라고 불리게 되었다. 그 나무는 둘레가 자그마치 다섯 길이나 되었다고 하는데, 가지가 사방으로 뻗어 있었고 나뭇잎 한 장의 길이가 한 자나 되었다. 잎에는 붉은 무늬가 있었고 노란 꽃이 피었으며 꽃받침은 푸른색이었다. 굵기도 굵었지만 얼마나 높이 솟아 있었는지, 끝이 보이지 않을 정도였다고 전해진다.

염제의 딸이 나무 위의 까치집에서 불에 타 하늘로 올라간 뒤 세상에는 새로운 풍습이 생겨났다. 해마다 정월 보름이면 사람들은 나뭇가지 위의 까치집을 거둬 내렸다. 그리고 그것을 불에 태워 그 재에 물을 부은 다음 누에 알을 담가두었다. 그렇게 하면 그해에 알에서 깨어난 누에들이 실을 많이 토해냈고, 그 실의 품질도 아주 좋았다고 한다.

그런데 염제의 딸은 왜 그렇게 아버지에게 반항했던 걸까? 자유롭게 날아오르고자 하는 딸의 욕망과 잡아당기고자 하는 아버지의 권력이 충돌한 까닭일까?

이번에 얘기하려고 하는 염제의 딸은 앞에 나온 두 고집쟁이 딸과 달리 한없이 여리고 약하다. 그녀의 이름은 '요희瑤姬'라고 했다. 요희는 무슨 이유인지 모르지만 한창 고운 나이에 요절했다. 아름다운 나이에 세상을 뜨게 된 그녀의 영혼은 고요지산姑瑤之山으로 가 '요초瑤草'라는 풀로 변했다. 요초는 이파리가 겹겹이 있는 풀인데 노란색 꽃이 피었고 한해살이 덩굴풀인 새삼의 열매처럼 생긴 열매가 열렸다. 이상한 것은 그 열매를 먹은 사람은 누구에게서나 사랑받았다는 것이다. 한창 사랑을 나눌 아름다운 시절에 세상을 떠난 아가씨의 애처로움을 다독여주는 인정이 느껴지는 대목이다.

"가엾은 것, 무산巫山으로 가거라. 가서 하늘과 땅 사이를 마음대로 떠돌아다니거라."

젊은 나이에 세상을 뜬 요희를 불쌍하게 생각한 천제가 그녀를 무산으로 보내 무산의 여신이 되게 했다. 그녀는 무산으로 가서 하늘과 땅 사이를 마음대로 오가는 구름과 비의 신이 되었다. 아득히 높은 무산에서 새벽이면 구름이 되어 고갯마루와 골짜기를 떠다녔고, 저녁이면 빗방울로 변해 산과 시내에 슬픔을 뿌렸다.

그렇게 오랜 세월이 흐른 어느 날 여전히 구름과 비로 변해 무산의 골짜기를 헤매던 그녀 앞에 가슴을 온통 뒤흔들어놓는 남자가 나타났다.

"아니, 저 사람이 누굴까?"

모든 것을 비우고 엷은 구름이 되어 또는 가느다란 가랑비가 되어 무산의 협곡을 떠다니던 그녀 앞에 나타난 사람은 초나라의 회왕懷王이었다. 초나라 회왕은 충신 굴원의 간언도 뿌리치고 진나라와 손을 잡다가 결국에는 적국인 진나라 땅에서 죽어간 어리석은 인물이지만, 젊은 날의 그는 그래도 매력적이었던지 운몽雲夢에서 무산 신녀神女 요희의 가슴을 뒤흔들어놓았다.

요희는 그를 따라갔다. 회왕은 고당高塘이라는 커다란 누각에 머물고 있었다. 아무것도 모르는 회왕은 여행의 피곤함 때문에 고당에서 낮잠에 빠져들었다.

"왕이시여, 저를 보세요."

"아름다운 그대는 누구시오?"

"무산의 신녀이옵니다. 구름이 되어, 비가 되어 무산을 떠다니는 여신이랍니다."

요희는 회왕의 꿈속으로 들어갔다. 뜨거운 가슴을 주체할 수 없었던 요희는 회왕을 향한 자신의 열정을 고백했고 왕은 그녀의 열정을 받아들였다.

아름다운 꿈이었다. 잠시 동안의 만남이었고 스쳐 가버린 꿈이었지만, 회왕은 꿈속에서 본 아름다운 여신의 그 묘한 쓸쓸함을 잊을 수 없었다.

"게 누구 없느냐?"

꿈에서 깨어난 회왕은 쓸쓸한 아름다움을 지닌 무산의 신녀를 위한 사당을 고당 근처에 지으라고 명령했다.

"사당의 이름은 '아침 구름(朝雲)'이라고 하라."

아침 구름, 스쳐 지나가는 듯한 아름다움. 그 가볍고 쓸쓸한 아름다움을 위해 회왕이 지어준 이름이다. 어떠한가, 기억할 만한 이름 아닌가.

오랜 세월이 흘렀다. 역사서에는 아버지인 회왕 못지않게 어리석은 임금으로 이름을 남긴 양왕襄王도 감성에 빠져드는 시간은 있었던지, 그가 당대의 유명한 궁정 시인 송옥宋玉과 더불어 고당 근처를 지나게 되었다.

"여기가 어떤 곳인지 아십니까?"

송옥이 물었다.

"아니, 모르네. 왜, 특별한 곳인가?"

"선대왕께서 무산의 신녀를 만나셨던 곳입니다."

"무산의 신녀라고?"

송옥은 쓸쓸하고 아름다운 무산의 신녀에 관한 이야기를 양왕에게 들려주었다. 역사서 속에서 어리석은 왕으로 묘사되고 있지만 사랑 이야기에 감동하지 않는 강철 심장은 아니었던 모양으로, 양왕은 그 쓸쓸한 사랑 이야기에 사뭇 가슴이 시려왔다.

"그랬군……."

하지만 정작 가슴이 더 시린 사람은 송옥이었다. 원래 시인의 가슴은 보통 사람에 비해 더 여린 법이다. 이야기를 마친 송옥은 잠이 들었고 생시인 듯 꿈인 듯 무산의 신녀를 만났다. 이상하고 슬픈 꿈이었다.

"왕이시여, 어젯밤에 꿈을 꾸었나이다. 무산의 신녀를 만났지요.

참으로 슬픈 꿈이었습니다."

"묘한 일이로구나. 자네의 꿈을 글로 써보거라."

그래서 나온 작품이 바로 〈고당부高塘賦〉와 〈신녀부神女賦〉*다.

염제에게는 어린 딸이 하나 있었는데 그녀의 이름은 여왜女娃라고 했다. 어느 날 여왜가 동해에 놀러 갔다.

"아이, 아름답기도 해라. 바닷물이 정말 고와."

그런데 바로 그때 거친 파도가 일었다.

"아악!"

연약한 여왜는 그만 파도에 휩쓸려 바닷속 깊이 가라앉고 말았다. 눈 깜짝할 사이에 일어난 일이었다.

세상을 떠난 가엾은 그녀의 영혼은 작은 새로 변했다. 알록달록한 머리에 하얀 부리, 빨간 다리를 가진 그 새는 북쪽 발구산發鳩山에 살았으며 이름은 '정위조精衛鳥'라고 했다.

"저 바다가 너무 미워. 내가 그렇게 물빛이 곱다고 말해주었건만, 나를 빠져 죽게 하다니."

* **〈고당부〉와 〈신녀부〉** 초 회왕과 양왕, 무산 신녀와 송옥의 이야기가 모두 〈고당부〉에 들어 있다. 〈고당부〉의 앞부분에서 송옥은 회왕이 무산 신녀를 꿈에서 만났던 이야기를 양왕에게 해주고, 양왕은 고당이 어떤 곳이냐며 송옥에게 묻는다. 송옥은 고당의 아름다움에 관해 설명하며 고당에 대한 작품을 읊는다. 〈신녀부〉에서는 송옥이 양왕에게 회왕의 꿈에 대해 말해주고 잠들었는데 송옥의 꿈속에 신녀가 나타난다. 꿈에서 깨어난 송옥이 양왕에게 꿈에서 신녀를 보았다는 이야기를 하고, 양왕은 신녀의 아름다움을 묘사하는 작품을 써보라고 한다. 둘 다 송옥의 작품이지만 〈고당부〉에 나타난 무산 신녀는 자유분방하며 열정적으로 사랑에 빠져드는 여신으로 묘사된다. 그러나 〈신녀부〉에 등장하는 무산 신녀는 조신하고 차분하며 정결한 여신으로 아련한 그리움만 남기고 떠나간다.

알록달록한 머리에 하얀 부리, 빨간 다리를 가진
정위조는 염제의 딸 여왜가 변한 새다.

그날부터 정위조는 서산西山으로 날아갔다. 그리고 서산의 나뭇
가지와 돌을 물어오기 시작했다.

"저 바다를 메워버릴 거야. 내 생명을 앗아간 저 바다를 반드시
메울 거야. 두고 봐."

가녀린 새 정위조는 다시 서산으로 날아갔다. 그리고 작은 부리
로 나뭇가지 하나를 물고 다시 힘겹게 날아와 바다에 빠뜨렸다. 푸
르고 넓은 바다 한가운데 나뭇가지가 떨어졌다. 작은 나뭇가지는
드넓은 바다에 작은 점 같은 흔적조차 남기지 못하고 사라졌다. 하
지만 정위조는 중얼거렸다.

"두고 봐. 반드시 해내고야 말 거야."

정위조는 그 바다에 대고 굳게 맹세했다.

"나를 빠져 죽게 만든 동해, 이 바다의 물은 한 모금도 마시지 않

을 거야."

그래서 정위조는 '맹세의 새'라는 뜻의 '서조誓鳥', '뜻이 굳은 새'라는 뜻의 '지조志鳥'라고도 불린다. 작지만 그 누구보다 의지가 굳은 정위조는 오늘도 작은 날개를 열심히 퍼덕이며 서산으로 날아가 돌을 물어다가 동해에 빠뜨리고 있다.

이런 강한 의지가 시인을 감동시켜, 위진시대의 유명한 시인 도연명陶淵明은 〈산해경을 읽고(讀山海經詩)〉라는 작품에서 정위조의 굳은 의지를 찬미했다. 오늘날에도 중국에서는 수많은 수험생이 책상 위에 '정위가 바다를 메우다'라는 뜻의 '정위전해精衞塡海'라는 글귀를 써 붙여놓고 마음가짐을 바로잡곤 한다. '정위전해'란 변함없는 의지로 목표한 바를 이루려고 노력하는 자세를 일컫는 말이다.

무산 신녀에 관한 또 다른 이야기

앞에 등장한 무산 신녀 이야기가 쓸쓸하고 슬픈 사랑을 한 요희에 관한 것이라면 이번에 소개할 이야기에 나오는 요희는 좀 다르다. 우임금을 도와 물길을 다스리는 치수 작업에 참여한 운화부인雲華夫人 요희는 서왕모의 딸이며, 나중에 무산 12봉의 수호신이 되어 장강을 오가는 배들을 보호해주는 적극적이고 씩씩한 무산의 산신山神이다.

운화부인의 이름은 요희였다. 요희는 서왕모의 스물세 번째 딸인데 신선의 도를 닦은 뒤 동쪽 바다에서 돌아오다가 무산을 지나게 되었다.

"세상에, 이렇게 아름다운 곳이 있다니! 잠시 여기에 머물러야겠다."

무산의 아름다움에 홀딱 반한 운화부인 요희는 무산의 협곡에 머물렀다. 그때 마침 우가 홍수를 다스리느라고 무산에서 작업을 하고 있었다.

"아니, 무슨 바람이 이렇게 거세게 불지?"

천지를 뒤집어엎을 듯한 바람 때문에 거대한 돌덩이들이 날아다니니 우는 치수 작업을 계속할 수가 없었다.

"도대체 어찌해야 할까?"

고민하던 우는 마침 무산에 운화부인이 머물고 있다는 말을 들었다. 그녀의 신통력이 엄청나다는 이야기를 들었던 터라 그는 머뭇거리지 않고 운화부인 요희를 찾아갔다.

"부인, 치수 작업을 하고 있는 우라고 합니다. 바람이 너무 거세고 거칠어 돌덩이들이 마구 날아다니니 작업을 계속할 수가 없군요. 무슨 좋은 방법이 없을까요?"

"당신의 이름은 익히 들어 알고 있어요. 내가 방법을 하나 알려 드리리다."

우의 치수 작업에 관심이 있던 운화부인은 그에게 귀신을 부리는 법술을 가르쳐주었다. 돌이 날아다니는데 무슨 귀신 쫓는 법술이냐고? 옛날 사람들은 기이한 자연계의 재앙이 있을 땐 귀신이 수작을 부려서 그런 일이 일어나는 거라고 생각했다. 그러니까 귀신을 쫓는 법술을 배워야 사태를 해결할 수 있었다. 우의 가슴속에 감사의 마음이 샘솟았다. 운화부인이 다시 말했다.

"저들을 데려가세요."

운화부인은 자신의 신하인 광장狂章, 우여虞余, 황마黃魔, 대예大翳, 경진庚辰, 동률童律을 데려가라고 했다.

"고맙습니다. 이 은혜는 잊지 않겠습니다."

우는 그들을 데리고 치수 작업을 계속했다. 얼마 지나지 않아 바람은 가라앉았고 무산의 험한 협곡을 뚫는 일도 일단락되었다.

"정말 고마운 일이야. 부인께 감사 인사를 드려야겠어."

우는 운화부인을 찾아갔다. 그런데 아무리 해도 부인을 찾을 수가 없었다. 일전에 부인을 만났던 곳으로 가보니 부인은 돌로 변해 있었다.

"이럴 수가! 부인, 운화부인!"

아무리 소리쳐도 돌로 변한 운화부인은 대답이 없었다.

"어허, 이상한 일도 다 있구나!"

포기하고 돌아오는 길에 그는 뒤를 돌아보았다. 그랬더니 돌로 변했던 운화부인이 이번에는 구름으로 변했다가 비로 변하고, 용으로 변했다가 다시 하얀 학으로 변하는 것이었다. 어안이 벙벙해진 그가 동률에게 물었다.

"저렇게 변화무쌍할 수가 있나! 이보시오, 운화부인이 정말 신선이오?"

동률이 웃으며 대답했다.

"그럼요, 운화부인은 신선 중의 신선이십니다."

"그런데 어찌 저리 변덕이 심하오?"

"저런 건 변덕이 아니라 변화라고 하는 거지요. 운화부인은 사람의 몸에서 태어난 분이 아니랍니다. 서화西華 소음小陰의 기운이 모여 이루어진 분이시지요. 그래서 인간 세상에 있을 때는 인간의 모습을 하고 계시지만 자연 속으로 돌아가면 자연의 일부로 변하는 거랍니다."

알쏭달쏭 알 듯 말 듯한 말이었다. 우는 고개를 갸웃거리며 반신반의했지만 동률이 그렇게 말하니 믿지 않을 수 없었다.

결국 그는 다시 운화부인을 찾아갔다. 이번에는 돌로 변한 운화부인을 만나게 된다 하더라도 놀라지 않을 작정이었다.

"부인, 운화부인!"

열심히 불렀지만 부인은 보이지 않았고, 느닷없이 커다랗고 아름다운 누각들이 눈앞에 나타났다. 누각은 많은 신선이 지키고 있는 데다가 문 앞에는 눈을 부릅뜬 무시무시한 사자가 버티고 서 있었다.

"이크! 저게 뭐야?"

무시무시한 사자 앞에서는 치수의 영웅 우도 겁을 먹지 않을 수 없었다. 잠시 멈칫하고 있는 사이 천마天馬가 나타나더니 길을 안내했다. 무시무시한 용과 사나운 동물들이 삼엄하게 지키고 있는 길을 지나서 천마가 이끄는 대로 따라갔더니 그곳에 운화부인이 잔칫상을 차려놓고 기다리고 있었다.

"어서 오세요."

"부인, 안녕하셨습니까?"

운화부인은 친절하게 우를 맞아주었고, 우는 자신을 도와준 것에 대해 머리 숙여 고맙다는 인사를 했다.

"능용화陵容華야, 붉은 옥 상자를 가져오너라."

운화부인은 시녀 능용화에게 붉은 옥으로 만든 상자를 가져오게 하더니 그것을 열었다.

"치수의 비법이 적힌 책이에요. 여기 적힌 대로만 하면 그대의 치수 작업은 반드시 성공하리다."

"이렇게 귀한 것을…… 고맙습니다, 부인."

"경진, 우여! 너희들은 다시 우임금을 따라가거라."

운화부인은 경진과 우여를 우에게 딸려 보냈다. 우는 운화부인 덕분에 13년 동안이나 중국 땅 전역을 뒤덮었던 홍수를 드디어 다스리고 치수의 영웅이 되었다.

한편 운화부인 요희는 무산에 눌러앉아 다시는 그곳을 떠나지 않았다.

"저 아득한 꼭대기에 올라가 보자."

요희는 무산의 가장 높은 절벽 위로 올라갔다. 사람들이 '무산 삼협三峽'*이라 부르는 구당협瞿塘峽, 무협巫峽, 서릉협西陵峽의 험난한 협곡이 한눈에 들어왔다.

---

* **무산 삼협** 장강 구간 중 쓰촨성 펑제현(奉節縣) 백제성(白帝城, 유비가 제갈량에게 아들을 부탁하는 유언을 남긴 곳)에서 후베이성(湖北省) 이창(宜昌)에 이르는 200여 킬로미터의 협곡지대를 일컫는다. 구당협, 서릉협, 무협 등 거친 협곡이 이어져 있어서 풍광이 아름답기로 유명하지만, 또한 거센 물살에 휩쓸려가는 배들도 많아 남편을 잃은 여인들의 눈물이 마를 날이 없었던 곳으로도 잘 알려져 있다. 무산 신녀 이야기는 이런 거친 자연 환경에서 비롯된 신화로 보인다.

"음, 저기가 그렇게 위험한 곳이란 말이지."

무산 삼협은 자그마치 700리나 되었는데 700리 물길이 얼마나 거칠었는지 많은 사람이 그 거친 물길에 휩쓸려 목숨을 잃었다.

"그래, 이제는 내가 지켜주마."

요희는 수백 마리의 까마귀를 협곡 위로 날려 보냈다.

"가거라! 가서 지나가는 배들의 길을 안내해주어라."

까마귀 수백 마리는 요희의 명에 따라 협곡 위로 날아갔다. 그리고 그때부터 무산의 협곡으로 들어서는 배들은 까마귀 떼가 이끄는 대로 노를 저어 험한 물길을 무사히 지나올 수 있었다.

요희는 그 모습을 지켜보면서 무산 절벽 꼭대기에 오랫동안 서 있었다. 그리고 언제부터인지 그녀는 그대로 돌이 되어갔다. 요희의 시중을 들던 시녀들도 곁에서 돌로 변했다. 요희가 변해서 된 산봉우리가 바로 그 유명한 무산 '신녀봉神女峯'이며 시녀들이 변한 것이 '무산 12봉'이다.

지금은 이 구간에 세계 최대의 댐인 싼샤댐이 만들어졌다. 싼샤댐이 건설될 무렵, 물길을 막는 방법을 사용했다가 실패한 곤과 물길을 트는 방법을 사용해 성공한 우의 이야기가 인구에 회자되었다. 물길을 막아서는 홍수를 결코 다스릴 수 없다는 신화의 메시지에 귀를 기울여야 한다는 것이었다. 그러나 쑨원孫文 이후 마오쩌둥 정권을 거치는 100년 세월 동안 중국 통치자의 숙원사업이었던 싼샤댐은 18년의 공사 기간을 거쳐 2009년에 마침내 완공되었다. 신화 속의 메시지가 과연 어떤 식으로 나타날지, 앞으로도 계속 지켜볼 일이다.

4장 | 북방 상제 전욱과 그 후손들

북방 상제 전욱은 중앙의 천제인 황제의 자손이다. 《산해경》에
전욱의 계보가 나오는데 다음과 같다.

> 황제가 아내 누조와 결혼해 창의昌意를 낳았다. 창의는 하늘나라에
> 서 죄를 범하고 인간 세상으로 쫓겨 와서 약수若水에 살며 한류韓流
> 를 낳았다. 한류는 생김새가 특이해서 목이 길고 귀가 작았으며 사
> 람의 얼굴에 돼지 입을 하고 있었다. 몸은 기린 같았고 다리 두 개
> 가 한데 붙어 있었으며 발은 돼지의 발이었다. 이런 한류가 요자씨
> 淖子氏의 딸 아녀阿女를 아내로 맞아 전욱을 낳았다. 전욱의 생김새
> 도 아버지를 좀 닮지 않았을까.

고서에서는 여러 상제 중 전욱이 가장 각박한 성품을 가졌던 것
으로 묘사하고 있는데, 할아버지가 '하늘나라에서 죄를 범해' 쫓겨

난 창의이고 생김새는 특이했던 '아버지를 좀 닮았'을 것이라는 구
절에서 그 단서를 엿볼 수 있다.

하늘과 땅의 통로를 끊어버리다

신화 세계에서 일어난 가장 유명한 사건 중 하나가 바로 하늘과
땅의 통로가 끊긴 일이다. 그리고 그 사건을 일으킨 주체는 북방
상제 전욱이다. 앞서 말한 대로 고대인들은 하늘과 땅을 이어주는
통로가 있다고 생각했고, 그것은 하늘 사다리라는 형태로 형상화
되었다. 인간과 신은 하늘 사다리를 통해 오르내리며 소통했다. 하
늘 사다리는 인간과 신이 교감하는 장소였고, 그것은 높은 산이나
큰 나무 혹은 지역에 따라 무지개라든가 거미줄 등 다양한 형태로
나타났다. 그런데 전욱의 시대에 인간은 하늘로 올라갈 수 있는 통
로를 차단당했다. 하늘과 땅의 통로가 끊어진 일에 대해서는 《산해
경》에 다음과 같이 기록되어 있다.

> 전욱이 노동老童을 낳았고, 노동이 중重과 여黎를 낳았다. 천제가 중
> 에게 하늘을 관장하게 했고, 여에게 땅을 관장하게 했다.

원래 하늘과 땅이 갈라진 것은 전욱이 중과 여에게 명해서 그렇
게 된 것이다. 그런데 이 글에는 하늘과 땅이 갈라진 이유가 나와
있지 않다. 하지만 전국시대 문헌들을 보면 전욱이 하늘과 땅의 통

로를 끊어버린 이유가 지상의 인간들이 하늘의 신들과 한패가 되어 하늘나라를 어지럽히는 전쟁을 일으켰기 때문이라고 말한다.

"뭐라고? 묘민이 끼어들었다고?"

황제와 치우의 전쟁에서 치우가 묘민을 꼬드겨 한패를 만든 일 때문에 신들은 매우 충격을 받았다. 특히 치우와 힘겨운 전쟁을 치러야 했던 황제의 분노가 컸다. 계보로 볼 때 황제의 증손자인 전욱은 다시는 인간이 신의 세계에 관여하는 일이 없도록 해야겠다고 결심했다.

"이것은 신과 인간이 서로 오르내리며 내통할 수 있는 통로가 있었기 때문이다. 다시는 그런 일이 일어나서는 안 될 것이다. 그 통로를 아예 끊어버려라!"

전욱의 지엄한 명령이 떨어졌다. 신들은 망설였다. 인간과 신이 서로 왔다 갔다 하는 것이 그리 나쁜 것만은 아니었기 때문이다. 하지만 전욱의 추상같은 명령을 감히 반대할 신은 없었다. 전욱은 손자 중과 여를 불러 그 일을 맡겼다.

"예! 명령을 받들겠습니다."

중과 여는 맡은 바 임무를 충실히 이행했고, 결국 이때부터 하늘과 땅의 통로는 끊어져버렸다. 그리고 중은 천상을, 여는 지상을 관장하게 되었다. 지상으로 내려온 여는 '열噎'이라는 아들을 낳았는데, 사람의 얼굴을 하고 있었지만 팔이 없었고 두 다리가 머리 위에 달려 있었다. 그는 대황 서쪽 끝 '일월산日月山'이라는 곳에 있는 오거천문吳姖天門, 즉 태양과 달이 들어가는 곳에 살면서 아버지를 도와 해와 달 그리고 별들의 운행을 다스렸다. 이때부터 신과 인간은 더 이상 뒤섞이지 않고 질서를 찾게 되었으며 인간 세상과 하늘나라가 평안해졌다.

하지만 인간의 입장에서 보면 그리 좋지만은 않았다. 인간이 고통을 당할 때 신들에게 직접 올라가 하소연할 수 있는 방법이 이제 사라진 것이다. 신들은 그들의 신통력으로 가끔씩 인간 세상에 내려올 수 있었지만 인간은 이제 더 이상 하늘로 올라갈 수 없었다. 이후로 인간은 자신들의 소망을 신에게 전달해줄 심부름꾼이 필요하게 되었고, 그 역할을 무사, 즉 샤먼들이 담당하게 된다.

《국어國語》라는 역사책에 춘추시대 초나라 소왕昭王이 대부 관사보觀射父에게 그 일에 관해 묻는 대목이 있다.

> 내가 주서周書에 기록된 걸 보니까 중과 여가 하늘과 땅의 통로를 끊어 사람들이 하늘과 땅을 왔다 갔다 하지 못하게 했다고 하는데 이것을 어찌 해석해야 하오? 만일 중과 여가 하늘과 땅 사이의 통로를 끊어버리지 않았다면 인간 세상의 사람들도 하늘에 올라갈 수 있었다는 얘기 아니오?

이에 대한 관사보의 답변은 지극히 이성적이고 합리적이다.

"원래 고대에는 '인간과 신이 섞이지 않고 따로따로 살아서(民神不雜)' 질서가 명확하게 잘 잡혀 있었습니다. 그러나 소호의 덕이 쇠해지면서 '인간과 신이 뒤섞이게(民神雜揉)' 되어 인간이 하늘로 올라가는 등 질서가 뒤죽박죽되었습니다. 그래서 전욱이 그것을 바로잡았습니다. 즉 하늘과 땅의 통로를 끊어버려 인간이 다시는 하늘로 올라가서 직접 신과 소통하는 등의 어지러운 일이 일어나지 않게 했고 그다음부터는 샤먼만이 신과 직접 대화할 수 있게 되었습니다."

그러나 관사보의 말은 샤머니즘의 일반적인 전개 과정에서 벗어나 있다. 최초에 인간은 신과 더불어 살았다고 보는 것이 더 타당하다. 신과 인간이 섞여서 하늘 사다리를 통해 오르내리다가 어떤 이유로 인해 하늘 사다리가 끊겨 인간과 신이 더 이상 마음대로 소통할 수 없게 되었고, 그 역할을 샤먼이라는 존재가 대신해주게 되었다고 보는 것이 훨씬 더 이해하기가 쉬우며 논리상 무리가 없다.

전욱의 보좌 신 우강

전욱의 보좌 신은 북쪽 바다의 신이자 바람의 신인 우강이다. '현명玄冥'이라고도 불리는데 나이는 전욱보다 많았지만 전욱을 도와 얼음과 눈으로 뒤덮인 북방 1만 2000리를 다스렸다. 그의 아버지 우괵禺虢은 동해 바다에 사는 바다의 신이었다. 우괵은 사람의 얼굴에 새의 몸을 하고 있으며, 노란 뱀 두 마리를 귀에 걸고 다른 두 마리는 발로 밟고 있는 모습으로 그려진다. 우괵과 우강의 계보를 보면 다음과 같다.

황제가 우괵을 낳았고, 우괵이 우경禺京을 낳았다. 우경은 북해에, 우괵은 동해에 살았으니 바로 바다의 신들이다.

《산해경》의 기록인데, 여기 나오는 '우경'이 바로 우강이다. 우강은 사람의 얼굴에 새의 몸을 하고 귀에는 푸른 뱀 두 마리를 걸고 있으며, 발로는 붉은 뱀 두 마리를 밟고 있는 모습으로 묘사된다. 일설에 의하면 새의 몸이 아니라 물고기의 몸을 하고 있다고도 하는데 이것은 우강의 두 가지 신격을 보여주고 있다. 새의 몸은 그가 바람의 신이라는 것을, 물고기의 몸은 그가 바다의 신이라는 것을 말해준다.

《장자》〈소요유逍遙遊〉 편을 보면 '곤鯤'이라는 물고기가 나온다. 엄청나게 큰 물고기 곤은 하늘로 날아올라 거대한 붕새가 된다. 물고기가 새로 변한다는 이 상상력의 근원에 바다의 신이자 바람의 신인 우강이 있지 않았나 싶다. 후대에는 북서풍이 역병을 주관한다는 이야기도 나오는데, 이런 이유 때문에 우강은 역병을 퍼뜨리는 전염병의 신으로 여겨지기도 한다.

전욱의 마녀사냥

전욱은 상당히 예법을 중시하는 권위적인 천제였던 모양이다.

"부녀자들이 길에서 남자를 만나면 길을 비켜줘야 한다."

"네에?"

"여자들이 길에서 남자와 부닥치게 되면 얼른 옆으로 비켜야 한다는 말이다. 당장 그런 법을 만들어라!"

그의 말은 곧 법이 되었다. 그때부터 여인네들이 길을 가다가 남

북쪽 바다의 신 우강은 사람의 얼굴에 새의 몸을 하고 있으며 푸른 뱀 두 마리를 귀에
걸고 붉은 뱀 두 마리는 발로 밟고 있다. 북방 상제 전욱의 보좌 신이다.

정네를 만나게 되면 아무리 바쁜 일이 있어도 얼른 옆으로 비켜야
했다.

"말도 안 되는 소리! 그런 법이 어디 있어?"

가끔은 용감한 여인도 있지 않겠는가. 무시무시한 전욱의 법을
거부한 여인이 있었다.

"나의 법을 거부해? 요사스러운지고!"

결국 그 여인은 사람이 제일 많이 모이는 저잣거리, 사통팔달 뻥
뚫린 길 한가운데로 끌려가 꿇어앉아야 했다. 무당은 여인을 가운
데 두고 종을 치고 경을 두드리며 여인의 몸에 붙은 요사스러운 기
운을 몰아내는 의식을 거행했다. 여인이 감히 천제의 법을 거부
하는 것은 요괴가 붙었기 때문이라고 당시 사람들은 생각했던 것
이다.

그 시대의 여인들은 말도 안 되는 법도 지켜야만 했다. 그것을
거부하는 여인은 마녀사냥에 걸려 저잣거리에서 치욕을 견뎌내야
했으니, 줏대 있는 여자로 산다는 것은 예나 지금이나 고통스러운
일인 모양이다. 물론 이 이야기는 신화시대의 이야기라기보다는
후대 사람들이 전욱이라는 신의 이미지에 덧붙여 만들어낸 것으로
보인다. 예법에 종속되어 인간의 욕망을 억눌렀던 봉건 제국의 이
미지에 전욱의 이미지가 겹쳐지는 것이 재미있다.

한 번은 오누이가 부부가 되는 사건이 일어났다. 물론 윤리적 관
점에서 보면 있을 수 없는 일이다. 하지만 전국시대까지도 중국 상
류층 사이에는 근친상간이 비일비재했고 세계 여러 나라에도 그와

같은 관행이 있었다는 것을 알고 보면 일어날 수도 있는 사건이었다. 그러나 전욱은 진노했다.

"도저히 용서할 수 없는 짓이다!"

전욱은 패륜을 행한 남녀를 먹을 것도 입을 것도 주지 않은 채 공동산空洞山 깊은 곳으로 보내버렸다. 추위와 굶주림으로 지친 오누이는 결국 서로 꼭 껴안은 채 얼어 죽고 말았다. 비정한 전욱이 그들을 거들떠보지도 않았음은 물론이다.

"가엾은 것들……."

그런데 7년의 세월이 지난 뒤 날개를 퍼덕이며 신조神鳥 한 마리가 나타났다. 아무리 큰 잘못을 했다 해도 젊은 그들을 그토록 비참하게 죽게 만든 것은 너무 가혹한 일이었다. 신조는 불사초不死草 한 포기를 물어다가 차갑게 얼어붙은 그들의 몸 위에 얹어주었다. 불사의 풀을 덮어주자 오누이의 얼굴에 핏기가 돌기 시작했고 마침내 다시 살아났다.

그러나 7년 만에 되살아난 그들의 몸은 예전 같지 않았다. 불사의 풀 덕분에 살아나긴 했지만 그들의 몸통이 하나로 붙어버린 것이다. 그래서 그들은 머리 두 개에 팔이 네 개, 다리가 네 개 달린 특이한 형상을 하게 되었고, 평생 그 모습 그대로 살아가야 했다. 물론 그들의 후손 역시 그들과 같은 모습이었고, 시간이 흐른 뒤 그들의 후손은 '몽쌍민蒙雙民'이라고 불리게 되었다. 대홍수 뒤에 살아남은 유일한 남매가 혼인하여 낳은 것이 이상한 살덩어리였다거나 부부가 된 오누이의 몸이 한데 붙어버려 자손들도 특이한 형상을 하게 되었다는 이야기들은 근친상간이 금기시되어야 했던 이

유들을 설명해주고 있다.

전욱의 후손들

이렇게 잔혹하고 권위적이었던 전욱에게는 유달리 못된 자식들이 많다. 권위적인 아버지 밑에 반항하는 자식들이 많은 것은 어쩌면 당연한 일이다. 아버지의 법이 언제나 옳은 것은 아니니까.

전욱에게는 아들이 셋 있었는데 태어나자마자 모두 죽어버렸다. 첫째 아들은 죽은 뒤에 강수江水에 살면서 학질 귀신이 되어 사람들을 학질에 걸리게 했다. 둘째는 약수若水에 사는 망량이라는 도깨비가 되었는데 어린애처럼 생겼으며 눈은 빨갛고 귀는 길었다. 검붉은 몸을 한 망량은 칠흑같이 검은 머리카락을 지녔고 사람의 목소리를 잘 흉내 냈다. 상상해보라, 깊은 밤중에 사람의 말소리가 들려와서 물가에 다가갔더니 검은 머리카락을 드리운 빨간 귀신이 툭 뛰어나오는 모습을! 여러 사람이 망량에게 홀려서 정신을 잃곤 했다.

한편, 셋째 아들은 잡귀가 되어 인간의 집에 살면서 아기들을 놀라게 하고 사람들 몸에 부스럼이 나게 했다. 이 세 아들은 말하자면 민간에 떠돌아다니는 잡귀이자 유행병을 일으키는 역귀가 된 것이다.

전욱에게는 도올檮杌이라는 아들도 있었다. 도올은 '오한傲狠' 또는 '난훈難訓'이라고도 하는데 각각 '오만하고 거친 놈', '가르치기 힘든 놈'이라는 의미를 갖고 있다.

"와하하! 누가 감히 나를 가르치랴!"

도올은 호랑이처럼 생겼으나 호랑이보다 훨씬 더 크고 온몸이 긴 털로 뒤덮여 있었다. 얼굴은 사람의 얼굴이었지만 발은 호랑이 발, 입은 돼지 입이었다. 게다가 이빨부터 꼬리까지 한 길 여덟 자나 되었다고 하니 엄청난 거구의 괴물인 것이다. 거구인 데다 성질까지 못된 이놈이 한 번 발작을 일으키면 황야에서 온갖 나쁜 짓을 다해 아무도 막을 수 없었다고 한다.

이름이 무엇인지 알 수 없는 빼빼 마른 아들이 또 하나 있었다. 성격이 나쁘지는 않았지만 좀 독특해서 새 옷을 만들어주면 일부러 찢어서 너덜너덜하게 만들거나 불에 그슬려 더러워진 것을 입고 다녔다. 물론 그것은 아들만의 특이한 취향이었겠지만 아버지의 입장에서 보면 청승이었다.

"이놈아, 옷 좀 제대로 입고 다녀라. 꼴이 그게 뭐냐?"

"제가 입은 게 어디가 어때서 그러십니까?"

빼빼 마른 이 아들은 천제의 자식이면서도 언제나 다 해진 옷을 입고 멀건 죽만 먹고 다녔다. 그러다가 정월의 마지막 날 어느 골목길에선가 쓰러져 죽고 말았다.

사람들은 힘없이 떠돌아다니던 전욱의 아들을 가엾게 여겼다.

"자, 이거 먹고 이거 입고 좋은 데로 가시오."

사람들은 서둘러 따뜻한 죽을 끓이고 낡은 옷을 꺼내 그에게 제사를 지내주었다. 그것을 송궁귀送窮鬼('거지 귀신을 보낸다'는 뜻)라고 하는데, 시간이 흐르면서 정월의 세시풍속이 되었다. 사람들은 가

난을 가져오는 거지 귀신이 자기 집에 들어올까 봐 서둘러 그것을 떠나보내는 제사를 지냈던 것이다. 당나라의 대문장가인 한유韓愈의 〈송궁문送窮文〉을 통해 이런 습속이 당나라 때 이미 있었음을 알 수 있으니 무척이나 오래된 풍습인 셈이다.

전욱의 아들 노동은 목소리가 마치 종을 치고 경을 두드리는 것처럼 청아하고 낭랑했다고 하며, 노동의 손자 태자장금太子長琴은 서북쪽 바다 밖 요산橋山에 살면서 아름다운 노래들을 만들어냈다고 한다. 성질 고약한 전욱에게 음악가 아들이 있는 것은 그 자신도 음악가의 성향을 지니고 있었기 때문이다.

전욱이 어렸을 때 계보로 숙부뻘 되는 서방 상제 소호가 그에게 금과 슬瑟을 만들어주었다고 한다. 그때 음악성이 길러진 것인지 정확하게 알 수는 없지만, 전욱은 불어오는 바람에서도 서로 다른 높낮이의 음률을 느꼈다.

"저 바람 소리, 저것이 그냥 예사로운 소리가 아니로다. 잘 들어보아라, 저 소리를 갖고 음악을 만들 수 있을 것이니."

음악을 듣는 뛰어난 귀를 갖고 있던 전욱은 하늘의 비룡飛龍들에게 바람의 소리를 배워 사면팔방 바람의 노래를 짓게 했으니 그것이 바로 〈승운지가乘雲之歌〉라는 곡이다.

더욱 흥이 난 전욱은 자기가 만든 곡을 저파룡猪波龍에게 연주하게 했다.

"저파룡아, 내가 만든 곡을 한 번 연주해보아라!"

'내가 무슨 음악을 안다고?'

저파룡은 혼자 속으로 웅얼거렸다. 저파룡은 음악에 문외한이었다. 저파룡은 악어처럼 생긴 동물로 등과 꼬리가 딱딱한 갑옷 같은 비늘로 뒤덮여 있었다. 성품이 게으르고 움직이는 것을 싫어해 늘 눈을 감고 쉬는 걸 좋아했는데, 이제 졸지에 잡혀와 음악을 연주하라니 정말 괴로운 일이었다.

'연주를 하라니 하긴 해야겠지만 어떻게 하지? 에라, 될 대로 되라지.'

저파룡은 땅바닥에 발랑 드러누웠다. 그러고는 툭 튀어나온 하얀 뱃가죽을 거대한 꼬리로 두드렸다.

"둥둥둥!"

뜻밖에도 멋지고 투명한 소리가 울려 나왔다.

"멋지구나. 천상의 소리로다!"

전욱은 저파룡이 내는 소리에 반해 그를 악사로 임명했다. 그러나 문제는 그 뒤에 생겼다. 저파룡이 멋진 소리를 낸다는 것을 알게 된 사람들이 저파룡을 잡으러 다니기 시작한 것이다.

"저파룡 껍질로 북을 만들면 그 소리가 정말 기가 막힌다더군!"

"정말인가? 그렇다면 나도!"

사람들은 앞 다투어 저파룡을 잡아 그 가죽으로 북을 만들었다. 맑고 크게 울리는 북소리는 전쟁터에서 병사들의 기세를 높이는 데도, 놀이판에서 사람들의 흥을 돋우는 데도 꼭 필요한 것이었으니, 음악을 좋아하던 전욱 때문에 애꿎은 저파룡들만 씨가 마르는 수난을 당했다.

부뚜막신 궁선

    지금도 중국에서는 음력 섣달 스무사흘 날이 되면 부뚜막의 신, 즉 조왕신灶王神에게 제사를 지낸다. 조왕신의 '조灶' 자는 부뚜막을 가리킨다. 우리나라에서도 예전에 할머니들이 아침에 일어나면 부뚜막에 정화수 한 그릇을 떠놓고 하루를 시작했는데 이것 역시 조왕신을 모시는 풍습 때문이었다.

    부뚜막신은 해마다 섣달 스무사흘 날이 되면 하늘로 올라가 천제에게 각 집의 살림살이를 고해 바쳤다. 그 얘기를 듣고 천제는 그 집안에 줄 복을 늘리거나 줄였다.

    "그래, 그 집은 살림살이가 어떻더냐?"

    "그 집 안주인 안 되겠더이다. 먹을 걸 그냥 다 쏟아버리고 너무 낭비가 심하옵니다."

    "그래? 그러면 새해에 그 집에 줄 복을 줄여라. 저쪽 집은 어떠하더냐?"

    "아, 그 집이오. 알뜰하기가 이루 말할 수가 없습니다. 정말 꼼꼼하고 착하옵니다."

    "그러면 그 집에는 복을 좀 더 주거라."

    사정이 이러했으니 사람들이 조왕신을 잘 모시지 않을 수 없었다. 새해가 다가오면 사람들은 고민에 빠졌다. 조왕신이 하늘로 올라가 천제 앞에서 자기 집에 대해 말을 잘 해주어야 복을 많이 받을 터인데 올라가서 험담만 늘어놓으면 낭패가 아닌가. 잘 모시긴 해야겠고 올라가서 나쁜 말을 할까 봐 걱정은 되고, 이 조왕신을 어떻게 한담?

결국 고민하던 사람들은 기발한 방법을 생각해냈다. 사람들은 조왕신이 하늘로 올라가는 날 제사를 지내곤 했는데 그전까지 제사상에는 늘 과일과 떡, 생선 등을 올렸다. 이제 사람들은 제사상에 한 가지 제수를 더 올렸다.

"히히, 이거면 제아무리 조왕신이라도 어쩔 수가 없겠지."

그것은 바로 물엿이었다. 달콤하고 아주 끈적끈적한 물엿을 하늘로 올라가기 전에 조왕신이 먹으면 입이 딱 붙어버릴 터이니, 하늘로 올라가 천제 앞에서 자기 집 험담을 늘어놓을 수 없을 것이었다. 그것이 효험이 있었는지 없었는지는 알 수가 없지만, 오늘날에도 중국 사람들은 조왕신에게 바치는 제사상에 여전히 초강력 물엿을 올려놓는다.

그런데 재미있는 것은 이 부뚜막신의 본래 모습이 '바퀴벌레'라는 주장이다. 지금 중국에 남아 있는 조왕신 그림을 보면 할머니 모습도 있고 할아버지 모습도 있는데, 원래 조왕신의 모습은 바퀴벌레와 같은 궁선窮蟬이었다는 것이다. 우리나라에서도 예전에는 바퀴벌레를 '돈벌레'라고 한 적이 있었다. 먹을 것이 있는 집이라야 그 벌레가 나타난다는 것인데, 부뚜막에 먹을 것이 있어야 바퀴벌레가 출몰할 것이고 보면, 윤기 자르르한 붉은 껍질에 매미 모양(궁선의 '선蟬' 자는 '매미'를 가리키기도 한다)의 바퀴벌레가 부뚜막신의 원래 형태라고 보는 것도 그리 근거 없는 상상은 아닐 것이다.

조왕신과 관련된 재미있는 문학작품으로는 송나라 시인 범성대范成大의 〈조왕신에게 제사를 올리며(祭灶詞)〉가 있는데 그 내용은 다음과 같다.

구름 수레, 바람 말 잠시 멈추시오, 집 안에 풍성한 잔치 벌어지니.

돼지머리 삶고 생선 싱싱하네, 팥고물이랑 달콤한 송홧가루 소.

남자가 술 권하고 여자는 피하네.

술 올리고 지전紙錢을 태우니 조왕신 기뻐하시네.

하녀들 싸워도 듣지 마시고

개와 고양이 더러운 거 만져도 개의치 마시옵소서.

거나하게 취하신 조왕신이여, 하늘로 올라가시거든

우리 집 부뚜막 얘기, 국자 얘기 같은 건 하지 마소.

좋은 복이나 많이 얻어 다시 돌아오시구려.

조왕신께 술 올리고 제사 지내드릴 터이니

거나하게 드시고 천궁天宮에 가서서

우리 집 험담하지 마시고

하늘나라 복이나 잔뜩 얻어 돌아오시옵소서.

전욱의 최후

괴팍하고도 다면적인 성격을 갖고 있던 전욱은 죽은 뒤에도 다른 천제들과 달리 기이한 변화를 겪는다.《산해경》에 기록된 다음 이야기는 전욱의 부활에 관한 것인데, 이것이 무엇을 상징하는지에 대해서는 아직도 해석이 분분하다.

반인반어半人半魚의 물고기가 있었는데 이름하여 어부魚婦라 한다. 전욱이 죽어 부활한 것이다. 바람이 북쪽에서 불어오면 샘물이 바람을 맞아 솟구쳐 오르는데 그때 뱀이 물고기로 변한다. 그것이 바로 어부로, 전욱이 죽어 부활한 것이다.

북쪽에서 큰바람이 불어와 샘물이 솟구쳐 오르고 뱀이 물고기로 변화하는 장엄한 시간, 죽었던 전욱이 물고기의 몸으로 부활하는 그 시간은 누구도 범접할 수 없는 신화적 시간이 아닐까.

5장 　 중앙 상제 황제와 그 후손들

　　이번에 이야기하고자 하는 황제는 한 나라의 통치자를 칭하는
황제皇帝가 아니라 '누를 황黃' 자를 쓰는 황제黃帝,* 즉 오방 상제 중
에서 중앙을 다스리는 천제다.

　　사마천 이전까지는 아직 신들의 계보가 확정된 것이 아니었는데
사마천이 《사기》에 〈오제본기〉를 쓰면서부터 황제를 중심으로 한
신들의 계보가 확정되어버렸다. 신들의 계보가 황제에게서 시작되
는 것에는 사마천의 역사의식 그리고 그것을 통해 '대일통'을 이루
고자 했던 무제 등 한나라 통치자들의 의도가 크게 작용했다고 보
아야 한다.

---

*　**황제**　중국 사람들에게 중국 신화에서 최고신을 들라고 하면 누구나 황제를 꼽는다. 하지
만 원래 황제는 동, 서, 남, 북, 중앙을 각각 관장하는 다섯 상제 중 하나일 뿐이었다. 그런 황제가
중국 신화에서 최고신의 지위를 갖게 된 것은 아무래도 한나라 역사가 사마천에 의해서라고 봐야
한다.

번개의 신

후대의 기록에 의하면 황제는 뇌신, 즉 천둥 신으로 묘사된다. 그리스 신화의 제우스가 천둥 신이었다는 것을 기억한다면(21세기 새로운 신화의 주인공 해리 포터의 이마에 새겨진 것이 하필이면 번갯불 모양의 표지인 것은 흥미로운 일이다) 중국 신화에서 최고의 신으로 자리매김된 황제가 천둥 신으로 등장하는 것이 이상한 일은 아니다. 인도의 인드라Indra, 북유럽의 토르Thor를 비롯해 어느 나라 신화에서나 최고신은 천둥 신인 경우가 많으니까.

황제의 어머니 부보附寶가 번갯불이 북두칠성을 휘감고 들판을 비추는 것에 감응하여 청구靑邱에서 황제를 낳았다고 하며, "황제 헌원軒轅은 뇌우雷雨의 신"이라고 하고 있으니 황제가 천둥 신으로 여겨졌던 것은 분명해 보인다.

중앙 상제 황제는 동서남북 사방을 모두 관장하고 있었다. 기록에 의하면 "황제는 얼굴이 넷(黃帝四面)"이었다고 한다. 얼굴이 네 개라서 사방천지를 살필 수 있는 위대한 신이라는 뜻이다. 하지만 공자는 이성적으로 이해할 수 없는 이런 우아하지 못한 이야기를 그냥 두지 않았다. 그는 "황제의 얼굴이 넷이라는 것은 황제가 사방을 두루 다 살펴 정치를 잘했기 때문에 그렇게 묘사한 것"이라고 말한다.

하지만 인도 등지에 전승되는 신화를 보면 실제로 얼굴이 네 개인 신들이 자주 등장한다. "황제의 얼굴이 넷"이라는 고대의 기록은 다른 지역의 신화에도 자주 나타나듯이 실제로 얼굴이 네 개인 신을 묘사한 것이다. 그것을 굳이 "사방을 두루 다 살펴 정치를 잘했기 때문"이라고 해석한 이유는 무엇일까. 그것은 바로 동아시아 지역에 《반지의 제왕》이나 《해리 포터》 같은, 이른바 '환상문학'이 나타나지 못했던 이유를 보여준다. 허구적인 상상력에 바탕을 둔 이야기들이 뿌리를 내릴 수 없었던 지식 전통이 있었던 것이다. 글을 쓰는 목적이 세상을 올바른 방향으로 이끌고 민중을 교화하는 데 있다고 생각했던 고대 동아시아 지식인들에게 허구적인 이야기를 쓴다는 것은 해서는 안 되는 일이었다.

중국에서 신화가 오랫동안 잊혔던 중요한 이유 중 하나가 바로 이런 유가의 이성적이고 합리적인 사고방식이 지식인들의 의식 세계를 지배해왔기 때문이라고 할 수 있다. 상상력의 세계, 비합리적이고 환상적인 세계를 그들은 고의로 배격해왔다. 그것은 세상을 바꾸는 힘이 될 수 없다고 생각했기 때문이었다. 중국의 유가 학자들에게 학문의 목적은 세상을 올바른 방향으로 바꾸는 데 있었다. 현실 세계와 관련되어 있지 않은 모든 환상적 이야기들은 그저 '소설', 말 그대로 '자질구레한 이야기'에 불과했다. 그래서 중국에서는 오랫동안 신화가 잊혔고, 20세기 들어서 민간 문학에 대한 자각이 일어나면서 비로소 사람들은 잊고 있던 신화들을 뒤돌아보기 시작했다.

황제의 행궁 곤륜산

황제가 인간 세상으로 내려왔을 때 머무는 곳이 곤륜산이다. 곤륜산에는 황제가 나들이할 때 머무는 별궁인 행궁行宮이 있었는데 장엄하고도 아름다웠다.

곤륜산 별궁은 '육오陸吾'라는 신이 관리하고 있었다. 육오는 사람의 얼굴을 하고 있었으나, 몸은 호랑이였고 날카로운 발톱을 갖고 있었으며 꼬리도 아홉 개나 달려 있는 하늘나라의 신이었다. 그는 아홉 개의 부서를 관장하고 신들의 정원에 꽃과 나무를 심는 일을 맡고 있었는데, 궁전의 기물과 의복을 담당하는 붉은 봉황과 함께 황제의 곤륜산 행궁을 관리했다. 황제가 언제 오더라도 잘 모실 준비가 완벽하게 되어 있었던 것이다.

하늘에서 일을 보다가 가끔 쉬고 싶으면 황제는 곤륜산의 행궁으로 내려왔다. 동쪽으로 나 있는 행궁의 문은 해가 떠오를 때 눈부신 햇살을 처음으로 받는다고 해서 '개명문開明門'이라 했으며, '개명수開明獸'라는 동물이 그 문을 지키고 있었다. 개명수는 호랑이처럼 크고 아홉 개의 머리가 달렸는데 그 머리가 각각 사람의 얼굴을 하고 있었다. 그는 열여덟 개의 눈으로 위풍당당하게 서서 뭇 신들이 모이는 궁전의 정문을 빈틈없이 지켰다.

황제는 이 행궁에 머물다가 기분이 내키면 그곳에서 400리쯤 떨어진 괴강지산槐江之山으로 갔다. 괴강지산에는 유명한 황제의 공중정원인 현포懸圃가 있었다. 현포는 '평포平圃' 혹은 '원포元圃'라고도 하는데 인간 세상에 있는 황제의 거대한 꽃밭이다. 아득한 구름 속에 걸려 있는 듯하여 '현포'라고 불렸는데, 어찌나 높은 곳에 걸려 있는지 그곳에서 조금만 더 위로 가면 바로 하늘나라에 닿을 수 있었다고 한다. 황제의 공중 정원은 '영초英招'라는 신이 관리하고 있었다. 영초는 사람의 얼굴에 말의 몸을 한 신으로, 몸에는 멋진 호랑이 무늬가 있고 등에는 날개가 두 개 달려 있었다. 영초는 으르렁거리는 소리를 내면서 공중을 날아다니며 황제의 공중정원에 침입자가 없는지 늘 감시했다.

곤륜산은 굉장히 높은 산이었다. 산이 첩첩이 둘러쳐져 있어서 마치 성곽과도 같았는데, 그런 산들이 아홉 층으로 솟아 있었다. 기원전 2세기쯤에 나온 《회남자淮南子》를 보면 산의 높이가 산기슭부터 꼭대기까지 1만 2000리하고도 114보 두 자 여섯 치였다고 하니 아마 에베레스트쯤 되는 높은 봉우리를 둔 엄청나게 큰 산이었던 모양이다. 곤륜산은 신화 속에서 성스러운 하늘 사다리 역할을 하는 거대한 산으로 등장한다.

곤륜산 아래에는 '약수弱水'라는 깊은 물이 산을 휘감아 흐르고 있고 그 둘레에는 불꽃이 이글거리는 큰 산이 있었다. 그 불꽃 속에는 기이한 나무가 한 그루 있었는데 밤낮으로 불에 타면서도 결코 재가 되어버리지 않았다. 물론 아무리 거센 폭풍우가 몰아쳐도 나무의 불은 결코 꺼지지 않았다. 그 나무가 그렇게 맹렬하게 타오르면서 환한 불빛으로 곤륜산을 비춰주니 뭇 신들이 오르내리는 성스러운 곤륜산은 그 불빛 속에서 더욱 장엄하고 아름다웠다. 높이 솟은 성스러운 나무는 본디 하늘과 연결되어 있는바, 이때의 나무는 성스러움의 히에로파니hierophany, 즉 신의 현현顯現이다. 불꽃

속에서도 타버리지 않은 나무는 그곳이 속세와는 구별되는 성스러운 장소이며 신들의 영역이라는 것을 상징한다.

한편 그 불 속에는 나무뿐 아니라 이상한 쥐가 한 마리 살고 있었다. 소보다 더 큰 그 쥐는 몸무게가 자그마치 1000근이나 나갔고 털이 얼마나 기다랗게 늘어져 있는지 그 길이가 무려 두 자나 되었다고 한다.

또한 곤륜산 꼭대기에는 옥돌 난간이 사방으로 둘러쳐져 있었고 동서남북으로 각각 아홉 개의 우물과 아홉 개의 문이 있었다. 문 안으로 들어가면 높이 솟은 천제의 궁전이 나타났는데 궁전은 다섯 개의 성채와 열두 개의 누각으로 이루어져 있었다.

거기서 가장 높은 곳에 둘레가 다섯 아름이나 되고 높이가 네 길이나 되는 엄청나게 큰 벼가 하나 자라고 있었다. 한나라 때의 무덤 화상석 중 특히 산시성陝西省 북부 지역의 것에서 '가화嘉禾'라는 이름이 붙은 식물이 새겨져 있는 것을 자주 볼 수 있는데, 학자들은 그것이 《회남자》에 나오는 곤륜산의 벼를 묘사한 것이 아닐까 추측하고 있다. 커다란 벼는 곤륜산 신선계의 상징이다.

이 벼가 자라는 곳 서쪽에는 주수珠樹와 선수琁樹가, 동쪽에는 사당수沙棠樹와 낭간수琅玕樹가 있었다. 황제는 옥이 주렁주렁 열리는 이 귀한 나무들을 지키기 위해 이주離朱라는 눈 밝은 신을 보냈다. 이주는 머리가 셋인 신으로, 낭간수 옆의 복상수服常樹에 자리 잡고 있었다. 복상수 위에서 이주의 세 개 머리는 교대로 잠을 자고 차례대로 깨어나서 티끌 하나 놓치지 않는 밝고 날카로운 눈으로 낭간수 등을 지켰다.

그러면 거대한 벼가 있는 곳 남쪽에는 무엇이 있었을까? 여러 기이한 동물들이 있긴 했지만 그중 시육視肉이 가장 신기하다. 시육은 팔다리와 뼈가 없는 동그란 살덩어리다. 소의 간처럼 생겼는데 오직 있는 것이라고는 두 개의 작은 눈뿐이다. 이것은 고대인들이 꿈속에서도 바라 마지않았던 것으로 아무리 먹어도 줄어들지 않는 고깃덩어리였다. 한입 베어 먹으면 먹은 만큼 그 자리에 다시 살이 생겨나는 신기한 고깃덩어리, 아무리 먹어도 없어지지 않는 고깃덩어리라니, 매일매일 고기를 찾아서 사냥해야 했던 고대인들에게 이것처럼 환상적인 존재가 또 어디 있었겠는가.

이와 비슷한 것으로 월준국越儁國의 '초할우稍割牛'라는 소가 있다. 그 소는 몸에서 고기를 몇 근 떼어내도 다음 날이면 다시 원래의 모습으로 되돌아갔다고 하는데 몸이 검고 가늘며 긴 뿔이 달렸고 길이는 넉 자쯤 되었다. 그런데 고기를 열흘에 한 번씩은 꼭 베어내야 했으니, 그렇게 하지 않으면 소가 너무 뚱뚱해져서 자기 몸무게를 견디지 못하고 그만 죽어버리기 때문이었다.

월준국의 초할우 이야기와 비슷한 것으로 월지국月支國의 살찐 양 이야기가 있다. 이 양은 꼬리에만 특별히 살이 쪄서 꼬리의 무게가 열 근은 나갔다고 하는데, 꼬리를 잘라내어 끓여 먹고 나면 며칠 뒤 살찐 꼬리가 또 생겨났다고 한다. 꼬리곰탕을 며칠에 한 번씩 먹을 수 있었다니, 식량을 구하는 것이 최대의 과제였던 고대인들의 즐거운 상상력의 세계를 보여준다 하겠다.

한편 곤륜산 꼭대기 거대한 벼의 북쪽에는 벽수璧樹, 요수瑤樹, 주수珠樹, 문옥수文玉樹, 우기수玗琪樹 등의 나무들이 자라고 있었는데,

5부 신들의 계보, 오방 상제와 그 후손들

그것은 옥과 진주가 열리는 나무들이었다. 문옥수에는 특히 찬란한 빛을 뿜어내는 가지각색의 옥들이 크리스마스트리에 달린 꼬마전구들처럼 매달려 있었다. 그곳에는 불사수不死樹도 자라고 있었는데 그 열매를 따 먹으면 영원히 죽지 않을 수 있었다. 이런 나무들 사이에는 봉황과 난조鸞鳥가 살았고, 맑고 향기로우며 달콤한 '예천醴泉'이라는 샘물도 솟아나왔다. 예천 주변에는 기이하고 신기한 온갖 초목들이 우거져 있었다. 예천은 현포 아래를 흐르는 요수瑤水와 함께 곤륜산의 이름난 명승지였다.

청요산의 산신 무라, 그리고 산귀

청요산青要山에도 황제의 자그마한 행궁이 있었다고 하는데, '무라武羅'라는 신이 이곳을 관리하고 있었다. 무라는 사람의 얼굴이지만 몸에는 표범 무늬가 있고 허리는 가늘었으며 하얀 치아를 갖고 있었다. 귀에는 귀고리를 하고 있어서 움직이면 "쨍그랑 쨍그랑!" 하는 소리가 났고 우는 소리가 마치 옥이 찰랑거리는 소리 같았다.

이런 기록으로 볼 때 무라가 여신이었다고 추측해볼 수 있다. 물론 청요산은 "여자에게 알맞은 곳"이라는 기록도 보인다. 그래서인지 그곳에 살고 있는 '요鵁'라는 새를 먹으면 아이를 낳을 수 있었다고 하고, '순초筍草'라는 풀의 열매를 먹으면 미인처럼 고운 얼굴색을 가질 수 있었다고 한다.

황제의 행궁을 지킨다는 청요산의
산신 무라

《산해경》에 등장하는 무라 신을 《초사楚辭》에 실린 굴원의 〈구
가〉에 나오는 여신 '산귀山鬼'와 같은 신으로 보는 견해도 있다. 산
귀는 《초사》에 등장하는 아름다운 산신이다. 산신이라고 하면 우
리는 흔히 수염이 하얀 할아버지를 생각해낸다. 그러나 우리나라
의 산신각에 모셔져 있는 〈산신도〉를 보면 산신이 여신인 경우도
종종 있다. 산신이라고 해서 모두 다 수염이 하얀 할아버지는 아니
라는 말이다. 고대 초나라 땅의 산신은 굴원의 시에서처럼 아름다
운 여신이었다. 그리고 어떤 학자는 이 산귀가 앞서 이야기한 바
있는 무산 신녀라고 말하기도 한다. 무라든 무산의 여신이든 상관

없다. 자신을 찾아오지 않는 연인을 애타게 기다리는 아름다운 여신 산귀의 애처로운 노래를 소개해보기로 한다.

깊은 산속에 한 여인이 살았지.
향기로운 벽려薜荔 풀로 만든 옷을 걸치고
이끼 풀로 만든 띠를 둘렀다네.
그렇게도 다정한 눈빛과 사랑스러운 미소,
자상한 성품과 아름다운 자태를 지녔지.
붉은 표범 타고 가는 그녀의 뒤를
아름다운 너구리가 따라다녔다네.
백목련 수레를 타고 계수나무 깃발 세웠다네.
수레에는 향긋한 석란石蘭, 두형杜衡 향기 진동하는데
아름다운 꽃 한 송이 꺾어 사랑하는 이에게 보내려 하네.

돌아가는 것조차 잊은 채 나 그대를 위해 망연히 여기 서 있어요.
나이 들어 이미 황혼,
누구라서 제게 아름다움 돌려줄 수 있을까요.
무산의 지초芝草라도 캐서 미모 되찾아볼까 하지만,
산속의 바윗돌 첩첩하고 끝없이 얽힌 덩굴 어지러워요.
돌아가는 것조차 잊은 채 한탄하며 나 그대를 원망해요.
그대 지금도 날 생각하고 있는 건가요,
아니면 그럴 틈도 없는 건가요.

아름답고 향기로운 풀로 수레를 꾸미고 예쁜 꽃 한 송이 꺾어 연인에게 보내려 하지만 한 번 떠난 그는 돌아오지 않고 소식도 없으니, 여인은 아름다운 꽃 한 송이 들고 망연자실하게 서 있다. 생각만 해도 애처로운 정경이다. 물론 이 노래가 실려 있는 시가집《초사》를 해석하는 사람들은 이 노래에 나오는 '여인'은 굴원이고, 여인이 사랑하는 '그대'는 임금이라고 주장하기도 하지만 여기서는 그냥 애처로운 산신 산귀에 얽힌 사랑 노래로 읽어보자. 산속에서 아름다운 풀을 두르고 연인을 기다리던 여인은 기다림에 지쳐 죽는다. 그리고 산귀가 되어 초나라의 어느 깊은 산속에서 오늘도 여전히 연인을 기다리고 있다. 이것은 상상의 영역이다. 우리는 상상 속에서 얼마든지 자유로운 꿈을 꾼다. 그리고 새로운 이야기를 만들어낸다.

재판관 황제와 귀신들의 왕 후토

각 방향의 상제들에게는 각각 보좌 신이 있다. 황제도 예외는 아니어서 '후토'라는 보좌 신을 두고 있었다. 후토는 땅의 신이었고 황제를 도와 사면팔방을 관리했다. 황제는 신들의 나라에서 최고 통치자였으며, 또한 귀신들의 나라도 다스렸다. 그의 보좌 신인 후토는 그 귀신 나라의 왕이었다.

종산의 산신 촉룡에게는 '고鼓'라는 아들이 있었다. 얼굴은 사람이었는데 용의 몸을 한 신이었다. 그런데 그가 '흠비欽鴀'라는 천신과 함께 '보강葆江'이라는 천신을 곤륜산 남쪽에서 살해하는 사건이 일어났다.

"고라는 놈이 그런 무지막지한 일을 저질렀다고?"

"예, 흠비와 작당하여 보강을 죽였다고 합니다."

"저런 고약한 놈들이 있나. 남을 죽인 자는 반드시 죽어야 한다. 그놈들을 당장 잡아들여라."

"예!"

그리하여 고와 흠비가 잡혀 왔다.

"그놈들을 종산 동쪽 요애瑤崖로 끌고 가라. 그들을 죽여 보강의 원한을 풀어주도록 하라."

"명령대로 하겠습니다."

고와 흠비는 요애에서 죽어가면서 말했다.

"흥! 우리를 죽인다고 해서 우리가 세상에서 사라질 것 같으냐?"

그 말대로 그들의 사악한 기운은 절대 사라지지 않았다. 세상의 모든 신화에서 악을 대표하는 악신들은 선신들에게 지는 듯이 보이지만 결코 사라지지는 않는다. 인간 자체가 선과 악이라는 양면성을 갖고 있는 이상 신화에 등장하는 악의 신은 영원히 살아남을지도 모를 일이다. 이 이야기 속의 두 악당 고와 흠비도 죽은 후에 각각 사나운 새로 변했다.

"크크, 우리를 죽여? 끝까지 복수할 것이다."

고는 준조鵔鳥로 변했다. 올빼미처럼 생긴 이 새는 발이 붉은색이었고 머리는 하얀색이었으며 부리가 날카로웠고 등에 노란 반점이 있었다. 울음소리가 큰 수리와 비슷했는데 그놈이 나타나는 곳에는 큰 가뭄이 들었다.

흠비는 거대한 물수리로 변했다. 머리는 하얗고 부리는 붉었으며 발톱은 호랑이처럼 날카로웠다. 등에는 검은 반점이 있었으며 생김새가 큰 수리와 비슷했다. 그리고 흠비가 나타나는 곳은 어디든 큰 전쟁이 일어났다고 한다.

황제는 천신들 사이에서 일어나는 일을 중재하고 다스리는 재판관 역할을 했다. 한번은 뱀의 몸에 사람의 얼굴을 한 천신 이부貳負와 그의 신하 위危가 천신 알유寙窳를 살해하는 사건이 일어났다. 위는 마음씨가 아주 고약한 자였는데 자신의 주인인 이부를 충동질하여 함께 작당해서 천신 알유를 살해한 것이다.

"당장 그놈들을 잡아다가 소속산疎屬山에 묶어두어라."

사건을 보고받은 황제는 이부와 위를 잡아다가 족쇄를 채우고 머리와 두 손을 함께 묶어 소속산 위의 큰 나무에 꽁꽁 결박해두었다. 그러고는 불쌍하게 죽은 알유를 되살리기 위해 그를 곤륜산으로 데리고 갔다.

"무사들아, 나오너라!"

"부르셨습니까?"

무팽巫彭, 무저巫抵, 무양巫陽, 무리巫履, 무범巫凡 등 곤륜산을 통해 하늘을 오르내리는 무사들이 황제의 부름을 받고 순식간에 눈앞에 나타났다.

"그래, 너희들의 의술로 불쌍한 알유를 살려내거라."

"예, 걱정 마시옵소서!"

무사들은 불사약을 가져다가 알유를 살려냈다. 되살아난 알유는 곤륜산 아래 약수로 뛰어들어 사람을 잡아먹는 이상한 괴물로 변해버렸다. 이 일은 신들 사이에 일어났던 세력 다툼 사건인 듯한데 역시 황제가 재판관 노릇을 하고 있다.

그런데《산해경》에 기록된 이 신화가 한나라의 대학자 유향劉向에 의해 다시 사람들의 입에 오르내리게 된다.

한나라 선제宣帝 때 상군上郡에서 큰 돌판이 무너져 내리는 일이 있었다. 돌판이 무너져 내리면서 그 안에 있던 석실石室이 드러났는데 그곳에는 머리와 팔이 뒤로 묶이고 발에 차꼬를 찬 사람이 있었다.

"어허, 괴이한 일이로다! 저자가 도대체 누구인고?"

"그러게나 말이외다. 왜 저런 모습으로 묶여 있는 것인지 도무지 알 수가……."

모두들 궁금해하고 있을 때 유향이 나타나 그것이 바로《산해경》의 사실성을 보여주는 증거라고 말했다.

"저것은 다름 아니라《산해경》에 나오는 이부의 이야기를 보여주는 것이올시다!"

유향은 그 인물에 대해 자신만만하게 선제에게 설명했다. 팔이 뒤로 묶인 자의 모습이《산해경》에 묘사된 것과 같으니 그것은 이부의 사건이 사실임을 보여주는 것이라는 얘기였다. 아마도 당시《산해경》을 정리하기 시작했던 유향이 작업의 정당성을 주장하기 위해 그 책에 나오는 이부의 이야기를 실제 '사실'로 강조했던 것

《산해경》 삽도. 호랑이 몸에 아홉 개의 머리를 가진 곤륜산의 문지기 개명수. 나무에 묶여 있
는 것은 이부의 신하 위이고 아래쪽은 인면사신의 알유다.

으로 보인다. 《산해경》이 가치 있는 책이기는 하지만 그 안에 기록된 내용을 '허구'적 이야기들이 아닌, 역사적 '사실'로 보고자 했던 당시 지식인들의 사실에 대한 강박관념을 보여주는 경우라고 하겠다.

문을 지키는 신, 신도와 울루

  귀신 세계도 지배하는 황제는 신도와 울루 형제에게 인간 세상을 떠도는 귀신들을 다스리게 했다.

  신도와 울루는 동쪽 바다의 도도산桃都山에 살았다. 도도산에는 자그마치 3000리나 뻗어 있는 커다란 복숭아나무가 있었다. 그 나무 꼭대기에 살고 있는 금계는 해가 떠오르는 동쪽의 부상수扶桑樹에 사는 옥계玉鷄 울음소리를 듣고 따라서 울었다. 그리고 금계가 울면 신도와 울루는 복숭아나무 동북쪽 나뭇가지 사이에 있는 귀문鬼門 앞으로 갔다. 밤새도록 인간 세상에서 놀다가 돌아오는 귀신들을 조사하기 위해서였다. 밤새 돌아다니던 귀신들이 닭 울음소리가 들리면 황급하게 자기 세계로 돌아왔던 것은 중국도 마찬가지였던 모양으로, 새벽 햇살이 세상을 비추기 직전이면 세상에 나가 있던 온갖 귀신들이 귀문을 통해 귀신 세상으로 되돌아왔다.

  신도와 울루는 그 귀신들의 행적을 일일이 점검했다. 인간 세상에 나가서 어느 정도 장난을 치는 것은 허용했지만 지나치게 흉악하고 교활한 짓을 한 귀신, 또 착한 사람들을 해친 귀신은 용납하지 않았다. 그런 귀신이 돌아오면 신도와 울루는 즉시 체포해 갈대 끈으로 꽁꽁 묶어서 호랑이 밥으로 던져버렸다. 이렇게 귀신들의 문을 지키는 신도와 울루가 있어 크고 작은 여러 귀신은 밤에 인간 세상에 나가 돌아다녀도 지나치게 인간을 놀라게 하거나 괴롭히지 않았던 것이다.

이런 이유로 중국 사람들은 해마다 섣달 그믐날 저녁이 되면 복숭아나무에 두 신의 모습을 조각했다. 두 손에 갈대 끈을 들고 있는 신도와 울루의 모습을 새겨 문 양쪽에 두고, 문설주에는 큰 호랑이 한 마리를 그려 붙여 사악한 귀신들이 집 안으로 들어오는 것을 막았다. 요즘에는 조각 대신 신도와 울루의 그림을 그려 문에 붙이는데 그렇게 하면 요괴들이 집 안으로 들어오지 못할 것이라고 믿는 까닭이다.

새해가 되면 중국 사람들은 '연화年畵*'라는 그림을 집집마다 붙이는데, 그 대부분이 바로 문을 지키는 신들인 문신門神의 그림이다. 이 그림에 가장 자주 등장하는 주인공이 신도와 울루지만 손에 무기를 든 진군秦軍과 호수胡帥를 그리는 경우도 많다. 진군과 호수는 당나라 장군 진숙보秦叔寶와 호경덕胡敬德을 가리키는데, 이들

---

* **연화** 중국에서는 해마다 설날이 오기 직전 대문부터 시작해서 집 안 곳곳에 연화를 붙인다. 대문에 붙이는 연화는 잡귀가 집 안에 들어오지 못하게 하려는 목적에서 시작되었는데, 신도와 울루가 대표적인 문신이다. 진군과 호수, 즉 진숙보와 호경덕 역시 궁정에서부터 시작되었으나 민간의 대문을 지켜주는 문신이 되었다. 연화의 종류도 다양해서 아들을 보내주는 여신 관음과 송자낭낭(送子娘娘)의 그림, 자식의 과거급제를 기원하는 소망을 담은 오자등과(五子登科), 동자가 잉어를 안고 있는 연년유여(年年有餘) 등이 있다. 목판화 방식으로 찍어내는 연화는 오랫동안 사라졌으나 1990년대 이후 활성화된 전통문화 보존 열기와 더불어 다시 활발하게 전승되고 있다.

이 문을 지키는 신이 된 것과 관련해서 다음과 같은 이야기가 전해진다.

당나라 태종太宗이 밤에 잠을 제대로 이루지 못했다. 잠을 자려고만 하면 문 밖에서 귀신들이 부르는 소리가 자꾸 들리는 것이었다.

"잠을 잘 수가 없구나! 밖에서 귀신들이 자꾸 떠들어."

신하들에게 태종이 말했고, 진숙보와 호경덕이 앞으로 나섰다.

"염려 마시옵소서. 저희가 문밖에서 지켜드리겠나이다."

"그래 주겠는가? 고맙네."

그리하여 진숙보와 호경덕이 태종의 침실 밖을 지키게 되었다. 이윽고 다음 날이 되었다.

"잘 주무셨습니까?"

"그래, 신기한 일이군. 어젯밤엔 귀신이 나오지 않았다."

용감한 장수 두 명이 태종의 침실 문을 지키고 있으니 잡귀들이 감히 접근하지 못했다는 말이다. 그래서 태종이 궁정의 화가를 불렀다.

"저 두 장수의 그림을 그려서 궁전 문에 붙여놓도록 하라."

화가가 진숙보와 호경덕의 그림을 그려 궁전 문에 붙여놓으니 과연 귀신들이 다시는 설치지 못했다. 이런 이야기에서 연유하여 민간에서도 손에 무기를 든 용감한 진숙보와 호경덕의 그림을 대문에 붙이는 풍습이 생겨났다.

하늘을 수놓은 음악, 청각

황제가 한 번은 천하의 모든 귀신을 태산泰山에 모이게 했다. 황제는 거대한 코끼리가 끌고 가는 수레를 탔고, 교룡 여섯 마리가 그 뒤를 따랐다. 학처럼 생기고 부리가 하얀 필방조畢方鳥가 그 수레를 몰았는데, 몸은 푸른색이었고 붉은 무늬가 있었으며 발은 한 개였다. 필방조는 특이한 새여서 이것이 나타나는 곳은 어디든지 불이 났다고 한다.

한편 치우 앞에서 길을 인도하는 비의 신 우사와 바람의 신 풍백이 길의 먼지를 깨끗이 닦아놓았다. 호랑이와 이리떼가 앞서가고 귀신들이 뒤를 따라갔으며, 땅 위에는 날개 달린 뱀인 등사螣蛇가 기어가고 하늘에는 봉황이 날아갔다.

《한비자韓非子》의 기록에 따르면 여기에서 치우는 황제에 대항하는 신이 아니라 바람의 신 풍백, 비의 신 우사와 더불어 황제의 앞길을 열어주는 신하로 묘사되고 있다. 원래 풍백과 우사를 부리는 것은 치우였는데, 이 이야기에서는 그들이 치우와 더불어 황제의 신하로 나타나고 있는 것이다. 우리가 알고 있던 용감무쌍한 치우의 신격과는 완전히 달라서 당혹스럽지만, 역사가 이긴 자의 기록이라고 본다면 황제에게 패배한 치우가 황제를 중심으로 서술된 신화 속에서 황제의 신하 역할을 하는 것은 그리 이상한 일이 아니다.

어쨌든 이 어마어마한 행렬을 이끌며 황제는 너무나 신이 나서

'청각淸角'이라는 음악을 지었다. 비장하고 격정적인 이 음악은 "하늘과 땅을 움직이고 신을 감동시킬 만했다." 이 음악과 관련된 진晉나라 평공平公의 이야기가 있어 소개해본다.

춘추시대 진나라 평공은 음악을 무척 좋아했다. 한번은 그를 방문한 위魏나라의 영공靈公을 접대하기 위해 누각에서 잔치를 베풀게 되었다.

"슬프구나! 이 음악은 무엇인고?"

위나라 영공의 악사 사연師涓이 대답했다.

"청상淸商이라고 하옵니다."

"음, 좋긴 하지만 그리 훌륭하지는 않구나. 이 음악이 세상에서 가장 슬픈 음악은 아니겠지?"

진나라 평공은 자신의 악사인 사광師曠에게 물었다.

"예, 청상보다는 청징淸徵이 더 슬프지요."

진나라 평공은 왜 그리 슬픈 음악을 듣고 싶었던 것일까. 평공은 사광에게 이렇게 명했다.

"그래? 그렇다면 청징을 연주해보아라."

"예!"

사광이 금으로 청징을 연주하기 시작했다. 음악이 시작되자 어디선가 검은 학 열 마리가 날아왔다. 열 마리의 학은 성문의 누각 위로 올라가서 목을 길게 빼고 날개를 펼치더니 박자에 맞춰 너울너울 춤을 췄다. 그 모습을 본 사람들 모두가 신기해하며 즐거워했다. 평공 역시 신이 나서 사광에게 술을 권했다.

"그대는 역시 최고의 악사로다. 그런데 청징이라는 곡이 가장 슬픈 곡인가?"

"청징도 슬프긴 합니다만 청각만은 못하지요."

사광은 대답을 잘못한 것이었다. 귀가 번쩍 뜨인 평공이 사광을 보채기 시작했다.

"뭐라고, 청각? 무슨 음악이냐? 어디 한번 들어보자."

"아니 되옵니다. 그것은 위대한 천제이신 황제의 음악이옵니다."

"황제의 음악은 들어보면 안 된단 말이냐?"

"아니 되옵니다. 그 음악은 위대한 황제께서 서태산西泰山에 천하의 귀신들을 모이게 하셨을 때 쓰였던 것입니다. 속세에서 천상의 음악을 연주할 수는 없사옵니다."

"허허, 답답하구나. 딱 한 번만 들어보자는데 뭘 그리 까다롭게 구는가?"

"전하, 청각을 연주하면 큰 재앙이 일어날지도 모르옵니다."

"상관없다. 어서 연주하라!"

평공의 고집을 이기지 못한 사광은 머뭇거리면서 금을 들고 연주를 시작했다. 막 연주를 시작한 순간, 서북쪽에서 구름이 일어나더니 점차 하늘을 뒤덮었다. 사광은 모르는 체 연주를 계속했다. 그러자 갑자기 "휘이!" 하는 소리가 들리면서 심상치 않은 바람이 불어오더니 우박처럼 굵은 비가 쏟아지기 시작했다. 몰아치는 비바람에 기왓장이 날아가고 누각에 걸어놓은 발과 휘장들이 찢어졌다. 상 위에 차려놓은 음식 접시와 국그릇이 날아다니는 통에 손님들이 이마를 다쳤다.

"에구머니나, 이게 무슨 일이야?"

잔치에 모여 있던 사람들이 혼비백산 흩어지기 시작했다. 음악을 연주하라고 시켰던 평공도 엉금엉금 기어 복도 모퉁이에 숨어 덜덜 떨고 있었다.

'그것 보라고요.'

사광이 속으로 중얼거렸다. 그때부터 진나라에는 연속해서 3년 동안 큰 가뭄이 들었고, 평공도 큰 병을 앓게 되었다고 한다.

천상의 음악을 인간이 연주하는 것 역시 신들의 금기를 범한 것이다. 신의 영역을 넘본 자들에게 가혹한 징벌을 내리는 것은 그리스 신화 속의 최고신이나 중국 신화 속의 최고신이나 마찬가지였던 모양이다.

6부

신들의 사랑과 야망

1장 질투와 배신의 파노라마, 태양을 쏜 예

한꺼번에 열 개의 해가 떠오르다

요임금 시절이었다. 아니, 굳이 요임금 시절이라고 하지 않아도 좋겠다. 어차피 신화에서 시간 개념은 별 의미가 없으니까. 그러나 기록에는 어쨌든 '요임금 시절'이라고 되어 있다.

"아니, 저게 뭐지?"

"해가 왜 저렇게 많아졌어? 하나, 둘, 셋……. 아니, 저럴 수가! 점점 더 많아지고 있어!"

사람들은 경악을 금치 못했다. 한 개의 해가 떠 있어야 할 하늘에 갑자기 열 개의 해가 나타난 것이었다. 인간에게 그것은 엄청난 재앙이었다. 순식간에 강물이 말라버린 것은 물론, 길바닥의 바윗돌조차 달군 쇳덩어리처럼 뜨거워졌다. 물을 찾아 헤매던 사람들은 목이 말라 죽어갔고, 생명 있는 모든 것이 고통스러워했다. 사람들은 천제에게 도움을 호소했다.

"제발 살려주세요. 저 해들 때문에 죽을 것 같아요!"

열 개의 해는 천제의 아들들이었다. 동쪽 바다 한가운데 하늘 높이 솟아 있는 부상수가 해들의 집이었다. 열 개의 해가 그 나무에 사과처럼 주렁주렁 매달려 있었는데 아홉 개는 아래쪽 가지에, 한 개는 맨 위쪽 가지에 자리 잡고 있었다. 해들은 하루에 하나씩 순서대로 하늘로 나갔는데, 막 하늘로 나갈 순서가 된 해가 나뭇가지 꼭대기에 앉아 있었다.

열 개의 해를 낳은 어머니 여신 희화羲和는 매일 하루에 하나씩 부상수 아래 양곡陽谷에서 해를 목욕시켰다. 양곡의 바닷물은 해들이 목욕해서인지 언제나 펄펄 끓었다.

"자, 오늘은 네가 나갈 차례로구나. 깨끗하게 씻어야 세상 사람들에게 눈부신 빛을 내려줄 수 있을 거 아니냐."

태양의 여신 희화는 열 개의 해를 순서대로 씻겨 하루에 하나씩 자신의 태양 수레에 태웠다. 희화는 여섯 마리의 용이 끄는 태양 수레를 몰아 하늘을 가로질러 동에서 서로 달려갔다. 말갛게 씻긴 빛나는 해를 태우고 희화는 하늘을 가로질러 달려갔는데 그것은 오랜 관습이었다. 누구도 그 질서를 어길 수는 없었다.

그러던 어느 날 오랫동안 고분고분 어머니 말을 잘 따르던 열 개의 해가 머리를 맞대고 쑥덕거리기 시작했다.

"열흘을 기다려야 겨우 한 번 하늘로 나갈 수 있으니 기다리기 진짜 지루하지 않냐?"

"그래, 정말 따분한 노릇이야."

"왜 매일 어머니가 모는 태양 수레를 타야만 하지? 우리끼리 나가보면 안 될까?"

"그래, 우리 모두 함께 나가보자!"

"찬성, 대찬성이야!"

평범한 일상에서 탈출하고 싶어 하는 것은 신의 아들들도 마찬가지였을까. 인간 세상에 엄청난 재앙을 가져오게 될 줄은 상상하지도 못한 채 열 개의 해는 한꺼번에 하늘로 뛰쳐나갔다.

모처럼 한꺼번에 하늘로 뛰쳐나간 해들은 신이 났다. 그들은 눈부신 빛을 내뿜으며 지상의 인간을 내려다보았다. 사람들이 자기들을 보고 반가워 손짓을 하며 환호하는 것 같았다.

"하하, 저것 봐. 인간들도 우리를 환영하잖아."

"그래, 그렇구나!"

철없는 해들의 눈에는 환호하는 것으로 보였는지 모르지만 정작 인간들은 뜨거운 햇볕 때문에 얼굴을 가리며 괴로워하고 있었다.

"세상에, 이를 어쩐담?"

"무슨 방법이 없을까, 으으!"

대지는 점점 새카맣게 타들어갔고 풀과 나무를 비롯한 생명 있는 모든 것이 말라 죽어갔지만 다른 뾰족한 수가 없자 사람들은 당시 풍습에 따라 여축女丑이라는 무당을 햇볕이 쨍쨍 내리쬐는 산꼭대기에 데려다놓았다.

이런 풍습을 '햇볕에 무당 내놓기'라는 뜻의 '폭무曝巫'라고 했다. 이 풍습은 신과 교감할 수 있는 무당을 뜨거운 햇볕 아래 앉혀놓으면 무당이 괴로워하는 것을 신이 가엾게 여겨 비를 내려줄 것이라

뜨거운 햇살을 피하기 위해 옷소매로 얼굴을 가린 무당 여축(오른쪽 아래), 그 위에
는 엄자(弇玆)가, 아래쪽에는 광조(狂鳥)가 보인다.

고 생각한 데서 비롯된 것이다. 또는 무당이 햇볕 아래 앉아 땀을 뻘뻘 흘리면 그 땀이 비가 되어 내릴 것이라고 여겼기 때문에 생겨난 풍습으로 보기도 한다. 우리나라에는 가뭄이 들 때 병에 물을 넣은 뒤 잎이 무성한 솔가지로 병 입구를 막고는 그 병을 대문 앞에 쳐둔 금줄에 거꾸로 매달아 솔잎을 타고 물방울이 떨어지게 하는 풍습이 있었다. 솔잎에서 물방울이 떨어지듯이 비가 내려주기를 기원했던 것이다. 이처럼 '비슷한 것이 비슷한 것을 불러온다'는 믿음에서 행하는 주술이 바로 프레이저가 《황금가지》에서 설명한 바 있는 모방 주술*이다.

실제로 무당을 햇볕 아래 앉혀놓고 비를 기원하는 이런 풍습은 상당히 후대까지 지속되었던 듯하다. 은나라 갑골문에 '교제炊祭'라는 제사 이름이 120여 군데에 나타나는데, 교제란 가뭄이 들었을 때 사람을 제물로 바치는 제사다. 이 제사에서는 여자 무당이 종종 제물로 바쳐지곤 했는데, 열 개의 해가 나타났을 때 무당 여축을 언덕 위에 앉혀놓았다는 신화는 그런 오래된 제의를 보여주는 자료인 셈이다.

---

* **모방 주술** 프레이저는 주술에는 두 가지 종류가 있다고 설명했다. 하나는 비슷한 것이 비슷한 것을 낳는다는 것으로, 어떤 현상을 모방하면 유사한 결과를 가져온다고 믿는 것이다. 이것을 '유감주술' 혹은 '모방주술'이라고 하는데, 본문에서 설명한 것과 같은 것들이다. 다른 하나는 '접촉주술'인데 그것은 이전에 한 번 접촉했던 사물이 접촉이 끝나 서로 떨어져 있어도 계속 상호작용을 한다는 믿음에서 나온 것이다. 예를 들어 손톱이라든가 머리카락 등 사람의 몸에 붙어 있었던 것에 어떤 행위를 가하면 그 영향이 그 사람에게 미친다고 믿는 것이다. 이것은 '감염주술'이라고도 불린다.

한편《좌전左傳》*이라는 역사책을 보면 노魯나라 희공僖公이 무당이나 몸이 불편한 장애인들을 햇볕에 내놓아 비를 기원했다는 이야기가 있고, 동한시대 왕충王充**이 쓴《논형論衡》에도 나라에 심한 가뭄이 들자 노나라 무공繆公이 "과인이 무당을 햇볕에 앉혀놓는 '폭무'를 행하고자 하는데 그대는 어떻게 생각하는고?"라고 묻는 대목이 나온다. 인간의 힘으로 어찌할 수 없는 엄청난 가뭄 앞에서 전제군주들은 인간을 제물로 바쳐서라도 그 재앙을 극복해보려 했고, 그때의 제물은 오래전부터 전해져오던 습속대로 무당이거나 장애인들이었다. 무당은 그렇다고 쳐도 장애인은 왜 제물이 되었을까? 등이 굽었거나 다리를 저는 이들을 햇볕이 내리쬐는 언덕에 앉혀놓으면 하늘이 좀 더 가엾게 여겨 비를 내려줄 것이라는 믿음이 있었기 때문이다.

물론 전국시대쯤 되면 무당이나 장애인을 언덕에 앉혀놓고 비를 기원하는 일은 자주 일어나지 않는다. 왜냐하면, 이때가 되면 군주 측근의 여러 현명한 재상이 적극적으로 왕에게 직언을 했기 때문이다. 가뭄 때문은 아니었지만 토지신에게 인간을 제물로 바치려 했던 송나라 양공襄公에게 사마자어司馬子魚라는 사람이 확실하게

---

* **《좌전》** '춘추좌씨전(春秋左氏傳)'이라고도 한다. 춘추시대 노나라 좌구명(左丘明)이 공자의 《춘추》를 해석한 책으로 알려져왔으나 사실은 독립적인 역사서로 보아야 한다는 견해도 나오고 있다. 노나라 은공(隱公) 원년(기원전 722)부터 노나라 도공(悼公) 14년(기원전 453)까지의 역사가 쓰여 있다.

** **왕충** 당시의 시대적 상황으로 볼 때 매우 특이한 사상가다. 중국 최초의 유물론자라는 평가를 받을 만큼 귀신이나 영혼 등의 존재를 강하게 부정했다. 이런 사상적 경향은 사람이 죽은 뒤에 그 영혼도 함께 사라진다는 '신멸론(神滅論)'과 사람이 죽어도 그 영혼은 결코 사라지지 않는다는 '신불멸론(神不滅論)'의 유명한 논쟁을 촉발시키는 단초가 되었다.

그리고 명쾌하게 반대한다.

"옛날에도 제사를 지낼 때는 여섯 가지 동물을 한꺼번에 쓰지 않 았습니다. 작은 제사를 지낼 때는 큰 제사에 쓰는 희생물을 바치지 않았던 것이지요. 그런데 사람을 죽여 제사를 지내다니요? 제사라 는 것은 사람을 위해 지내는 것이 아닙니까? 백성이 바로 신들의 주인입니다. 사람을 죽여 제사를 지내는 것은 도대체 누구를 위해 서입니까?"

이런 반대 의견들 때문에 당시의 군주들은 인간 제물을 바쳐서 라도 비를 내리게 하고 싶은 자신들의 욕망을, 아쉽지만 조용히 접 을 수밖에 없었다. 하지만 신화시대의 가엾은 무당 여축은 푸른 옷 을 입은 채 언덕 위에 앉아 있어야만 했다.

신이시여, 저희를 도와주소서

당시 최고의 무당이었을 것으로 추측되는 여축은 햇볕이 내리쬐 는 산꼭대기에 조용히 앉아 기도를 올리기 시작했다. 그러나 아무 리 신통력이 뛰어난 무당이라고 해도 쏟아져 내리는 햇살에는 어 쩔 수가 없었는지 점차 땀을 비 오듯 흘리기 시작했고, 조금 후에 는 옷소매를 들어 햇볕을 가리려 했다. 그러나 그것도 잠시, 여축 은 태양의 열기를 이겨내지 못한 채 그 자리에 쓰러져 죽고 말았다. 가엾은 여축은 자연계의 엄청난 재앙 앞에서 인간 제물을 바쳐서라도 비를 구하려 한 사람들의 집단 이기심의 희생자가 되었던 것이다.

"큰일 났네. 이제 마지막 희망도 사라졌어. 어떻게 해야 하지?"

여축의 죽음 앞에서 사람들은 망연자실했다. 이제 그들이 할 수 있는 일이라고는 하늘에 다시 간절히 기도하는 것밖에 없었다.

"천제시여, 정녕 저희가 불쌍하지도 않으십니까? 제발 도와주시옵소서!"

사람들의 기도를 들은 천제는 인간 세상에 무슨 일이 일어난 것인지 살펴보고 놀라움을 감추지 못했다.

하늘에 나타난 열 개의 해를 쏘는 천신 예. 까마귀는 해의 화신이다. 청나라 소운종(簫雲從)의 〈천문도(天問圖)〉

"저런 한심한 것들 같으니! 도대체 누구 맘대로 저렇게 나가 돌아다닌단 말이냐?"

아들들의 생각 없는 행동에 격노한 천제는 벌을 내려야겠다고 생각했으나 차마 직접 처벌하지는 못하고 하늘나라에서 활을 가장 잘 쏘는 천신 예羿를 불렀다.

"인간이 사는 곳에 큰일이 벌어졌구나. 네가 내려가서 그들을 도와주어라."

"예, 분부대로 하겠사옵니다."

천제는 예에게 붉은색 활과 흰색 화살 한 통을 내려주었다. 예는 천제가 하사한 활과 화살을 등에 메고 아내 항아嫦娥와 함께 지상으로 내려왔다.

예가 지상에 내려와 보니 숨을 쉴 수가 없을 정도로 더웠다. 고통스러워하는 사람들의 모습은 차마 눈을 뜨고 볼 수 없을 정도로 처참했다. 하늘을 올려다보니 벌건 해 열 개가 떠 있었다. 고통에 빠진 인간의 모습을 본 예는 분노로 몸을 떨었다. 아무리 천제의 아들들이라지만 저렇게 철이 없을 수가 있단 말인가. 너희들은 마땅히 벌을 받아야 할 것이다.

예는 화살통에서 하얀 화살을 꺼내 해 하나를 겨누어 힘차게 쏘았다.

"피융!"

활시위를 떠난 화살은 하늘로 날아갔고, 곧이어 "퍽!" 하는 소리와 함께 황금빛 해에 정확히 꽂혔다. 이어서 찬란한 빛이 사방으로 퍼지면서 해 하나가 떨어졌다.

"와아! 해가 떨어졌다!"

사람들이 소리치면서 해가 떨어진 곳으로 달려가 보니, 그곳에는 해가 아니라 화살을 맞은 황금빛 까마귀* 한 마리가 떨어져 있었다. 천제의 아들인 해는 까마귀의 화신이었다.

예는 흔들림 없이 두 번째 화살을 꺼내 들었다. 곧이어 두 번째 해도 떨어졌고, 그것이 떨어진 곳에도 역시 화살 맞은 황금빛 까마귀가 죽어 있었다. 예는 엄청난 집중력으로 계속 해들을 향해 화살을 날렸다. 그러자 화살을 맞은 황금빛 해들이 터지면서 하늘은 온통 불꽃으로 가득 찼다. 마치 성대한 불꽃놀이를 하는 것 같았다. 엄청나게 많은 금빛 깃털을 하늘 가득 흩날리며 뜨거운 해들은 황금빛 까마귀가 되어 차례차례 땅으로 떨어졌다.

"와아, 또 맞혔다!"

사람들의 환호성에 세상이 다 들썩거렸다. 떨어지는 해의 열기와 활쏘기에 몰입한 예의 열정, 사람들의 열광으로 온 세상이 뜨거웠다. 그리고 해가 하나씩 떨어질 때마다 사람들은 조금씩 숨을 돌릴 수 있었다. 온 세상을 태워버릴 것 같던 열기가 차츰 식어갔던 것이다.

'아니, 저러다가……'

그 모습을 바라보던 요임금은 조금씩 걱정되기 시작했다. 예가

---

*   까마귀   해 속에 들어 있는 세 발 까마귀, 즉 삼족오(三足烏)는 고구려 고분벽화에도 등장하여 우리 민족의 상징이라는 말까지 나왔었다. 그러나 삼족오는 고구려 고분벽화뿐 아니라 2000여 년 전 한나라의 무덤 벽화에도 자주 등장하고, 일본에서는 진무천황(神武天皇)이 동천을 하는 과정에서 어려움에 처할 때 도움을 주는 존재로 등장한다. 한나라의 무덤 화상석에 새겨진 삼족오는 해를 상징하며, 때로는 서왕모 곁에서 상서로움을 상징하기도 한다.

활쏘기에 몰입해서 열 개의 해를 모조리 쏘아 떨어뜨릴 것 같았기 때문이다. 활을 쏘고 있는 예의 등 뒤로 슬그머니 다가간 요임금은 열 개의 화살이 꽂혀 있던 화살통에서 화살 한 개를 몰래 꺼내두었다. 한 개의 해는 남아 있어야 사람들이 살아갈 수 있을 것 아닌가. 그래서 예는 아홉 번째 해를 겨누는 것을 끝으로 활쏘기를 마쳤다.

"이제 우리는 살았어요. 정말 고맙습니다."

'한 개의 해는 남겨두었으니 이제 걱정 없지.'

요임금은 그렇게 생각하며 천신 예에게 고마움을 표시했다.

아홉 개의 해가 사라지니 세상은 다시 평온해졌다. 끓어오르던 바닷물도 평상시의 온도를 되찾았고, 녹아내리던 바위도 이제 다시 단단히 굳기 시작했다. 그러나 세상에는 아직도 온갖 맹수들이 들끓어 사람들을 고통스럽게 하고 있었다. 숲이 불타고 물이 끓어오르자 열기를 견디지 못한 맹수들이 숲 밖으로 뛰쳐나왔기 때문이다. 사실 그 동물들에게 무슨 죄가 있으랴. 자연계의 재앙이 동물들에게 미친 것일 뿐이고, 그들도 생존을 위해 뛰쳐나왔던 것을. 그러나 무방비 상태에 있던 인간들에게 맹수들의 내습은 그들을 '괴물'로 보이게 했다.

"그렇다면 그 괴물들도 없애드리리다!"

위대한 해결사 예는 다시 화살통을 메고 길을 나섰다. 세상 사람들을 괴롭히는 맹수들을 모조리 처치해야만 인간을 도우라는 임무를 완전히 끝냈다고 할 수 있을 터였다.

신화 속의 영웅들에게 '괴물 살해monstercide'는 필수 과목이다. 그리스 신화의 헤라클레스Heracles는 머리 아홉 개 달린 괴물 히드라Hydra와 네메아의 사자, 스팀팔로스Stymphalos 왕의 새, 크레타의 황소 등을 없앴다. 또 페르세우스Perseus는 메두사를, 벨레로폰Bellerophon은 키마이라를, 테세우스Theseus는 미노타우로스Minotauros를 살해했다. 일본 신화의 영웅 스사노오 노미코토須佐之男命 역시 여덟 개의 머리를 가진 거대한 뱀 야마타노오로치八岐大蛇를 처치하고 땅의 신의 딸 구시나다 히메稲田比売命와 결혼한다.

괴물 사냥과 버림받은 예

길을 떠난 예가 맨 먼저 만난 것은 '알유猰貐'라는 괴물이었다. 붉은 소의 몸을 한 그 괴물은 사람의 얼굴에 말의 발을 갖고 있었다. 어린아이 울음소리 같은 괴상한 소리를 냈으며 사람을 잡아먹었다. 사람들은 알유를 만나면 혼비백산해서 그 자리에 얼어붙은 채 도망가지도 못할 정도였지만, 이 정도 괴물은 예의 적수가 되지 못했다. 예는 별로 힘들이지 않고 알유를 처치한 뒤 착치鑿齒를 찾으러 주화의 들판으로 떠났다. 착치는 끌 모양의 날카로운 이빨을 가진 괴물로, 주화의 호숫가에 살면서 사람들을 괴롭혔다.

"저놈은 무슨 이빨이 저렇게 길어?"

입의 양쪽으로 날카로운 이빨이 엄청나게 튀어나와 그리 만만한 적수가 아니었지만 예는 뛰어난 활 솜씨로 착치도 단숨에 처치했다. 그런 다음 흉수凶水로 가서 '구영九嬰'이라는 괴물을 찾아냈다.

구영은 머리가 아홉 개 달린 물과 불의 괴물로, 아홉 개의 입에서 물을 뿜어내기도 하고 불을 뿜어내기도 했다. 매우 포악해서 무수한 인명을 해친 사나운 놈이었지만 구영 역시 예의 날랜 화살을 피할 수는 없었다.

그다음으로 예가 맞닥뜨린 괴물은 '대풍大風'이라는 커다란 새였다. 크고 무시무시한 발톱과 부리를 가진, 성질이 사납고 육식을 하는 이 새는 공작처럼 생겼다는데 아름다운 깃털을 가진 지금의 공작과는 여러모로 다른 듯하다. 대풍이 날개를 세차게 펼치고 날아가면 그곳은 태풍이 휩쓸고 간 것처럼 초토화되었다고 하니 얼마나 큰 새였는지 대충 짐작할 수 있을 것이다. 그러나 대풍도 예의 적수는 되지 못했다. 물론 처음부터 간단하게 처치할 수 있었던 것은 아니다. 날개 달린 새라서 예가 아무리 겨냥을 잘하고 화살을 쏘아도 번번이 후다닥 하늘로 날아올라 도망가 버리곤 했던 것이다. 그래서 예는 곰곰이 생각한 끝에 방법을 바꾸어보기로 했다.

"그렇지, 화살에 끈을 매는 거야."

예는 화살에 길고 튼튼한 푸른색 끈을 묶고 그 끝을 땅에 단단히 고정한 뒤에 대풍을 향해 화살을 날렸다. 예전 같았으면 이 새는 화살을 맞고서도 날아올랐을 테지만 이번에는 달랐다. 화살에 묶여 있는 끈 때문에 대풍은 날아오르지 못하고 그 자리에서 퍼덕였다. 그때 예가 그 끈을 잡아당겨 새를 칼로 내리쳤다.

그다음으로 예가 상대한 괴물은 거대한 구렁이 파사巴蛇였다. 지금의 아나콘다쯤으로 생각하면 맞아떨어지지 않을까 싶다. 생텍쥐페리가 그려낸 어린 왕자의 상상 속에서 코끼리를 통째로 삼키는

코끼리를 삼킬 정도로 거대한 뱀. 동정호의 파사가 바로 이런 뱀이었을 것이다. 청나라 소운
종의 〈천문도〉.

보아뱀 같은 구렁이인 파사는 동정호洞庭湖*에서 사람들을 집어삼
키고 있었다. 머리가 푸르고 몸이 검은 파사는 바다처럼 넓은 호수
한가운데 살면서 파도를 일으켜 지나가는 배를 뒤집은 다음 물에
빠진 어부들을 단숨에 먹어치웠다.

"요물이로다! 절대로 용서할 수 없다."

예는 혼자서 작은 배를 타고 동정호 한가운데로 나갔다. 파사는
불꽃같은 혓바닥을 날름거리며 예가 탄 배를 향해 미끄러지듯 다
가왔고 예는 파사를 향해 화살을 날렸다. 그러나 워낙 거대한 뱀이
었기 때문에 화살 몇 대를 맞고서도 계속 다가오는 것이었다. 예는
다가오는 파사를 향해 칼을 휘두르지 않을 수 없었다.

한동안 치열한 싸움이 계속되었고, 마침내 피비린내가 진동하는
가운데 파사는 명이 다하여 물속으로 가라앉았다. 사람들은 동정
호에서 그들을 공포에 떨게 했던 파사의 사체를 건져냈는데 얼마
나 컸던지 뼈가 산처럼 높이 쌓였다고 한다.

그리고 마침내 마지막 괴물이 등장했으니 바로 상림桑林에 사는,
산처럼 거대한 몸집의 멧돼지 봉희封狶였다. 긴 이빨과 날카로운
발톱이 있긴 했으나 몸이 둔한 봉희가 날렵한 천신 예의 적수가 될

---

* **동정호** 둥팅호. 지금의 후난성(湖南省)과 후베이성(湖北省) 사이에 있는 거대한 담수호. 이
지역에서는 매우 중요한 물주머니 역할을 하는 호수로서 오랫동안 중국에서 가장 큰 담수호로 여
겨져 '800리 동정(八百里洞庭)'이라 불렸다. 가을이 되면 바다처럼 큰 동정호에 뜬 달이 무척이나
아름다워서 '동정추월(洞庭秋月)'이라는 말이 나올 정도였다. 그렇게 아름다운 동정호는 역대 중국
문인들의 시나 산문에 수시로 등장했다. 특히 동정호 가운데 있는 작은 섬인 군산(君山)에서 나오
는 은침(銀針)은 중국 차 중에도 이름난 명차이고, 부근에 있는 악양루(岳陽樓)는 중국 4대 누각 중
하나로도 잘 알려져 있다. 수많은 전설이 서려 있는 동정호는 여전히 중국의 문학적, 문화적 상징
으로 남아 있다.

리 만무했으니 예는 봉희마저 간단히 제거했다.

인간을 괴롭히던 괴물들을 이제 모두 처치했다. 그러자 비로소 예는 마음이 놓였다.

'이 정도면 하늘로 돌아가도 되겠지? 더 이상 인간을 괴롭히는 괴물들이 없으니.'

그리하여 예는 마지막으로 잡은 멧돼지 봉희를 천제에게 제물로 바치고 제사를 지내기로 했다.

'이 멧돼지를 삶아서 천신께 제사를 올려야지. 그러면 돌아오라고 하시겠지.'

이윽고 맛있는 향기가 피어오르기 시작했다. 익힌 돼지를 제물로 바치면서 예는 경건하게 천제에게 고했다.

"천제시여, 제 임무를 완수했습니다. 이제 하늘로 돌아가게 해주시옵소서."

"……."

"천제께서 내려주신 화살로 못된 해들을 제거했습니다. 인간을 괴롭히는 흉악한 괴물들도 모두 처치했습니다. 그러니 이제 돌아가도 되겠나이까?"

"……."

천제는 묵묵부답이었다. 예는 불안해졌다.

"천제시여, 왜 말씀이 없으시옵니까?"

하늘에서는 아무런 응답도 들려오지 않았다. 천제의 대답을 애타게 기다리던 용감한 천신 예는 그제야 뭔가 잘못되었다는 생각이 들었다. 그러나 아무리 생각해도 이유를 알 수가 없었다.

'내가 뭘 잘못한 거지? 인간을 괴롭히는 골칫덩어리들을 없애준 것밖에 없는데?'

천제가 예를 지상으로 내려 보낼 때 열 개의 하얀 화살을 하사했지만 해들을 모조리 쏘아 떨어뜨리라는 명령은 내리지 않았다. 그저 '해결하라'고만 했던 것이다.

아무리 해들이 방자했다고는 하지만 천제의 아들들이었다. 무려 아홉이나 되는 아들을 잃었으니 천제가 속상하지 않았겠는가. 명령을 충실히 수행한 예의 입장에서 보면 황당하기 이를 데 없는 노릇이지만, 천제는 아들들을 잃자 예에게 섭섭한 마음을 품었던 것 같다. 물론 확실한 이유는 알 수 없다. 하지만 어쨌든 천제는 예가 올리는 제사에 끝내 화답하지 않았다.

'이럴 수가! 천제가 나를 버렸다.'

어쩔 수 없었다. 버려진 데서 오는 고통은 클 수밖에 없었으나 그 또한 어쩔 수 없는 예의 운명이었다.

'좋다! 받아들일 수밖에 없다면 받아들이겠다. 그러나 언젠가는 반드시 하늘로 돌아가리라.'

그러나 이 상황에서 정작 더 슬픈 사람은 따로 있었으니, 바로 천신 예의 아내인 항아였다.

불사약을 구하러 곤륜산으로

아무리 생각해도 항아는 억울했다. 남편이야 천제의 아들인 해들을 쏘아 떨어뜨렸으니 그렇다고 쳐도 원래 하늘나라의 여신인 자신까지 하늘로 돌아가지 못한다는 것은 암만해도 수긍할 수 없는 일이었다. 해들을 쏘아 떨어뜨릴 때도, 괴물들을 하나씩 처치할 때도 사람들은 예의 활약에 찬사를 보냈고, 그 찬사에 고무되어 예는 더욱더 많은 일을 할 수 있었다. 하지만 자기는 뭐란 말인가. 그 열광에서 소외되어 있었던 아내 항아는 몹시 서운했다.

"이제 어떻게 할 거예요?"

항아는 남편에게 물었다. 천제에게 버림받아 잠시 실의에 빠져 있었지만 예는 용감한 천신이었다. 이 정도로 주저앉아 있을 수는 없는 노릇이었다.

"걱정 말아요. 내가 알아서 해결할 테니."

아내에게 미안하기도 했다. 하늘에 있으면 행복한 나날을 보내고 있을 항아가 괜히 자기를 따라 지상으로 내려오는 바람에 다시 고향으로 돌아갈 수 없게 되었으니. 생각 끝에 예가 말했다.

"곤륜산으로 갈 거요."

"곤륜산은 엄청나게 멀고 보통 사람은 올라갈 수도 없을 정도로 험하다던데요?"

"해들을 쏘아 떨어뜨리고 흉악무도한 괴물들을 때려눕힌 나, 천신 예가 못 올라갈 산은 없소."

"그래도……."

"걱정 말아요. 곤륜산에 가서 서왕모에게 불사약을 얻어올 것이오. 불사약을 먹고 지상에서 죽지 않고 오래오래 살다 보면 언젠가는 천제의 노여움도 풀릴 거 아니겠소?"

항아는 예의 생각이 그다지 마뜩잖았다. 언제까지 기다린단 말인가? 설사 기다린다고 해도 천제의 노여움이 풀리는 날이 오긴 올 것인가? 하지만 다른 뾰족한 수가 있는 것도 아니었기에 항아는 선선히 남편을 배웅했다.

"기다려요. 금방 다녀오리다."

천신 예는 서방에 있는 곤륜산을 향해 용감하게 길을 떠났다.

이 이야기에서 재미난 것이 있다면 불사약에 관한 것이다. 불사약이라고 하면 우리는 일단 중국을 떠올린다. 유명한 진시황이나 한무제 등이 장생불사를 꿈꾸었고, 많은 방사가 장생불사의 영약을 찾아 많은 수련을 했다는 이야기가 잘 알려져 있기 때문일 것이다. 그러나 가장 오래된 불사약 이야기는 수메르의 점토판에 새겨진 《길가메시 서사시Gilgamesh Epoth》에 나온다고 봐야 한다.

모험 중에 죽어간 친구 엔키두Enkidu를 살리기 위해 불사초를 찾아 먼 길을 떠난 길가메시는 온갖 어려움을 극복하고 마침내 불사초를 찾아낸다. 하지만 돌아오는 길에 뱀이 그것을 가져간다. 결국 인간은 죽어야 하는 운명에서 벗어날 수 없음을 보여주는 이야기다.

중국도 마찬가지다. 곤륜산의 서왕모가 복숭아의 이미지로 나타나는 불사약을 갖고 있다는 이야기는 사람들을 매료시켰고, 머나먼 바다 밖 삼신산에 장생불사의 비밀을 아는 신선들이 살고 있다는 이야기 역시 여러 제왕을 매혹시켰지만, 정작 그곳에 가본 사람은 아무도 없었다.

윈난성에 살고 있는 나시족의 신화에서도 인간 영웅 초제르으가 모험의 길을 떠나 불사약을 구한다. 그러나 그것을 갖고 돌아오다가 넘어져서 약이 쏟아지는 바람에 산이나 바위 등은 장생불사하게 되었지만 인간은 장생불사할 수 없게 되었다는 이야기가 전해진다. 아무리 불사를 꿈꿔도 인간은 필연적으로 죽어야만 하는 필멸必滅의 존재임을 일깨워주는 신화다.

흥미로운 것은 불사약 이야기에 등장하는 불사약이 어떤 것일까 하는 점인데, 대부분의 신화에서 불사약은 풀(불사초)이나 물(생명수) 혹은 소마soma나 넥타르nektar 같은 신들의 음료, 때로는 복숭아 같은 열매로 등장한다. '고기' 종류가 불사약으로 등장하는 경우는 거의 없다는 점이 그나마 신들이 우리에게 주는 장생불사의 비밀에 대한 힌트가 아닐까?

서왕모를 만나 불사약을 청하다

곤륜산은 서방 아득한 곳에 하늘을 찌를 듯 높이 솟아 있는 산이다. 신들은 그곳을 통해 하늘과 땅을 오르내렸고, 천신인 황제가 지상으로 내려올 때 잠시 머무는 행궁이 있었다. 무엇보다도 불사약을 가졌다는 서왕모가 기거하는 곳이었다.

서왕모는 중국 후대의 전설 속에서 서방에 사는 아름다운 왕모로 등장하지만, 원래는 표범 꼬리에 호랑이 이빨, 봉두난발에 옥비녀를 꽂은 무시무시한 신이었다. 짐승 울음 같은 섬뜩한 소리를 냈고, 하늘의 형벌과 전염병을 주관했다. 이런 서왕모가 나중에는 곤륜산에 살면서 불사약을 갖고 있는 왕모로 묘사된다. 천신 예는 바로 그 서왕모를 찾아 먼 길을 떠난 것이다.

서왕모의 불사약은 곤륜산에서 자라는 불사수의 열매로 만들어진다. 불사수는 몇천 년에 한 번 꽃이 피고, 또 몇천 년이 지나야 열매가 열리는 진귀한 나무다. 그 열매로 불사약을 만들려면 엄청나게 오랜 세월이 지나야 했으니, 불사약이야말로 몇천 년에 겨우 한 번 만들어지는 아주 귀한 약이었다.

신들의 산 곤륜산은 인간의 몸으로는 갈 수 없는 곳이었다. 산이 험하고 높기도 했거니와 약수弱水라는 깊은 강이 산을 휘감아 흐르고, 그 주위에는 일 년 내내 뜨거운 불길이 타오르고 있었다. 약수는 새의 깃털처럼 가벼운 것이라도 닿기만 하면 곧 가라앉아버리는 강이었고, 산 주위의 불꽃은 그 무엇이든 닿기만 하면 즉시 태워버렸다.

비록 천제에게 버림받기는 했어도 예는 위대한 영웅이었다. 깊은 물과 뜨거운 불길은 그의 앞을 가로막지 못했다. 약수의 깊은 물과 불꽃 산의 난관을 무사히 지나 예는 드디어 곤륜산으로 들어갔다. 여기서부터 곤륜산에 들어간 예의 모습을 잠시 상상해보기로 하겠다.

입구에 머리가 아홉 개 달린 곤륜산의 문지기 개명수가 지키고 있지만 원래 천신의 신분이었던 예는 아무 어려움 없이 통과할 수 있었다. 어쩌면 머리 아홉 달린 무시무시한 개명수는 평소와 다른 멍한 표정으로 이렇게 감탄했을지도 모른다.

'이곳에 살아서 들어온 인간은 없었는데 저자는 과연 신인가, 인간인가?'

천제에게 버림받아 영원히 살 수 있는 신의 생명을 잃어버리고는 장생불사의 약을 찾아 머나먼 곤륜산까지 찾아갔으니 예는 더 이상 신들의 세계에 속해 있지 않았던 것이리라.

마침내 곤륜산으로 들어간 예는 말로만 듣던 어마어마한 황제의 궁궐을 보고 입을 다물 수가 없었다. 옥으로 된 빛나는 난간과 문, 다섯 개의 성채와 열두 개의 누각이 있는 황제의 곤륜산 궁궐을 지키는 자는 꼬리 아홉 개에 호랑이의 몸을 가진 신인 육오였다. 몸은 호랑이였지만 사람의 얼굴을 하고 있는 황제의 충실한 청지기 육오 역시 황제의 궁궐에 들어와 두리번거리는 예를 보고 놀랐을 것이다. 어쨌든 약수와 불꽃 산의 난관을 극복하고 들어온 자는 영웅이 틀림없으니 육오는 모른 체하며 예를 지나가게 해주었다.

그때 예의 눈앞을 휙 스쳐 지나가는 붉은 새가 있었다. 가만히 보니 그것은 붉은 깃털을 가진 아름다운 봉황이었다.

"저 새가 황제의 궁궐에 있는 모든 물건과 찬란한 옷들을 관리한다는 그 붉은 봉황이로구나!"

긴장이 약간 풀린 예는 눈앞이 환해지는 느낌이 들어서 사방을 둘러보았다. 눈앞에 있는 것은 온통 옥으로 된 나무들이었다. 붉고 푸르고 알록달록한 고운 옥들이 주렁주렁 매달린 나무들로 가득한 꽃밭이 펼쳐져 있었다. 그중에서 가장 화려하고 큰 옥들이 매달려 있는 낭간수 곁에는 머리가 셋 달린 이주가 눈에 불을 켜고 황제가 가장 아끼는 나무인 낭간수를 지키고 있었다.

맑고 투명한 갖가지 빛깔의 옥 나무들은 예가 그곳에 간 목적을 깜박 잊어버리게 할 정도로 찬란하고 고왔다. 한참을 더 걸어가니 맑은 물이 찰랑찰랑한 연못이 보였다. 예는 그곳이 바로 요지瑤池임을 알아차렸다. 서왕모가 불사의 열매인 '반도蟠桃'라는 복숭아를 신들에게 나누어주는 잔치인 요지연瑤池宴*이 열리는 곳이었다. 보기만 해도 알 수 있을 정도로 그곳의 물은 투명하고 맑았다. 요지에서 잔치가 열리면 신들의 나라에 살고 있는 모든 신과 신선이 이곳에 모인다. 서왕모는 반도 복숭아밭의 주인이었다. 반도 열매를 먹으면 죽지 않고 오래 살 수 있었으니, 서왕모의 잔치가 열린다고만 하면 여러 신이 학이나 오색구름을 타고서 이곳으로 모여들었다. 이곳의 잔치가 얼마나 성대했으면 '요지경瑤池鏡'이라는 단어까지 생겨났겠는가. 요지까지 왔으니 이제 서왕모가 있는 곳이 가까울 것이다.

"푸드득!"

이번에는 분명히 말처럼 생겼는데 얼굴은 사람이고 날개가 달린 괴상한 신이 날아가는 것이 보였다.

"자네가 바로 이곳을 관리한다는 신 영초로군!"

예는 빙그레 웃으며 힘을 내어 다시 걸었다. 지나가는 길목에 어

---

* **요지연** 요지에서 열리는 서왕모의 잔치는 후대 사람들의 상상력을 자극해 수많은 그림을 남기게 했다. 요지의 잔치를 소재로 그린 〈요지연도(瑤池宴圖)〉에는 목천자와 서왕모가 각각 시녀들의 시중을 받으며 복숭아가 가득 쌓인 상을 앞에 놓고 있는 장면이 보인다. 〈요지연도〉는 우리나라 조선시대 민화에도 종종 등장한다. 장생불사를 상징하는 서왕모의 복숭아가 가득 그려진 이 그림은 주로 여덟 폭 병풍의 소재가 되곤 했는데, 이 병풍은 팔순 잔치 등 노인의 장수를 비는 잔치에 주로 사용되었다.

마어마하게 큰 벼가 자라는 것이 보였다. 다섯 아름은 충분히 될 것 같은 굵고 튼실한 벼였는데, 이름을 '가화' 혹은 '목화木禾'라고 했다.

"허허, 저 정도의 벼가 있는 곳이라면 배고픔 같은 것은 없겠군."

신기하고 다양한 것들을 두루두루 살펴보느라 예는 힘든 줄도 몰랐다.

"그대는 누구인가?"

그때 어디선가 장중한 목소리가 들려왔다. 위대한 영웅 예가 마침내 서왕모 앞에 오게 된 것이다.

"예라고 하옵니다."

"그래, 인간 세상의 영웅인 그대가 어쩐 일로 나를 찾아왔는가?"

"필요한 것이 있습니다. 불사약을 좀 나누어주십시오."

"불사약?"

'당돌한 자로다! 감히 나에게 불사약을 내놓으라고 하다니.' 속으로 이렇게 생각하며 서왕모는 그에게 이유를 물었다. 예는 서왕모에게 자초지종을 이야기하고 도움을 청했다.

"도와주십시오. 천제께서 노여움을 푸시는 그날까지 저희는 살아 있어야만 합니다."

예의 부탁이 절절하기도 했거니와, 인간을 위해 재앙을 없애준 죄로 천제의 징벌을 받아 지상에 남게 된 예가 가엾기도 해서 서왕모는 불사약을 나누어주기로 했다.

"좋아, 그대에게 불사약을 주겠네. 그러나 잘 듣게나. 이게 전부야. 더 이상 없다네. 반드시 좋은 날을 택하여 부부가 함께 나눠 먹게나. 둘이 함께 먹으면 영원히 살 수 있을 만큼 충분한 양일세. 물론 혼자서 다 먹는다면 하늘로 올라가 신이 될 수도 있을 게야."

"예, 명심하겠습니다."

예는 날랜 걸음으로 집으로 향했다. 불사약을 얻은 기쁨에 곤륜산의 화려한 풍광 따위는 눈에 들어오지도 않았다. 집에서 눈이 빠지게 기다리고 있을 항아에게 얼른 달려가야 했다.

불사약을 먹고 달로 날아간 항아

예는 만면에 웃음을 띠며 집으로 돌아왔다.

"불사약을 얻어왔소. 좋은 날을 택하여 함께 먹읍시다. 그러면 죽지 않고 영원히 살 수 있다오."

예는 기쁨에 넘쳐 집에 돌아오자마자 이렇게 말하면서 항아에게 약을 건네주었다. 더없이 중요한 약을 아무 날에나 함부로 먹으면 안 될 터, 서왕모의 말대로 길일을 택해 먹기로 하고 아내에게 잘 간직하라고 일렀다. 그러고 나서 마음이 놓인 예는 모처럼 외출을 했다. 그러나 혼자 남은 항아는 착잡한 심정으로 불사약을 바라보았다.

'저걸 먹고 이 땅에서 오래오래 사는 게 무슨 의미가 있을까? 여기서 보통 인간들처럼 살아가야 하다니 견딜 수 없는 일이야. 도대체 남편이 저지른 일로 내가 왜 고통을 당해야 하는 거야? 억울해, 정말.'

생각을 거듭할수록 그녀의 마음속에는 다른 욕심이 생겨났다.

'이걸 혼자 다 먹으면 하늘로 가서 신이 될 수 있다고 했어. 그냥 나 혼자 다 먹으면 안 될까?'

항아는 하늘나라 궁전으로 돌아가고 싶었다. 정말 간절하게 그곳이 그리웠다. 하지만 혼자 약을 먹었다가 어찌 될지 알 수도 없으니 함부로 실행하기도 어려웠다. 어쩔 것인지 결심이 서질 않자 항아는 점쟁이 유황有黃을 찾아가 점을 쳐보았다. 유별나게 가늘고 긴 유황의 손가락이 오늘따라 더 희고 길어 보였다.

"아름다운 항아님, 어쩐 일이신가요?"

"마음이 답답합니다. 점을 쳐보고 싶어요."

"무슨 일일까? 점괘를 한번 볼까?"

그는 검은 거북 등딱지와 누렇게 마른 시초蓍草* 수십 개를 꺼내 들었다. 1000년을 산 거북의 등딱지와 그 거북의 배 밑에 깔려 있던 영험한 시초다. 이것으로 점을 치면 점괘가 틀릴 리 없으리.

유황은 거북 등딱지 안에 시초를 놓고는 두 손으로 잡아 흔들며 입속으로 중얼중얼 주문을 외웠다. 그러고 나서 거북 등딱지 속의

---

* **시초** 점을 치는 사람이 애용하던 풀이라서 '신초(神草)'라고도 한다. 이파리가 톱처럼 생겨서 우리나라에서는 '톱풀' 혹은 '가새풀'이라고 한다. 어린순은 나물로 먹을 수 있고 톱 모양의 줄기와 잎은 해독제나 지혈제로도 쓰였다. 국화과에 속하는 이 풀에는 여름이면 하얗고 자잘한 꽃이 피어나는데, 그 줄기를 말려서 점을 쳤다. 재미있는 것은 시초의 학명인 '아킬레아 시비리카(Achillea Sibirica)'다. 트로이전쟁의 주인공 아킬레우스(Achilleus)가 이 식물을 사용해서 부하들의 상처를 치료했다는 데서 이 이름이 유래했다고 한다. 뱀이나 벌레에 물린 데도 유용했고 톱이나 대패를 사용하다가 다친 상처를 낫게 해준다고 해서 '목수들의 약초'라고도 불렸다는 이 풀은 서양에서도 귀한 약초였다. 특히 중세에는 악마를 쫓는 힘이 있다고 해서 몸에 지니고 다니거나 아기들의 요람에 매달아놓기도 했다는데 동서양을 막론하고 시초를 신성시했다니 참으로 흥미로운 일이다.

시초를 집어 작은 돌 탁자 위에 흩어놓았다.

"항아여! 고민하지 말라. 고통스러워하지 말고 약을 먹어라. 그러면 크게 길할 것이니."

"먹으라고요?"

"항아님, 축하합니다. 길하고 길하네요! 어느 총명하고 귀여운 여인이 혼자서 머나먼 서방으로 떠나네. 세상 이렇게 어지러우나 두려움 없이 떠나가네. 운명은 이미 정해져 있으니 이후로 크게 흥하리라."

유황은 가느다란 손가락으로 시초를 헤치며 노래 부르듯이 낮은 목소리로 이렇게 웅얼거렸다.

집으로 돌아오는 길, 항아의 발걸음은 무거웠다. 차라리 가지 않는 편이 더 나았을지도 몰랐다. 항아는 갈피를 잡을 수 없었다.

'약을 먹으라고? 어떻게 혼자 먹으란 말이야. 남편이 그렇게 어렵게 얻어온 건데. 그리고 좋은 날을 택해서 함께 먹자고 약속까지 했는데⋯⋯.'

해가 저물어 밖은 벌써 푸르스름한 어둠에 잠겨 있었다. 창가에 앉아 생각에 잠겨 있던 항아는 동쪽에서 둥실 떠오른 보름달을 바라보았다. 그러다가 갑자기 결심한 듯 몸을 일으켰다. 오랜 고민에 비해 동작은 재빨랐다. 항아는 잘 보관해둔 불사약을 꺼내와 몽땅 삼켜버렸다.

'예 때문에 내가 이렇게 고통을 당하는 것은 불공평해. 나는 아무것도 잘못한 것이 없어. 이제 고향으로 돌아갈 수 있겠지.'

약을 먹은 항아는 몸을 가누지 못하며 자꾸 힘을 잃고 휘청거렸다. 그러다가 몸이 한없이 가벼워지는 느낌이 들더니 이윽고 두 발이 땅에서 떨어졌다. 아무리 발로 땅을 딛으려고 해도 몸이 자꾸만 공중으로 떠올랐다. 항아는 마침내 열린 창문을 통해 하늘로 날아올랐다.

"드디어 하늘나라로 돌아가는구나! 인간 세상이여, 잘 있어라!"

통쾌하기도 하고 아스라한 슬픔도 밀려드는 묘한 기분이었다. 그러나 그것도 잠시, 하늘 높이 날아오르던 항아에게 불안감이 엄습했다.

'이대로 하늘나라 궁전으로 돌아가면 천제께서 나를 꾸짖으실 거야. 남편을 배신하고 혼자 왔다고 벌을 내리실지도 몰라. 이를 어쩐담?'

항아는 징벌이 두려웠다. 남편을 배신하고 혼자만 하늘나라로 돌아왔다고 지탄받는 것도 겁났다. 그때 항아의 눈에 환하게 떠 있는 보름달이 들어왔다.

"그래, 저기로 가서 잠시만 숨어 있자."

어두운 하늘에서 보석처럼 빛나는 달은 고민에 빠진 항아를 끌어당겼다. 항아는 눈부신 달을 향해 쉬지 않고 날아갔다.

그러나 달에 도착한 항아는 실망하지 않을 수 없었다. 달에는 덩그러니 월궁月宮 한 채, 절구에 약을 찧는 토끼 한 마리만이 계수나무 옆에 있을 뿐, 다른 건 아무것도 없었다. 달은 너무나 쓸쓸하고 황량한 곳이었다. 게다가 갑자기 이상한 일이 일어났다. 항아의 온몸이 변하기 시작한 것이다. 눈이 튀어나오고 피부가 거칠어졌다. 배는 바람을 불어넣은 것처럼 부풀어 오르기 시작했다. 항아는 비명을 질렀지만 아무 소리도 나오지 않았다.

"아니, 이게 무슨 일이지?"

항아는 당황했으나 어쩔 도리가 없었다. 몸은 점점 흉측하게 변했다. 눈이 화등잔만 해지고 입은 죽 찢어졌으며 피부는 울퉁불퉁해지더니 등이 오그라져, 마침내 항아는 못생긴 두꺼비로 변해버렸다. 남편을 배신하고 혼자 달로 갔기에 그런 징벌을 받았다는 것이다.

그러나 이 대목은 동한시대 장형張衡의 책에 나온다. 달 속에 토끼와 두꺼비가 있는 도상은 이미 서한시대 초기 무덤에서도 출토되는바, 달 속의 두꺼비가 '항아가 변한 것'이라는 이야기에는 '여성은 남성보다 낮은 존재'라는, 동한시대의 여성에 대한 인식이 들어간 것으로 봐야 할 것이다.

하백의 질투

아름다운 여신 복비宓妃에게는 남모를 고민이 하나 있었으니 남편 하백이 그 고민의 원인이었다. 중국 신화에서 하백은 황하의 신으로 물고기의 몸에 사람의 얼굴을 하고 있다. 그리고 주로 처녀를 제물로 요구하거나 바람을 피우고 돌아다니는 모습으로 등장한다. 어쩌면 치우와 마찬가지로 하백이 동이 계통의 신이기 때문일 수도 있다. 우리나라 신화에 하백이 위대한 수신으로 등장하는 것과 비교해보면 상당한 차이가 있다. 어쨌든 황하의 범람으로 많은 고통을 겪었던 기억 때문인지 중국 사람들은 하백을 좋은 신으로 묘사하지 않는다. 이것은 장강의 경우도 마찬가지여서 장강의 신 역시 처녀 제물을 요구하는 못된 신으로 등장한다.

이런 하백이 아내에게 잘할 리가 없었다. 하백은 아름다운 아내를 두고도 언제나 바람을 피우며 돌아다녔고, 그것 때문에 낙수洛水의 여신 복비의 고운 얼굴에는 늘 수심이 가득했다.

'저렇게 아름다운 여신이 있었던가!'

마침 낙수에 오게 된 예는 강가에서 복비를 보게 되었다. 그렇게 투명한 아름다움을 지닌 여인은 처음이었다. 더구나 얼굴에는 뭔가 알 수 없는 슬픔마저 감돌고 있으니 더욱 매혹적이었다. 눈부시게 푸른 가을날 다른 여신들은 모두 흥에 겨워 놀고 있는데 유독 복비만 혼자 소나무 그늘 아래에 앉아 처연한 표정으로 가을 국화를 하염없이 바라보고 있었던 것이다.

'무슨 고민이 있어서 저렇게 슬퍼 보일까?'

예는 궁금했지만 먼저 다가가 물어볼 수도 없는 노릇이라 혼자서 애만 태우고 있었다. 그러다가 복비가 예를 보았는지, 아니면 예가 복비를 보았는지 알 수 없으나 천하의 영웅 예와 아름다운 여신 복비는 마주 앉아 많은 대화를 나누게 되었다. 두 신의 가슴에 사랑의 감정이 생겨났을 법도 하지만 문헌에는 구체적으로 묘사되어 있지 않다.

문제는 바로 다음에 일어났다. 하백이 분노한 것이다. 자기는 매일 바람을 피우고 돌아다니면서도 아내가 다른 남자와 가까워지는 것은 참을 수 없었던지 하백은 불같이 화를 냈다. 하지만 예가 워낙 막강한 존재였기 때문에 예와 복비가 만나서 대화를 나누는 것만 가지고 뭐라고 할 수 없었던 하백은 슬금슬금 눈치를 보며 두 신의 동태를 살필 뿐이었다. 하백에게는 강물 속에 살고 있는 온갖 물고기와 새우, 자라 등 많은 부하가 있었다. 그래서 그는 부하들을 시켜서 예와 복비를 감시하게 했다.

"아직도 둘이 함께 있느냐?"

"예."

부지런히 물 위로 나가 순찰하고 돌아온 부하들이 들려주는 두 사람의 소식에 하백은 더욱더 기분이 나빠졌다. 그러던 어느 날 하백은 드디어 분기탱천하여 벌떡 일어섰다.

"더 이상 참을 수 없다. 내가 직접 가서 끝장내고 말겠다!"

하백은 하얀 용으로 변해 엄청난 물보라를 일으키면서 물 위에 모습을 드러냈다.

"크아아아!"

하백은 물의 신이었기 때문에 물속에 있어야 마땅했다. 그가 용으로 변해 물 위로 나타나자 강 양쪽 기슭에 엄청난 홍수가 일어났고 무고한 사람들이 물에 빠져 죽게 되었다. 갑작스러운 홍수에 놀란 예는 그것이 강물 위로 올라온 하백 때문이라는 것을 알게 되었고, 물의 신으로서 마땅히 지켜야 할 본분을 지키지 않은 하백에게 화가 났다.

"아니, 저런 못된 놈이 있나. 물의 신이 물 위로 나와 사람을 해치다니!"

늘 인간의 편에 서서 인간을 해치는 재앙을 없애주던 예의 입장

질투심 때문에 용의 모습을 하고 물 위로 솟구친 하백의 눈을 예가 쏘고 있다. 청나라 소운종 의 〈천문도〉.

에서 볼 때 물 위로 나와 홍수를 일으킨 하백의 행위는 참을 수 없는 일이었다. 예는 화살통에서 화살을 빼 들었다. 그리고 팽팽하게 당긴 활시위에 화살을 얹어 힘껏 쏘았다. 화살은 바람처럼 날아가서 하얀 용으로 변한 하백의 왼쪽 눈에 꽂혔다.

"어이구, 아야!"

하백은 고통에 비명을 질렀다. 질투심 때문에 자기의 본분도 잊은 채 용으로 변해서까지 물 위로 나왔는데, 변신한 보람도 없이 기습적으로 화살을 맞은 것이다. 하백은 할 수 없이 일단 물속으로 돌아갔다.

그러나 왼쪽 눈에 화살을 맞고도 아무런 복수를 하지 못한 채 도망치듯 물속으로 돌아온 하백은 아무리 생각해도 억울해서 견딜 수가 없었다. 결국 참다못한 하백은 천제를 찾아가 자신의 처지를 하소연하기로 했다.

얼굴이 붉으락푸르락해져서 찾아온 하백을 천제가 힐끔 바라보았다.

"무슨 일이냐?"

"천제시여, 예라는 놈이……."

"예가 뭘 어쨌다고?"

천제는 못마땅한 표정으로 물었다. 평소에 바람둥이로 소문난 저놈이 대체 무슨 말을 하려고 날 찾아온 걸까? 게다가 왼쪽 눈은 왜 저 모양이람?

"예라는 놈이 제 눈을 활로 쐈습니다. 그놈을 좀 혼내주십시오."

"그래? 어쩌다가 예의 화살을 맞았느냐?"

"그게 저⋯⋯."

"빨리 말을 해보아라!"

"제가 용으로 변해서 물 위로 나갔는데⋯⋯."

하백이 말을 마치기도 전에 천제의 불호령이 떨어졌다.

"뭐라고? 물의 신인 주제에 왜 물 위로 나간 거냐? 네놈이 물 위로 나가면 홍수가 일어난다는 것을 몰랐단 말이냐?"

"그건 그렇지만⋯⋯."

하백이 우물쭈물하는 사이 천제는 단호하게 그의 말을 자르고 이렇게 말했다.

"더 말할 것도 없다. 용으로 변해서 물 밖으로 나간 네놈이 잘못이지, 용이 나타나서 사람들이 해를 입는데 예가 활로 쏜 것이 뭐가 잘못이냐? 썩 물러가거라!"

하백은 머쓱해져 돌아오는 수밖에 없었다.

"그거 봐라, 이놈아! 으하하!"

조롱하는 예의 웃음소리가 귓가에 들리는 듯했다. 자신은 자유롭게 물속을 돌아다니면서도 아내인 복비가 예를 만나는 일에 대해서는 지나치게 신경을 곤두세웠던 하백, 진정한 사랑은 상대방을 구속하는 것이 아니라 자유롭게 해주는 것임을 아마도 그는 몰랐던 듯하다.

제자 봉몽의 배신과 예의 죽음

다시 항아와 예의 이야기로 돌아가 보자. 좋았던 시절은 다 지나가고 이제 예에게 남은 것은 슬픔과 고통뿐이었다.

항아가 달로 날아가 버린 후에야 집으로 돌아온 예는 심상치 않은 집안 분위기에 아내를 찾았다. 그러나 어디에도 아내의 모습은 보이지 않았다.

"항아가 어디로 갔지?"

마침내 예는 활짝 열린 창문 아래에 불사약이 들어 있던 그릇이 텅 빈 채 나뒹구는 것을 발견했다. 예는 아내가 무슨 일을 저질렀는지 단번에 알아차렸다.

"어떻게 이럴 수가!"

온갖 어려움을 뚫고 다녀온 곤륜산이었다. 항아와 더불어 이 땅에서 오래오래 살면서 다시 하늘로 돌아갈 날을 기다리려던 그의 소망은 이제 허망한 꿈이 되어버렸다.

'산다는 것이 이제 무슨 의미가 있겠는가.'

예는 모든 희망을 송두리째 잃고 실의에 빠졌다. 그렇게도 씩씩하고 활달했던 예는 그날부터 완전히 다른 사람이 되어버렸다. 성격이 거칠어져서 아랫사람들을 공연히 괴롭혔고, 매일 사냥만으로 나날을 보냈다. 아무리 잊으려고 애를 써도 배신당한 고통은 너무나 컸다.

'기억하지 않을 수 있다면, 잊을 수 있다면……'

그러나 마음이 있는 한 기억은 너무나 강했고, 강한 기억만큼 고통은 더 컸다. 주변 사람들은 처음에는 예를 이해하려고 애썼으나 그것도 잠시였다. 자포자기한 예가 허송세월하면서 나날이 난폭해지니 그를 아끼던 사람들도 점점 지쳐갔다. 예의 제자 봉몽逢蒙 역시 그런 사람 중 하나였다.

봉몽은 예가 가장 아끼는 제자였다. 영민하고 용감한 자였기에 예는 봉몽에게 활 쏘는 법을 가르쳤다. 처음 봉몽이 활 쏘는 법을 배울 때 예가 말했다.

"우선 눈을 깜박이지 않도록 연습하거라."

"예!"

봉몽은 열심히 노력해서 마침내 눈앞에 아무리 뾰족한 것이 날아와도 눈을 깜박거리지 않게 되었다. 신이 난 봉몽은 예에게 자신만만하게 말했다.

"그 무엇이 눈앞으로 날아온다 해도 눈을 깜박거리지 않을 자신이 있습니다. 이제 활 쏘는 법을 가르쳐주십시오."

그러나 예는 봉몽에게 활쏘기를 가르쳐주지 않고 다시 이렇게 말했다.

"그 정도 가지고는 아직 안 된다. 조그만 물건이 아주 크게 보여야 한다. 그 훈련을 끝낸 뒤 다시 오너라."

봉몽은 조금 서운했지만 내색하지 않고 집으로 돌아왔다. 그리고 이 한 마리를 잡아 창가에 매달아두고 매일 그것을 바라보는 연습을 했다. 이는 워낙 조그만 벌레라서 처음에는 잘 안 보였지만 열흘쯤 되자 잘 보이기 시작했고, 날이 갈수록 점점 더 크게 보였다. 마침내 이가 수레바퀴만큼 커다랗게 보일 무렵, 봉몽은 다시 예를 찾아갔다.

"스승님, 이젠 무엇이든지 다 크게 보입니다."

"그래, 이제야 활쏘기를 배울 수 있겠구나. 오너라, 시작하자!"

그리하여 예는 봉몽에게 자신이 갖고 있던 모든 기술을 가르쳤고, 드디어 봉몽은 예의 수제자가 되어 이름을 드날릴 수 있었다. 그러나 활 쏘는 솜씨가 훌륭해질수록 봉몽의 가슴속에는 스승에 대한 알 수 없는 질투심이 피어오르기 시작했다. 아무리 노력해도 귀신같은 예의 솜씨를 따라잡을 수는 없었다.

'이 정도면 나도 경지에 이르렀다고 할 만하다. 이제는 세상에서 첫 번째 가는 명사수가 되고 싶다. 그러나 스승님이 계시는 한, 나는 언제나 두 번째일 뿐이야.'

봉몽은 세상에서 가장 활을 잘 쏘는 사람이 되고 싶었다. 그러나 스승인 예가 살아 있는 한, 그것은 절대로 이룰 수 없는 꿈이었다. 사랑과 증오는 종이 한 장 차이가 아니던가. 스승에 대한 깊은 애정과 함께 그의 존재 자체에 대한 증오가 봉몽의 가슴속에 자라고 있었다.

그러던 차에 항아가 불사약을 먹고 하늘로 날아가 버리니 예가 지상에 혼자 남게 되었다. 존경하던 스승 예가 망가져가는 것을 보면서 봉몽의 가슴속에는 묻어두었던 야심이 다시 고개를 쳐들기 시작했다. 봉몽은 마침내 스승인 예를 죽이기로 결심했다. 겉으로 드러내 말을 하지 않을 뿐, 저렇게 폐인이 되어가는 예가 사라지기를 모두가 바라고 있을 것이다. 봉몽은 그렇게 스스로의 행위를 정당화시켰다.

　호시탐탐 기회를 엿보는 자에게 기어이 기회는 찾아오는 법인가. 희망 없이 피폐한 생활을 계속하던 예는 지치고 쇠약해져 빈틈이 많아 보였다. 봉몽은 바로 그 빈틈을 노렸다. 어느 날 예가 사냥터에서 돌아올 때 숲속에 미리 숨어 있던 봉몽은 예를 향해 화살을 날렸다.

　'스승이여, 용서하소서.'

　바람을 가르는 소리와 함께 봉몽의 화살이 정확히 예를 향해 날아갔다. 그러나 예는 이미 숲속에서 누군가가 활을 쏜 것을 알아차리고 있었다. 암살자의 손을 떠나온 화살이 허공을 가르며 날아오는 것이 보이자 예는 잽싸게 활시위를 당겼다.

　"탁!"

　뜻밖에도 봉몽의 화살이 땅바닥으로 떨어졌다. 예가 쏜 화살이 날아오는 봉몽의 화살을 정확하게 맞힌 것이다.

　'역시 놀라운 솜씨군. 하지만 이번에는……!'

　봉몽은 재빨리 두 번째 화살을 날렸다. 그러나 예는 다시 화살을 쏘아 아까와 마찬가지로 봉몽의 화살을 떨어뜨렸다. 봉몽은 스승을 죽이기 위해 화살을 아홉 번이나 날렸으나 그 아홉 개의 화살은 모두 맥없이 땅바닥으로 떨어졌다. 드디어 화살이 다 떨어진 순간, 예는 눈앞에 갑자기 봉몽이 나타난 것을 보았다. 묘한 미소를 지으며 봉몽은 예를 향해 활을 겨냥했다.

　"쉭!"

　봉몽의 손놀림이 조금 더 빨랐다. 화살은 말 위에 앉아 있는 예의 목을 향하여 정확하게 날아왔다. 결국 화살은 예의 목을 비껴가 입에 맞았고 예는 말에서 떨어졌다.

'드디어!'

봉몽은 예가 죽었으리라 확신하고서 쓰러져 있는 예를 향해 조심스레 다가갔다. 그런데 바로 그 순간, 쓰러져 있던 예가 벌떡 일어나 앉는 것이 아닌가.

"네 이놈!"

봉몽은 너무 놀라 말문이 막혔다. 그러나 예는 아무렇지도 않은 듯 이렇게 말하며 입에서 화살을 뱉어냈다.

"이놈아, 내가 그렇게 가르쳤건만 입으로 화살을 받아내는 설족법舌簇法을 아직도 모르고 있었더냐? 좀 더 열심히 연습하거라."

"스승님, 용서해주십시오!"

봉몽은 죽음을 각오했다. 변명의 여지가 없지 않은가. 봉몽은 활을 버리고 예 앞에 무릎을 꿇었다. 그리고 거짓으로 눈물을 지어내며 용서를 빌었다.

"스승님, 잘못했습니다. 제발 용서해주세요, 흑!"

"됐다. 그만 가봐라."

예는 아무 일도 없었다는 듯이 툭툭 털고 일어나 가버렸다. 그리고 그다음 날부터 다시 예전처럼 봉몽을 자신의 사냥 행렬에 끼게 했다. 성격이 거칠어졌던 예이지만 오랫동안 자신이 길러온 제자 봉몽에게는 그렇듯 너그러웠던 것이다.

그러나 봉몽이 반드시 스승을 죽여야겠다고 생각한 것은 바로 이런 일들 때문이었다. 자신을 한없이 작아지게 만드는 그 대범한 태도라니! 차라리 스승이 자기를 죽이겠다고 했으면 덜 모욕적이었을 것이다. 자신을 하찮은 존재로 여기는 것 같은 스승의 태도를 봉몽은 더 이상 참을 수 없었다.

하지만 봉몽은 활로는 도저히 스승을 이길 수 없다는 것을 깨달았다. 그래서 아예 다른 방법을 택하기로 했다. 튼튼한 복숭아나무 몽둥이를 하나 준비한 것이다. 짐승 잡는 데 쓴다는 이유를 내세워서 말에 몽둥이를 싣고 다니며 봉몽은 기회를 엿보았다. 황폐한 생활을 하는 듯했지만 사실 예에게는 빈틈이 없었다. 기회를 잡는 것은 쉬운 일이 아니었지만 봉몽은 끈기 있고 집요하게 예를 따라다녔다.

그러던 어느 날 예가 사냥을 마치고 돌아와서 집 근처에 말을 세우고는 날아가는 기러기를 쏘고 있었다. 옆에서 사냥한 짐승들을 챙기는 척하던 봉몽은 기회를 노렸다.

'바로 지금이야. 지금 이 기회를 놓치면 천추의 한이 될 것이다.'

봉몽은 몽둥이를 쥔 손에 힘을 주면서 재빨리 예의 뒤로 다가갔다. 아는 듯 모르는 듯 예는 날아가는 기러기만 겨냥하고 있었다. 마음을 독하게 먹은 봉몽은 온몸의 힘을 실어 예의 뒤통수를 몽둥이로 내리쳤다.

"퍽!"

"으윽!"

예는 머리에서 피를 쏟으며 천천히 쓰러졌다.

"드디어 해냈다! 해냈어!"

오랜 야망을 드디어 이룬 봉몽은 알 수 없는 열기에 휩싸여 소리를 질러댔다. 말에서 떨어진 예는 흐릿하게 초점 잃은 눈으로 봉몽을 바라보았다.

'네가, 네가 정말로⋯⋯.'

예는 그렇게 말하는 듯했다. 위대한 영웅 예는 이렇게 죽어갔다.

그런데 과연 예는 봉몽이 뒤에서 몽둥이로 내리치는 것을 몰랐던 것일까? 아니면 알면서도 그냥 가만히 있었던 것일까? 사실 뛰어난 영웅이었던 예가 그처럼 쉽게 제자에게 죽임을 당했으리라고 믿기는 어렵다. 어쩌면 자기 삶을 그냥 그 정도에서 마무리하고 싶었던 것은 아닐까. 예에게 의미 있는 것들은 이미 오래전에 사라져버렸으니.

어쨌든 예는 그렇게 죽었다. 그러나 인간을 위해 그 많은 일을 해주었던 영웅을 그냥 떠나보내는 것을 안타까워한 사람들이 예를 다시 섬기기 시작했으니, 이후에 예는 사람들을 위해 집 안의 온갖 재앙을 없애주는 신인 종포신宗布神이 된다.

현종의 병을 낫게 한 종규

사악한 것들이 집 안으로 들어오지 못하게 막아준다는 점에서 종포신은 종종 종규鍾馗와 비교되곤 한다. 하지만 예가 죽어서 되었다는 종포신과 집 안에 귀신이 들어오는 것을 막아주는 종규는 전혀 다르다.

종규에 관한 이야기는 당나라 때부터 널리 퍼지기 시작했다. 당 이후의 화가들이 즐겨 그렸던 그림의 소재이기도 한 종규는 귀신을 잡아먹는 영웅으로, 민간의 대문을 지켜주는 인기 있는 신이다. 그런데 종규는 원래 당나라 때 무과武科에 응시만 하면 낙제하던 사람이었다. 이야기는 다음과 같다.

양귀비와의 사랑 이야기로 유명한 당나라 현종玄宗이 학질에 걸렸던 적이 있다. 그는 고열에 시달리면서 꿈을 꾸었는데, 그 꿈이 참으로 기묘했다. 험상궂게 생긴 거구의 귀신 하나가 볼품없이 작은 귀신 하나를 열심히 쫓아가고 있었다. 그런데 쫓기는 작은 귀신을 가만히 보니 짧은 바지를 입었는데 한쪽 발에는 신발을 신었지만 다른 발에는 신발도 신지 못한 채였다.

"이놈, 게 섰지 못하겠느냐!"

높은 모자를 쓰고 푸른색 도포를 입었으며 짧은 가죽신을 신은 거구의 귀신이 고함을 지르며 작디 작은 귀신을 따라갔다. 쫓기는 작은 귀신은 못 들은 체하고 정신없이 도망치고 있었다. 그런데 작은 귀신의 손에 무엇인가가 들려 있었다. 현종이 유심히 바라보니 그 작은 귀신은 현종의 피리와 양귀비의 향주머니를 들고서 도망치고 있었다.

그때 푸른색 도포를 입은 거구의 귀신이 마침내 작은 귀신의 목덜미를 움켜잡았다.

"이놈, 어딜 도망치느냐! 감히 임금님의 피리를 훔쳐가다니, 내가 네놈을 용서치 않으리라!"

큰 귀신은 화를 내면서 두 팔을 뻗어 작은 귀신의 두 눈을 빼냈다. 그러고 나서 작은 귀신을 통째로 꿀꺽 삼켜버렸다. 놀란 현종이 큰 귀신에게 물었다.

"아니, 그대는 누구인가?"

큰 귀신이 현종에게 머리를 조아리며 대답했다.

"저는 무과에 급제하지 못하여 자살한 종규라 합니다. 저는 비록 죽었으나 폐하를 위하여 세상의 모든 사악한 것들을 없애버리기로 맹세했습니다. 폐하께서는 이제 마음을 놓으십시오."

현종은 기이하다고 생각하다가 꿈에서 깨어났다. 그런데 신기하게도 펄펄 끓던 몸의 열이 어느새 내렸고 학질도 씻은 듯이 다 나아 있었다. 현종은 아무리 생각해도 그 꿈이 너무나 생생했다.

'그 꿈을 꾸고 나서 병이 이렇게 깨끗하게 낫다니, 종규라는 귀신이 정말 영험하구나.'

그래서 현종은 당시 유명했던 화가 오도자吳道子를 불러서 자신이 꾼 이상한 꿈 이야기를 했다. 그리고 꿈속에서 본 귀신의 모습을 그대로 그리게 했다. 오도자는 당대 최고의 화가였다. 현종의 이야기를 다 듣고 난 뒤 그는 눈을 감고 잠시 생각에 잠겨 있다가 붓을 잡았다. 그러고 나서 〈종규가 귀신 잡는 그림(鍾馗捉鬼圖)〉을 그려냈다.

이 이야기는 곧 궁궐 밖으로 퍼져나갔다.

"임금님의 병을 낫게 해준 신이 있다면서?"

"그래. 몸집이 아주 큰 신이래. 머리에 모자를 쓰고 가죽신을 신었다던데."

"눈이 부리부리하게 크고, 시커먼 수염이 이만큼 내려와 있는 데다가 허리에는 멋진 칼도 차고 있다더군."

현종의 병을 낫게 해준 귀신 종규는 이후 민간에서 숭배의 대상이 되었다. 그리고 종규가 귀신을 잡는 이야기 역시 화가들이 즐겨 그리는 소재가 되었다. 그림으로 그려지는 과정에서 종규의 모습도 원래 모습과 약간씩 달라지며 전해왔다. 어떤 그림에서 종규는 우아하게 부채를 들고 있고 또 어떤 그림에서는 보기만 해도 무서운 날카로운 칼을 들고 있다. 하지만 사람들이 종규 그림을 문에 붙여 집 안에 잡귀가 들어오는 것을 막고자 했다는 점만은 변함없이 똑같았다.

재미있는 것은 이렇게 무시무시한 종규에게도 아름다운 누이가 하나 있었고, 종규가 그 누이를 너무나 애틋하게 생각해서, 누이를 시집보내는 데 무척이나 공을 들였다는 이야기가 전해진다는 것이다. 그래서인지 엄숙한 표정의 종규가 여리게 생긴 고운 누이를 가마에 태우고는 여러 귀신이 호위하게 해서 시집보내는 장면 역시 많은 화가가 즐겨 그렸다.

전해지는 다른 이야기에 의하면 원래 종규는 문무를 겸비한 잘생긴 젊은이였다고 한다. 그런데 고향 친구인 두평杜주과 함께 과거 시험을 보러 당나라의 수도인 장안長安으로 가다가 길을 잘못 들어서 귀신 소굴로 들어가게 되었고, 귀신들에게 잡혀서 하룻밤 사이에 그만 얼굴이 아주 추하게 변해버렸다. 과거를 보러 갔지만 흉한 얼굴 때문에 급제하지 못하자 종규는 분하여 결국 자살해버렸다. 친구인 두평이 이를 가엾게 여겨 현종에게 종규의 딱한 사정을 이야기하며 친구의 원한을 풀어달라고 부탁했고, 현종은 두평의 말을 듣고 종규의 원한을 풀어주었다. 그러자 이미 귀신이 된 몸이지만 친구의 의리에 감동한 종규는 자신의 누이동생을 친구인 두평에게 시집보내기로 했다. 그래서 오늘날까지도 남아 있는, 흐뭇하고도 흥미로운 〈종규가매도鍾馗嫁妹圖〉라는 그림이 나오게 된 것이라고 한다.

2장 | 어머니의 복수는 처절하다, 유궁국 후예와 현처

    중국 신화를 보면, 예라는 이름과 함께 '후예后羿'라는 이름이 자주 등장한다. 그리고 때로 예의 행적과 후예의 행적이 서로 뒤섞여 혼동을 일으키기도 한다. 과연 예와 후예는 어떤 관계일까?

    후예라는 인물은 하夏나라 시대 유궁국有窮國의 왕이다. 하나라는 은나라 이전에 존재했다는 전설 속의 왕조다. 중국 사람들은 하나라의 실존을 믿어 의심치 않지만, 하나라를 역사시대로 편입시킬 만한, 문자를 비롯한 사적 등 확실한 증거가 아직 발견되지 않고 있다. 그래서 하나라는 여전히 전설 속의 왕조다. 그런데 그 하나라의 역사가 한동안 단절되는 사건이 일어났는데 그것은 유궁국의 후예라는 걸출한 인물 때문이었다. 유궁국은 지금의 산둥성과 허난성 지역에 자리 잡고 있었으며, 고대에 동이 계통의 민족이 살았던 곳이라고 한다. 바로 이 유궁국의 후예가 활을 잘 쏘았다고 한다. 그러다 보니 활 잘 쏘는 천신 예의 이야기에 유궁국 후예의 이야기가 뒤섞여 전해지게 된 것이다.

물론 예라는 신이 동이 계통의 신이라는 말은 오래전부터 있었다. 활을 잘 쏜다는 것과 '예'라는 이름, 하나라의 역사를 한동안 끊어지게 했다는 점 등으로 볼 때 예나 봉몽 그리고 유궁국 후예의 이야기가 동이 계통의 신이나 영웅들의 이야기일 가능성은 충분히 있다.

버려진 아이, 유궁국의 왕이 되다

유궁국의 후예는 평범한 농사꾼의 아들이었다. 원래는 이름이 그냥 '예'였는데 나중에 왕이 되면서 '후예'라 불리게 되었다. '후后'라는 글자는 '왕'이라는 뜻이다.

다섯 살 되던 해에 약초를 캐러 가는 부모를 따라 후예는 산으로 갔다. 푸른 숲은 아름다웠고 얼굴에 닿는 산들바람이 좋았다. 하지만 다섯 살 아이에게 산은 너무 험했고 숲은 너무 넓었다. 부모와 함께 한나절을 걷다가 어떤 큰 나무 밑에 이르렀을 무렵, 너무나 힘이 들었던 후예는 지친 나머지 그 자리에서 잠이 들었다. 부부는 약초를 캐러 좀 더 가야 했지만 잠든 아이를 업고 갈 수도 없는 노릇이었다.

"산이 험한데 아이를 업고 어떻게 약초를 캐겠소. 그냥 두고 갑시다."

"하지만 나중에 아이를 어떻게 찾으러 와요?"

"그건 걱정 말아요. 나중에 매미가 우는 이 나무를 찾아오면 될 테니까."

때마침 아이가 잠든 나무 위에서만 매미가 울고 있었기에 부부는 매미 우는 나무를 점찍어두고 그곳을 떠났다.

이윽고 날이 저물어 약초 캐는 일을 마친 부부는 아이를 찾으러 돌아왔다. 그러나 이제는 그만 온 산 가득 매미 소리가 들려왔다. 부부는 아이를 재워놓은 나무를 찾아 헤맸으나 매미가 울고 있는 나무가 너무 많고 모두 비슷하여 도무지 찾아낼 수가 없었다.

"아가야! 아가야!"

애타게 불러도 아이의 대답은 들리지 않고 온 산엔 무심한 매미 소리뿐이었다. 어느새 숲에는 어둠이 짙게 내려앉았고, 눈물을 흘리며 부부는 그냥 집으로 돌아가는 수밖에 없었다. 다음 날도, 또 그다음 날도 그들은 산에 들어가 아이를 찾아 헤맸지만, 어디에도 아이의 흔적은 없었다.

아이는 부부가 떠난 뒤 얼마 지나지 않아 잠에서 깨어났다.

"아빠! 엄마! 어디 계세요?"

아무리 불러도 들리는 거라곤 매미 울음소리뿐이었다.

"이상하다, 어디 가셨지?"

허전했던 것도 잠시, 나무와 풀과 나비와 작은 벌레들을 따라다니며 아이는 정신없이 놀았다. 숲은 아이의 친구가 되어주었다. 그러다가 문득 정신을 차려보니 주위가 어두워지고 있었다. 그러자 아이는 갑자기 무서운 생각이 들었다. 아이는 길가 바위 옆에 쪼그리고 앉아 울기 시작했다. 아이의 울음소리가 점점 커져갈 무렵 산속을 지나가던 사냥꾼 초호보楚狐父가 아이를 발견했다.

"아가, 네 이름이 뭐냐? 왜 여기 혼자 있는 거니? 집은 어디야?"

아무리 물어도 아이는 대답을 하지 못한 채 계속 흐느끼고만 있었다. 초호보는 아이를 집으로 데리고 가서 양아들로 삼았다. 그리고 활을 잘 쏘던 초호보는 아이에게 활 쏘는 법을 가르쳤다. 슬픔에 빠져 있던 아이는 활을 손에 잡으면서 생기를 되찾았다. 아이는 총명하고 솜씨가 뛰어나 하나를 가르치면 열을 알았고, 얼마 지나지 않아 초호보의 활 솜씨를 능가하게 되었다.

아이는 양아버지의 사랑 덕분에 친부모에 대한 그리움을 접어둔 채 무럭무럭 자랐다. 그러나 스무 살이 되던 해, 양아버지인 초호보도 세상을 떠나고 후예는 세상에 혼자 남게 되었다. 가슴속에 원대한 꿈은 있었지만 산속에서 혼자 지내는 생활은 외롭고 견디기 힘들었다. 친부모가 어딘가에 살아계실 것을 알고 있었지만 찾아갈 방도도 없었다. 그러던 어느 날 후예는 절벽 위에 활을 들고 서서 기원했다.

"나, 이 활과 화살을 가지고 세상을 평정하리라. 만약 이 소망이 이루어질 것이라면 내가 쏘는 이 화살이 나를 인도하리라, 나의 집으로!"

기원을 마치고 후예는 세상을 향해 화살을 날렸다. 그런데 신기하게도 화살이 뱀처럼 구불구불 한없이 날아가는 것이었다. 후예는 화살이 이끄는 대로 산을 넘고 물을 건너 수십 리를 달렸다. 가보니 다 쓰러져가는 초가 한 채가 보였는데, 그가 쏜 화살이 그 집

문지방에 꽂혀 있었다.

'여기가 나의 집인가!'

후예는 가만가만 집으로 들어갔다. 오랫동안 사람이 살지 않았던 듯 깨진 기왓장이 주변에 나뒹굴고 있었으며 부뚜막에는 조각난 그릇들이 여기저기 흩어져 있었다.

'여기가 내 집이라면 부모님은 어디로 가셨단 말인가?'

예감이 좋지 않았으나 후예는 이웃집으로 가서 옆집 사람들의 행방에 대해 물어보았다. 그랬더니 이웃집 사람이 이렇게 대답하는 것 아닌가.

"그 집 부부는 이미 세상을 떠났다오. 아주 오래전의 일이지."

후예는 절망했다. 그래도 그는 슬픔을 가누며 망가진 집을 대충 정리하고 그곳에서 농사를 지으며 살아가기 시작했다. 그러나 농사일을 배운 적이 없던 터라, 후예는 멀건 시래기죽으로 간신히 연명할 수 있을 뿐이었다. 결국 그 생활을 참지 못한 후예는 다시 길을 떠나기로 작정했다.

"그래, 어디를 간들 이곳보다 못하겠어. 떠나자!"

후예는 마음속으로 부모님께 작별을 고하고 길을 떠났다. 그리고 그 길에서 '오하吳賀'라는 친구를 만나게 되었다. 오하는 활쏘기를 좋아하는 멋진 친구였는데, 솜씨가 후예보다 한 수 위였다. 그래서 후예는 오하를 스승처럼 여기며 가르침을 진지하게 받아들였고, 그 덕분에 활 쏘는 솜씨가 나날이 늘어갔다. 그러던 어느 날 오하가 말했다.

"저 참새의 왼쪽 눈을 맞혀보게!"

"좋아, 그러지 뭐."

후예가 화살을 날리자 참새가 땅에 떨어졌다. 두 사람이 다가가 살펴보니 화살은 참새의 왼쪽 눈이 아닌 오른쪽 눈에 박혀 있었다.

"멋진 솜씨야. 잘했네!"

'왼쪽 눈이 아닌걸.'

오하가 어깨를 두드리며 격려해주었으나 후예는 멋쩍어하면서 고개를 숙였다. 이 일이 있은 뒤 후예는 더 열심히 활쏘기 연습을 했다. 그리하여 백발백중 무엇이든지 다 맞힐 수 있게 되었다. 그 후 신출귀몰한 활솜씨로 후예는 사람들을 괴롭히는 것들을 차례대로 물리치고 그 지역을 평정하여 드디어 유궁국의 왕이 된다. 그의 세력은 나날이 강성해져서 당시 혼란에 빠져 있던 하나라 정권까지 장악하기에 이르렀다.

검은 여우 현처의 유혹

후예가 왕이 되자 사람들은 모두 그에게 머리를 조아렸다. 그러나 '백봉伯封'이라는 제후 하나가 유일하게 그에게 복종하지 않았다. 백봉은 요임금 밑에서 음악을 담당했던 악관 기夔의 아들이었는데, 시커먼 돼지처럼 생긴 데다 거칠고 탐욕스러웠다. 그러나 그런 백봉에게도 아름다운 어머니가 있었으니, 그녀는 유잉씨有仍氏의 딸 현처玄妻였다. 검게 빛나는 긴 머리카락을 가져서 그런 이름이 붙었다고 하는데, 나이가 상당히 들었음에도 천하절색이었다.

사람들은 그녀를 '검은 여우'라고 불렀다.

　백봉이라는 자가 자신의 명령을 따르지 않고 멋대로 권력을 휘두른다는 소식을 듣고 후예는 군사를 이끌고 그를 치러 갔다. 어려서 버림받는 고통을 겪어내고 자신의 힘으로 강해진 유궁국 후예에게 반항할 정도라면 백봉 역시 그 지역에서 막강한 세력을 지녔던 인물임에 틀림없다. 거칠고 힘센 백봉의 저항은 의외로 완강했지만, 귀신같은 명사수 후예를 당해낼 재간은 없었다. 결국 백봉은 후예의 화살을 맞고 세상을 떠나고 말았다. 사납고 탐욕스러운 백봉이 죽자 모두들 환호했다. 그러나 그의 어머니 현처만은 슬픔에 잠겼다. 아무리 못되고 흉한 인물이라고 해도 어머니에게는 사랑스러운 아들일 뿐이었다. 현처의 가슴은 슬픔과 분노로 가득 찼다. 그러나 슬픔과 분노로 가득 찬 여인의 모습은 오히려 고혹적이어서 그녀를 본 후예는 그만 한눈에 반해버렸다. 긴 머리를 늘어뜨린 채 깊은 슬픔에 젖어 있는 그녀의 검고 큰 두 눈은 아무리 보아도 매력적이었다. 후예는 그녀를 아내로 맞겠다고 선언했다. 그러자 신하들이 하나같이 반대했다.

　"아니 되옵니다. 원수의 어미를 어찌 반려로 맞으려 하십니까?"

　"무슨 상관이란 말이냐, 어차피 백봉 놈은 죽었는데!"

　신하들은 후예의 고집을 꺾을 수 없었다. 그것은 현처도 마찬가지였다. 아들을 죽인 자에게 시집을 가다니, 있을 수 없는 일이었지만 현처는 얼굴색 하나 변하지 않고 그를 받아들였다.

　'두고 보아라, 너의 궁전이 곧 피로 물들게 될 테니.'

　그녀의 가슴속에는 푸르게 빛나는 날카로운 비수가 들어 있었다. 후예는 그 일대를 평정한 위대한 영웅이었다. 그러나 아름다운 여인 앞에서는 판단력이 마비되는 것인지, 후예는 검은 여우 현처를 앞세우고 의기양양하게 궁전으로 돌아왔다.

현처와 후예의 이야기를 보다 보면 그리스 신화의 클리타임네스트라가 떠오른다. 아가멤논Agamemnon의 아내 클리타임네스트라는 그리스 신화에서 '악녀'로 이름 높다. 사랑하는 남자 아이기스토스Aegisthos와 공모해서 남편 아가멤논을 죽이고, 결국 아들인 오레스테스에게 살해되는 여자, 그리스 신화에서 가장 피 냄새를 풍기는 비극의 주인공이다. 남편을 죽여? 그것도 정부와 공모해서? 어떻게 그런 천인공노할 일이? 잘 모르는 사람들은 그렇게 말할 수 있다. 그러나 사정을 아는 사람들이라면 그녀를 가엾게 여길 것이다.

클리타임네스트라는 원래 탄탈로스Tantalos의 부인이었다. 아가멤논은 탄탈로스를 죽인 후 클리타임네스트라를 데려온다. 그때 아가멤논은 클리타임네스트라의 어린 아기도 내던져서 죽였다. 현처가 아들 백봉을 가슴에 묻고 후예를 따라올 수밖에 없었듯이 클리타임네스트라 역시 죄 없이 죽어간 자신의 아기를 가슴에 묻은 채 아가멤논을 따라가야 했다. 분노를 삭이면서 살아가던 그녀가 사랑스러운 딸 이피게네이아Iphigeneia를 제물로 던져버리는 아가멤논 앞에서 다시 느꼈을 절망을 생각하면, 그녀가 아가멤논의 또 다른 여자 카산드라Kassandra까지 살해해버리는 것도 이해될 듯하다. 자신의 아이를 두 명이나 죽인 아가멤논을 살해하여 아이들의 복수를 하지 않았다면 클리타임네스트라는 '어머니'가 아니었을 것이다. 하지만 클리타임네스트라가 분노를 가슴에 묻은 채 아가멤논과의 사이에서 아이를 넷이나 낳으며 기회를 노린 것에 비해 현처의 복수는 좀 더 신속했다. 그만큼 분노가 더 컸던 것일까, 아니면 더 강한 인물이었던 것일까? 어느 편이든 가슴속에 분노를 품은 어머니의 복수는 어디서나 그렇게 처절하다.

후예의 최후

백봉을 처단하고 아름다운 검은 여우 현처를 데리고 돌아오는 도중에 후예에게 한착寒浞이라는 젊은이가 찾아왔다. 한착은 머나먼 한국寒國에서 온 자였는데, 일부러 후예를 찾아왔다고 했다.

"그대는 누구인데 나를 찾아왔는가?"

"저는 한착이라고 하옵니다. 영명하신 주군을 뵙고자 찾아왔나이다."

"오호, 기특하군. 그래, 그대는 어떤 생각을 갖고 있는가? 한번 말해보게나."

한국의 왕은 판단력이 뛰어나고 총명한 사람이었다. 그는 한착이 귀공자이고 능력이 뛰어나기는 하지만 성격이 비열하고 교활하다는 것을 알고 멀리했다. 한국에서는 벼슬하기가 어렵다고 판단한 한착은 후예를 찾아와서 자신의 특기인 아부와 달변으로 후예의 마음을 사로잡았다. 기록으로 추측건대 한착이라는 젊은이는 무척이나 지능지수가 높지만 도덕심은 전혀 없는 출세 지상주의자였던 것 같다.

"총명한 젊은이로구나. 이제부터 내 곁에 있도록 하라!"

수도로 돌아온 후예는 원래 있던 지혜로운 재상을 쫓아내고 한착을 재상으로 임명했다. 그리고 다른 어진 신하들도 모조리 쫓아내 버렸다. 후예는 한착의 아부와 달변에 완전히 넘어가 기고만장해졌다.

"정치 따위가 무슨 소용이냐, 활만 잘 쏘면 최고지!"

후예는 타고난 무인으로, 정치에는 익숙하지 못했다. 들판을 쏘다니며 활을 쏘는 것이 적성에 맞았던 후예는 정치는 뒷전으로 미뤄두고 매일 신하들을 데리고 매사냥을 나갔다. 그 틈에 한착은 야금야금 권력을 장악했다.

'어리석은 후예여, 나를 믿느냐? 기다려라! 내가 곧 너의 자리를 차지하고 말 터이니.'

후예가 사냥에 정신이 팔려 있는 동안 한착의 가슴속에는 커다란 야망이 나날이 자라났다. 그리고 그는 눈을 번득이며 자신의 야망을 실현시켜줄 동조자를 물색했다. 때마침 그의 눈에 검은 여우가 들어왔다. 늘 수심에 젖어 있는 여인, 항상 후예 곁에 있지만 언제나 몽롱한 눈으로 먼 곳을 바라보는 여인, 바로 저 여자다!

한착은 후예가 사냥터로 떠난 틈에 궁전으로 들어가서 검은 여우 현처의 속마음을 은근히 떠보았다.

"아들이 그립지 않은가요?"

현처는 한착이 그리 좋은 인간이 아니라는 것쯤은 일찌감치 파악하고 있었다. 하지만 상관없었다. 아들의 복수를 할 수만 있다면 무슨 상관이랴. 네가 나를 이용한다면 나도 너를 이용하리라.

"그대가 큰일을 도모하자면 날개가 필요하겠지요. 그래야 날아오를 수 있을 테니. 그대가 날아오르는 날, 저는 바람을 일으켜드리지요."

영리한 한착은 그 말의 의미를 금방 알아차렸다. 그날부터 그는 발 빠르게 움직이며 자신의 세력과 지지 기반을 넓혀갔다. 그리고 곳곳에 뇌물을 뿌려서 인심을 얻었다. 물론 착한 일은 혼자 다 하는 척하고 나쁜 짓은 모두 후예가 저지르는 것으로 꾸미는 것도 잊지 않았다.

"왕이시여, 사냥이 재미있으시지요? 하시고 싶은 대로 마음껏 하십시오. 나랏일은 모두 제가 알아서 처리하겠나이다."

"그래, 자네가 모든 걸 알아서 하게."

어리석은 후예는 전혀 분위기를 파악하지 못한 채 매일매일 사냥터로 출근했다. 현처는 옆에서 일부러 후예의 뜻에 반하는 일을 해서 그의 화를 돋우곤 했다. 그러다 보니 후예의 성격은 나날이 포악해져, 주위에 있던 사람들이 아무 이유 없이 매를 맞고 욕을 먹는 일이 비일비재했다.

"에잇, 정말 이젠 더 이상 못 참겠다!"

후예의 신하들과 시종들 모두가 후예를 외면했다.

'드디어 때가 왔구나!'

한착은 이런 분위기를 감지했다. 오랫동안 공들여온 보람이 있었다. 한착과 현처의 치밀하고도 은밀한 계획은 착착 진행되었고, 드디어 예정된 암살의 날이 다가왔다.

어느 저녁, 후예는 야외에서 사냥을 마치고 말을 탄 채 시종들을 데리고 흥겹게 돌아오고 있었다.

"쉭!"

숲속에서 활시위를 당기는 소리가 들리는 순간, 돌아본 후예의 목덜미에 화살이 날아와 꽂혔다.

"윽!"

이어 사방에서 화살이 비 오듯 쏟아졌다. 아무리 날랜 후예라도 이쪽저쪽에서 쏟아지는 화살을 피할 도리는 없었다. 날아오는 화살들이 후예의 어깨, 등, 허리에 꽂혔다. 후예는 더 이상 버티지 못하고 말에서 떨어지고 말았다.

"이제야 끝났군!"

한착이 심복들과 자기편으로 끌어들인 후예의 시종들을 이끌고 숲에서 걸어 나왔다. 그리고 아직 신음하고 있는 후예의 숨통을 확실히 끊어버렸다. 후예의 뒤를 따라오던 시종들은 일찌감치 한착과 내통하고 있었기 때문에 얼른 무기를 내려놓았다. 물론 충직한 후예의 부하들 몇몇이 마지막까지 저항했으나 중과부적이어서 모두가 죽임을 당하고 말았다.

"충실한 나의 부하들이여, 이제 끝났다. 폭군 후예가 드디어 죽었느니라. 시체를 메거라. 왕궁으로 가자!"

한착과 부하들은 후예의 시체를 둘러메고 횃불을 들고서 왕궁으로 돌아왔다. 마침내 한착은 왕으로 받들어졌고, 여전히 아름다운 검은 여우 현처는 이제 새로운 권력자 한착의 아내가 되었다.

"후예의 시체를 삶아라!"

사람을 죽였으면 그만이지 시체를 삶다니, 이 무슨 엽기적인 행태란 말인가! 그러나 중국의 역사서를 보면 적을 잡은 뒤 삶아서 국으로 만드는 일이 비일비재하게 보인다. 그것은 잔인해 보이기도 하지만 중국 고대인들의 몸과 영혼에 관한 관념과도 연관이 없지 않다. 사람의 영혼은 죽어서도 사라지지 않는다고 믿었던 고대인들은 그 영혼이 다시 인간 세상으로 돌아와 살아 있는 사람에게 해를 끼칠 수 있다고 여겼다. 그래서 영혼이 돌아올 수 있는 집인 몸을 없애야만 나중에 영혼이 돌아와서 해를 입히는 일이 없을 거라고 믿었다.

"국을 끓여라. 그리고 그걸 그놈의 아들에게 먹여라!"

그러나 아들이 어찌 아버지를 삶은 국을 먹을 수 있을까. 후예의 아들은 끝까지 국 먹기를 거부하다가 왕궁 밖으로 끌려가 살해되었다.

'결국은 너도 마찬가지로구나.'

그 일련의 과정을 지켜보면서 현처는 가슴이 무너져 내렸을지도 모른다. 그러나 상관없었다. 사랑스러운 아들 백봉의 복수는 이미 끝냈다. 자신의 남은 인생 따위는 이제 어찌 되든 상관없었다.

기구한 운명으로 세 번째 남편을 맞은 검은 여우 현처는 아들을 둘 낳았다. 요와 희라는 두 아들은 천하장사였다. 요는 늘 몸에 자신의 발명품인 갑옷을 두르고 다녔고, 동생인 희 역시 힘센 용사였다. 그러나 그들은 아버지를 닮아 성격이 포악하고 사나웠다. 한착은 교활하고 간사한 인물이었고 둘마저 아버지를 능가할 정도로 못된 인물들이었으니, 산 넘어 산이라 백성의 고통은 이루 말할 수가 없었다.

견디기 힘들었던 사람들은 후예가 왕이 되면서 멀리 도망쳤던 하나라 왕 계啓의 손자 소강少康을 찾아내 왕으로 옹립하기로 했다. 그리고 각지의 동조 세력을 규합하기 시작했다.

"도저히 이대로는 살 수 없습니다. 무너졌던 왕조의 맥을 이어야 합니다!"

마침내 사람들이 소강을 데려와서 하 왕조의 계승자로 세우고 전쟁을 시작했을 때, 그들이 가진 것이라고는 사방 10리밖에 안 되는 땅과 500명이 채 안 되는 군사뿐이었다. 물론 한착 부자는 막강한 군대와 재물을 지니고 있었다. 하지만 하나라 왕조 부흥의 깃발을 치켜든 소강에게는 명분이 있었다. 힘든 전쟁이었지만, 몇 년 뒤 소강은 한착과 그 아들들의 군대를 모두 궤멸시켰고 한착 부자도 죽임을 당했다. 하 왕조를 무너뜨렸던 후예의 위대한 유궁국은 이렇게 내분으로 막을 내리게 된 것이다.

7부

여신들의 나라

1장 ‖ 뱀의 몸을 한 여와

아이를 낳게 해주세요

부부에게 자식이 생기지 않을 때 아이를 낳게 해달라고 신에게 비는 풍습은 어느 나라에나 존재한다. 중국에서도 출산은 매우 중요한 일이었으니, 특히 왕실에서는 아들을 낳는 것이 절실한 소망이었다. 그래서 고대에 천자는 해마다 꽃 피는 봄이 오면 아내들을 거느리고 교외에 나가 소, 양, 돼지 등 성대한 제물을 차려놓고 신에게 제사를 올려서 왕실에 자손이 가득하기를 기원했다.

제비가 남쪽에서 날아오는 날 소, 양, 돼지 등의 희생물을 갖추어 고매신高媒神에게 자식을 낳게 해달라고 기도한다. 이때는 천자가 친히 행차하는데, 후后와 비妃는 아홉 빈嬪을 거느리고 천자 앞에 가서 기다린다. 그러면 천자는 좋아하는 여인을 예로써 맞이하여 활집을 허리에 차고 고매신의 신상神像 앞에서 제례를 거행한다.
수태를 한 여인은 신상 앞에 나아가 몸소 활과 화살을 받는다.

《예기禮記》에 기록된 주나라의 제사 장면이다. 천자와 비빈들이
제사를 올리는 신인 '고매'는 중매쟁이 신, 다시 말해 혼인의 신인
데 이 고매신이 다름 아닌 여와다. 진흙으로 인간을 만들고 남녀를
짝지어주는 여신 여와가 혼인의 신인 것은 당연한 일이다. 활과 화
살은 아들을 상징하는 것으로, 아이를 낳는 것도 중요했지만 아들
을 낳는 것이 더 중요했기 때문에 임신한 비빈들은 고매신 앞에서
활과 화살을 받으며 아들을 낳게 해달라고 기도했다. 여와는 오늘
날에도 '송자낭낭', 즉 '아들을 보내주는 여신'으로 민간에서 숭배
받는다. 송자낭낭은 우리나라로 치면 삼신할머니 같은 존재라 할
수 있다.

"이젠 힘들어서 더 이상 못 만들겠다."
진흙으로 인간을 만들어 넓은 세상을 채워가던 여와는 이제 체
력의 한계를 느꼈다. 진흙으로 만든 인간들은 자꾸 죽었다. 여와는
진흙으로 인간들을 계속 만들어야 했지만 그것은 보통 힘들고 귀
찮은 일이 아니었다.
"좋은 방법이 없을까?"
곰곰이 생각하던 여와는 날짐승과 길짐승들을 관찰하다가 답을
얻어냈다.
"그래, 암놈과 수놈이 짝을 지어 새끼를 퍼뜨리는구나."

여와는 진흙 인간들을 남녀로 나누었다. 그리고 그들을 짝지어 자손들을 퍼뜨리게 했다. 이 방법은 대성공이어서 세상은 인간으로 가득해졌다.

이것은 중국 간쑤성甘肅省 지역에 전승되는 신화인데, 여와가 혼인 제도를 만들어낸 과정을 설명해주고 있다. 쓰촨성 지역에 전승되는 이야기도 흥미롭다.

대홍수가 끝난 뒤, 남매인 여와와 향산香山의 시조가 결혼했는데, 얼마 후에 여와가 살덩어리를 하나 낳았다.

"이게 도대체 뭐지?"

이상한 살덩어리를 가르니 그 속에서 남자아이 51명과 여자아이 49명이 나왔다. 여와는 아이들을 짝지어주기 시작했다. 잘난 아이들은 잘난 아이들끼리, 못난 아이들은 못난 아이들끼리 짝을 지어주었다는데, 그러다 보니 맨 나중에 남자아이 둘만 남았단다.

"모자라니 할 수 없구나! 너희들은 그냥 살도록 하여라."

그래서 세상에는 짝이 없는 남자 혹은 여자가 생겨났다고 한다.

여와가 독립적인 창세 여신의 모습으로 등장하기도 하고 남매혼 신화의 주인공으로 등장하기도 하는 등 이야기의 내용은 조금씩 달라도 여와가 혼인의 신으로 나타나는 것은 모두 같다. 여와에 대한 이런 숭배 의식은 지금도 중국의 중원 지역에 광범위하게 퍼져 있어서 해마다 봄이 올 때쯤이면 여와의 사당 앞에서 제사가 거행된다. 물론 지금은 제사를 받는 여와의 성격이 변해 혼인의 신뿐 아니라 마을과 가정의 수호신 역할까지 겸하고 있다. 고대에 이런 제사는 일종의 축제 형식으로 진행되었는데, 그 지역의 젊은 남녀가 모두 제사에 참가해서 스스로 마음에 드는 짝을 찾곤 했다.

하나 더 보충하면, 혼인의 신 여와는 음악의 신이 되기도 한다. 여와는 생황笙簧을 만들어냈다고 하는데, 이 악기는 지금의 중국 남부 지방 소수민족 사이에서 많이 연주되는 '루성'이라는 악기와 비슷하다. 지금도 루성은 중국 남방에 거주하는 소수민족의 축제에 없어서는 안 되는 중요한 악기인데, 먀오족의 루성절蘆笙節에는 수백 대의 루성이 한꺼번에 연주되기도 한다.

이것을 루성이라고 부르는 이유는 본래 이 악기가 '호로葫蘆', 즉 '조롱박(蘆)'*으로 만들어졌기 때문이다. 지금도 윈난성 지역에는 조롱박에 관을 하나 끼워서 연주하는 '후루쓰葫蘆絲'라는 악기가 있다. 조롱박 역시 다산의 상징으로, 혼인이나 출산과 일맥상통하는 상징 계통에 속한다.

---

*　**조롱박**　우리나라 전통 혼례 절차 중 '합근례'는 하나의 조롱박을 반으로 가른 잔에 술을 담아 신랑신부가 함께 마시는 의례. 조롱박을 반으로 가른 술잔을 합치면 하나가 되므로, 음과 양이 하나로 합쳐진다는 의미를 가지고 있다. 중국 남부 지방과 우리나라 농경 사회에서 조롱박은 다산을 상징한다. 중국 남부 지역에 전승되는 소수민족의 홍수 신화에서 조롱박 속에 숨은 남매가 대홍수에서 살아남은 유일한 인간이 된다는 것도 조롱박이 갖고 있는 상징성과 관련이 있다. 조롱박 속에 들어 있는 수많은 씨앗과 자궁을 닮은 조롱박의 생김새는 자연스레 생육을 연상시킨다. 특히 이족(彝族)의 경우에는 조롱박에 조상의 영혼이 깃들어 있다고 생각하기도 한다.

남성성과 여성성을 한 몸에

"저것이 여와로구나! 뱀의 몸을 하고 있네. 복희 역시 비늘이 있는 뱀의 몸이로군."

동한의 왕연수王延壽는 노나라의 공왕恭王 유여劉餘가 지은 영광전靈光殿의 벽화 앞에 서 있었다. 벽화에는 용들이 날아다니고 머리가 아홉 개 달린 신의 모습도 보였다. 개벽시대 세상의 시작을 그린 장엄한 그림이었다. 그러나 무엇보다 특이하고 흥미로운 것은 복희와 여와의 모습이었다. 복희와 여와의 얼굴은 사람이었지만 몸은 뱀이었다. 그것을 보고 돌아온 왕연수는 영광전의 벽화를 소재로 작품을 하나 완성했으니, 그 작품이 바로《문선文選》이라는 책에 실려 있는〈노나라 영광전의 노래(魯靈光殿賦)〉다.

동한의 학자 왕일王逸도 "여와는 사람의 얼굴에 뱀의 몸을 하고 있고, 하루에 일흔 번 변화한다"고 했다. 여기서 왕일이 말하는 '변화한다'는 것은 무슨 뜻일까? 손오공처럼 하루에 70번 둔갑한다는 뜻일까? 학자들이 많은 연구 끝에 찾아낸 답안은 위대한 창조신인 여와가 하루에 70번 생명체를 만들어냈다는 말이라고 한다. 그래서 여와가 인간을 만들어낼 때 "황제는 남녀의 생식기를, 상병上駢은 귀와 눈 등을, 상림桑林은 팔을 만들어 여와를 도와주었다"는 이야기도 생긴 것이다.

여와는 많은 일을 했다. 무너진 하늘을 오색 돌을 녹여 메웠다는 이야기에서는 우주의 질서를 바로잡은 여신의 위대한 힘을 엿볼 수 있고, 진흙으로 인간을 만들었다는 이야기에서는 창조신의 신격을 찾아볼 수 있다. 그러나 왕연수가 영광전의 벽화에서 보았듯이 동한 때가 되면 여와는 복희와 함께 등장한다. 동한시대는 음양론이 무척이나 유행했던 시기다. 음과 양이 합쳐져서 우주의 아름다운 질서가 만들어진다는 믿음이 강했던 시대에 뱀 모양의 여와와 복희가 꼬리를 꼬고 있는 모습은 음과 양의 결합을 의미했다. 음과 양의 완벽한 결합을 통해 세상 만물이 생겨난다고 그때 사람들은 믿었으며, 그런 믿음을 잘 보여주는 것이 한나라의 무덤에서 숱하게 발견되는 복희와 여와의 도상이다.

투루판吐魯蕃의 아스타나 고분에서 출토되었고 일본 오타니大谷 탐험대*에 의해 반출되어 우리나라 국립중앙박물관에 남아 있게 된 〈복희여와도〉를 보면 그것을 좀 더 확실하게 알 수 있다. 이 그림에서 복희와 여와는 뱀 모양의 꼬리를 서로 꼬고 있을 뿐 아니라 손에 곱자와 컴퍼스를 들고 있다. 곱자와 컴퍼스는 네모난 땅과 둥근 하늘, 즉 세상을 만든 것을 뜻하는 상징물이니, 우주를 만들어

---

* **오타니 탐험대** 19세기 말에서 20세기 초에 걸쳐 서구 열강은 타클라마칸 사막 주변과 중앙아시아를 중심으로 탐사를 진행했다. 스웨덴 출신의 스벤 헤딘(Sven Anders Hedin)은 신장위구르와 티베트 등지를 넘나들며 누란 유적지를 비롯한 여러 곳을 발굴했고, 영국의 마크 아우렐 스타인(Mark Aurel Stein)은 타클라마칸을 비롯해 둔황 막고굴까지 가서 막고굴의 문서들을 반출해 갔다. 이어서 프랑스의 폴 펠리오(Paul Pelliot)도 혜초의 《왕오천축국전》을 비롯해 막고굴의 주요 문서들을 갖고 갔으며, 독일의 폰 르코크(Albert von Le Coq)는 베제클리크 석굴의 벽화를 뜯어 베를린으로 가져갔다. '실크로드의 악마들'(피터 홉커크)이라 불리는 그들 틈에 일본의 오타니도 끼어든다. 오타니 남작 역시 두 차례 탐험에 참가하여 유물들을 반출했는데, 당시 그들이 갖고 왔던 유물들의 상당수가 여러 가지 이유로 인하여 우리나라에 남게 되었다. 식민지를 경영했던 국가가 아니면서도 실크로드 유물 수장국이 된 우리나라의 국립중앙박물관 중앙아시아관을 채우고 있는 유물들 중 상당수가 당시 오타니 탐험대가 가져온 이른바 '오타니 컬렉션'인데, 〈복희여와도〉는 그중 대표적인 유물이다.

낸 창조신으로서의 신격까지 복희와 여와가 가졌음을 보여준다. 두 신의 주위에는 투루판 지역의 특징을 보여주는 둥근 진주 모양의 큼직큼직한 별들이 그려져 있고 태양과 달도 보인다. 우주의 중심에서 손에 곱자와 컴퍼스를 들고 생명과 불멸성을 상징하는 뱀 모양의 꼬리를 꼬고 있는 복희와 여와의 모습에서는 범접하기 힘든 그들만의 카리스마가 느껴질 지경이다.

중세 유럽의 연금술사들이 그린 것 중에 흥미로운 자웅동체 신의 그림이 있다. 물론 성격이 아주 같다고는 할 수 없으나 남자와 여자의 얼굴에 뱀의 몸을 한 신이 꼬리를 꼬고 있는 모습은 복희와 여와의 도상을 연상시킨다. 양과 음의 결합, 남성성과 여성성을 한 몸에 지닌 자웅동체 신에 대한 경외심과 두려움을 잘 보여주는 그림이다. 남성성과 여성성을 한 몸에 지닌 신은 두렵지만 완벽한 신성을 갖는다.

인도의 나가naga와 나가칼nagakal 역시 사람의 얼굴에 뱀의 몸을 한 두 신이 꼬리를 꼬고 있는 도상인데, 이런 도상은 이란 지역에서 출토된 도기에서도 볼 수 있다. 중국, 인도, 이란 등지를 비롯하여 전 세계 신화에 광범위하게 분포된, 뱀 모양의 꼬리를 꼬고 있는 남신과 여신의 모습은 자웅동체 신의 특성을 보여주는 동시에 '탯줄'의 상징성을 갖기도 한다.

이런 형태의 도상에서 뱀은 불멸의 상징으로 나타난다. 무덤 속의 도상에 등장하는 신의 몸이 뱀의 형태라는 것은 조상의 영혼이 불멸하기를 기원하는 당시 사람들의 소망을 보여주는 것이며, 꼬여 있는 뱀의 꼬리는 자손들이 대대로 번성하기를 바라는 그들의 바람을 나타낸다. 이런 것들이 한 폭에 그려진 투루판의 〈복희여와도〉는 고대 중국에 복희와 여와의 결합이 왜 중요한 상징이었으며 조상을 모신 사당이나 무덤의 벽에 그 두 신의 그림이 왜 그렇게 많이 새겨졌는지를 짐작하게 해준다.

2장 태양의 여신 희화와 달의 여신 상희

"애야, 오늘은 네 차례다. 어서 이리 오너라."

희화는 자신이 낳은 열 명의 아들들, 즉 열 개의 해를 순서대로 하루에 하나씩 감연甘淵의 맑은 물로 씻겨 눈부시게 빛나게 한 뒤에 태양 수레에 태우고 장엄하게 하늘을 가로질러 달려갔다. 이곳은 흑치국黑齒國의 북쪽에 있었는데, 열 개의 해가 늘 목욕을 하니 언제나 물이 펄펄 끓어서 '온원곡溫源谷'으로도 불렸다. 이 들끓는 바다 한가운데 부상수가 하늘을 향해 치솟아 있었고, 천제의 아들인 열 개의 해가 그 나무 위에서 살았다. 해들은 부상수의 가지 사이에 주렁주렁 매달려 있다가 하늘로 나갈 순서가 되면 나무의 맨 꼭대기로 올라갔다.

부상수에는 아름다운 옥계도 한 마리 살고 있었는데, 옥계가 날개를 퍼덕이며 울면 귀신들이 모여 사는 도도산의 복숭아나무 위에 있는 금계가 따라 울었고, 금계가 울면 세상에 나가 돌아다니던 귀신들이 도도산으로 돌아왔다. 이런 이유로 중국 신화에서는 닭이 광명을 뜻하는 상서로운 동물로 그려지고 있다. 한나라와 위진 시대에 유행했던 박산로博山爐라는 향로를 보면 신선들의 산인 삼신산이나 오신산 모양의 향로 뚜껑 맨 위에 닭처럼 생긴 새가 주조되어 있다. 그 새가 무엇인지에 대해 제기된 여러 주장 중 봉황이라는 견해가 지배적이기는 하지만, 그것의 본래 형태는 아마도 광명을 뜻하는 닭이었을 것이라고 생각한다.

어쨌든 도도산의 금계가 울면 그 소리에 각지의 명산대천에 있는 석계石鷄들이 따라 울었고, 그러고 나면 온 세상의 닭들이 모두 따라 울었다. 그 순간 새벽노을 속으로 찬란한 해가 둥실 떠오르기 시작하는데 그때 희화가 하늘로 나선다.

"자, 어서 타거라. 갈 길이 멀구나!"

여섯 마리의 용이 끄는 수레에 나갈 순서가 된 아들을 태우고 동쪽에서 서쪽으로, 하루도 빠짐없이 희화는 광활한 하늘을 가로질렀다. 아들을 태우고 서쪽까지 간 희화는 비천悲泉이라는 곳에 도착하면 수레를 멈추고 아들을 내려놓았다. 이곳은 '수레가 멈춘 곳', 즉 '현거懸車'라고도 하는데, 거기서부터 남은 여정은 아들 혼자서 마쳐야 했다.

"저 녀석이 제대로 끝까지 갈 수 있으려나?"

어머니 희화는 아들이 우연虞淵을 지나 몽곡蒙谷으로 들어가서 찬란한 황금빛을 내뿜는 것을 보고서야 빈 수레를 몰아 다시 돌아왔다.

해의 신 희화와 달의 신 상희常羲에 관한 기록은《산해경》에 보인다.《산해경》에 기록된 내용은 그 기원에 있어 은 민족의 신화와 깊은 관련을 맺고 있다.

    희화는 동남쪽 바다의 바깥, 감수甘水에 살았는데 감연의 맑은 물로 자신이 낳은 열 개의 태양을 목욕시켰다.

이 책에 나오는 '제준帝俊'은 은 민족의 신인데, 제준이라는 이름은 다른 책에는 보이지 않고 다만《산해경》에만 보인다. 주 민족이 주나라를 세우고 은나라를 멸망시키면서 은나라 신화에 등장하던 상제인 제준의 이름 역시 역사서 속에서 사라졌다고 추측해볼 수 있지만, 그 실상은 정확하게 알 수 없다. 어쨌든《산해경》에 나오는 천상의 최고신 중 하나인 제준의 아내로 희화와 상희가 등장한다.

그리스 신화에서 태양 마차를 모는 신은 파에톤의 아버지 헬리오스Helios다. 그러나 중국 신화에서 여섯 마리의 용이 끄는 화려한 수레로 태양을 실어 나르는 신은 여신 희화다. 게다가 그녀는 열 개의 태양을 낳은 어머니다. 태양 수레를 모는 우아하고 강한 희화의 모습은 위대한 여신의 원래 모습 그대로다. 그러나《산해경》에는 '제준의 아내'로 기록되어 있다. 그리고 시간이 더 지나면 희화는 그저 신화 속의 이름으로만 남고, 일력日曆을 담당하는 관직명으로 변해버린다.

또《산해경》의 기록을 보면 달의 여신 상희는 열두 개의 달을 낳았다. 그리고 희화가 그랬던 것처럼 서방의 황야에서 달들을 씻겼다. 여기에서 열두 개의 달을 낳았다는 것은 말 그대로 달을 열두 개 낳았다는 의미일 수도 있고, 열두 달의 시간을 낳은 것으로 해석해볼 수도 있다. 신화가 생겨난 시기와 기록된 시기는 다른 것이 보통으로, 본래는 해와 달의 위대한 여신이었던 희화와 상희가 전국시대에 이르러 제준의 배우자로 문헌에 기록되는 것이다.

한편 한나라 때의 화상석을 보면, 배에 달을 품고 있는 여신이 하늘로 날아오르는 도상이 있다. 여신이 품고 있는 달 속에는 계수나무와 두꺼비도 보인다. 이 도상은 달을 향해 날아간 항아를 언뜻 연상시키지만, 사실은 '항아'라는 여신이 달을 낳은 달의 여신 '상희'에서부터 유래된 것임을 추측하게 해준다.

3장　　야생의 서왕모, 궁정으로 들어오다

무시무시한 여왕

서왕모라는 이름을 보고 자칫 '서방의 왕모', 즉 서쪽 지방의 여왕이라고 해석하기 쉽다. 그러나 《산해경》에 기록된 서왕모의 모습은 아름다운 서방의 여왕과는 거리가 멀다.

서왕모는 사람처럼 생겼지만 표범 꼬리에 호랑이 이빨을 갖고 있으며 울음소리를 잘 냈고 머리는 봉두난발에 옥비녀를 꽂았다. 하늘의 재앙과 형벌을 관장했다.

서왕모는 이렇게 사납게 생겼을 뿐만 아니라 삼위산三危山에 사는 세 마리 푸른 새가 가져다주는 것을 먹고 살았다. 삼위산은 세 개의 봉우리가 날카롭게 하늘을 향해 치솟아 있는 험한 산이었고,

《산해경》의 서왕모. 원래 서왕모는 아름다운 왕모가 아니라 표범 꼬리에 호랑이 이빨을 갖고 있으면서 봉두난발에 비녀를 꽂은 신으로 등장한다.

세 마리의 푸른 새는 대려大黎와 소려小黎, 청조靑鳥라는 이름의 무시무시한 새들이었다. 이들은 독수리나 매처럼 사납고 몸뚱이가 푸르렀으며 머리가 붉고 눈은 검은, 아주 힘센 새들이었다.

이렇게 사납고 거친 새들이 하늘 높이 날아올라 먹을 것을 사냥한 뒤 서왕모가 사는 옥산玉山의 동굴까지 날아와서 떨어뜨려주곤 했다. 그리고 세 마리 푸른 새가 가져다준 음식으로 서왕모가 식사를 하고 나면 발이 세 개 달린 새 한 마리가 서왕모 곁에서 시중을 들곤 했다.

"으하, 잘 먹었다!"

서왕모가 식사를 마치고 동굴 밖으로 나와 만족스러운 울음소리를 한 번 내면 온 산의 짐승들이 무서워서 자취를 감췄다고 한다. 이처럼 서왕모는 남자인지 여자인지 성별조차 불분명한 서방 황야의 무시무시한 신이었다. 게다가 하늘의 형벌과 전염병 등 재앙을 관장하는 비범한 능력을 지녔다. 인간에게 병을 줄 수도 있고 생명을 줄 수도 있는 존재, 그것이 바로 서왕모가 지닌 양면성이었고, 이처럼 양면성을 띠게 된 서왕모에게는 어느새 '불사약'이라는 환상적인 아이템이 주어졌다.

사람들은 서왕모가 갖고 있다는 불사약에 열광했다. 그것을 구할 수만 있다면 장생불사의 영원한 꿈이 이루어진다. 믿어지지 않고 존재하지도 않지만, 사람들은 그 환상적인 꿈을 통해 살아가는 힘을 얻었다. 어쩌면 사람들은 불사약이 어디에도 존재하지 않는다는 것을 알았는지도 모른다. 허망한 꿈이라는 것을 알면서도 죽음에 대한 두려움으로 불사약이 있다는 환상을 만들어냈고, 그 환상이 존재하기에 죽음에 대한 두려움을 잊고 살 수 있었을 것이다. 어쨌든 서왕모는 서쪽에 있는 낙원인 곤륜산에 살고 있으며 그곳에서 자라고 있는 불사수에 몇천 년 만에 한 번 열리는 귀한 열매로 불사약을 만들어냈다고, 사람들은 그렇게 믿었다.

서왕모가 사는 곳이 한 군데로 정해진 것은 아니었다. 본래 곤륜산 꼭대기 요지라는 연못 근처에 살았지만, 어떤 때는 곤륜산 근처 옥산에 살았으며 때로는 태양이 지는 대지의 서쪽 끝, 엄자산崦嵫山에 살기도 했다. 불사약이 환상적인 꿈이었듯이 서왕모가 사는 곳도 잡을 수 없는 무지개처럼 아득했다.

이런 모호함 때문에 서왕모가 본래 중원 지역의 신이 아니라 중국 서쪽 지역 민족들이 숭배하던 신이라고 추측하기도 한다. 어떤 학자는 서왕모가 서방에 살던 부족의 명칭이라고 하고 어떤 학자는 서왕모가 여자가 아닌 남자 부족장이라고도 한다. 또 어떤 사람은 서왕모가 머리에 꽂은 '비녀(勝)'가 바로 베틀의 '등'이며, 따라서 서왕모는 서쪽 지역 직물의 신이라고 말하기도 한다.

중국 서북부 지역에 사는 창족羌族은 아주 오래전부터 옷감 짜는 기술이 뛰어났다고 하는데, 그들과 연관이 있는 것으로 보이는 신장위구르자치구의 타클라마칸 사막에서 출토된 미라는 3000년 전에 직조된 모직 옷감을 걸치고 있었다. 그러니 서왕모는 그 창족이 모시던 직조의 신이고, 중국의 왕들이 서왕모를 찾아가 뭔가를 배운다는 이야기가 신화에 자주 나오는 것은 왕들이 그 직조의 신에게서 옷감 짜는 기술을 배워왔다는 말이라고 주장하는 학자도 있다. 이것은 서북부 지역에 살던 민족이 떠받들던 서왕모가 동서 교류를 통해 중원 지역으로 들어와서 중국을 휘어잡는 여신이 되었다는 이야기인데, 중원 땅의 문화가 세계에서 가장 뛰어나다고 믿는 사람들이 들으면 기절초풍할 말이겠으나 문화라는 것이 어느 한쪽에서 다른 한쪽으로 일방적으로 전해지는 것이 아닌 바에야 한번 귀담아들어볼 만한 대목이다.

서왕모의 기원에 대해서는 지금까지 많은 견해가 나왔고 상당 부분 일리가 있는 것도 많다. 많은 학자가 서왕모의 기원을 지금의 간쑤성에서 칭하이성青海省에 이르는 지역으로 파악하고 있는데, 필자가 보기에 서왕모는 서아시아 지역 혹은 인도·서북부 지역 등과 관련을 맺고 있는 것으로 보인다.

특히 인도 서북부 모헨조다로 유적지에서 발굴된 원통 인장에 새겨진 도상들을 보면, 웅크리고 앉아 있는 여신의 모습을 찾는 것은 어려운 일이 아니다. 한나라 무덤 화상석에 등장하는 서왕모의 도상을 보면 대체로 용호좌龍虎座에 웅크린 자세로 앉아 있고 그 좌우에 곡식 줄기를 비롯한 뭔가를 바치는 인물들이 나타나는 경우가 많은데, 이런 형태의 도상들은 모헨조다로를 비롯해 서아시아 지역에서도 자주 볼 수 있다. 특히 산시성陝西省 북부 지역의 화상석에 등장하는 서왕모 도상을 보면 팔에 뭔가가 돋아 있는 듯한 모습이 보이는데(날개로 추측된다), 필자의 추적에 의하면, 이런 형태와 흡사한 여신의 모습이 모헨조다로에도 등장한다. 좌대에 웅크린 자세로 앉아 있다는 특징과 더불어 이런 서왕모의 형태는 그 도상의 기원을 모헨조다로, 멀리는 서아시아까지 확장해보는 데 도움을 줄 수 있다고 생각한다.

목왕과 사랑에 빠지다

아득한 곳에 살고 있던 서왕모가 인간 세상에 모습을 드러낸 것은 주나라 목왕穆王과의 만남 때문이었다. 주나라 목왕이 서쪽으로 순행을 나갔을 때 곤륜산의 요지에서 서왕모를 만났다는 내용이 담긴 《목천자전穆天子傳》*이라는 책이 있다.

이 작품 속에서 목왕은 조보造父가 구해준 여덟 필의 준마를 타고 서쪽으로 순행을 떠났다가 아득한 서쪽 곤륜산에서 서방의 여왕인 서왕모를 만나 잔치를 베풀며 노래를 부른다. 그런데 여기서 서왕모는 더 이상 호랑이 이빨을 가진 무시무시한 천신이 아니다. 그녀는 목왕과의 헤어짐을 아쉬워하는 서방의 아름다운 여인이다. 목왕은 그녀를 만난 날, 말갛고 영롱한 옥과 꽃무늬 비단을 선물로 건네준다. 그리고 요지에서 술잔을 주고받으며 서왕모는 다음과 같이 노래한다.

> 흰 구름 하늘에 떠 있고 산언덕 절로 솟아 있습니다.
> 길은 아득히 멀어 산과 물이 그 사이에 있습니다.
> 그대 죽지 말고 다시 돌아오시기를.

목왕이 화답하여 노래한다.

> 걱정 말아요. 내가 동쪽으로 돌아가
> 나의 나라를 잘 다스리고 백성들이 모두 편안해지면
> 그때 당신을 보러 다시 돌아오리다.

애처로운 서왕모의 노래는 이어진다.

---

* **《목천자전》** 281년, 문헌에 기록된 중국 최초의 유명한 도굴꾼인 부준(不準)에 의해 위(魏)나라 왕의 무덤에서 발견된 이 책은 사료라기보다는 중국 최초의 역사소설이라고 할 수 있다.

천제께서 저에게 황야를 떠나지 말라고 명하셨답니다.

저는 천제의 딸, 그대는 인간 세상의 사람,

이제 그대 떠나려 하는군요.

생황을 부니 마음이 구름 위에 떠 있는 듯합니다.

인간의 아들이시여, 하늘만 바라보시나요?

헤어짐을 아쉬워하는 서왕모를 위해 목왕은 엄자산에 올라가 돌에 자신의 이름을 새기고 '서왕모의 산'이라고 쓴다. 서왕모를 위해 남긴 정표다. 서방에 살고 있는 여리고 아름다운 여왕이며 목왕과의 헤어짐에 가슴 저려하는 감성적인 여인이라는 서왕모 이미지는 당나라 시인들에게까지 이어지는데, 이상은李商隱의 시 〈요지〉에서도 서왕모는 일구월심 목왕을 기다리는 왕의 연인으로 등장한다.

곤륜산 요지에 살고 있는 서왕모, 비단 창을 열었네.

들리느니 땅을 움직이게 하는 슬픈 황죽黃竹의 노래뿐.

여덟 필의 준마 하루에 삼만 리를 달릴 수 있다던데,

목왕은 무슨 일로 아직 아니 오시는가.

한무제에서 동왕공과의 만남까지

한편 한나라 때에 이르면 서왕모는 더욱 빼어난 미모를 지닌 천상의 왕모로 그려진다. 한나라 제국의 영광을 위해 흉노를 밀어내며 영토를 확장해갔던 걸출한 제왕 무제도 장생불사의 영약을 향한 욕망은 어떻게 할 수가 없었다. 영원한 생명을 추구했던 한무제는 신선에 대해 많은 관심을 가졌는데, 이런 사실을 반영하듯《한무고사漢武故事》*와《박물지博物志》**에는 한무제와 서왕모가 만나는 장면이 아주 구체적으로 묘사되어 있다.

7월 7일 무제는 승화전承華殿에서 제사를 올렸다. 해가 중천에 높이 떠올랐을 무렵, 서쪽 하늘 저 멀리서 푸른 새 한 마리가 훨훨 날아오는 것이 보였다.

"여봐라, 웬 새인가?"

동방삭東方朔이 눈을 가늘게 뜨고 그 새를 쳐다보더니 말했다.

"푸른 새로군요. 아마도 저녁때쯤 서왕모 님이 오실 것 같습니다."

무제는 은근히 기뻤다.

'잘되었다. 불사약을 달라고 해봐야겠군.'

마침내 저녁 무렵이 되었다. 물시계가 일곱 점을 가리켰다. 어둠이 서서히 내리면서 푸르스름해진 저녁 하늘 저 멀리서 은은하게 천둥소리 같은 것이 들려왔다.

"드디어 오시는 모양이구나."

하늘 한 귀퉁이에 신비로운 보랏빛 기운이 감돌더니 마침내 서왕

* **《한무고사》** 동한시대 역사가 반고(班固)가 지었다는 설이 있지만 사실은 위진시대 사람이 지은 것으로 밝혀졌다. 진시황 이후 진정한 통일을 이룩했던 한무제의 일대기를 담고 있다.

** **《박물지》** 진(晉)나라 장화(張華)가 지었다. 머나먼 나라의 기이한 경치와 특이한 풍습, 신화와 전설, 야사와 풍속에 이르기까지 다양한 이야기를 모아놓은 책이다.

모가 탄 보랏빛 수레가 도착했다. 천상의 옥녀玉女들이 수레의 양편을 따라왔다. 그리고 마침내 서왕모가 모습을 드러냈다. 일곱 개의 아름다운 비녀를 꽂은 서왕모의 머리 위에는 푸르스름한 구름 기운 같은 것이 신비롭게 감돌고 있었다. 푸른 새 두 마리가 양옆에서 서왕모를 모시고 있었다.

"어서 오십시오."

무제가 공손하게 서왕모를 맞이하여 서쪽을 바라보는 자리에 앉게 했다. 그리고 자신은 동쪽으로 서왕모를 바라보며 앉았다.

"감히 불사약을 청하고자 하나이다."

무제는 서왕모를 만나자마자 가슴속에 품고 있던 소망을 말했다. 그러자 서왕모는 복숭아 일곱 개를 꺼냈다.

"이걸 드시지요."

서왕모는 복숭아 일곱 개 중 두 개를 자기가 먹고, 다섯 개를 무제에게 건네주었다. 무제가 복숭아를 다 먹고 나서 씨를 무릎 아래에 내려놓으니 서왕모가 물었다.

"그 씨앗을 어디에 쓰시려고 그러시오?"

무제가 대답했다.

"복숭아가 하도 달아 심어보려고 합니다."

서왕모가 웃으면서 말했다.

"그 복숭아는 3000년에 한 번 열매가 열린답니다."

밤이 깊어 오경五更이 되었다.

"이제 그만 떠나야겠군요."

서왕모는 자리에서 일어났다. 세상 돌아가는 일에 대해서는 많은 대화를 나누었으나 귀신들의 세상이나 신선들의 세계에 대해서는 아직 말도 나누지 못한 상태였다. 하지만 떠나겠다는 서왕모를 잡을 수도 없는 터, 무제는 떠나가는 서왕모를 그저 바라만 볼 뿐이었다.

한나라 때 무덤에는 화상석이 많다. '화상석'이란 그림이 새겨진 돌을 가리키는데, 당시 권문세가에서는 사람이 죽으면 후손들이 화려하고 큰 화상석 무덤을 만들어서 조상의 영혼이 불멸하기를 기원했다. 화상석에 새겨진 도상의 소재들은 다양해서 무덤 주인의 일상생활을 묘사한 장면, 당시 유행하던 놀이를 하는 장면, 음악을 연주하는 장면에서부터 역사상 실존 인물의 이야기나 신화와 전설 등이 골고루 다뤄졌다. 그런데 그중 빠지지 않고 등장하는 것이 복희와 여와 그리고 서왕모의 도상이다.

서왕모는 서방 곤륜산의 주인으로서 언제나 화상석의 상층부 중심에 앉아 있는 모습으로 나타난다. 서왕모 곁에는 곤륜산의 신선 세계를 상징하는 구미호, 세 발 까마귀 삼족오, 불사약을 찧는 토끼, 달 속 두꺼비 등이 함께 묘사되곤 한다. 쓰촨 지역에서 출토된 화상석을 보면 서왕모는 용과 호랑이 모양의 용호좌에 앉아 있다. 여기서 용과 호랑이는 위엄과 권위의 상징이다. 허난성 푸양濮陽 시수이포西水坡에서 기원전 4000년경 양사오仰韶 문화 시기의 묘장墓葬이 발굴되었는데, 죽은 사람의 뼈 옆에 하얀 조개껍데기로 용과 호랑이의 모양을 만들어놓은 것이 발견되었다. 조개껍데기를 촘촘하고 정성스럽게 늘어놓아 용과 호랑이 형상을 만든 것으로,

좌우에 용과 호랑이를 거느린 그 무덤 주인의 위세를 보여주기에 부족함이 없다. 서왕모가 앉아 있는 용호좌 역시 그런 권위를 보여주는 상징물이 아니겠는가. 그러나 이렇게 중심에 자리 잡고 있던 서왕모가 동한 시기에 이르면 슬그머니 주변으로 물러나게 된다. 아니, 물러났다기보다는 서왕모가 혼자 있던 위치에 또 다른 신이 하나 등장하게 되는데, 그가 바로 동왕공이다. 동왕공에 관한 기록은 다음과 같다.

> 곤륜산에 큰 새가 살았는데 이름을 희유希有라고 했다. 남쪽으로 향하여 왼쪽 날개로는 서왕모를, 오른쪽 날개로는 동왕공을 펼쳐 덮는다. 등 위의 조그마한 부분에는 깃털이 없다. 서왕모는 동왕공과 1만 9000리나 떨어져 있지만, 해마다 희유의 날개를 타고 동왕공을 만나러 간다.

서왕모와 동왕공은 이름에서 알 수 있듯이 짝신이다. 동왕공은 고대부터 존재했던 신이 아니다. 유가 사상을 통치 이데올로기로 채택한 한나라 사람들은 서왕모라는 여신을 곤륜산의 상층부에 혼자 앉혀둘 수 없었다. 여와에게 복희라는 남편을 만들어주었듯이 서왕모에게도 남편을 만들어주어야 했다. 음과 양의 결합으로 완벽하고 조화로운 세상이 만들어진다고 여겼던 당시 사람들의 사고방식에 의해 서왕모의 짝으로 등장하게 된 존재가 바로 동왕공이다. 곤륜산의 신선 세계에 살면서 불사약을 갖고 있으며 하늘의 형벌과 재앙을 관장했던 무시무시한 신 서왕모는 주 목왕을 기다리는 아름다운 여신에서 한무제를 만날 때는 천상의 왕모로 변모했다가, 이제는 동왕공의 배우자로서 등장한다. 곤륜산의 위대한 여신이었던 서왕모가 중심의 자리를 잃고, 그 자리의 대부분을 동왕공에게 내주게 된 것이다.

복숭아 축제

이후 서왕모는 도교 신앙과 결합해서 하늘나라 신선계의 반도회蟠桃會를 주관하는 왕모낭낭王母娘娘으로 등장한다. '반도'란 선계의 과일로, 먹으면 장생불사할 수 있는 복숭아를 가리킨다. 명나라의 유명한 소설《서유기西遊記》에도 서왕모가 등장하는데, 그녀는 옥황상제 밑에서 반도를 관리하고 반도회를 연다. 옥황상제의 원래 모습이 동왕공이라고 하니, 한나라 때 비로소 나타난 동왕공이 도교의 민간 전설에서 옥황상제로 승격되고 서왕모는 옥황상제의 하위 신으로 강등되었다고 말할 수 있다. 여기서《서유기》의 한 단락을 보자.

어느 날 아침 서왕모가 보각寶閣과 요지를 개방하여 반도회를 열기로 했다. 그래서 붉은 옷, 푸른 옷, 흰 옷, 검은 옷, 노란 옷, 보라 옷, 초록 옷을 입은 일곱 선녀에게 각각 바구니를 이고 반도원蟠桃園으로 가서 반도를 따 잔치를 준비하라고 했다.

하늘나라의 복숭아인 반도에는 몇 가지 종류가 있다. 앞에서 서왕모가 무제에게 건네준 반도는 3000년에 한 번 익는 것이었지만, 6000년에 한 번 익는 반도를 먹으면 무지개를 타고 하늘을 날아다니며 장생불사할 수 있고, 9000년에 한 번 익는 반도를 먹으면 이 세상이 존재하는 한, 살아 있을 수 있다고 한다.

이렇게 《산해경》에서 하늘의 재앙을 관장하던 서왕모는 점차 원래의 신격을 잃어가다가, 명나라 때가 되면 옥황상제의 명을 받아 반도회를 주관하는 여성 신선으로 완전히 변하고 만다.

4장 | 별이 된 직녀

견우牽牛와 직녀織女의 가슴 아픈 사랑 이야기는 우리가 어려서
부터 동화책을 통해 자주 접해왔다. 그러나 우리의 전설로만 알고
있는 이 이야기의 주인공 직녀는 사실 3000여 년 전에 나온 주나
라의 노래 모음집《시경詩經》에 이름을 보이기 시작해서, 한나라의
〈고시 19수古詩十九首〉에서는 견우와 함께 등장하고 있다.

그렇다고 "아니, 그럼 견우와 직녀 이야기가 중국 거였단 말이
야?"라고 자존심 상해할 필요는 없다. 중국과 우리나라를 비롯해
동아시아 여러 지역에 전해져오는 이야기들 중에는 의외로 비슷한
것이 많다. 〈견우직녀〉뿐 아니라 〈콩쥐팥쥐〉, 〈우렁각시〉, 〈선녀와
나무꾼〉 등등이 그렇다.

이런 이야기들이 동아시아의 여러 지역에 똑같이 전승되고 있다
는 것은 아득한 고대에 이 지역 사람들이 공통된 정서적 기반을 지
녔음을 보여준다. 강한 생명력을 가지고 이어지는 이야기의 나라

에 경계란 없다. 그것은 고대 동아시아 지역에 살았던 사람들의 공통된 상상력의 산물이다. 어쩌면 한국 드라마에 열광하는 아시아 여러 나라의 한류韓流 열풍도 이런 정서적 기반에서 연유한 것인지도 모를 일이다.

우리나라에 전해지고 있는 견우와 직녀 전설과 중국에 전승되는 우랑牛郞과 직녀 이야기가 어떻게 같고 다른지 한 번 살펴보기로 하자.

천상의 직녀, 지상의 우랑

직녀는 천제의 외손녀였다. 은하수 동쪽에 살던 직녀는 베틀에 신기한 실을 걸어 아름다운 옷감을 짰다.* 하늘 옷, 즉 '천의天衣'라는 이름의 이 옷감은 참으로 신기한 무지갯빛 옷감으로서, 말 그대로 하늘이 걸치는 옷이었다. 동틀 무렵의 푸르스름한 빛, 한낮 하늘의 눈부신 쪽빛, 해 질 무렵의 찬란한 노을빛 등은 모두 직녀가 짜낸 옷감의 색이었다.

옛날 옛적에는 야트막한 은하수를 사이에 두고 하늘나라와 인간 세상이 있었다. 그리고 인간 세상에 소를 치는 '우랑'이라는 젊은이가 살고 있었다.

---

* **옷감을 짰다** 하늘에서 이렇게 아름다운 옷감을 짜는 직녀들은 대체로 일곱 명이다. 그리고 여러 지역에서 전해지는 직녀 이야기의 주인공은 이 일곱 선녀 중의 막내인 '칠선녀'인 경우가 대부분이다.

우랑은 일찍이 부모를 여의고 형과 함께 살았는데, 못된 형수가 온갖 구박을 해대는 통에 살아가는 것이 무척이나 고달팠다.

"아무리 일을 해도 소용이 없구나! 너무 힘들다."

눈엣가시 같은 시동생을 늘 내쫓고 싶어 했던 형수는 어느 날 늙은 소 한 마리를 내주면서 우랑에게 말했다.

"도련님도 이젠 나이가 들 만큼 들었으니 독립하셔야죠. 이 소 한 마리면 충분하겠지요?"

"예. 고맙습니다, 형수님."

착한 우랑은 형수가 주는 늙은 소 한 마리를 끌고 터덜터덜 집에서 나왔다. 그리고 거친 황무지를 찾아가 작은 오두막 한 채를 짓고 열심히 밭을 개간했다. 그렇게 한두 해가 지났다.

"이 정도면 입에 풀칠은 할 수 있겠다. 소야, 고맙다."

우랑은 소와 함께 열심히 농사를 지으며 살았다. 하지만 집에 사람이 아무도 없어 그는 늘 쓸쓸했다. 그러던 어느 날 갑자기 소가 말을 하는 것이었다.

"주인님, 제 말 잘 들으세요. 오늘 하늘나라의 직녀가 다른 선녀들과 함께 은하수에 목욕하러 올 거예요. 선녀들이 목욕하고 있을 때 직녀의 옷을 얼른 감추세요. 그러면 직녀를 아내로 맞이할 수 있을 거예요."

소가 말을 하는 것도 신기했지만 그 내용은 더 신기했다. 우랑은 놀라면서도 자신이 아끼는 충직한 소의 말을 믿어보기로 하고, 은하수 근처 갈대숲에 몸을 숨기고 상황을 주시했다. 잠시 후 정말 직녀가 다른 선녀들과 함께 은하수에 나타났다. 하늘하늘 아름다운 날개옷을 벗어놓은 선녀들은 맑은 물속으로 들어갔다. 눈이 휘둥그레진 우랑은 소가 일러준 대로 얼른 갈대숲에서 뛰어나와 직녀의 옷을 집어 들었다.

"누가 있어!"

"이를 어째? 내 옷, 내 옷!"

연못에서 느긋하게 목욕하던 선녀들은 우랑을 보고 혼비백산해서 얼른 물가로 뛰쳐나오더니 옷을 찾아 입었다. 그리고 뒤도 돌아보지 않고 정신없이 도망쳤다.

"아니, 내 옷은?"

가엾은 직녀는 옷을 찾을 수 없었다. 그녀의 옷은 이미 우랑의 손에 들어가 있었다.

"제 옷을 돌려주세요."

직녀가 수줍어하며 말했다. 우랑은 아름다운 직녀의 모습에 감탄하면서 용기를 내어 말했다.

"제 아내가 되어주신다면 옷을 돌려드리겠습니다."

직녀는 그렇게 하겠노라고 고개를 끄덕였다. 이 순간 우랑의 기쁨을 어찌 말로 표현할 수 있으랴. 두 사람이 결혼한 후, 솜씨가 뛰어났던 직녀는 열심히 옷감을 짰고 신이 난 우랑은 더욱 열심히 농사를 지었다. 그러니 살림도 풍족해졌고, 우랑과 직녀는 행복한 생활을 했다.

헤어짐과 만남

세월이 흘러 두 사람은 아들과 딸을 하나씩 낳아 더욱 즐거운 나날을 보내고 있었다. 그러나 직녀가 천녀天女의 신분으로 인간 세상의 남자와 결혼한 사실을 안 천제는 불같이 화를 냈다.

"천상의 선녀가 어찌 인간 세상의 남자와 혼인을 한단 말인가! 내 그냥 두지 않겠다!"

하늘의 왕모도 노했다.

"당장 직녀를 잡아오너라!"

가엾은 직녀는 두 아이와 사랑하는 남편을 남기고 천신天神에게 잡혀 하늘로 돌아가야 했다. 우랑과 아이들이 울음을 터뜨리는 가운데 직녀는 하염없이 눈물을 흘리며 하늘로 돌아갔다.

우랑은 사랑하는 아내가 떠나는 것을 그냥 앉아서 보고만 있을 수가 없었다. 그래서 바구니에 아이 둘을 담아 어깨에 떠메고는 그녀를 뒤따라갔다. 그때까지는 은하수가 야트막했기 때문에 하늘나라까지 쫓아갈 수 있으리라고 생각한 것이다. 그러나 은하수에 도착한 우랑은 놀라고 말았다.

"이럴 수가! 은하수가 어디로 간 거지?"

당황한 우랑이 고개를 들어보니 어두운 밤하늘 저 높은 곳에 은하수가 맑고 투명하게 반짝이며 흐르고 있었다. 왕모가 술법을 부려 지상 가까이에 있던 은하수를 높디높은 하늘로 옮긴 것이었다.

"세상에! 저 높은 하늘로 어찌 올라간단 말인가!"

힘이 빠진 우랑은 아이들과 함께 집으로 돌아와 어찌할 바를 모르고 울었다. 그런데 우랑의 구슬픈 울음소리를 듣고 있던 늙은 소가 다시 입을 열었다.

"우랑님, 울지 말고 제 말을 잘 들으세요. 저는 늙어서 이제 곧 죽을 거예요. 제가 죽거든 가죽을 벗겨서 그걸 뒤집어쓰세요. 그러면 하늘나라에 갈 수 있을 겁니다."

정신없이 울던 우랑은 늙은 소의 말에 귀가 번쩍 뜨였다. 정신을 가다듬고 보니 소는 이미 쓰러져 죽어 있었다. 우랑은 소가 말한 대로 가죽을 벗겼다. 그리고 아들과 딸을 다시 바구니에 넣어 짊어지고 다른 쪽 바구니에는 거름 바가지를 담은 다음 소가죽을 뒤집어썼다.

곧 소가죽이 공중으로 떠올랐다. 눈앞에 별들이 스쳐 갔고, 멀리 어두운 하늘에 맑고 투명하게 흐르는 은하수가 보였다.

"저기가 은하수야. 이제 곧 엄마를 만날 수 있을 거다."

우랑은 신이 났다. 야트막한 은하수만 건너가면 그곳에 사랑하는 직녀가 있을 것이었다. 아이들도 목청껏 엄마를 불렀다. 그런데 그때였다. 우랑과 아이들이 은하수를 막 건너려는 순간 아득히 높은 곳에서 갑자기 한 여인의 손이 다급하게 내려오는 것이 보였다.

"휘익!"

왕모가 우랑을 보고는 머리에 꽂았던 비녀로 은하수를 따라 긴 금을 그었다. 맑고 얕았던 은하수는 순식간에 물결이 출렁이는 험한 강, 즉 천하天河가 되어버리고 말았다. 자기 힘으로는 도저히 건널 수 없는 거대한 강이 된 은하수를 보며 우랑은 넋을 잃었다. 그때 아이들이 말했다.

"아빠, 우리가 갖고 온 거름 바가지가 있잖아요. 그걸로 이 물을 다 퍼내버려요."

기특한 아이들이었다. 그래, 너희들이 나보다 더 용감하구나. 우랑은 아이들과 함께 거름 바가지를 들고 천하의 물을 퍼내기 시작했다. 우랑과 아이들은 번갈아 열심히 물을 퍼냈다.

그 광경을 보며 천제와 왕모는 이렇게 말하지 않을 수 없었다.

"저 작은 바가지로 저 많은 물을 언제 다 퍼내겠다는 거지?"

"글쎄 말이에요, 거 참!"

"좀 안 되긴 했구려."

"그렇긴 하네요."

우랑과 아이들의 무모한 행동에 담긴 간절함이 얼음처럼 차가운 천제와 왕모의 가슴을 녹였고, 마침내 천제는 이렇게 말했다.

"우리가 졌다. 그러나 그 대신 조건이 있다. 일 년에 단 한 번만, 음력으로 7월 7일 단 하루만 만나게 해주겠노라."

일 년에 단 하루밖에 허락되지 않는 만남이었지만 우랑과 아이들은 기뻐서 어쩔 줄 몰랐다. 그래서 천제가 약속한 날이 되면 까마귀와 까치들이 모여들어 은하수에 다리를 놓아주었는데, 그것이 바로 오작교烏鵲橋다. 해마다 음력 7월이 되면 까치들의 머리 깃털이 모두 빠지는데, 우랑과 직녀를 위해 다리를 놓아주느라 그렇게 된 것이라고 한다. 그리고 이때부터 음력 7월 7일은 '칠석七夕'이라고 불리게 되었다. 해마다 칠석날 저녁이면 비가 내리곤 하는데, 그것은 바로 우랑과 만났다가 헤어지는 순간을 서러워하는 직녀의 눈물이란다.

애처로운 직녀 이야기를 들은 중국 여인들은 칠석날이 되면 정원에 과일과 술 등을 차려 놓고 바늘귀에 실을 꿰는 걸교乞巧 놀이를 했다. 어떤 지방에서는 바늘구멍이 일곱 개 있는 '칠공침七孔針'이라는 것에 실을 꿰기도 했다. 베 짜는 솜씨가 뛰어났던 직녀를 기억하기 위한 여자들만의 잔치였던 것이다.

효자 동영과 칠선녀

한편 민간에 전승되는 설화에는 칠선녀라는 이름의 여주인공이 또 하나 등장한다. 칠선녀 직녀가 우랑과 혼인한 것이 자신의 선택이 아니었던 것과는 달리, 동영董永과 칠선녀 이야기에 등장하는 칠선녀는 효성스러운 동영에게 감동하여 자발적으로 그와 혼인한다. 중국 신화에서 가장 유명한 효자는 순임금이다. 순임금이 어째서 효자로 일컬어지는지에 대해서는 9부에서 살펴보고 여기서는 자기 몸을 팔아 하인 노릇을 하며 아버지의 장례식을 치렀던 동영의 이야기를 보자.

동영은 어린 나이에 어머니를 여의고 아버지와 단둘이 살았다. 열심히 밭을 갈고 일을 하며 아버지를 모셨는데 어느 날 그만 아버지가 세상을 뜨고 말았다. 효자 동영은 아버지를 잃은 설움에 목놓아 엉엉 울었다. 그런데 울음을 그치고 정신을 차리자 걱정이 엄습했다.

"이를 어쩌지? 장례 치를 돈이 없어."

고민하던 동영은 동네 부자인 부원외傅員外에게 자기를 노비로 팔고서 돈을 빌려 아버지의 장례를 치렀다. 그런 후 동영은 마음을 단단히 먹고 노비 살이를 하러 부원외의 집으로 떠났다. 그런데 도중에 한 여인을 만나게 되었다.

"누구신데 앞을 가로막으시나요?"

"당신의 아내가 될 사람이에요."

어찌 황당하지 않겠는가. 아버지의 장례를 치르느라 몸을 팔아 머슴으로 가는 처지인데 갑자기 나타난 여인이 아내가 되겠다니 말이다.

"그 무슨 말씀이세요?"

"염려 마시고 저와 함께 가세요."

그녀는 하늘에 사는 칠선녀였다. 그녀는 동영을 보자 사랑에 빠져 혼인을 하겠다고 나선 것이었다. 다른 전승에 의하면 동영의 효심에 감동한 천제가 일부러 칠선녀를 보내 동영의 아내가 되게 했다고 한다. 어쨌든 칠선녀의 소망에 따라 동영은 늙은 홰나무를 주례 삼아 홰나무 아래에서 결혼식을 올렸다. 그리고 함께 동네 부자 부원외의 집으로 갔다. 부원외가 그녀를 보더니 물었다.

"저 여자는 누구냐?"

"제 아내입니다. 저와 함께 빚을 갚으러 왔습니다."

미심쩍은 듯이 부원외가 말했다.

"좋다, 내일 아침까지 비단 열 필을 짜놓도록 해라. 그러면 빚을 탕감해주겠다."

"아니, 하룻밤 사이에 어찌 비단 열 필을 짠단 말씀입니까?"

동영은 걱정이 되어 어쩔 줄 몰랐다. 그러나 칠선녀는 별일 아니라는 듯한 표정으로 대답했다.

"아무 걱정 마세요. 방법이 있습니다."

그날 밤 칠선녀는 하늘을 향해 향을 피웠다. 그윽한 향기를 풍기면서 연기가 어두운 하늘로 퍼져 올라가자 놀라운 일이 벌어졌다. 하늘에 있는 칠선녀의 언니들인 여섯 선녀가 인간 세상으로 내려온 것이다. 칠선녀의 언니들은 당연한 일을 하러 내려왔다는 듯한 표정으로 베틀에 앉더니 현란한 솜씨로 순식간에 아름다운 비단 열 필을 짜냈다.

다음 날 동영과 칠선녀는 의기양양하게 열 필의 비단을 부원외에게 바쳤다.

"이제 빚은 하나도 남지 않은 거지요?"

떨떠름했지만 부원외는 그렇다고 하고서 그들을 떠나게 했다. 문밖으로 나오자 칠선녀가 동영에게 말했다.

"저는 하늘나라의 칠선녀입니다. 당신이 빚을 갚도록 도와드리려고 하늘에서 내려왔지요. 이제 일을 마쳤으니 저는 이만 물러갑니다. 안녕히 계세요."

말을 마치자 칠선녀는 하늘로 사라졌다.

이야기의 끝이 좀 밋밋한가? 문헌 기록은 이렇게 끝난다. 다만 민간 전설에는 그 뒤의 이야기가 좀 더 있다. 부원외에게 비단 열 필을 짜주고 자유의 몸이 된 동영과 칠선녀는 집으로 돌아와 농사짓고 옷감을 짜며 행복한 나날을 보냈다. 칠선녀는 동영에게 아기를 가졌다는 말을 했고, 그 말을 들은 동영은 더욱더 기뻐하며 열심히 일했다. 그러나 하늘은 두 사람이 행복하게 살게 내버려두지 않았다. 칠선녀가 몰래 인간 세상으로 내려가서 인간 남자와 혼인했다는 말을 들은 천제는 칠선녀에게 사신을 보내 일렀다.

"오시午時 삼각三刻까지 하늘로 돌아오너라. 만약 돌아오지 않는다면 하늘의 병사들을 보내 너를 잡아올 것이고, 동영도 죽음을 면할 수 없을 것이다."

칠선녀에게는 선택의 여지가 없었다. 동영이 죽을지도 모른다는 말 앞에서는 속수무책이었다. 마침내 동영과 칠선녀는 둘이 결혼했던 홰나무 아래에서 슬픈 이별을 한다. 동영과 칠선녀의 주례를 섰던 홰나무도 이 순간에는 입이 붙어버린 듯 아무 말도 없었다.

"몸조심하세요. 내년에 벽도화碧桃花가 피면 당신께 아이를 보내드릴게요."

동영이 슬픔에 겨워 정신을 잃은 사이, 칠선녀는 천계의 사신을 따라 하늘로 올라가 버렸다.

결국 이야기 속의 두 칠선녀는 부권父權을 상징하는 천제에 의해 사랑을 잃고 만다. 물론 직녀는 자발적으로 우랑을 선택한 것은 아니었다. 그래도 직녀는 우랑을 사랑하고 아이들을 낳으며 행복하게 살아간다. 하지만 직녀가 스스로 원해서 우랑을 택한 것이 아니었기에 민간에 전해지는 이야기들 속에서는 직녀와 우랑이 갈라선다는 내용이 나오기도 한다. 그에 비해 동영의 짝이 된 칠선녀는 스스로 원해서 동영을 택한다. 하늘과 땅의 경계를 무시하고 하늘의 선녀가 스스로 원해서 동영의 짝이 되었다는 것은 어찌 보면 그만큼 당시 사회가 효를 최고의 가치로 여겼음을 보여준다. 하지만 이 두 이야기에서 주인공들은 결국 사랑을 잃는다. 부권으로 대표되는 전통사회의 규범은 함부로 어겨서는 안 되는 것이었음을 이 이야기들은 보여주고 있다. 그럼에도 사람들이 2000년 이상 이 이야기를 전승해 온 것은 전통사회에서 이루지 못한 사랑에 대한 갈망이 그만큼 컸다는 반증일 것이다.

누에의 여신 누조

"비단장수 왕서방!" 중국의 상인이라고 하면 제일 먼저 떠오르는 말이다. 비단장수가 중국의 상인을 대표한다고 여겨질 정도로 비단은 중국 사람들과 뗄 수 없는 관계에 있다.

비단을 짜는 일은 고대 중국의 여자들에게 아주 중요한 일이었다. 당연히 뽕을 따거나 누에를 기르는 일 역시 더할 나위 없이 중요했다. 누에가 잘 자라야 비단이 나올 수 있으니 누에의 신이 중요했고, 누에 키우기는 여자의 일이었으니 누에 신은 당연히 여신이었다. 중국 신화에 등장하는 누에의 신은 누조嫘祖다. 그리고 누조는 후대에 중앙 상제 황제의 부인으로 기록된다.

누조는 서릉西陵 지역 출신이라고 해서 '서릉씨西陵氏'라고도 불린다. 고대에 고유명사 뒤에 붙은 '씨氏' 자는 '부족'을 뜻한다고 보면 된다. 문헌대로라면 중원 땅의 황제가 서릉씨 부족의 여자와 혼인했다는 것인데, 바로 이 명칭 때문에 고대에 서릉씨의 근거지였던 것으로 여겨지는 중국 쓰촨성 몐양綿陽과 후베이성 이창宜昌에서 누조를 서로 자기네 여신이라고 주장하고 있다. 쓰촨성 몐양에서는 아예 성대한 누조 축제를 열어서 누조가 쓰촨 지역 양잠의 여신이라는 것을 전국에 과시하고 있다. 물론 후베이성 이창 사람들은 그들대로 거대한 누조상을 세우고는 누조가 이창 아가씨였다고 주장한다. 이 지역에는 누조의 누에 발견에 대해 다음과 같은 이야기가 전해지고 있다.

누조는 부녀자들에게 나무껍질을 벗겨 옷감을 짜는 법과 동물의 가죽으로 옷 짓는 법을 가르쳤다. 어느 날 과로한 탓에 병에 걸린 누조를 위해 그녀를 따르던 여인들이 산에 올라가 맛있는 열매를 따다 주기로 했다. 여인들이 산속의 뽕나무 숲에 들어섰을 때 뽕나무 위에 하얀 열매들이 잔뜩 매달려 있는 것이 보였다. 여인들은 처음 보는 그 열매를 따다가 삶아 먹기로 했다. 여인들은 열매를 솥에 넣고 쪘다. 시간이 좀 지나 다 쪄진 것 같아서 뚜껑을 열고 휘저어보니 나무막대기에 가느다란 하얀 실이 휘감기는 것이었다. 처음 보는 하얀 실이 너무나 신기하여 여인들은 누조에게 보여주었고, 누조 역시 신기하게 생각했다. 몸이 아파 며칠을 옴짝달싹 못하고 누워 있으면서도 누조는 그것이 도대체 무엇인지 너무 궁금해서 빨리 산 위에 가보고 싶은 생각뿐이었다.
마침내 병이 다 나은 누조는 산 위로 올라갔고, 뽕나무 사이에 매달려 있는 그 하얀 열매들이 나무 열매가 아니라 벌레가 만든 것임을 알아냈다. 그리고 그때부터 총명한 누조는 사람들에게 뽕나무에서 누에를 길러 비단을 짜는 법을 가르쳤고, 누조는 후에 '누에 여신(先蠶娘娘)'으로 받들어지게 되었다.

그런가 하면 쓰촨성 몐양의 옌팅鹽亭 지역에 전해지는 이야기 속의 누조는 이창 지역의 누조에 비해 더욱 적극적이다. 이 이야기에서 누조는 여신이라기보다는 서남 지방에 사는 누에 치는 부족의 위대한 지도자이자 능력 있는 상인의 모습으로 나타난다.

누조의 원래 이름은 왕봉王鳳이다. 왕봉은 뽕나무에서 누에를 발견하여 명주실을 뽑아내는 법을 알아냈다. 5000년 전 옌팅 일대에 살던 부족은 서릉씨라고 불렸는데, 부족장을 뽑는 선거제를 시행했을 뿐 아니라 왕봉의 양잠 덕분에 날로 강성해졌다. 물론 왕봉은 그 지역의 여성 지도자로 선출되어 부족을 더욱 강성하게 만들었다. 그때 황제 헌원씨軒轅氏가 80여 개 부족을 통합하고 서릉씨의 영역에 이르게 되었다. 그곳에 도착한 황제는 왕봉에게 구혼을 했고, 왕봉은 그 구혼을 받아들여 황제의 아내가 되었으며 나중에 누조로 불리게 되었다. 황제의 아내가 된 누조는 능력을 발휘하여 황제의 정복 사업을 도왔다.

그뿐만 아니라 사면팔방으로 사신들을 파견하여 자신의 부족 사람들이 짠 비단을 팔았다. 그래서 지금도 산시성山西省 샤현夏縣, 저장성 우싱현吳興縣과 허무두河姆度 그리고 윈난성이나 동북 지역에도 누조의 자취가 남아 있다고 한다. 이런 혁혁한 공적 때문에 한

나라 때 이르러 누조는 '선잠先蠶'으로 봉해졌다.

이 이야기를 보면 누조는 누에의 여신이 아닌 부족의 여성 지도
자로 나타난다. 중국 신화 속의 신들이 민족의 영웅으로 변해가는
과정을 이 지역 이야기들도 여실히 보여주고 있는데, 그나마 다행
인 것은 양잠의 신이 남신으로 변한 것이 아니라 여신의 모습을 그
대로 간직하고 있는 것이라고나 할까.

말 머리 여신이 된 사연

한편 누에의 생김새와 관련 있는 누에 신 이야기도 있다. 누에의
부드러운 몸이 여자를 연상시키고 머리 부분이 말의 머리처럼 생
겨서인지 '누에말(蠶馬)'에 관한 설화가 전해지고 있다.

옛날 어떤 마을에 아버지와 딸이 살았다. 어느 날 아버지가 머나
먼 전쟁터로 떠난 뒤 혼자 살던 딸은 너무나 아버지가 그리워서 집
안에 있던 말에게 말했다.
"네가 아버지를 모셔오기만 한다면 내가 네게 시집이라도 가줄
텐데."
말은 그 말을 듣자마자 고삐를 끊고 아버지가 있는 머나먼 곳까
지 단숨에 달려갔다. 숨이 턱에 차서 달려온 말이 자기 집 말인 것
을 안 아버지는 깜짝 놀랐다.

"아니, 네가 이 먼 곳까지 나를 찾아오다니 혹시 집에 무슨 일이 생긴 게냐?"

아버지는 딸에게 무슨 일이 생겼는지 걱정이 되어 그 말을 타고 바람처럼 집으로 돌아왔다. 다행히 집에는 아무 일도 없었다. 아버지는 자기를 찾아온 말이 기특하여 먹을 것을 주었지만 말은 먹이를 거들떠보지도 않고 딸이 드나들 때마다 힝힝거리며 날뛰는 것이었다. 아버지는 아무리 생각해도 이상하여 딸에게 물었고, 딸은 사실대로 대답했다.

"뭐라고? 이런 고얀 놈이 있나. 하찮은 짐승 주제에 감히 사람을 넘보다니!"

화가 난 아버지는 말을 죽이고는 가죽을 벗겨 마당에 널어놓았다. 아버지가 잠시 외출한 사이 딸이 친구와 마당에서 놀다가 말가죽을 보고 발로 걸어차며 말했다.

"흥, 말 주제에 감히 나와 혼인할 생각을 해?"

그 말이 떨어지기 무섭게 마당에 널려 있던 말가죽이 날아오르더니 딸을 휘감은 채 멀리 날아갔다. 딸의 친구는 혼비백산하여 사람들에게 그 사실을 알렸다. 외출했다가 돌아와 그 소식을 들은 아버지는 새파랗게 질려서 딸을 찾아다녔지만 어디서도 딸의 흔적을 찾을 수가 없었다. 그렇게 며칠이 지난 뒤 어떤 나무에서 말가죽을 찾아냈는데, 딸은 이미 아주 큰 누에로 변해 있었다. 그리고 이 누에가 토해낸 실은 그 어떤 명주실보다 튼튼하고 아름다웠다.

말과 혼인하겠다는 약속을 어겨서 누에로 변한 소녀의 이야기다. 이후 말과 여자가 합쳐진 누에의 모습은 누에 신의 전형적인 모습으로 등장한다. 그래서 쓰촨 사람들이 사당에서 제사를 올리기도 하는 누에 신인 '말 머리 여신(馬頭娘娘)' 역시 말가죽을 두르고 있다.

5장 │ 중국에서 가장 유명한 여신

중국에서 가장 유명한 여신은 과연 누구일까? 바로 마조媽祖다. 우리에게는 낯설지만 마조는 중국 민간에서 가장 잘 알려진 여신이다. 여와나 서왕모가 문헌 속의 위대한 여신들이었다면 마조는 현재 가장 많은 지역에서 가장 많은 사람에게 숭배받는 여신이라고 할 수 있다. 타이완에만도 마조를 모시는 사당이 500여 개나 있을 뿐 아니라 홍콩이나 마카오 등 중국 남부에서부터 북부의 랴오닝성이나 톈진天津에 이르기까지 바다와 접해 있는 거의 모든 중국 땅에 마조 사당이 있다. 그뿐인가. 송나라 이후 동남아시아로 진출한 화교들 사이에서도 가장 유명한 여신은 여와도 서왕모도 아닌 마조다. 마조는 과연 어떤 신이기에 이렇게 넓은 지역에서 많은 사람들에게 숭배받고 있는 것일까?

말 없는 아이로 태어나다

마조 숭배는 송나라 때부터 시작되었다. 원래 푸젠성福建省 푸텐蒲田 앞바다에 있는 메이저우도湄州島에서 시작된 마조 숭배는 점차 확대·전파되어 중국인들이 거주하는 세계의 거의 모든 지역으로 퍼져갔다. '마조'는 원래 푸젠성에서 여자에 대한 존칭으로 쓰이던 말이다. 따라서 송나라 때 정말로 마조라는 이름의 여자가 있었을 수도 있고, 아니면 당시 사람들이 허구로 만들어낸 신일 수도 있다. 그러나 마조 신앙이 시작된 이후 마조의 족보에 대해 몇 가지 그럴듯한 설이 나왔으니 그것을 정리해보면 대략 다음과 같다.

마조는 지금의 푸젠성 푸텐시 메이저우도에 있는 임씨 집안에서 태어났다. 어머니 진씨는 꿈에서 남해관음南海觀音을 보고 마조를 잉태했다. 당나라 현종 때 어머니는 임신한 지 열네 달 만에 딸을 낳았다. 딸이 태어나는 날 온 집 안에는 향기가 진동했고 열흘이 지나도 그 향기는 사라지지 않았다. 아기는 강보에 싸여 있으면서도 두 손을 모으고 절을 하는 자세를 취하는 등 특이한 행동을 많이 했다.

아이가 태어난 지 며칠이 지나도 울지 않자 아버지 임원林願은 딸에게 '조용한 여자아이(默娘)'라는 별명을 지어주었다. 아이의 이름도 '말 없다'는 뜻의 '묵默' 자를 붙여 '임묵林默'이라 했다. 그런데 한 달이 지나도 아이가 울지 않자 이상하게 생각한 아버지는 딸을 버리려고 산 위로 올라갔다. 그때 어떤 도사가 나타나 임원을 말리면서 아기의 귀에 대고 뭐라고 했고, 그러자 아기가 바로 울기 시작했다. 버려질 뻔했던 조용한 여자아이는 의외로 총명하여 다섯 살이 되자 이미《관음경觀音經》을 외웠고, 열한 살이 되었을 때는 신을 모신 신단 앞에서 춤을 추며 신을 즐겁게 해주기도 했다.

어느 날 아버지 임원이 아들과 딸을 데리고 바다로 고기를 잡으러 나가게 되었다. 그런데 평소에 말을 잘하지 않던 딸 임묵이 아버지를 말렸다.

"아버지, 나가지 마세요. 요 며칠 바다 요괴가 나쁜 짓을 해 거친 파도를 일으키고 있으니 바다에 나가시지 않는 것이 좋겠어요."

그러나 아버지는 그 말을 듣지 않았다.

"아니, 바다가 저렇게 조용한데 무슨 일이 있다는 게냐? 너는 가만히 집에 있으렴. 오빠 언니와 다녀오마."

말려도 듣지 않는 아버지에게 임묵은 빨간 종이에 싼 젓가락을 건네주며 말했다.

"그렇게 가시겠다니 더 말릴 수가 없군요. 하지만 아버지, 바다에서 혹시 풍랑을 만나시거든 이 빨간 종이를 찢고 젓가락을 꺼내 바다에 던지세요. 꼭 그러셔야 해요."

"알았다, 걱정 말아라. 얼른 다녀오마."

아버지는 바다로 떠났고, 임묵은 베틀에 앉아 조용히 베를 짜고 있었다. 그러다 그녀는 베틀 위에 엎드려 깜박 잠이 들었다. 임묵은 꿈에서 아버지가 풍랑을 만나 고초를 겪는 장면을 보게 되었다.

엄청난 파도가 덮쳐와 함께 배를 타고 나갔던 사람들이 위험에 처해 있었다. 아버지는 딸 임묵의 말을 생각해내고 빨간 종이에 싼 젓가락을 꺼내 바다에 던졌다. 그랬더니 그 젓가락들이 모두 거대한 삼나무로 변하는 것이었다. 이미 배가 뒤집혀 바다에 빠졌던 사람들은 갑자기 나타난 삼나무에 매달렸다. 그 순간 아버지가 탄 배역시 뒤집혔다. 모두 물에 빠져 허우적거리며 삼나무를 향해 가고있을 때 뗏목을 탄 임묵이 갑자기 그들 눈앞에 나타났다.

"아니, 네가 어떻게?"

"아버지, 말씀드릴 틈이 없어요. 얼른 올라오세요!"

임묵은 아버지를 건져내고 팔을 뻗어 언니를 끌어올렸다. 그리고 입으로는 오빠의 머리카락을 물고 끌어올리려 안간힘을 썼다.

바로 그 순간 임묵의 어머니는 베틀 위에 엎드린 채 땀을 뻘뻘흘리며 몸부림치는 딸의 모습을 보았다.

"얘가 악몽을 꾸는 모양이네. 얘야, 일어나라, 얼른!"

베틀 위에서 괴롭게 몸부림치는 딸을 본 어머니는 악몽에서 깨어나게 하려고 자고 있는 딸을 마구 흔들었다. 그러나 정작 잠에서 깨어난 딸은 한숨을 내쉬며 울기 시작했다.

"어머니, 저를 왜 깨우셨어요! 아직 오빠를 구하지 못했는데……."

어머니는 딸이 무슨 소리를 하는지 몰라 어리둥절했다. 그러나 며칠 후 아들을 바다에서 잃은 채 딸만 데리고 돌아온 남편을 보고서야 그 이유를 알 수 있었다. 이 일은 곧 마을에 알려졌고 임묵은그때부터 '신이 내린 아가씨(神姑)'로 불리게 되었다.

임묵은 결혼도 하지 않은 젊은 나이에 단정하게 앉은 채로 세상을 떠났는데, 그렇게 세상을 떠나는 날에도 향기가 10리 밖까지 퍼져갔다고 한다.

민간의 믿음이 조정으로까지

그 후 임묵은 바다에 나간 사람들을 돌보아주는 바다의 여신이 되었다. 그리고 여러 왕조의 왕들이 그녀에게 많은 작위를 내려주었다.

그중 첫 번째는 송나라 휘종徽宗이다. 휘종 선화宣和 5년(1123) 노윤적路允迪 등이 황제의 명을 받아 고려로 가게 되었는데, 메이저우도 근처를 지날 때 갑자기 폭풍이 휘몰아쳐서 일곱 척의 배를 잃었다. 그러나 노윤적이 탄 배만은 바다의 여신 마조의 도움으로 무사히 목적지에 도착할 수 있었다. 이 일이 조정에까지 알려졌고, 조정에서는 이 여신에게 '순제부인順濟夫人' 또는 '영혜부인靈惠夫人'이라는 작위를 내려주었다. 결혼도 하지 않고 죽은 여성이 조정에 공을 세웠다고 하여 '부인'이라는 칭호를 받게 된 것이다.

바다의 여신 마조는 이때부터 일반 백성의 수호신으로도 등장한다. 해적들이 바다에 출몰하여 백성들을 괴롭히면 마조는 해적들이 탄 배가 방향을 잃고 헤매다가 마조 사당 앞으로 오게 했다. 멋모르고 마조 사당 앞으로 온 해적들은 대기하고 있던 포졸에게 붙잡히는 수밖에 없었다. 마을에 전염병이 돌 때 마조 사당 근처의 샘물을 마시면 병이 낫기도 했다. 가뭄이 들었을 때도 마조에게 빌면 비가 내렸고, 풍년을 빌면 풍년이 들게 해주었다. 마조는 바다를 항해하는 사람들의 수호신에서 지역민 모두를 지켜주는 수호신으로 변해갔다. 그리고 마조는 자주색 옷을 걸치고 바다 위를 날아다니는 모습으로 묘사되기도 했다.

원나라 때가 되면 마조는 '부인'에서 '천비天妃'로 승격된다. 원나라는 해운을 중시하여 남부의 물자를 해운을 통해 북부로 운송했는데, 이 과정에서 남부 푸젠 지역의 마조 신앙이 자연스레 북부로까지 전해졌다.

명나라 때가 되면 마조 신앙은 더욱 광범위하게 퍼져나간다. 명나라 영락제永樂帝 때 유명한 환관인 정화鄭和*가 거대한 선단을 이끌고 아프리카까지 진출하는 세계사적인 사건이 있었다. 정화는 포르투갈인 바스코 다가마Vasco da Gama의 선단보다 훨씬 크고 많은 배를 거느리고 일곱 차례의 대항해를 했는데, 그때도 마조에게 제사를 올리면 머나먼 바닷길을 무사히 다녀올 수 있었다고 한다. 밤에 풍랑 속에서 길을 잃고 헤맬 때 자줏빛 옷을 입은 마조가 붉은 등을 들고 나타나 길을 인도해줘서 항구까지 무사히 들어온 일도 있었다. 정화가 그 일을 조정에 알리니, 조정에서는 푸젠성 메이저우도에 관리를 파견하여 마조에게 성대한 제사를 올리게 했다.

그리고 마침내 청나라 강희제康熙帝 때가 되면 마조는 '천후'로 격상되고 '천후낭낭天后娘娘'이라는 호칭을 얻는다. 1683년에 강희제는 장수를 보내 타이완 정벌에 나섰으나 타이완을 지키는 방어

---

*　**정화**　1405년 아프리카로의 1차 항해를 시작으로 일곱 차례에 걸쳐 대선단을 이끌고 항해를 했던 인물. 원래 윈난성 출신으로 성이 마씨였는데 쿠빌라이가 함양왕(咸陽王)으로 봉했던 후 이족(回族) 우마르의 후손이다. 원 왕조의 멸망과 함께 집안이 몰락했고, 정화도 거세되어 환관이 되었다. 그러나 영락제가 황제 자리에 올라가는 데 공을 세워 '정화'라는 이름을 받았다. 그는 영락제의 강력한 지지에 힘입어 일곱 차례에 걸친 바닷길 원정을 떠난다. 정화의 항해 이후 명나라가 바닷길을 막으면서부터 오랫동안 잊혔으나 500년이 지난 1905년에 량치차오(梁啓超)가 그의 행적을 재평가해야 한다는 글을 썼다. 그리고 다시 100년이 지난 2005년, 즉 정화의 대항해가 시작된 지 꼭 600년이 되는 해에 정화의 항해를 기념하는 대대적인 행사들이 벌어졌다.

선이라 할 수 있는 펑후도澎湖島를 점령하지 못해 인명 피해만 속출
했다. 그때 청나라 사령관이 배에 마조 신상을 싣고 나가니 바다에
붉은빛이 나타나면서 마조가 거느리는 붉고 푸른 얼굴의 신장神將
들이 나서서 타이완 군대를 격파했다고 한다. 이런 공적으로 청나
라 말기인 1872년 광서제光緒帝 때 마조는 조정에서 신들의 이름 중
에서 가장 긴 이름을 받게 된다. 신의 장엄함과 성스러움을 나타내
는 데 길고 긴 이름은 매우 효과적이다. 총 64자에 이르는 그 이름
은 다음과 같다.

호국비민묘령조응 홍인보제복우군생 성감함부현신찬순 수자독우
안란리운 택담해우념파선혜 도류연경정양석지 은주덕부위조보태
진무수강가우천후護國庇民妙靈照應 弘仁普濟福佑群生 誠感咸孚顯神贊順 垂慈篤
佑安瀾利運 澤覃海宇恬波宣惠 導流衍慶靖洋錫祉 恩周德溥衛漕保泰 振武綏疆嘉佑天后

이후 마조는 북부 랴오닝성에서부터 남부 하이난도海南島에 이
르기까지 그리고 동남아시아나 미국 등 중국 화교들이 사는 해외
에 이르기까지 많은 지역에서 숭배받게 된다. 사실 마조는 송나라
이후 사람들이 해외로 진출하면서 새롭게 생겨난 신으로 보인다.
해외로 나가기 위해 배를 타고 거친 바다를 헤쳐 나가야 했던 당
시 사람들은 운명을 바다에 맡길 수밖에 없었고, 거기서 오는 불안
한 심리를 어루만져준 것이 바로 마조라는 바다의 여신이었던 것
이다. 그리고 그런 마조에게 조정에서는 부인, 천비, 천후 등의 작
위를 내렸다. 어떻게 보면 민간에서 생겨난 마조라는 여신을 조정

에서 의도적으로 '띄워주었다'고 말할 수 있는데, 이런 현상은 연해 지역 주민들의 심리적 안정감을 조성하는 데 마조 여신의 역할이 워낙 컸기 때문에 생겨났다고 할 수 있다. 민간에서 열정적인 숭배를 받는 여신을 조정에서 인정해주고 작위를 내려주는 것은 연해 지역 주민들을 다스리는 데 정치적인 효과가 상당했을 테니까.

마조 사당과 마조 축제

마조를 모시는 사당은 일반적으로 '천후궁天后宮'이라고 하지만 마궁媽宮, 고궁姑宮, 마조묘媽祖廟 등 다른 여러 이름으로도 불린다.

중국에서 가장 큰 천후궁은 물론 마조의 고향인 푸젠성 푸톈시 메이저우도에 있다. 메이저우도는 푸젠성 동부 해안의 작은 도시인 푸톈 앞바다에 있는데, 배를 타고 15분쯤 가면 도착한다. 마조 신앙을 가진 전 세계 사람들이 한 번쯤은 꼭 가보고 싶어 하는 마조 조묘祖廟가 있는 곳이다. 전 세계에 있는 모든 마조 사당의 원조인 셈인데, 배를 타고 가다 보면 멀리 메이저우도 산꼭대기에 서 있는 거대한 마조상이 눈에 들어온다. 높이 14미터에 달하는 그 커다란 석상은 메이저우도에서 가장 높은 곳에 서서 멀리 남중국해를 굽어보며 오가는 배들을 지켜주고 있다. 이곳의 마조 사당은 산둥성 취푸曲阜의 공자 사당(孔廟), 산시성陝西省 황링현黃陵縣의 황제릉黃帝陵과 더불어 중국 전역에서 가장 성대한 제사가 거행되는 사당으로 꼽힌다. 북부 지역에는 산둥성과 톈진에 규모가 큰 마조 사당이 있고, 남부 지역에서는 홍콩과 마카오의 마조 사당이 규모가 크고 사람이 많이 모여들기로 손꼽힌다.

특히 마카오라는 지명은 마조와 깊은 관련이 있다. 마카오澳門의 원래 지명은 '호경濠鏡'이었으나 그곳에 커다란 마조 사당이 있어 주민들은 그곳을 '마조 여신의 집'이라는 뜻의 '마거媽閣'라고 불렀다. 그곳에 처음 드나들던 포르투갈 사람들이 그 말을 듣고 '마카오Macao'라고 부르면서 그곳의 지명으로 굳어지게 되었다고 한다. 마카오라는 지명이 결국은 마조 여신의 집이라는 뜻이니, 그곳에서 마조 여신에 대한 숭배가 얼마나 성행했는지를 알 수 있다.

타이완에도 곳곳에 마조 사당이 있다. 타이완에서 가장 사랑받는 여신이 마조라고 해도 과언이 아닐 정도로 마조 사당이 많다. 무려 500여 개나 되는 마조 사당 중에서 가장 오래된 것으로는 장화현彰化縣 루강鹿港의 마조묘媽祖廟를 꼽을 수 있지만, 가장 규모가 큰 것은 린윈현林雲縣 베이강北港에 있는 조천궁朝天宮이다.

마조의 탄생일로 여겨지는 음력 3월 23일이 되면 청나라 강희제 때 세워진 이 마조 사당에는 거의 10만 인파가 모여든다. 타이완 인구 2000만 명 중에서 1500만 명이 마조 신도라고 할 정도니 타이완 사람들에게 마조는 거의 고향과 동의어가 되는 셈이다. 그래서 1980년대 타이완 음악계의 기수였던 가수 뤄다유羅大佑는 일찍이 〈루강, 작은 마을(鹿港小鎭)〉에서 루강의 마조 사당에 줄지어서 향을 피우고 제사를 올리는 사람들의 모습에서 자신의 정체성을 찾아낸다고 노래하기도 했다.

이런 마조를 10세기 무렵에 출현한 신이라며 중국 신화 밖으로 내칠 수는 없는 노릇이다. 각국의 신화에는 나름의 독특한 요소들이 있게 마련이다. 중국 신화가 역사 혹은 전설과 경계가 모호하다고 하지만 그것이 바로 중국 신화가 다른 나라 신화와 구별되는 특색일 수 있는데, 마조의 탄생일로 여겨지는 음력 3월 23일 푸젠성 메이저우도에서 열리는 마조 축제나 타이완 조천궁의 마조 축제에 참가하여 그 열기를 느껴본다면, 여러분도 이 말에 동의하게 될 것이다.

6장 　민족의 시조를 낳은 여신들

천제 제곡

　중국 신화에 등장하는 천제 중에 특이한 인물이 있으니 그가 바로 제곡帝嚳이다. 제곡은 때로 은나라 사람들이 섬기던 천제 제준이나 순의 신화와 뒤섞여 등장해서, 어떤 학자들은 제준이 바로 제곡이며 순이라고 말하기도 한다. 중국은 워낙 넓기에 지금도 지역마다 말이 다르다. 그리스 신화의 경우 신들의 정확한 계보가 전해지고 있지만, 중국 신화의 경우에는 어떤 곳에서는 아들로 등장하는 신이 다른 곳에서는 아버지로 바뀌기도 한다. 땅이 광대하고 언어가 다르다 보니 한 지역에서 전승되던 신화가 다른 지역으로 전파될 때 이름이나 내용이 잘못 전달되는 경우가 비일비재했다. 예를 들면 이렇다.

　"옛날에 '준'이라는 신이 살았는데……."

"'순'이라는 신이 살았다고?"

"아니, '준'!"

"그래, '순'!"

그래서 이야기를 들은 사람들은 자기 동네로 가서 전할 때 이렇게 말했다.

"옛날에 '순'이라는 신이 살았는데…….."

그러다 보니 제준과 순에 관한 신화가 흡사한 경우가 수두룩했다. 사실 중국 신화에서 정확한 신들의 계보를 만들어내기는 상당히 어렵다. 이것을 가지고 그리스 신화와 중국 신화의 우열을 논하는 사람들이 없는 것은 아니지만, 그처럼 무의미한 일도 없다. 그리스라는 좁은 지역에서 전해 내려온 신화와 드넓은 지역인 중국에 전해 내려오는 신화를 하나의 잣대로 평가하는 것은 시작부터가 잘못된 일이기 때문이다. 세계의 모든 신화는 그 지역 사람들이 거주하던 지리, 기후, 인문 환경 등과 깊은 관련성이 있기에 열린 시각으로 그 각각의 특징과 차이를 바라볼 수 있어야 한다.

어쨌든 실제로 제곡은 여러 면에서 은 민족의 천제였던 제준과 흡사하다. 예를 들어 제준이 공작새처럼 아름다운 오색조와 어울려 춤을 추는 새 머리 모양의 신이었다면 제곡 역시 '천적天翟'이라는 봉황에게 춤을 추라고 명령할 수 있는 신이었다. 희화와 상희라는 태양과 달의 여신이 제준의 아내로 등장한다면, 고대 각 왕조의 민족 시조를 낳은 모든 위대한 여신들이 제곡의 아내라고 한다.

그런데 앞에서도 지적했듯이 천제 제준은《산해경》이후의 문헌에서 흔적도 없이 사라진다. 한나라 때 중원 지배 체제를 상징하는 황제를 중심으로 한 신화 체계가 확립되면서 원래 은 민족 신화의 천제인 제준을 의도적으로 빼버렸다고 볼 수 있다. 단순히 '준'과 '순'의 발음을 혼동한 고대 집필자들 때문에 제준이 문헌에서 사라진 것이 아니라 황제를 중심으로 한 계보를 만들어서 중원 지역을 지배하던 화하華夏의 정체성을 확보하기 위해 고의로 동이 계통의 제준이라는 신을 배제해버렸을 가능성이 있다는 말이다. 실제로 중국 신화는 역사가들에게 편집당한 흔적이 많다. 그러나 이 이야기는 좀 복잡하니까 이 정도에서 그만하고, 고대 각 왕조의 시조를 낳은 어머니 여신들에 관한 신화들로 넘어가 보자.

제곡의 부인은 추도씨鄒屠氏의 딸이었다. 그녀는 길을 걸을 때 발이 땅에 닿지 않았고, 바람과 구름을 타고 공중을 날아다녔다. 마치 화서씨의 나라 사람들 같았던 모양인데, 이렇게 이수伊水와 낙수의 안개 서린 물가를 신비롭게 떠다니는 모습에 반한 제곡이 그녀를 왕비로 맞아들였다.

"이상한 꿈을 꿨어요. 제가 꿈에 해를 삼켰답니다."

그녀가 해를 삼키는 꿈을 꿨다고 할 때마다 아들이 하나씩 생겨났다. 그리고 여덟 번 같은 꿈을 꾼 그녀는 여덟 명의 아들을 낳았으며, 그들은 '팔신八神'이라고 불렸다. 해를 삼키고 아들을 낳았다는 것은 제준의 아내 희화가 태양을 낳았다는 신화와 매우 흡사하다. 하나의 신화가 분화되어 전해진 것이 아닌가 싶다.

제곡의 네 아내

　그런데 기록에 따르면 제곡에게는 이 밖에도 네 명의 아내가 더 있었다. 첫째 부인은 유태씨有邰氏의 딸 강원姜嫄으로, 후직后稷을 낳았다. 둘째 부인은 유융씨有娀氏의 딸 간적簡狄으로, 설契을 낳았다. 셋째 부인은 진풍씨陳豊氏의 딸 경도慶都로, 제요帝堯(요임금)를 낳았고, 넷째 부인은 추자씨娵訾氏의 딸 상의常儀인데, 제지帝摯를 낳았다. 이 중에서 특히 넷째 부인 상의는 제준의 아내인 상희와 이름이 비슷하여, 역시 제준과 제곡이 같은 인물이 아닌가 하는 추측을 하게 한다.

　어쨌든 제곡의 네 아내가 낳은 아들들은 각각 민족의 시조가 되었다. 강원이 낳은 후직은 주 민족의 시조가 되었고 간적이 낳은 설은 은 민족의 시조가 되었다. 경도가 낳은 제요와 상의가 낳은 제지는 아버지의 왕위를 계승하여 인간 세상의 제왕이 되었다. 여기서 이상한 점이 하나 발견된다. 은 민족과 주 민족은 민족 계통이 다르다. 그런데 신화 속에서는 그들이 모두 제곡의 후손이라고 한다. 다른 문헌 자료들을 보면 은 민족의 시조를 낳은 어머니 간적은 알을 먹고 임신했으며, 주 민족의 시조를 낳은 어머니 강원은 뇌신의 발자국을 밟고 임신했다고 나온다. 아버지가 제곡이라는 대목은 어디에도 보이지 않는다. 그러나 후대로 내려가면 이들이 모두 제곡의 후손이 된다. 과연 어찌 된 일인가.

　이것이 바로 역사가들에 의해 중국 신화가 편집당한 흔적이다. 제곡은 황제의 자손이다. 중국 각 민족의 시조를 낳은 어머니를 모두 제곡의 아내로 기록했다는 것은 바로 황제를 중심으로 한 신들의 계보를 만들고자 했던 역사가들의 의도를 보여주는 것이다.

세 번 버려진 후직

유태씨의 딸 강원이 어느 날 밖에 나가 놀다가 돌아오는 길에 거대한 발자국을 보았다.

"도대체 누구 발자국인데 저렇게 큰 걸까? 발을 한 번 대볼까?"

그녀는 호기심이 일어 그 발자국 안에 자신의 발을 대보았다. 거인 발자국의 엄지 부분을 밟는 순간, 그녀는 갑자기 이상한 느낌을 받았다.

"뭐지?"

말로 표현할 수 없는 어떤 이상한 느낌이 순간적으로 가슴속을 스쳐 갔다. 그 후 집으로 돌아온 그녀의 몸에 태기가 있었다. 열 달이 지나자 강원은 '무엇인가'를 낳았다. 사람 형상을 한 아기가 아니라 둥그런 살덩어리였다. 아무 모양도 잡히지 않은 그저 동그란 살덩어리를 보자 그녀는 두려워졌다.

그래서 강원은 그 이상한 무엇인가를 내다버리기로 작정하고, 그것을 포대기에 싸서 마을의 좁은 골목길에 내다버렸다. 그곳은 소와 양이 수시로 지나다니는 골목이었다. 그런데 이상하게도 소와 양들이 그것을 밟을까 봐 조심조심 피해 다니는 것이었다.

강원은 할 수 없이 그것을 다시 싸 들고 숲속으로 갔다. 숲에 그것을 버리려고 한 것이다. 그런데 하필 그때 나무를 베러 산에 간 사람들이 무리를 지어 떠들썩하게 내려와 그럴 수 없었다.

"이를 어쩐다지?"

고민하면서 돌아오던 강원은 마침 추위에 꽁꽁 얼어붙어 있는 연못을 발견하게 되었다. 강원은 마음을 독하게 먹고 그 살덩어리를 차가운 얼음 위에 얹어놓고 돌아섰다. 그런데 그 순간 아득히 먼 곳에서 커다란 새 한 마리가 날개를 퍼덕이며 날아오는 것이었다. 그리고 커다란 날개를 펼쳐 강원이 버린 살덩어리를 포근히 감싸주었다. 마치 알을 품은 어미 닭처럼 새는 살덩어리를 날개 안에 소중하게 품고 있었다.

강원은 기이하게 생각하며 몸을 돌려 새가 있는 곳으로 살그머니 다가갔다.

"푸드덕!"

살덩어리를 품고 조용히 앉아 있던 새는 강원이 다가오는 기척을 느끼자 살덩어리를 떨어뜨린 채 하늘로 날아올라 갔다. 그런데 새가 날아오르는 순간, 살덩어리 안에서 아기 울음소리가 들려왔다. 강원이 놀라서 얼른 다가가보니 달걀 껍데기가 깨어지듯 껍질이 갈라진 살덩어리 안에서 예쁜 아기가 우렁차게 울고 있었다.

"이렇게 귀여운 아기가 이 속에 들어 있었다니!"

강원은 놀랍고도 기뻐서 얼른 자신의 옷으로 아기를 감싸 안고 집으로 돌아왔다. 아기는 여러 번 버려졌기 때문에 '버리다'라는 뜻의 '기棄'라는 이름으로 부르기로 했다. 이것이 주나라의 민족 시조인 후직의 탄생신화다. 후직은 후에 그의 자손들이 그를 높여 칭한 것으로, 농사짓기를 좋아한 그가 사람들에게 오곡 심는 법을 가르친 데서 비롯된 이름이다.

후직 탄생신화의 상징성을 따져보면 조금 다른 해석도 가능하다. 은나라가 유목 생활을 통해 번성했던 것과 달리 주 민족은 농사를 중시했다. 이런 이유로 '곡식'을 뜻하는 '직稷'이 그들 시조의 이름으로 제시된 것일 수 있다. '직이 버려졌다'는 것은 곡식의 씨앗이 땅에 뿌려졌다는 의미로, '직'은 이렇게 땅에 버려짐으로써 풍요로운 수확을 가능하게 했던 곡물 자체를 가리키는 말이라고 볼 수 있다. 그리스 신화에서 데메테르Demeter의 딸 페르세포네Persephone가 일 년 중 4분의 3은 지상에서, 4분의 1은 지하에서 지내게 되었다는 이야기도 겨울에는 땅 밑에서 씨앗으로 지내다가 봄이 되면 땅 위에서 싹을 틔우는 곡물의 특성을 상징하는 것으로 해석되기도 한다.

후직은 이렇게 세 번 버려지는 시련을 겪은 뒤 주나라의 시조가 된다. 후직은 어려서부터 농사에 관심이 많아 늘 곡식과 채소의 씨앗을 뿌리며 놀았다. 자라서는 나무와 돌로 농기구를 만들고 사람들에게 농사짓는 법을 가르쳐서, 그때까지 수렵과 채집으로 어렵게 살아가던 사람들을 풍요롭게 해주었다. 후직은 신성을 가지고 있었기 때문에 하늘나라에도 자주 올라가곤 했고, 그때마다 하늘에서 곡식의 씨앗을 가지고 내려와서 지상에 뿌림으로써 들판을 온통 농작물로 가득 차게 했다.

후직이 죽었을 때 사람들은 그를 산 좋고 물 좋은 곳에 묻어주었다. 그곳이 바로 하늘 사다리 건목建木이 있는 도광都廣의 들판*이었다. 인간을 위해 농사짓는 법을 한평생 가르쳐주었던 후직은 이렇게 아름답고 비옥한 땅에 영원히 잠들었다. 후직이 도광의 들판에 묻혔다는 것과 그곳에서 온갖 곡식이 자라났다는 이야기도 그가 바로 곡물을 상징하는 존재가 아닌지 다시 생각하게 한다.

검은 새가 준 알을 삼키고 임신한 간적

유융씨에게는 간적과 건자建疵라는 아름다운 두 딸이 있었다. 간적과 건자는 하늘 높이 솟은 요대瑤臺라는 곳에 살았는데 밥을 먹을 때면 시종들이 옆에서 북을 치며 음악을 연주했다.

어느 날 천제가 현조에게 명했다.

"가서 두 사람이 정말로 아름다운지 보고 오너라!"

천제의 명을 받은 현조가 요대 위로 날아갔다. 간적과 건자는 현조가 머리 위를 맴돌며 아름다운 소리로 노래하자 그 새를 잡고 싶어졌다. 그래서 새를 잡으려고 이리저리 팔짝팔짝 뛰던 자매는 마침내 현조에게 옥으로 만든 광주리를 덮어씌우는 데 성공했다. 그렇게 현조를 잡아두고 자매는 밥을 먹었다.

한참이 지났다. 두 자매는 광주리 안에 갇힌 현조가 궁금해졌다.

---

* **도광의 들판** 중국 신화에 등장하는 이상향 중 하나인 그 비옥한 들판에는 온갖 곡식이 기르지 않아도 저절로 자라났고 낟알들은 하얗고 윤기가 흘렀다. 난새가 노래하고 봉황이 춤추는 그곳에는 신과 인간이 오르내릴 수 있는 건목이 하늘 높이 솟아 있었다.

"왜 저렇게 아무런 기척이 없을까?"

"그렇지? 어디 한 번 열어볼까?"

자매는 옥 광주리를 살그머니 들췄다. 그 순간 현조가 훌쩍 날아올라 북쪽으로 사라졌다.

"앗, 이를 어째!"

두 자매는 아쉬운 마음에 다음과 같은 노래를 불렀다.

> 제비가 날아가 버렸네
>
> 제비가 날아가 버렸네

썰렁할 정도로 단순한 노랫말이다. 그러나 《여씨춘추呂氏春秋》*에 의하면 이것이 바로 중국 북부 지방 최초의 노래라고 한다. 《여씨춘추》는 이 새를 '제비(燕)'로 기록하고 있지만 '현조玄鳥', 즉 검은 새라고 기록된 이 새가 과연 제비인지, 아니면 까마귀나 까치인지는 확실하지 않다. 그중 제비라고 주장하는 학자들이 가장 많은데, 봄이 되면 제일 먼저 날아와서 농사지을 때가 왔음을 알려주는 새가 제비이기 때문이다. 은나라 사람들이 제비가 날아오는 날을 달력의 시작으로 삼았을 만큼 제비는 중요한 새였다.

---

* **《여씨춘추》** 진(秦)나라 승상이었던 여불위(呂不韋)가 천하의 식객 3000명을 불러 모아 만든 책이다. 무려 20만 자나 되며, 선진시대 각 학파의 학설이 거의 모두 망라되어 있다. 이 책이 완성된 뒤에 여불위가 진나라의 수도 함양의 번화가에 이 책을 내놓고, 이 책에 한 글자라도 더하거나 뺄 수 있는 자가 있다면 천만금을 주겠노라고 말했다는 일화는 유명하다.

어쨌든 새는 날아갔지만, 옥 광주리 안에 알 두 개를 남겼다.

"어, 알이네. 한번 먹어볼까?"

간적은 그 알을 먹었다. 그리고 바로 임신하여 아이를 낳았는데, 그가 바로 은 민족의 시조가 된 설이다. 이것 역시 어머니만 알고 아버지는 모르던 모계 사회 시절의 흔적을 간직한 신화다.

그러나 《열녀전列女傳》에 이르면 이 신화에도 다음과 같은 대목이 덧붙여진다.

　찬미해 노래한다.

　"설의 어머니 간적은 인자하고 공손해지기 위해 노력했네. 알을 삼키고 아이를 낳았으며* 스스로 덕을 닦았네. 아들을 가르침에 사리가 밝았고, 은혜를 널리 베푸니 덕이 있었네. 설이 천자의 보좌가될 수 있었던 것은 모두 어머니의 공이라네."

간적이 어머니의 덕을 쌓기 위해 노력했다는 대목은 고대 신화어디에서도 찾을 수 없다. 그러나 한나라 때에 이르면 간적은 아들을 제대로 가르치려고 덕을 쌓은 현명한 어머니로 변해버린다.

---

*　**알을 삼키고 아이를 낳았으며**　알에서 나왔다거나, 알처럼 둥근 열매를 먹고 임신하여 아이를 낳았다는 신화는 우리나라를 비롯한 동아시아 지역에 폭넓게 퍼져 있다. 알은 생명을 품고 있는 까닭에 고대인들이 신비하게 여겼으며, 신화에서는 반고가 깨뜨린 것 같은 완전한 세계의 축소판인 '우주란'이 종종 등장한다.

기이한 것에 감응하여 아이를 잉태하다

세 선녀가 백두산(중국에서는 장백산長白山이라고 한다) 천지天池에 내려와 목욕을 하고 있을 때 저 멀리서 까치 한 마리가 날아왔다.

"까치가 붉은 열매*를 물고 있네?"

"그러게."

까치는 선녀들 위에서 빙빙 돌다가 붉은 열매를 떨어뜨렸고, 막내 선녀 펙쿨렌이 그것을 받아먹었다. 열매를 삼킨 펙쿨렌에게는 그날부터 태기가 있었고, 얼마 후에 아들을 낳았다. 아들은 태어나자마자 말을 했는데, 그가 바로 만주족의 시조인 아이신기오로 부쿠리용손(부쿠리 용손)이다.

여성이 뭔가 기이한 것에 감응하여 아이를 잉태한다는 이야기가 중국 신화에는 자주 보인다.

화서씨 여자는 뇌택 가에 찍힌 천둥번개 신의 발자국에 감응하여 복희를 낳았고, 부보는 북두칠성에 감응하여 황제를 낳았으며, 여등女登도 신룡神龍에게 감응하여 염제를 낳았다고 한다. 경도 역시 적룡赤龍에게 감응하여 요를 낳았다.

---

*　**붉은 열매**　이 신화에 나오는 붉은 열매란 사과를 가리킨다는 설도 있지만, 대추를 가리킬 가능성이 크다. 중국에서 대추는 신선의 과일로 등장하기도 하지만 고대 문헌 자료를 보면 대추가 생육과 관련되어 있음을 알 수 있다. 우리나라의 결혼식에서 신부가 폐백을 드릴 때 어르신들이 대추를 던져주는데, 그 의미가 다산을 축원하는 것이라고 알고 있지만 정작 그 기원이 어디에 있는지는 논의된 바가 많지 않다. 어쩌면 백두산 지역에 전승되는 만주족의 신화에서 그 단서를 찾아볼 수도 있지 않을까.

소수민족의 신화를 포함하면 감응의 기록은 더욱더 다채로워진다. 생명을 잉태하게 하는 요인도 다양하여 무지개나 별 같은 천문 현상, 용이나 뱀을 비롯한 짐승, 바람이나 돌이나 대나무까지도 그 대상이 된다. 이러한 신화들은 어머니만 알고 아버지는 모르던 모계 사회의 흔적을 보여주는 동시에 각 민족의 숭배 대상이었던 다양한 토템까지도 추측할 수 있게 한다.

강물에 들어갔다가 흘러 내려오는 대나무 조각에 감응하여 야랑국夜郎國의 시조 죽왕竹王이 탄생했다는 이야기에서 그 지역의 토템이 대나무임을 알 수 있으며, 용이 변한 나무토막에 감응하며 바이족白族의 시조 구륭九隆이 탄생했다는 이야기를 통해 용에 대한 그 지역의 토템 신앙을 엿볼 수 있다. 이런 이야기들의 서사 구조는 한족 문헌신화보다 훨씬 더 탄탄하다. 구륭의 탄생에 관한 이야기를 한번 보도록 하자.

중국의 서남부 애뢰국哀牢國에 사호沙壺라는 여자가 살고 있었다. 어느 날, 물고기를 잡기 위해 강물에 들어간 사호는 멀리 강의 상류 쪽에서 나무토막 하나가 떠내려오는 것을 보았다.

"저게 뭐지?"

곧 그 나무토막이 사호의 몸에 닿았고, 그 순간 그녀는 뭔가 이상한 느낌에 가슴이 덜컥 내려앉았다. 아니나 다를까, 그날부터 태기가 있었고 사호는 열 달이 지나자 아들을 열 명 낳았다.

그런데 그들은 범상한 인간이 아니라 용의 아들들이었다. 어느 날, 강물을 따라 떠내려온 나무토막이 용으로 변해 사호 앞에 나타났다. 용은 다짜고짜 이렇게 물었다.

"내 아들들은 어디 있소?"

사호와 함께 있던 열 명의 아들 중 아홉이 용을 보고는 혼비백산하여 도망쳤다. 단지 막내아들만이 사호 곁에 의연하게 앉아 있었다. 전해지는 이야기에 의하면 그 막내아들은 용의 등에 올라탔다고도 한다.

"당신은 누구세요?"

막내아들이 아무렇지도 않은 듯 물었다.

"내가 너의 아비란다!"

용은 도망치지 않고 앉아 있는 막내아들을 기특한 듯 내려다보며 말했다. 그리고 귀엽다는 듯이 막내아들을 핥아주었다.

"저 녀석 좀 봐라. 보통이 아니네, 도망치지도 않고. 용이 저 녀석을 핥아주고 있어."

숨어서 그 광경을 지켜보던 아홉 형은 놀라지 않을 수 없었다. 용이 사라지고 난 뒤 막내는 '원륭元隆' 또는 '구륭'이라고 불리게 되었다. 애뢰국 말로 원륭이란 '함께 앉아 있었다'는 뜻이고 구륭이란 '등에 올라탔다'는 뜻이었으니, 두려움 없이 용과 함께 있었던 막내의 용기를 칭송하는 이름이었다.

구륭은 자라날수록 무술 실력이 출중해지고 지혜로워졌다. 이에 아홉 형은 막내를 왕으로 추대하기로 했다.

"막내야, 네가 용의 말을 알아들을 수 있고, 재능이 우리보다 뛰어나니 왕이 되도록 하여라."

그래서 막내아들 구륭은 애뢰국의 왕이 되었다. 마침 그때 애뢰

산 기슭에 사는 어떤 부부에게 아름다운 열 명의 딸이 있었다. 구룡과 그의 형제들은 그 딸들과 결혼하여 부부가 되었고, 그들의 후손이 지금의 다리大理 지역에 살게 되었다.

이 이야기는 중국 서남부 윈난성의 다리 바이족 거주 지역에 전해지는 신화다. 이 신화에 용이 등장하는 이유는 이 지역에 얼하이洱海라는 거대한 호수가 있기 때문이다. 용은 물과 관련 있는 영물로 바이족의 숭배 대상이었다. 이 신화는 바이족뿐 아니라 남쪽에 거주하는 다이족傣族에게도 전승되는데, 그들도 마찬가지로 구룡을 민족의 시조로 받들고 있다.

그런데 이런 이야기 속의 여성들은 그저 단순히 민족의 시조나 영웅을 낳은 어머니의 역할만을 담당하고 있다. 따라서 스스로 진흙을 빚어 인간을 만들어냈던 여신 여와와 비교해보면 그 격이 다름을 알 수 있다. 스스로가 창조적 신격을 지니는 것이 아니라 나무토막이나 대나무, 별이나 신의 발자국 등으로 상징되는 남성과의 교감을 통해서만 생명을 창조하는 이들은 민족의 시조를 낳은 시조모, 즉 '어머니'일 뿐, 그 자신이 숭배의 대상은 아니다. 어디까지나 숭배의 대상은 민족의 시조인 남자, 남성 신이다. 결국, 시조모 신화는 여성의 지위가 하락하는 과정을 매우 명확하게 보여준다고도 할 수 있다.

7장 ‖ 여신들의 대서사시 《워처쿠 울라분》*

　청나라 강희제 때 중국 북부 지역 헤이룽장黑龍江 일대에 아홉 갈래 뿔을 가진 사슴을 타고 다니며 병든 사람들을 치료해주는 100살쯤 된 여성 샤먼이 있었다. '보어더인무'라는 이름의 그 샤먼은 물고기 뼈를 들고 다니면서 사람들의 병을 고쳐주곤 했는데, 가끔 아주 오래전부터 전해져 내려오는 흑수여진黑水女眞, 즉 만주족의 대서사시를 사람들에게 들려주었다고 한다. 온통 얼음으로 뒤덮인 북부 지역, 멋진 뿔이 달린 사슴을 타고 다니면서 오래전부터 전승되어오는 민족의 대서사시를 들려주는 보어더인무 샤먼의 모습을 그려보면서 300여 명의 여신이 엮어내는 만주족 신화,《워처

---

*　**《워처쿠 울라분》** 만주족 학자인 푸위광(富育光)이 오랜 기간에 걸쳐 수집·출판한 《설부 (說部)》 시리즈 중 한 권이다. 우리나라에서는 '우처구우러번(烏車古烏勒本)', '천궁대전(天宮大戰)' 등으로 알려져 있으나, 만주어 발음으로 표기하면 '워처쿠 울라분(Weceku Ulabun)'이 된다. 여기서는 만주어 발음으로 표기하기로 한다.

쿠 울라분》에 귀를 기울여보자.

한족을 중심으로 한 중국 고대의 문헌신화에 나오는 것과는 다른, 세계 어느 신화에서도 찾아보기 힘든 여신들만의 멋진 세계가 거기에 있다. '워처쿠 울라분'은 현대 중국어로 '천궁대전天宮大戰'이라고 번역되지만 원래 만주어로 '신들의 이야기'라는 뜻이다. 이 이야기는 모두 여덟 대목으로 나누어져 있다. 제사 기간 며칠에 걸쳐서 민족의 서사시를 구송하는 중국 내 소수민족들의 전통에 비추어보면 이 이야기 역시 아주 길게 풀어야 마땅하겠지만, 여기서는 간략하게 소개해보기로 한다.

압카허허와 예루리의 탄생

《워처쿠 울라분》의 주인공은 천신 압카허허 Abkahehe다. 만주어로 '압카Abka'는 '하늘'이라는 뜻이고 '허허 hehe'는 '여신'이라는 뜻이니, '압카허허'는 곧 '하늘의 여신'이 된다. 또 다른 주요 인물은 땅의 여신인 바나무허허, 별들의 여신인 워러두허허다. 바나무허허와 워러두허허는 모두 천신인 압카허허의 몸에서 나왔다. 그러므로 이들은 셋이지만 결국은 하나라 할 수 있다.

압카허허는 물에서 태어났다. 공기와 빛 그리고 자기 몸으로 만물을 창조하고, 몸을 찢어 대지의 여신인 바나무허허와 빛을 다스리는 여신 워러두허허를 만들었다. 세 여신은 함께 모여 인간을 만들어내기로 했다. 그런데 평소에도 잠이 많았던 바나무허허가 오지 않는 바람에 자애로운 압카허허와 성질 급한 워러두허허는 기다리지 못하고 먼저 사람을 만들었다. 그것이 여성인데, 여성은 두 여신의 성격을 닮아 자애로우면서도 성질이 급했다. 한참 뒤에야 짐에서 깨어난 바나무허허는 새, 짐승, 곤충을 만들고 남자를 만들었다.

한편 압카허허는 자신의 살 일부를 떼어내 머리가 아홉 개 달린 여신 오친을 만들었는데, 압카허허의 몸에서 나왔기 때문에 오친 역시 강력한 여신이었다. 압카허허는 오친에게 잠자는 바나무허허를 지키게 했는데, 바나무허허는 오친이 자신의 잠을 방해한다며 돌 두 개를 던졌다. 그런데 그 돌이 하나는 뿔이 되고 하나는 남성의 생식기가 되어, 오친은 양성을 지닌 신으로 변했다. 오친은 바나무허허의 배 속으로 들어가 스스로 번식하여 머리가 아홉 개 달린 예루리 대신大神이 되었다.

별자리 주머니를 빼앗다

예루리는 어둠의 신으로 성장하여 세상에 어둠을 퍼뜨렸으며, 마침내 자신을 창조해낸 압카허허에게 도전하기 시작했다. 그의 도전은 워러두허허의 별자리 주머니를 빼앗는 것에서 시작되었다.

"흠, 저 별자리 주머니를 빼앗아야겠군. 그러면 별자리를 내 맘대로 배치할 수 있을 테니."

별자리를 다시 배치한다는 것은 우주의 질서를 재편한다는 의미다. 별들은 빛을 상징하며 또한 인간의 운명을 좌우한다. 별들을 다스리는 워러두허허가 가지고 있는 자작나무 껍질로 만든 별자리 주머니를 손에 넣기만 한다면 우주가 그의 손에 들어오는 것이나 다름없었다. 마침내 예루리는 워러두허허와 별자리 주머니를 놓고 싸움을 시작했고, 곧 별자리 주머니를 차지하는 듯했다. 그러나 워러두허허는 별의 여신이자 빛의 여신이었다. 찬란한 빛을 내뿜어 예루리의 눈을 멀게 한 워러두허허가 의기양양하게 자신의 별자리 주머니를 되찾으려는 순간 예루리가 별자리 주머니를 서쪽을 향해 던졌다. 그래서 쏟아져 나온 별들이 오늘날에도 동쪽에서 서쪽으로 움직이는 것이다.

별자리 주머니는 다시 빼앗겼지만 예루리는 스스로 어둠의 신들을 생산해낼 수 있었다. 그는 자신이 탄생시킨 무수한 분신들을 머나면 북쪽 바다로 보내 그곳에 있는 얼음산의 얼음으로 온 세상을 뒤덮어버렸다. 천신 압카허허 역시 속수무책으로 북방의 두꺼운 얼음 밑에 갇혀버렸다. 1차전에서 압카허허는 예루리한테 패배한 것이다. 그때 바나무허허가 입 큰 오리를 보냈다.

"가라. 어서 가서 압카허허를 구해와라!"

아홉 빛깔 날개를 가진 거대한 오리는 입으로 불을 토해서 온 세상을 덮고 있는 얼음덩이에 수만 개의 구멍을 낸 다음 세상에 다시 빛을 주었다. 그리고 얼음 속에 갇힌 압카허허를 찾아내 등에 업고 하늘로 날아올랐다. 이때 수없이 얼음을 쪼아댔기 때문에 오늘날 오리의 입이 그렇게 크고 뭉툭해진 것이라고 한다.

이 장엄한 창세 서사시에 등장하는 예루리는 무척이나 흥미로운 존재다. 머리가 아홉 개나 달린 그는 '어둠의 신'이긴 하지만 빛의 신들보다 힘이 세다. 압카허허를 비롯한 많은 여신이 모두 힘을 합해야 그를 대적할 수 있을 정도니 말이다. 어둠의 신 예루리를 '악신'이라고 보는 사람도 있긴 하다. 물론 북방 샤머니즘 신화 체계에서 절대 선이나 절대 악은 존재하지 않는다. 어둠과 빛은 세상에 언제나 함께 존재하는 것이기 때문이다. 그러니까 그 '악'이라는 것을 인간의 내면에 들어 있는 본성 중의 하나라고 할 수도 있겠지만, 이 이야기의 배경이 되는 헤이룽장성이 아주 혹독한 자연 환경을 가진 곳이라는 점을 기억해야 할 것이다.

10월부터 지루할 정도로 계속되는 춥고 기나긴 겨울은 어둠, 얼음, 눈을 '악'의 상징물로 볼 수도 있게 해준다. 예루리를 인간의 내면에 깃들어 있는 '악'의 화신인 동시에 북방의 혹독한 겨울을 형상화한 신으로 볼 수 있는 것은 바로 이런 이유 때문이다.

불꽃 머리카락의 투무 여신

빛의 여신 압카허허와 어둠의 신 예루리의 전쟁은 계속된다. 머리가 아홉 개 달린 예루리는 워낙 강한 신이어서 조금도 물러설 기미가 없어 보였다. 압카허허와 바나무허허가 상처를 입으니 하늘과 땅이 모두 어두워졌다. 그때 바람의 여신 시스린이 등장한다. 시스린이 큰 돌을 바람에 날려 보내 예루리를 치게 하니 예루리는 땅속으로 도망쳤다. 잠시 기세가 약해진 예루리를 압카허허가 바짝 뒤쫓았다. 그러나 예루리가 똑같이 생긴 분신들을 만드니, 누가 진짜 예루리인지 몰라 당황한 압카허허는 오히려 눈으로 가득 찬 무거운 설산雪山에 눌려 꼼짝하지 못하게 되었다.

"걱정하지 마세요. 제가 불돌을 먹여드릴게요!"

이때 두카허가 나섰다. 두카허는 대지의 여신인 바나무허허의 배 속에 있는 거대한 돌에서 나온 돌의 여신*이다. 뜨거운 불덩어리를 품고 있던 돌의 여신 두카허는 설산에 눌려 기진맥진해 있는 압카허허에게 불돌을 먹였다. 그러자 압카허허의 몸이 뜨거워지면서 엄청난 힘이 솟아났다. 압카허허는 자신을 누르고 있던 설산을 녹이고 하늘로 날아올랐다.

바나무허허의 몸속에는 두카허뿐 아니라 불의 여신인 투무도 살고 있었다. 빛의 여신 워러두허허가 예루리와의 싸움으로 지쳐서 빛을 잃고 있을 때 바나무허허가 불의 여신 투무를 불러냈다.

"그대의 빛과 불꽃 머리카락으로 세상을 밝혀라!"

투무 여신의 머리카락은 타오르는 불꽃이었고, 온몸에 나 있는 털은 빛이었다. 투무는 자신의 불꽃 머리카락을 하늘로 던졌다. 그러자 머리카락 하나하나가 모두 별이 되었다. 투무는 하얀 돌로 변해 하늘의 삼형제별에 그네 타듯이 매달려서 세상을 비추는 하늘

---

*　　**돌의 여신**　돌은 대지의 생명이다. 불돌을 먹고 압카허허가 힘을 냈다는 것은 땅의 기운이 모인 돌이 생명력을 갖고 있다고 여겼던 만주족 사람들의 믿음에 기반을 두고 있다. 돌이 생명의 상징물이며 생명을 품어주고 길러주는 힘이 있다고 믿은 것은 만주족 사람들만이 아니다. 지금도 중국 서남부 나시족 사람들에게는 돌, 특히 하얀 돌을 숭배하는 풍습이 남아 있고, 이족 사람들에게는 검은 돌을 숭배하는 습속이 있다. 심지어 광시좡족자치구의 좡족 사람들은 하늘과 땅도 돌이 갈라지면서 만들어졌다고 생각한다.

등불(天燈)이 되었다. 투무의 뒤를 이어 이번에는 워러두허허의 별자리 주머니에서 튀어나온 여신이 있었으니 바로 북두칠성의 여신 나단이다. 나단은 투무가 얼마 후 빛을 잃자 수백 개의 별로 변해 세상을 비춰주었다.

남신으로 변한 시스린과 고슴도치신 저구루

이렇게 여러 여신이 힘을 합해 대항했지만, 머리 아홉 개 달린 예루리는 여전히 막강했다. 압카허허는 계속 쫓겼고, 하늘나라 구름밭의 여신 이르하가 풀밭을 만들어 압카허허를 쉬게 해주었다. 자신이 만들어낸 암흑으로 뒤덮인 세상에서 오직 한 곳만이 별천지를 이루고 있다는 소식을 듣고, 예루리는 거위 노파로 변해 슬그머니 들어왔다. 그리고 수많은 예루리의 분신들이 모두 거위로 변해, 잠자던 압카허허를 묶어버렸다. 놀란 압카허허가 외쳤다.

"시스린, 시스린은 어디 갔느냐?"

압카허허를 지키고 있던 바람의 여신 시스린이 날개로 바람을 일으켜 예루리를 날려버려야 했는데, 깜박 잠이 드는 바람에 그러지 못한 것이다. 화가 난 여신들이 시스린에게서 여신의 역할을 빼앗는 바람에 여신이던 시스린은 남신이 되었다. 남신으로 변한 시스린은 봄바람 같던 성격을 잃어버리고 방탕해져서 천지간을 내달리고 산과 물을 흔들어 세상 만물에 해를 입혔다. 남신 시스린은 바로 북방의 혹독하고 거친 바람을 의미한다.

압카허허가 잡히자 세상은 암흑이 되었는데, 이때 나타난 여신이 고슴도치신 저구루다. 압카허허의 눈물 시냇가에 사는 고슴도치신은 함박꽃별로 변해 있다가 예루리가 함박꽃을 꺾어 들자 1000만 개의 빛 화살이 되어 예루리의 눈을 찔렀다. 그러자 압카허허는 흰목큰부리 새에게 먹으면 힘이 생기고 천지를 뜨겁게 비출 수 있는 아홉 가지 색깔의 돌을 물어오게 했다. 또한 압카허허는 몸의 때로 '미아카'라는 작은 신을 많이 만들어 예루리의 머리에 달린 뿔 속으로 들어가게 했다. 예루리는 머리가 아파서 하늘로 도망쳤는데, 어미 물고기 여신이 잉어로 변신하여 도망친 예루리를 찾아냈다. 생명의 나무인 느릅나무와 인간의 말을 할 줄 알고 하늘의 일에 통달한 버드나무 역시 이 싸움에 참여했다. 그러나 예루리는 패배를 인정하지 않고 최후의 결전을 제의한다.

태양새 쿤저러

"쿤저러, 어디 있느냐. 태양 강의 강물이 필요하구나!"

최후의 결전에서 예루리는 여전히 막강한 힘을 자랑하며 버드나무와 시냇물로 만든 압카허허의 갑옷을 찢고 압카허허에게 상처를 입혔다. 압카허허의 부름을 받고 달려온 아홉 빛깔 신조神鳥 쿤저러는 깃털로 압카허허의 상처를 낫게 해주었고, 금빛 태양 강의 강물을 떠다가 상처를 씻어주었다. 대지의 여신 바나무허허는 자신의 몸에 사는 호랑이와 표범, 늑대, 매 등 짐승의 신을 시켜서 압카허허를 돕게 했고, 신의 새 쿤저러를 태양 강으로 보내 채색 깃털로 압카허허의 갑옷을 다시 만들게 했다.

이렇게 여러 신의 도움으로 기운을 차린 압카허허는 마지막으로 예루리를 공격했다. 마침내 압카허허는 예루리를 이겼고, 예루리는 아홉 개의 머리 중 다섯 개 머리의 눈이 뽑힌 채 어둠 속으로 도망쳤다. 그때부터 어둠의 신 예루리는 빛과 불을 가장 무서워하게 되었으니, 이로 인해 사람들은 밤에 빙등水燈을 밝히고 모닥불에 제사를 올렸다. 헤이룽장성의 중심지인 하얼빈의 쑹화강松花江에서 일 년 중 가장 추울 때 열리는 '빙등절水燈節'은 지금 전 세계적으로 이름난 축제가 되었는데, 빙등절의 배경에는 북방 사람들의 이런 신화가 깔려 있다.

예루리를 물리치고 우주의 어머니 신이 된 압카허허는 신의 매를 보내 인간 여자아이에게 젖을 먹여 키워서 인간 세상 최초의 샤먼이 되게 했다. 아이가 먹고 자란 젖은 쿤저러가 길어온 태양 강의 생명과 지혜의 물이었다. 마침내 인간 세상 최초의 대샤먼으로 성장한 아이는 후에 총명하고 지혜로운 만능 신이 되었다. 그 후 억만 년이 흐르고 홍수와 얼음이 세상을 뒤덮자 세상에는 신의 매와 한 여인이 살아남았는데, 샤먼이었던 이 여인이 인류의 시조신이 되었다고 한다.

훗날 다시 홍수가 휩쓸고 간 후부터 사람들은 압카허허를 '압카언두리'라고 부르기 시작했다. '언두리enduri'는 남성 신을 가리킨다. 압카허허가 이뤄낸 평화와 안정은 남신인 압카언두리가 주재하면서부터 깨어지게 되었다. 게으른 압카언두리는 매일 잠만 잤고, 북쪽 땅은 다시 얼음으로 뒤덮였으며, 도망쳤던 예루리가 몰래 나타나서 독 있는 연기로 사람을 해치고 종기와 천연두로 생명 있는 것들을 죽이곤 했다.

여신인 압카허허가 세월이 흐른 뒤 남신인 압카언두리가 되는 것은 지금까지 보아온 다른 여신들의 경우처럼 여신이 위대한 신격을 잃어버리는 과정을 그대로 보여주고 있다. 흥미로운 것은 여신 압카허허가 예루리와의 치열한 투쟁 끝에 얻은 따뜻하고 평화로운 땅이 남신 압카언두리의 게으름 때문에 다시 암흑의 땅으로 변해갔다는 설명이다.

빛을 의미하는 여신 압카허허와 어둠을 의미하는 양성구유의 신 예루리의 싸움을 묘사한 이 창세신화는 서사 구조가 탄탄하여 무척이나 재미있다. 만주족의 신화나 종교, 그들의 생활 모습에 이르기까지 많은 자료가 들어가 있는 이 소중한 서사시에서 특히 우리의 눈길을 끄는 것은 빛의 신과 어둠의 신의 대립이라는 모티프다. 빛을 대표하는 신과 어둠을 대표하는 신의 대립은 만주족뿐 아니라 유라시아 대륙의 북부 지역을 관통하는 중요한 주제다.

인간이 선과 악을 모두 가진 양면적인 존재인 이상 신화에 빛의 신(선신)과 어둠의 신(악신)의 대립 구도가 등장하는 것은 당연한 일이지만, 그것이 특히 혹독한 겨울을 겪어내야 하는 지역에 많이 등장하는 것은 선신과 악신이 빛과 어둠, 온기와 추위 등을 형상화한 것일 수도 있다는 생각을 하게 한다. 무엇보다 흥미로운 것은 선신과 악신이 대립하는 이 신화에서 악신은 쫓겨 가긴 하지만 절대 죽거나 사라지지 않는다는 점이다. 정의와 불의가 대립하는 블

록버스터급 영화에서 정의가 불의를 이기고 승리하는 것으로 끝이 나는 것 같지만 그 악은 언제나 다시 귀환하고, 그래서 영화는 '시즌 2'로 이어지는 경우가 많지 않은가? 인간이 선과 악이라는 양면성을 지닌 한, 영화 속의 악당들은 언제나 귀환한다. 선신과 악신의 대립 구도가 등장하는 신화들이 그것을 말해주고 있다.

8부

왕조의 조상들

1장 ‖ 용을 삶아 먹은 하나라 공갑

은나라보다 앞선 왕조라 불리는 하나라는 정말로 존재했을까? 물론 중국 학자들은 이미 '하상주단대공정夏商周斷代工程'이라는 역사 고고 프로젝트를 통해 하나라를 역사 속에 실존했던 왕조로 확정하면서 역사 기년도 이미 1000년 이상 위로 올렸다. 그러나 명확하고 결정적인 증거, 이를테면 도읍지라든가 하나라 시절의 문자 등이 발견되지 않아 이를 역사시대로 확실하게 인정하기에는 무리가 있다는 것이 통설이다. 확실한 증거가 발견되기까지 하나라는 전설 속의 왕조로 보아야 한다(이 점에 대해서는《만들어진 민족주의 황제 신화》에 상세하게 소개되어 있다). 그렇다면 하나라와 관련된 여러 인물의 이야기 역시 이 책에 소개해도 무리가 없어 보인다.

많은 문헌에 하나라의 인물들과 관련된 흥미로운 이야기들이 기록되어 오늘날까지 전해지고 있는데, 열 개의 해를 쏜 천신 예 이야기를 하면서 함께 소개한 유궁국의 후예가 바로 그러하고 지금

이야기하려는 공갑孔甲 역시 마찬가지다.

유궁국의 후예가 하나라를 잠시 빼앗았던 위대한 영웅이라면, 공갑은 하나라가 쇠약해져갈 무렵의 제왕이다. 물론《사기》〈하본기夏本紀〉에는 공갑이 역사적으로 실존했던 인물로 그려져 있지만, 그가 실존 인물인지 아닌지에 대해서는 여기서 논의하지 않겠다. 다만 하나라의 다른 인물들과 마찬가지로 공갑에 관해서도 많은 신기한 이야기가 전승되고 있어 그것을 소개해보려 한다.

발목 잘린 소년

유궁국의 왕 후예가 죽은 뒤, 하 왕조의 후손 소강은 잠시 사라졌던 하나라를 다시 세웠다. 그러나 소강이 이뤄낸 하나라 부흥은 8대 후 왕위 계승자 공갑에 이르러 다시 빛을 잃게 되었다. 공갑은 나라를 돌보는 일에는 관심이 없었고, 귀신을 섬기는 일과 사냥 그리고 여자에게만 흥미를 보였다. 하 왕조는 나날이 쇠퇴했고 사방의 제후국들도 모두 하 왕조에 등을 돌리기 시작했다. 그러나 공갑은 그런 일에는 전혀 신경 쓰지 않고 여전히 사냥과 여자에게만 빠져서 세월을 보내고 있었다.

어느 날 공갑은 시종과 호위병을 잔뜩 거느리고 사냥을 하러 나갔다. 이번 사냥터는 길신吉神인 태봉泰逢이 있는 동양부산東陽負山이었다. 길신 태봉은 공갑을 매우 싫어했다.

"저런! 꼴도 보기 싫은 공갑이라는 놈이 또 왔네! 나라는 제대로 다스리지도 못하는 주제에 매일 사냥만 다녀? 어디 혼 좀 나봐라!"

길신 태봉은 공갑이 자기가 사는 산에 사람들을 잔뜩 끌고 와서 소란을 피워대며 사냥을 하는 것이 영 못마땅했다. 그래서 폭풍을 일으켜서 돌과 모래가 마구 날아다니게 함으로써 한 치 앞도 보이지 않게 했다.

신나게 사냥을 하던 사람들은 갑자기 몰아닥친 엄청난 폭풍우에 혼비백산하여 모두 이리저리 흩어졌다. 어디가 어딘지 분간할 수 없는 통에 공갑은 길을 잃고 헤매다가 부하 몇 명과 함께 계곡에 있는 작은 민가로 들어가게 되었다.

마침 그 집에는 사내아이가 태어나서 이웃 사람들이 축하해주기 위해 모여 있었다. 그때 국왕인 공갑이 집 안으로 들어왔고, 사람들이 모두 그에게 경의를 표했다. 그러자 한 사람이 말했다.

"이 녀석이 날을 잘 맞춰 태어났구먼! 태어나자마자 임금님을 뵙다니, 이렇게 운수가 좋을 수 있나! 앞으로 이 아이는 모든 일이 다 잘되고 운이 아주 좋을 거야."

그런데 바로 그때 다른 사람이 머리를 가로저으며 말했다.

"글쎄요, 운수가 너무 좋아서 과분할 정도니 감당할 수 있을까요? 앞으로 무슨 재앙이 닥칠지도 모르니 미리 대비해두는 게 좋을 겁니다."

그 말을 들은 공갑은 매우 기분이 나빴다.

"헛소리 마라! 내가 이 아이를 아들로 삼아 궁으로 데려갈 것이다. 그러면 어떤 놈이 감히 이 아이에게 재앙을 내릴 수 있겠느냐!"

잠시 후 거센 바람이 멈추자 공갑은 아이를 데리고 부하들과 함

께 궁으로 돌아왔다.

궁에 들어온 아이는 무럭무럭 자랐다. 아이가 자라는 모습을 보며 공갑은 아이의 행복한 미래를 장담했다.

'내가 있는데 어떤 놈이 감히 저 아이를 불행하게 만들 수 있단 말이냐.'

공갑은 자신이 지닌 위대한 권력의 힘을 믿었다. 나의 권력으로 사람의 행복과 불행을 좌지우지할 수 있다. 내 힘으로 저 아이의 미래를 확고하게 결정지으리라. 그러나 의외의 사건이 일어나는 바람에 공갑의 이런 자신감에 찬 의도는 빗나가고 말았다.

어느 날이었다. 소년이 된 아이는 궁전의 연무청演武廳, 즉 무예를 연마하는 곳에서 놀고 있었다. 그곳에는 육중하고 무거운 장막이 드리워져 있었는데, 갑자기 돌풍이 휘몰아쳐서 장막을 받치고 있던 서까래가 그 무게를 이기지 못하고 무너져버렸다.

"우당탕, 꽝!"

요란한 소리와 함께 떨어져 내리던 서까래가 그만 무기가 놓인 선반을 내리쳤다. 그리고 그 기세에 선반이 흔들리면서 그 위에 놓여 있던 커다란 도끼가 통겨져 날아왔다. 소년은 깜짝 놀라 달아나려 했지만, 도끼는 순식간에 소년의 발뒤꿈치에 떨어졌고, 날카로운 도끼날이 그만 소년의 발목을 자르고 말았다. 소년은 결국 장애를 갖게 되었다.

"어허, 어째 이런 일이 생길 수 있단 말이냐."

공갑은 안타까웠다. 자신의 권력으로 소년에게 관직을 내려주어 자기가 한 인간의 운명을 좌우할 수 있음을 보여주려 했거늘, 이제는 그것이 불가능해졌다. 왜냐하면 공갑은 그 나이가 되도록 소년에게 글을 가르치지 않았기 때문이다. 발이 잘려 장애의 몸이 된데다 글도 모르니, 무슨 수로 관리 노릇을 할 수 있겠는가. 이제 공갑이 소년에게 줄 수 있는 자리라고는 단순히 지키고 앉아 있기만 하면 되는 문지기밖에 없었다.

"할 수 없구나! 문지기라도 해라."

그리고 공갑은 탄식하며 말했다.

"멀쩡하던 아이가 갑자기 저렇게 되다니, 운명은 어쩔 수가 없는 것이구나!"

그러면서 노래를 한 곡 지었는데, 그것이 바로 동방에 나타난 첫 번째 노래 〈파부지가破斧之歌〉라고 한다.

그리스 신화에서도 우리는 피하지 못하는 운명이 만들어놓은 수

많은 비극을 만나게 된다. 아무리 훌륭한 영웅, 위대한 제왕이라도 신이 만들어놓은 운명에서 비껴갈 수는 없다. 어디 그리스 신화 뿐인가. 유라시아 대륙에서 가장 드넓은 지역에 전승되고 있는 게세르Geser 신화를 보더라도 인간으로 태어난 천신의 아들 게세르가 수많은 어둠의 마법사와 싸울 때 어려운 문제가 생기면 언제나 펼쳐보는 것이 '운명의 책'이다. 모든 것은 운명에 정해져 있다는 것이다.

지고무상의 권력을 가진 제왕 공갑도 아이의 운명을 바꾸지는 못했다. 하지만 동서양을 막론하고 이런 이야기들이 신화에 종종 등장하는 것을 숙명론적 시선으로만 바라볼 필요는 없다. 운명의 그물에 걸려 허우적거릴 수밖에 없는 것이 인간이니 그냥 체념하고 살라는 식으로 이런 이야기들을 해석할 것이 아니다. 이 이야기들이 말하고자 하는 바는 따로 있다. 인간이 권력을 갖고도 어쩌지 못하는 그 어떤 힘이 세상에는 존재한다는 것, 그 거대한 우주적 힘 앞에서 인간이라는 존재는 참으로 미약하다는 것, 그러니 절대 오만하게 굴지 말고 언제나 겸손할 줄 알아야 한다는 것을 후손들에게 가르치려 했던 선인들의 지혜가 이 이야기에 들어 있는 것이 아니겠는가.

사이비 용 사육사 유루

공갑이 왕이 되자 어디선가 암수 한 쌍의 용이 나타났는데 그는 용을 궁에서 기르려고 했다. 그런데 공갑은 용의 습성에 대해 아는 것이 없었기 때문에 어떻게 길러야 할지 알 수가 없었다. 그래서 여기저기 수소문하며 마침내 용을 길러줄 사람을 찾아냈는데, 그가 바로 유루劉累였다.

"자네가 정말 용을 기를 줄 아는가?"

"예, 환룡씨豢龍氏에게서 오랫동안 용 기르는 법을 배웠습니다."

"환룡씨?"

"예, 환룡씨의 조상은 동보董父인데, 순임금 밑에서 용을 기르는 관직을 맡아보았던 사람이지요. 그 후손들을 환룡씨라 하는데 그들이 용을 아주 잘 기릅니다."

"그렇다면 자네에게 나의 용들을 맡기겠네. 잘할 수 있겠지?"

"그럼요, 걱정일랑 붙들어 매시죠."

요임금의 몰락한 후손 유루는 이렇게 해서 공갑의 용 두 마리를 기르게 되었다. 그러나 사실 유루는 용을 기르는 것에 대해 별로 아는 바가 없었다. 집안이 몰락한 데다가 적당한 직업도 없어서, 환룡씨를 찾아가 용 기르는 법을 며칠 배우고는 공갑이 용 기르는 사람을 구한다는 말을 듣고 무조건 찾아와 전문가인 척한 것이다.

아니나 다를까. 큰소리를 치고 일을 시작했으나, 사이비 용 사육사 유루는 그만 암컷을 죽게 했다.

'큰일 났다! 이를 어쩌지?'

상서롭기 그지없는 동물을 죽이고 말았으니 자신이 가짜 용 사육사라고 말하기에는 이미 때가 늦었다. 유루는 대담하게도 버티는 데까지 버티기로 마음먹고서 죽은 용을 재료로 삼아 국을 끓이기로 했다.

"에라, 모르겠다. 자기의 용을 자기가 먹는 건데, 뭐."

유루는 죽은 암룡을 연못에서 끌어내 국을 끓였다. 그리고 자기가 잡은 야생동물로 끓인 국이라면서 공갑에게 한번 먹어보라고 권했다.

"이름은 잘 모르지만 제가 잡은 야생의 짐승이옵니다. 끓여놓고 보니 맛이 좋아서 왕께 바치옵니다."

"그러냐? 어디 한번 먹어볼까?"

공갑이 그 국을 떠서 먹어보니 꽤 먹을 만했다.

"음! 맛이 좋구나, 아주 좋아!"

연신 칭찬하면서 국을 다 먹어치운 공갑은 유루에게 용을 데려다가 놀이를 시켜보라고 했다. 그런데 잠시 후에 유루가 데려온 용은 어딘가 상태가 안 좋아 보이는 수컷뿐이었다.

"용 한 마리는 어디로 갔느냐?"

"암컷이 좀 아픕니다. 그래서 안 데려왔습니다."

공갑은 그런가 보다 하고 그냥 넘어갔다. 그러나 아무래도 이상했다. 다음 날도, 그다음 날도 유루는 암컷을 데려오지 않는 것이었다.

"바른 대로 말해라. 암컷은 어찌 된 것이냐?"

"저, 아직 병이 덜 나았습니다."

"이런! 내일은 무슨 일이 있어도 암컷을 데려오너라, 알겠느냐?"

공갑의 의심이 점점 커졌다. 유루는 이제 더는 거짓말로 버틸 수 없음을 알았다.

'암컷은 이미 당신 배 속에 들어가 있구먼, 왜 나더러 자꾸 데려오라고 해…….'

유루는 그대로 있다가는 사실이 들통나서 목숨을 부지하기 어려울 것이란 생각에 덜컥 겁이 났다. 그래서 그날 밤 식구들을 모두 데리고 노현魯縣으로 도망쳐서 아무도 모르게 숨어버렸다.

"이런 고얀 놈! 나를 이렇게 속여 넘기다니, 찾아내면 단칼에 없애리라!"

공갑은 속은 것을 알고 노발대발했으나 이미 숨어버린 유루를 다시 찾을 수는 없었다. 어쨌든 아직 용 한 마리가 남아 있으니 그것이라도 잘 길러야 했다. 공갑은 이번엔 세심하게 신경을 써서 사람을 골랐다. 그래서 찾아낸 이가 바로 사문師門이었다.

고집 센 용 사육사 사문과 공갑의 죽음

용을 기르는 데 있어서 사문은 아주 뛰어난 인물이었다. 사문은 소보嘯父의 제자였는데 언제나 복숭아꽃과 오얏꽃을 먹으며 살았다. 그리고 신선처럼 불을 피워서 그 불길에 자신을 태운 뒤 하늘로 올라갈 수 있는 신비한 능력을 지니고 있었다. 그의 스승인 소보는 산 위에 수십 개의 불을 피운 뒤 아름답게 타오르는 그 불꽃을 타고 하늘로 올라갔다고 하니, 사문 역시 뛰어난 능력을 지녔을 것으로 짐작할 수 있다. 어쨌든 그런 사문이 공갑의 용 사육사로 오게 되었다.

"자네가 사문인가?"

"예."

"나의 용을 잘 돌보아줄 수 있겠는가?"

"예."

사문은 유루처럼 말이 많은 사람은 아니었다. 하지만 능력은 빼어나서 유루가 기를 때는 꺼칠하던 용이 윤기가 흐르고 아름답게 변했다. 놀이할 때도 기운찼다. 공갑은 흐뭇했다.

'흠, 내가 사람을 잘 골랐군.'

그러나 사문은 고집 센 사람이었다. 그는 왕이 하라는 대로 따르지 않고 언제나 자기 마음대로 했다. 특히 용 사육 문제에 있어 그는 절대 양보하지 않았다. 그는 끝까지 자기 뜻을 관철했으며, 이치에 맞지 않는 공갑의 말에는 일일이 비판을 가하며 바로잡으려 했다. 그러나 고집으로 치자면 공갑도 둘째가라면 서러워할 인물이었다. 공갑은 용 사육사인 주제에 사문이 자신의 말을 듣지 않고 제 뜻대로만 하는 것이 늘 못마땅했다. 하지만 사문이 용을 워낙 잘 기르니 그저 두고 보는 수밖에 없었다.

그러던 어느 날 공갑은 마침내 참았던 화를 폭발시켰다. 끊임없이 자신의 말을 반박하면서 왕의 권위에 도전해오는 사문을 죽여버리라고 명령을 내린 것이다.

"저놈을 당장 끌어내 목을 베어버려라!"

사문은 끌려가면서도 용서를 구하지 않았다. 결국 사문은 끌려나가 참수당했고, 그의 머리는 공갑의 명령에 따라 궁에서 멀리 떨어진 들판에 묻혔다. 그런데 그의 시체를 묻고 나자 갑자기 바람이 세차게 불면서 비가 내리기 시작했다. 그리고 한참 후에 비바람이 멈추더니 근처 산의 나무들이 불타오르기 시작했다. 그 불길이 어찌나 거셌는지 수많은 사람이 달려가 물을 끼얹어도 꺼질 기미를 보이지 않았다. 성안에 있다가 그 불길을 본 공갑이 물었다.

"저게 웬 불이냐?"

"모르겠습니다. 갑자기 산의 나무에 불이 붙어서 아무리 꺼보려고 해도 꺼지지 않습니다!"

공갑은 더럭 겁이 났다. 자신이 죽인 사문의 영혼이 원한에 차서 수작을 부리는 것이다. 결국, 공갑은 수레를 타고 성 밖으로 나갔다. 그리고 사문에게 제사를 지내며 기도했다.

"사문, 자네의 억울함을 풀어줄 테니 이제는 그만하게."

"왕이시여, 불길이 잦아듭니다."

"그래?"

공갑은 기도가 효과가 있다고 생각하고 마음을 놓았다. 그래서 시종과 호위병들에게 다시 왕궁으로 돌아가자고 했다. 이윽고 왕궁에 도착하자 시종들이 수레의 문을 열고 왕이 내리기를 기다렸다. 그러나 이상한 일이었다. 아무리 기다려도 왕이 내릴 기척을 보이지 않는 것이었다.

"다 왔습니다. 내리시옵소서!"

그래도 수레 안에는 아무런 기척도 없었다. 그제야 이상하게 생각한 사람들이 수레 안을 들여다보았다.

"아니, 왕께서!"

"왕께서 돌아가셨네!"

공갑은 수레에 앉은 채로 죽어 있었다.

애꿎은 사람을 아무 죄도 없는데 살해하여 그의 원한으로 인해 죽음을 맞게 되는 제왕의 이야기는 두백杜伯*의 경우를 비롯해 이후의 문헌에 자주 보인다.

* **두백** 주나라 선왕(宣王) 때 사람. 충실한 신하였지만 선왕은 아무 죄도 없는 두백을 죽였다. 두백은 죽어가면서 "우리 임금은 무고한 나를 죽였다"라며 복수할 것을 경고했고, 실제로 3년 뒤 선왕은 두백의 모습을 한 적에게 화살을 맞고 죽었다.

2장 | 은 왕조 이야기

선조 왕해와 왕항

은나라 탕왕湯王의 6대나 7대 선조 때까지만 해도 은 민족은 동방의 초원에서 유목 생활을 하고 있었다. 그 시절 '왕해王亥'라는 위대한 왕이 있었다. 왕해는 갑골문에도 자주 등장하는, 은 민족의 위대한 조상이다. 왕해는 동물을 기르는 데 일가견이 있었고, 백성들이 그의 가르침대로 동물을 기르니 튼튼해지고 번식력도 왕성해져서 민족 전체가 풍족해졌다.

고대에는 사람들이 기르던 가축을 제물로 제사를 지냈다. 은나라의 갑골문에도 주로 소와 양, 돼지 등을 제물로 바친 기록이 나온다. 물론 점을 치는 데 쓰인 갑골문에는 농사가 잘될지를 묻는 내용이 많지만, 왕해 시절만 하더라도 유목 생활을 하고 있었으므로 소와 양 등 동물들을 잘 기르고 그 수를 늘리는 것이 제일 중요한 일이었다. 그러니 가축을 잘 치는 왕해는 백성들의 추앙을 받는 왕이었을 것이다.

왕해는 나라 안의 온 들판이 소와 양으로 뒤덮인 것을 보고 무척이나 흐뭇했다. 백성들은 먹고살기에 부족함이 없었으며, 나라 안에는 소와 양이 남아돌았다. 그 모습을 바라보면서 왕해가 동생인 왕항王恒에게 말했다.

"동생, 우리 저 소와 양을 가지고 유역有易으로 가면 어떻겠나?"

"유역이라고요?"

"그래, 우리에게는 소와 양이 넘쳐나지만 저 북쪽 유역 사람들은 소와 양이 모자라 곤란을 겪고 있다고 하네. 남아도는 소와 양을 끌고 유역으로 가서 다른 물건과 바꿔오면 어떻겠나?"

"그거 좋은 생각이십니다. 그곳에서 나는 곡식 같은 것과 바꿔오면 우리도 좀 더 풍족한 생활을 할 수 있을 테니까요. 백성들도 좋다고 할 것입니다."

백성들의 의견을 물었더니 모두가 형제의 계획에 찬성했다. 그래서 튼튼하고 살진 소와 양을 골라내고 또 건강한 젊은이들을 목동으로 뽑아 출발 준비를 했다.

"가자, 유역으로!"

사실 유역으로 가는 길이 쉬운 것은 아니었다. 은과 유역 사이에는 황하라는 거대한 강이 가로놓여 있었기 때문이다. 더욱이 혼자 가는 것도 아니고 수많은 소와 양을 몰고 거친 황하를 건너야 했다. 그들은 기도했다.

"하백님, 저희가 무사히 황하를 건너게 도와주시옵소서!"

다행히 황하를 다스리는 물의 신인 하백은 왕해에게 우호적이었다. 물론 하백은 강 건너 유역의 국왕과도 친한 사이였다. 황하를 가운데 둔 두 나라가 서로 교역을 하겠다니, 하백으로서는 기쁜 일이었다.

"그래, 나도 두 나라가 서로 가깝게 지내길 바라노라!"

하백은 기꺼이 그들을 도와주었다. 그래서 왕해와 왕항, 그들이 거느리고 온 소와 양, 목동들까지 모두가 무사히 황하를 건널 수 있었다.

유역에서의 금지된 사랑

"왕이시여, 왕해와 왕항이 오고 있습니다!"

"그럼 내가 직접 나가서 맞이하겠다."

당시에 왕해와 왕항의 나라는 유역보다 훨씬 강대했다. 유역은 산속에 있는 작은 나라에 불과했다. 그래서 유역의 국왕 면신綿臣은 사람들을 이끌고 친히 멀리까지 나가, 수많은 소와 양을 이끌고 온 왕해와 왕항의 무리를 맞이했다.

"어서 오십시오. 먼 길 오시느라 고생하셨습니다."

"이렇게 맞아주시니 감사합니다."

"교역 문제에 대해서는 나중에 천천히 말씀하시고, 우선 편히 쉬십시오."

유역은 작은 나라였지만 맛있는 음식과 향기로운 술이 많았다. 매혹적인 여인들의 춤과 노래도 왕해와 왕항을 취하게 했다.

형제는 유역에서 몇 달 동안 푹 쉬었다. 바로 일을 시작하기에는 그 나라의 여인들이 무척 아름다웠고 음식이 무척 맛있었던 까닭이다. 왕해는 원래 음식을 밝히는 인물이었다. 맛있는 음식이라면 정신을 차리지 못하고 달려들었는데, 식욕도 엄청나서 무한정 있는 대로 먹어치우곤 했다. 왕해가 어찌나 잘 먹었는지 전해지는 어떤 그림에서 그는 설익은 새 한 마리를 통째로 들고 막 머리를 물어뜯는 모습으로 그려진다.

"음, 정말로 맛있군, 맛있어!"

게걸스럽게 음식을 먹어대는 형의 모습을 왕항은 비웃듯이 바라보며 생각했다.

'먹는 거보다 더 중요한 일이 있지.'

왕항에게 먹는 것보다 더 중요한 일은 바로 아름다운 여자를 차지하는 것이었다.

'바로 저 여자다. 저런 미인은 처음 본다!'

여자를 찾느라 혈안이 된 왕항의 눈에 너무나 아름다운 여인이 들어왔다. 이것이 바로 사건의 시작이었다.

"저 여인은 누구요?"

"왕비님이십니다."

'하필이면 왕의 여자란 말이냐. 하지만 남편이 왕이라고 해서 포기할 내가 아니다.'

원래부터 여자를 유혹하는 데 일가견이 있었던 왕항은 면신의 아내를 꾀기 위해 온갖 수단을 다해 그녀에게 접근했다. 결국 면신의 아내는 얼마 지나지 않아 왕항의 수작에 넘어가고 말았다.

'유역 땅에서 가장 아름다운 여인이 나의 차지가 되었구나!'

왕항은 말할 수 없이 흐뭇했지만, 그것은 왕항의 착각이었다.

'경박한 자여, 너 따위가 나를 갖겠다는 말이냐? 꿈도 꾸지 마라.'

영악한 면신의 아내는 이미 왕항에게서 마음이 떠나 있었다. 처음에 잠시 왕항에게 마음이 기울었지만, 그것은 잠깐의 놀이였을 뿐이다. 워낙 아름다워서 애초부터 남자들의 구애에 익숙했던 그녀는 곧 왕항에게 흥미를 잃고 왕항의 형인 왕해에게 관심을 보이게 되었다.

'멋지고 듬직한 사내야.'

왕해는 눈썹이 짙고 눈이 컸으며 늘 거대한 한 그루 나무처럼 말없이 앉아 있었다. 게다가 술자리에서는 무슨 음식이든 거절하지 않고 호탕하게 먹어대곤 했는데, 그 모습이 참으로 보기 좋았다.

이제 그녀의 눈에 왕항 따위는 들어오지 않았다. 말수는 적었지만 듬직하고 자상해 보이는 왕해에게 그녀는 온통 정신을 빼앗겼다. 그러나 왕해는 들판의 소나 양에게만 관심이 있을 뿐, 여자에게는 관심이 없어 보였다. 그 모습이 더 그녀를 자극했다.

'감히 나를 거절할 남자가 이 세상에 있겠어?'

면신의 아내는 노골적으로 왕해에게 접근했다. 아름다운 여인의 적극적인 유혹을 견디어낼 수 있는 남자가 세상에 얼마나 되겠는가. 먹는 것만을 탐하던 왕해도 결국은 여인의 유혹에 무너졌다.

이렇게 해서 왕해와 면신의 아내는 금지된 사랑에 빠졌다. 처음에는 무심했으나 일단 불붙기 시작하자 왕해는 미친 듯이 여인에게 빠져들었다. 이제 그 누구도 둘의 격렬한 사랑을 말릴 수는 없어 보였다. 처음에는 아무도 몰랐으나 마침내 두 사람의 관계가 주위 사람들의 눈에 띄게 되었다. 물론 그 사실을 처음으로 알게 된 사람은 면신의 아내에게 배신당한 왕항이었다. 사랑에 취한 왕해가 아무것도 모르는 듯이 그녀와의 관계를 이야기했다. 여인을 어떻게 만났으며 어떻게 행동했는지, 둘 사이에 무슨 일이 있었는지를 왕해는 동생인 왕항에게 시시콜콜 이야기해주었다. 그러자 왕항의 가슴속에 질투의 불길이 맹렬하게 타올랐다. 가만히 두고 보려 했지만 괴로워서 견딜 수가 없었다. 형이 일부러 더 자세하게 그녀에 관한 이야기를 하는 거라는 생각도 들었다.

'틀림없어. 나와의 관계를 다 알면서도 그녀를 포기하라고 일부러 저러는 거라고!'

왕항은 분노가 치밀어 올랐지만 내색할 수는 없었다. 형은 왕이며 강하고 무서운 사람이었다. 아직은 자기가 감히 대적할 수 있는 상대가 아니었다, 아직은.

'이럴 수는 없다, 이럴 수는!'

타오르는 분노를 간신히 억누르고 있을 무렵, 왕항에게 새로운 인물이 다가왔다. 바로 유역 왕을 가까이에서 호위하는 청년 호위 무사였다.

분노와 용서

청년 호위무사는 왕해와 왕항이 갑자기 그 나라에 들이닥치기 전까지 왕비와 은밀히 사랑의 눈길을 주고받고 있었다. 왕의 호위 무사였지만 늘 왕비의 곁에 있으면서 그녀를 사랑할 수 있었다. 그 러나 가축 떼를 몰고 이상한 두 놈이 나타난 뒤로 왕비는 그를 멀 리하기 시작했다. 왕비는 그에게 눈길조차 주지 않았다. 호위무사 는 당연히 왕해와 왕항을 미워했다. 그런데 가만히 보니 왕항이라 는 작자도 처음에는 왕비와 가까이 지내는 듯했지만, 곧 왕비에게 서 버림받은 것 같았다.

'흥, 네놈이 감히! 왕비께서는 너 같은 놈을 거들떠보지도 않으 신다.'

그러나 왕항이 떨어져나간 것을 기뻐한 것도 잠시, 왕비는 지금 왕해에게 푹 빠져 넋이 나가 있었다. 그것은 더 마음에 안 들었다.

'소나 치는 뚱보 녀석이 뭐가 좋다고. 어디 두고 보자!'

호위무사는 질투와 분노를 누르기 힘들었다. 그는 왕해 주위를 맴돌면서 복수의 칼날을 갈았다.

'네놈이 감히 우리 왕비님을 넘보다니.'

사실 자신의 사랑이 끝장나버린 것에 분노하기도 했지만, 아무 리 자기네가 작은 나라라고 해도 큰 나라 왕이 자신의 나라 왕비를 넘보는 것이 더욱 불쾌한 일이었다. 호위무사는 왕비와 왕해의 행 각을 주시하며 결정적인 기회를 기다리고 있었다.

그렇게 질투심에 불타는 호위무사의 심상치 않은 눈빛을 왕항도 어느새 알아차리게 되었다. 왕항은 호위무사의 마음을 읽고 그를 이용하면 의외로 쉽게 형을 처단할 수 있을지도 모른다는 음험한 생각을 했다. 왕항은 호위무사에게 접근했고, 둘은 공동의 적인 왕해를 처치하기로 의견 일치를 보았다. 왕비에게 접근하는 데 가장 큰 걸림돌인 왕해를 호위무사의 손으로 처단하게 한다면 자기 손엔 피 한 방울 묻히지 않고 일을 끝낼 수 있을 것이니, 왕항의 입장에서는 이것이야말로 손 안 대고 코 풀기였다. 호위무사는 질투에 눈이 멀어 아무것도 두렵지 않았다. 왕비를 차지하고 있는 그 살찐 외국 놈을 없애 자신과 나라의 치욕을 씻어버려야 한다는 생각뿐이었다. 마침내 두 사람은 계획을 확정했다.

"좋소, 그럼 해치우는 거요!"

"그래요, 그럽시다."

그날부터 왕항은 왕해를 감시하기 시작했다. 기회를 잡는 것은 어려운 일이 아니었다. 흐릿한 달빛이 들판을 뒤덮은 어느 밤, 왕항은 호위무사를 불렀다.

"드디어 때가 왔네! 왕해와 함께 사냥 갔다 온 사람들이 술을 퍼마시고 취해서 돌아갔네. 왕해도 고주망태가 되어서 궁전 뒷문으로 들어갔어. 이보다 더 좋은 기회는 없을 걸세."

호위무사는 아무 말도 하지 않은 채 고개만 끄덕거렸다.

"가게!"

왕항은 호위무사를 재촉했고, 호위무사는 품속에 도끼 하나를 감춘 채 궁전의 뒷문으로 미끄러져 들어갔다. 평소에 그가 매일 다니던 길이니 어두워도 전혀 거칠 것이 없었다. 호위무사는 궁전의 담을 넘어 자신이 늘 드나들던 왕비의 침실로 다가갔다. 가만히 창문 곁으로 다가가 침실 안을 들여다보니 왕비는 보이지 않고 몸집이 커다란 사내가 왕비의 침대에 누워 잠을 자고 있었다. 왕비는 그때 마침 면신의 부름을 받고 왕의 곁에 가 있었다. 왕비의 침대에서 퍼질러 자는 사내의 모습을 보는 순간, 호위무사는 끓어오르는 분노와 질투에 번개처럼 빠르게 문을 밀치고 안으로 들어섰다. 왕해는 옷도 벗지 않고 신발도 신은 채로 코를 골며 단잠에 빠져 있었다.

'잘 가거라!'

호위무사는 품속에서 도끼를 꺼내 왕해의 목을 향해 내리쳤다. 왕해의 살찐 목에서 피가 뿜어져 나왔다. 질투에 눈먼 그는 계속해서 도끼를 휘둘렀다. 한참이 지나서야 호위무사는 제정신으로 돌아와 도끼질을 멈추었다. 그리고 침대보로 몸에 묻은 피를 대충 닦고 황급히 밖으로 도망쳐 나왔다. 그러나 곧이어 궁녀의 날카로운 비명이 궁전을 뒤흔들었다.

"으아악, 사람이 죽었어요!"

결국 궁을 지키던 왕의 호위대에 호위무사는 맥없이 잡혔다. 호위무사는 원한을 다 풀었기 때문인지 순순히 체포되어 국왕 면신의 앞으로 끌려갔다.

"한밤중에 무슨 소란인가?"

그때까지 아무것도 모르고 있던 면신은 호위무사를 보고 깜짝 놀랐다.

"자네는 나의 호위무사가 아닌가. 무슨 일인가?"

"……."

"말해봐, 무슨 일인가? 무슨 짓을 한 게야?"

호위무사는 어쩔 수 없이 일의 자초지종을 모두 국왕에게 아뢰었다.

사건의 전모가 밝혀질수록 면신의 얼굴색이 하얗게 질렸다.

"아니, 어떻게 이런 일이……!"

면신은 분노하지 않을 수 없었다. 하지만 왕비의 배신 따위는 큰 문제가 아니었다. 유역보다 강한 은나라의 왕이 그의 나라에 와서 죽었으니 이걸 어떻게 해결해야 할 것인가. 간교한 왕항도 당장 죽이고 싶었지만 그럴 수도 없는 노릇이었다. 저들의 나라는 자기 나라보다 크고 힘이 강하다. 만일 왕항마저 죽인다면 그 나라 사람들이 가만히 있지 않을 터, 유역은 졸지에 전쟁터가 되고 말 것이다. 면신의 고뇌는 컸다.

"생각 같아서는 당장이라도 모조리 죽이고 싶다만, 저들은 우리보다 강하다."

그래서 왕항을 죽이지는 않고 그가 은나라에서 가져온 소와 양을 모두 몰수한 뒤 나라 밖으로 추방하는 것으로 일단락 짓기로 했다. 호위무사는 왕과 나라를 위한 충정에서 왕해를 죽인 것이므로 죄를 묻지 않기로 했다. 그리고 울며불며 매달리는 왕비를 보는 순간 면신은 마음이 약해졌다. 면신은 진정으로 왕비를 사랑했던 모양이다. 너무나 가슴 아픈 배신을 당했음에도 왕은 왕비를 용서해주었다.

"그래, 그대에게 무슨 죄가 있겠느냐. 모두 다 그 거칠고 우악스

은나라와 유역의 전쟁과 멸망에 관한 서사에 등장하는 다섯 명의 인물들. 양옆에 유역의 왕 면신과 그의 아름다운 아내. 가운데 왕해가 있고 그의 동생 왕항이 뒤에 서 있다. 면신의 아내 곁에는 유역의 호위무사가 서 있다. 청나라 소운종의 〈천문도〉.

러운 외국 놈들의 간계 때문이지."

이야기가 이 대목으로 접어들면 면신의 아내는 여지없이 남자를 유혹해 파멸에 이르게 하는 '팜므 파탈femme fatale'이 된다. 용감했던 초원의 사나이 은나라의 왕해는 여자 때문에 머나먼 이국에서 목숨을 잃었고, 질투에 눈먼 왕항은 모든 것을 빼앗기고 쫓겨나게 되었으니. 더구나 면신은 그런 아내를 끝내 용서한다. 면신의 아내, 진정한 팜므 파탈인 셈이다. 그러나 여기서 면신이 실수한 것이 하나 있었다. 바로 왕항이라는 사악한 인간을 살려둔 것이었다.

왕항의 계략

유역에서 쫓겨난 왕항은 맨몸으로 은나라로 돌아갔다. 백성들은 친애하는 왕이 왜 함께 돌아오지 않았는지 물으러 몰려왔다. 사악한 왕항은 자기 나라로 돌아가기 전에 이미 대답을 준비해둔 터였다. 그는 자기가 일을 꾸며 그렇게 되었다는 대목은 쏙 빼버리고, 유역 사람들이 아무런 이유도 없이 왕해를 죽이고 소와 양을 몰수한 것처럼 소문을 냈다. 소문의 힘은 파괴적이다. 은나라 사람들은 사건의 진상은 전혀 알지 못한 채 왕항의 말을 곧이곧대로 믿어버렸다. 소문은 엄청난 속도로 초원 지대를 휩쓸었다.

"왕해 님께서 유역에서 돌아가셨대."

"유역 놈들이 왕해 님을 죽였대."

"그놈들이 왕해 님의 소와 양을 모두 빼앗아 갔대."

"왕항 님을 맨몸으로 쫓아냈대."

이처럼 소문은 온 나라를 뒤덮었고, 그 소문에 나라 안의 모든 사람이 분노했다. 거친 초원을 내달리며 소와 양을 치던 유목 민족이었던 그들은 황하 저 북쪽에 있는 조그만 나라 놈들이 감히 자신들의 왕을 죽였다는 사실에 참을 수 없는 모욕감을 느꼈다. 유역으로 당장 쳐들어가 원수를 갚자고 모두가 목소리를 드높였다. 그들은 왕항을 왕으로 추대했다. 그리고 전쟁을 하자고 왕을 다그쳤다. 왕항은 형을 대신해서 왕위를 차지한 것까지는 좋았는데 유역으로 쳐들어가자는 주장에는 더럭 겁이 났다.

'큰일이다! 지금 당장 유역으로 갔다가 혹시 내가 일을 꾸민 것이 들통나기라도 한다면 안 될 일이지. 일단 내가 가서 마무리를 지어놓고 와야겠다.'

왕항은 유역으로 쳐들어가자는 백성들을 달랬다.

"조금만 참게나!"

"이미 왕항 님께서 왕이 되셨고 우리에게는 강력한 군대가 있는데 무엇이 두렵습니까? 왕해 님의 원수를 갚아야 합니다."

"그래도 전쟁이 능사가 아니네. 내가 먼저 유역으로 가서 빼앗긴 소와 양을 찾아오겠네. 소와 양을 돌려받게 되면 그걸로 일단락 짓기로 하세. 만일 돌려주지 않겠다고 버틴다면 그때 가서 유역을 쳐도 늦지 않을 걸세."

"그럴 필요 없습니다. 지금 당장 쳐들어갑시다."

"어허, 그렇게 서두를 것 없다니까. 내가 먼저 다녀오겠네."

백성들은 왕항의 온건한 태도가 마음에 들지 않았다. 형인 왕해가 유역에서 죽임을 당했고 우리 백성들의 피와 땀의 결실인 소와 양을 모조리 빼앗겼으면서도 어찌 저렇게 태평할 수가 있단 말인가. 백성들은 그렇게 생각했지만 이미 왕항을 왕으로 추대한 이상 그의 결정에 따를 수밖에 없었다. 왕항은 몇 명의 신하들을 거느리고 유역을 향해 출발했다.

'휴우, 살았다. 생각만 해도 끔찍하다. 만일 그냥 쳐들어갔다가 내 행적이 발각된다면…… 저 거친 백성들이 나를 죽이려 들 것이 아닌가?'

왕항이 신하들을 거느리고 다시 황하를 건너 유역으로 오고 있다는 소식에 면신은 잠시 고민했지만, 곧 태도를 결정했다. 현실적으로 볼 때 은나라는 유역과 비교가 안 되는 강대국이다. 왕비와 왕해 사이의 불미스러운 사건은 이미 지나간 일이다. 지나간 일에 얽매여 큰 나라의 비위를 건드려봐야 좋을 것이 뭐가 있겠는가. 잊어버리자. 그래서 면신은 지난번보다 더 성대하게 왕항을 맞이했다. 지나간 일에 대해서는 아무 말도 하지 않았다. 아니, 아예 아무 일도 없었던 것처럼 행동했다.

"안녕하시오? 이번에 내가 다시 온 것은 지난번에 두고 간 것이 있어서……."

"아, 그 소와 양을 말씀하시는 것입니까? 그동안 저희가 잘 키우고 있었습니다. 걱정하지 마십시오. 그대로 돌려드릴 것입니다."

왕항이 끝까지 말하기도 전에 면신은 몰수했던 소와 양 그리고 목동들까지 고스란히 되돌려주었다. 왕항은 흐뭇했다.

"흠, 흠, 고맙소이다."

"별말씀을요! 돌려드리는 것이 당연하지요."

아무런 고생도 하지 않고 잃어버린 소와 양을 되찾게 되니, 왕항은 또 다른 마음을 품게 되었다.

'이놈의 소와 양을 끌고 다시 황하를 건너 우리 땅으로 가야 한단 말인가? 귀찮구나. 게다가 끌고 가봐야 몽땅 백성들에게 돌려줘야 할 것이 아닌가. 그냥 여기 눌러앉아 버릴까?'

왕항은 원래 욕심이 많은 사람이었다. 소와 양을 되찾고 보니 그것을 다시 백성들에게 돌려주는 것이 영 아까웠다. 소와 양을 백성들에게 몽땅 내주고 초원의 천막에 쪼그리고 앉아 있을 생각을 하니 돌아가고 싶은 마음이 싹 가셨다.

'여기는 정말 좋잖아? 거친 초원도 아니고, 이렇게 산도 있고 집도 좋고, 여자들도 아름답고 맛있는 음식도 많고.'

아무리 생각해봐도 이곳의 생활이 더 편안하다는 판단을 한 왕항은 결국 돌아가지 않기로 했다.

"왕항 님, 고향으로 돌아가지 않으십니까?"

"허허, 여기 좀 더 있기로 했소. 왕께서 이리 잘 해주시니 제가 떠나고 싶지가 않소이다."

"그러시다면 얼마든지 머무시지요."

면신이 보기에 왕항이 떠나지 않아도 별 상관은 없었다. 어차피 왕항의 재산은 자기 나라에 있고, 왕항도 그 재산을 써가면서 유역에 머무는 것이니 해로울 것도 없었다. 왕비가 조금 걸리긴 했지만, 왕비 역시 지난번에 혼쭐이 났던 터라 별다른 마음의 동요를 보이지 않고 있었다. 왕항은 그렇게 재산을 탕진해가면서 몇 년 동안 유역에 눌러앉아 놀고먹었다.

왕항의 아들 상갑미의 분노

왕항은 이렇게 유역에서 마음 편히 살고 있었지만, 은나라에서
는 난리가 났다. 유역에서 왕인 왕해가 살해되었다는 소식도 충격
적이었는데, 소와 양을 되찾아오겠다며 떠난 왕항마저 돌아오지
않으니 걱정이 이만저만이 아니었다. 은나라 사람들은 이제 더는
기다리고 있을 수 없었다.

"더는 기다리고 있을 수 없소. 이미 몇 년이 흘렀소. 왕항 님께서
돌아오셨어도 벌써 몇 번은 오셨을 시간이오. 분명히 무슨 변고가
생긴 게 틀림없소."

"맞소! 살아계신다면 이렇게 돌아오시지 않을 리가 없소. 유역으
로 쳐들어가 두 분의 복수를 합시다."

"그러나 전쟁을 하려면 먼저 왕이 있어야 하지 않습니까?"

"그렇다면 왕항 님의 아들, 상갑미上甲微를 일단 왕으로 세우는
것이 어떻겠소?"

"찬성이오. 용감하고 지혜로운 상갑미를 왕으로!"

상갑미는 아버지인 왕항과 달리 총명하고 재주가 뛰어난 젊은이
였다. 사람들은 상갑미를 왕으로 옹립했다. 아버지가 생사불명이
되자 젊은 상갑미는 유역을 용서할 수 없었다.

백성들도 왕해가 유역에서 살해되었다는 소식을 들었을 때부터

자존심에 타격을 받고 있었다. 왕항의 만류 때문에 어쩔 수 없이 기다리고는 있었지만, 왕항도 돌아오지 못하고 있는 지금 더는 참을 이유가 없었다. 더구나 젊고 용감한 왕 상갑미가 앞장서고 있지 않은가! 백성들의 피가 끓어올랐다.

"야만스러운 유역 놈들을 치러 가자!"

"놈들을 모조리 죽여 없애 원수를 갚자!"

상갑미가 이끄는 은나라 대군이 마침내 황하에 도착해 하백에게 기원했다.

"하백 님이시여, 저희를 건너가게 해주시옵소서!"

왕해와 왕항을 건너게 해주었던 하백은 고민에 빠졌다.

'큰일이군. 저들을 건너게 해준다면 저 기세로 봐서 유역이 큰화를 당할 것이 분명한데. 그렇다고 건너지 못하게 할 수도 없으니. 제 큰아버지가 죽은 데다가 아버지도 돌아오지 않고 소와 양까지 빼앗겼으니 화가 날 만도 하지. 건너지 못하게 할 명분은 없고, 이를 어쩐담?'

망설이던 하백은 결국 상갑미의 군대가 황하를 건너도록 도와주었다.

한편 상갑미가 엄청난 대군을 이끌고 황하를 건너오고 있다는 소식을 들은 유역의 왕 면신은 겁에 질렸다.

"그래! 분명히 왕항이 오랫동안 돌아가지 않아서 뭔가 오해를 한 게야. 얼른 사신을 보내 일의 자초지종을 설명하게 해라, 어서!"

상갑미는 혈기가 넘치는 젊은이였다. 잘못하다가는 유역이 초토화될지도 몰랐다. 사신은 날듯이 달려가 상갑미를 만났다.

"유역의 사신이 왔습니다."

"뭐라고? 그놈들이 무슨 낯짝으로 사신을 보냈단 말이냐?"

상갑미를 만난 사신은 일의 자초지종을 차근차근 설명했다. 왕해가 죽임을 당한 이유부터 시작해서 왕항이 유역에서 쫓겨난 이야기, 다시 유역으로 돌아온 이야기, 그리고 왕항 스스로가 유역을 떠나려 하지 않았다는 것에 이르기까지 모두 들려주었다.

"무엇이? 그게 모두 사실이란 말이냐?"

"예, 한 치의 거짓도 없는 사실이옵니다."

상갑미는 사신의 말을 들으며 잠시 혼란스러워졌다.

'저자의 말이 사실이란 말인가? 저자의 말대로라면 나의 아버지가 모든 일을 꾸민 장본인이라는 말이 아닌가? 그럴 리가 없다.'

젊은 상갑미는 아버지가 악행을 저질렀다는 사실을 인정할 수가 없었다. 아니, 사실로 인정하기 싫었을 것이다. 결국 상갑미는 진실을 덮어버리고 단호하게 말했다.

"네 이놈, 어디 와서 감히 거짓을 고한단 말이냐? 당장 저놈의 목을 베어버려라!"

이제 화살은 활시위를 떠났다. 이미 엎질러진 물, 유역을 치지 않고 되돌아가는 건 있을 수 없는 일이었다. 전쟁은 시작되었다. 나의 아버지 왕항이 성인이라고 한들, 아니면 악인이라고 한들 무슨 상관이랴. 우리는 어차피 이곳 유역 땅에 왔다. 이보다 더 좋은 기회는 없다. 이번 일을 계기로 유역을 멸망시켜버리고 이 땅을 차지한다면 우리는 수많은 재물과 노예를 확보할 수 있다. 그러면 은나라는 최고의 강대국이 될 것이다. 할 수 없다, 계속 밀고 나가는 수밖에.

상갑미는 아마도 그렇게 생각했던 듯하다. 젊고 용감한 그에게는 이처럼 불타는 야망이 있었다. 상갑미에게 자애로움과 공정함을 기대하는 것은 애초부터 무리였을 것이다. 상갑미는 유역 사신의 목을 베어버리고 기세등등하게 계속 진군했다.

"왕이시여, 큰일 났습니다. 사신이 살해당했답니다!"

"뭐라고? 제대로 설명하지 않았다는 말이냐?"

"모두 다 이야기했답니다. 그러나 상갑미가 거짓이라고 하며 사신을 죽였답니다. 이미 궁성 밖까지 상갑미의 군대가 들이닥쳤습니다!"

"이 일을 어쩐단 말이냐. 이제 우리는 끝났구나!"

면신은 나라를 튼튼히 하는 데는 힘을 기울이지 않았다. 전쟁에 전혀 대비하지 않았던 유역의 군대는 초원을 주름잡는 은 민족의 막강한 군사력 앞에서 속수무책으로 무너져 내렸다. 은나라 군사들은 노략질을 하고 왕궁을 불태웠으며 면신은 그들에게 잡혀 살해되었다.

은나라 군사들은 왕항을 찾아 성안을 샅샅이 뒤졌다. 그러나 그 어디에서도 왕항의 자취를 찾을 수가 없었다. 그러자 왕항이 유역 사람들한테 이미 죽임을 당했을지도 모른다고 여긴 상갑미는 자신의 아버지가 억류되었던 것이 분명하다고 믿게 되었다.

'사신이라는 놈이 거짓말을 한 것이 틀림없다! 아버지가 당신의 선택으로 이곳에 계셨다면 이 아들이 왔는데 왜 나타나지 않으시겠는가?'

아무리 찾아도 아버지가 보이지 않자 상갑미는 더욱 그렇게 믿게 되었다. 글쎄, 과연 그랬을까? 왕항은 자신의 잘못이 이미 다 밝혀졌을지도 모르고, 함부로 나섰다가는 유역 사람들이 아니라 자기 나라 사람들에게 맞아 죽을지도 모르니, 상황이 정리된 뒤에 나서든지 말든지 해야겠다고 생각하고 어디선가 숨죽이며 사태의 추이를 지켜보고 있었던 건 아닐까? 그러나 왕항의 생사는 기록에 나타나지 않으니 그저 추측이나 할 수밖에 없다. 어쨌든 아버지를 찾지 못하자 분노한 상갑미는 큰아버지 왕해와 아버지 왕항을 위대한 영웅으로 만들고 유역에 무자비하게 복수할 것을 명했다.

"큰아버지와 아버지의 원수를 갚자! 유역 놈들의 궁을 모두 파괴해라. 살아 있는 놈들을 모두 죽이고 아무것도 남겨두지 마라!"

"유역 놈들을 모두 죽여라! 소와 양, 재물들은 모두 갖고 간다. 나머지는 불태워라! 죽여라!"

그리하여 산속에 있는 자그마한 나라였던 유역은 흔적도 없이 사라지게 되었다.

살아남은 사람은 거의 없었고, 불타버린 궁성 옆 가시덤불 속에서 흉측하게 생긴 새들만이 나뒹구는 시체를 지켜보며 울어대고 있었다.

유역을 멸망시킨 상갑미는 대군을 거느리고 다시 은나라로 떠났다. 물론 많은 재물을 약탈하고 수많은 유역 사람을 포로로 거느리고 있었으니 더욱 기세등등한 모습이었다.

"하백 님이시여! 당신의 도움으로 아버지와 큰아버지의 원수를 갚았나이다. 이제 돌아가려고 하니 저희를 무사히 건너게 해주시옵소서!"

하백은 속이 상했다. 하지만 건너게 해주지 않을 수도 없는 터라 아무 말 없이 상갑미와 그의 일행을 자기 나라로 돌아가게 해주었다. 그리고 하백은 아무래도 유역 땅에 가봐야겠다고 생각했다.

"가엾은 유역 왕 면신이여, 결국은 그렇게 죽었구려."

유역 땅의 황폐한 모습에 하백은 한숨을 내쉬지 않을 수 없었다. 화려했던 궁전은 흔적도 없이 사라졌고 온 나라는 가시덤불로 가득 찼다. 몇몇 살아남은 부녀자와 아이들만이 그 폐허에서 겨우 연명하고 있었다. 하백은 가슴 아파하며 살아남은 이들을 모두 모아 다른 곳에서 살 수 있게 해주었다. 하백의 도움으로 다른 곳으로 옮겨가서 다른 이름으로 살아남게 된 이 민족을 '요민搖民'이라고 했다. 그들은 새의 다리를 하고 있었고 훗날 진秦나라 사람들의 조상이 되었다고 한다.

한편 유역을 멸망시킨 젊은 왕 상갑미 때부터 은 민족은 점점 더 강성해지기 시작했고, 탕왕 때에 이르러 박亳에 도읍지를 정하고 드디어 동방의 강국이 되었다. 은 민족은 상갑미에 의해 은 민족의 영웅이 된 왕해와 왕항을 선왕先王으로 공경하며 그들에게 성대한 제사를 올렸고, 상갑미 역시 사후에 후손들이 큰 제사를 바치는 위대한 조상이 되었다.

은 민족 조상들에 관한 이 장엄한 서사에서 왕해와 왕항이라는 '의좋은 형제'가 머나먼 유역에서 사이가 갈라지고 죽게 된 것이 면신의 아내라는 팜프 파탈 하나 때문이었다고 믿는다면 그것은 트로이전쟁의 원인이 오로지 아름다운 헬레네에게 있다고 믿는 것과 다를 바가 없다. 트로이전쟁의 영웅들이 그토록 오랜 세월에 걸쳐 그렇게 지독한 전쟁을 치른 것은 지중해의 상권을 둘러싼 두 지역 간의 패권 다툼 때문이었지, 결코 헬레네라는 여인 하나 때문만은 아니었다.

은나라가 유역을 멸망시킨 것도 역시 초원의 패권을 다투기 위해서였다. 왕해와 왕항을 '꼬드겨' 형제간의 갈등을 부추기고 왕해를 죽게 했다는 면신의 아내가 팜므 파탈의 역할을 수행한 것처럼 보이지만 그것이 과연 진실이었는지는 아무도 모른다. 확실한 것은 그 전쟁이 은나라의 위대한 왕 상갑미를 비롯한 남성 전사들에 의해 주도되었다는 점이다. 훗날 명나라 말기에 청나라 군대가 중원 땅으로 진입할 때, 오삼계吳三桂라는 명나라 장군이 산해관山海關의 관문을 열어주어 청나라 군사들이 북경에 무혈 입성한 사건이 일어났다. 그 일로 명나라는 망했고 청나라가 들어섰다. 그 과정에서 오삼계가 산해관 관문을 연 것이 그가 사랑했던 여자 진원원陳圓圓 때문이었다는 설이 있었다.

그러나 나라가 망하는 것이 어디 아름다운 여인 하나 때문이겠는가. 경제나 사회 등등 여러 방면의 구조적인 문제들 때문에, 그야말로 망할 만하니까 망하는 것이다. 하지만 참 묘하게도 신화나 역사를 돌아보면 왕조의 멸망에는 언제나 '경국지색'이 등장하니, 희생양의 논리는 신화나 역사 속에서도 여전히 반복되는 것인가.

뽕나무에서 태어난 이윤

은나라 조상들의 이야기에서 이제 조금 후대로 내려와 보자. 탕이라는 지혜로운 왕을 얘기할 때면 늘 함께 등장하는 이윤伊尹이라는 인물이 있다. 그는 원래 탕왕 밑에서 요리사 노릇을 하며 탕왕에게 여러 정치적 견해를 피력했다. 그러나 그는 탕왕이 관리로 발탁해주지 않자 하나라의 걸왕桀王에게 가서 잠시 몸을 의탁했던 적이 있다. 후에 그는 걸왕이 어리석은 군주인 것을 알고 다시 탕왕에게로 돌아왔고, 그제야 탕왕이 그를 신하로 중히 썼다. 워낙 유명한 인물이라서 그런지, 중국 신화에 등장하는 제왕들만큼이나 신기한 탄생 이야기가 이윤에게도 있다.

동방 어느 곳에 신국莘國이라는 작은 나라가 있었다. 그곳의 어떤 아가씨가 바구니를 들고 뽕나무 숲으로 가 뽕을 따는데 어디선가 아기 울음소리가 들려왔다.

"이게 무슨 소리야? 아기가 울고 있네. 어디서 나는 소리지?"

아가씨는 사방을 두리번거리며 어디서 나는 소리인지 찾아보았다. 소리가 들려오는 곳으로 다가가 보니 뽕나무 안에서 아이 울음소리가 새어나오고 있었다. 아가씨는 뽕나무 안을 들여다보았다.

"어머, 나무 안에 아기가 있네?"

속이 텅 비어 있는 뽕나무 안에서 통통하고 귀여운 아기가 우렁차게 울고 있었다. 아가씨는 이상하고 신기한 일이라고 생각하며 아이를 안고 돌아와서 왕에게 이 일을 고했다.

"뽕나무에서 아기를 얻었다고? 일단 요리사에게 맡겨두어라. 그리고 그대들은 얼른 가서 이 아기가 어떤 연유로 뽕나무 안에 있게 된 것인지 알아보도록 해라."

왕의 명령을 받은 사람들이 신국의 뽕나무 숲으로 떠났다. 며칠 뒤 돌아온 사람들이 왕에게 보고했다.

"아기의 엄마는 이수 가에 살던 여자라고 합니다."

"그래? 그러면 그 어미는 지금 어디에 있느냐?"

"그것이…… 저…… 아기의 엄마가 뽕나무로 변했다 하옵니다."

"그게 무슨 해괴한 소리냐?"

"아기의 엄마가 임신했을 때 꿈속에 신이 나타나 말했답니다. '절구에서 물이 나오거든 동쪽으로 가거라. 절대로 돌아보아서는 안 된다.' 다음 날 절구에서 정말로 물이 나오기 시작했고, 아기 엄마는 꿈속에서 신이 했던 말을 급히 마을 사람들에게 전해주었답니다. 그리고 신의 지시대로 동쪽을 향해 떠났다지요. 마을 사람 중 그 여인의 말을 믿는 사람들도 함께 떠났다고 합니다. 물론 여인의 말이 허튼소리라고 생각한 사람들은 그대로 남았고요. 그런데 마을에서 동쪽으로 10리쯤 갔을 때 절대로 뒤돌아보아서는 안 된다는 신의 말을 잊고 자기도 모르는 사이에 아기 엄마가 고개를 돌려 뒤를 바라보았답니다. 마을이 어떻게 되었는지 궁금했던 것이지요. 그러자 온통 물속에 잠겨버린 마을의 모습이 눈에 들어왔답니다. 자기 집은 벌써 물속에 잠겼고, 마을을 삼켜버린 거친 물줄기가 이제 도망치고 있는 그들을 향해 다가오고 있었지요. 아기 엄마가 놀라서 비명을 지르려 했지만, 소리가 나오지 않았습니다.

왜냐하면 몸이 이미 뽕나무로 변해 있었기 때문이지요. 그렇게 뽕나무로 변한 여인이 물길을 가로막으며 버티고 서 있으니까 발밑까지 왔던 거센 물줄기가 물러가고 말았답니다. 그런 일이 있고 며칠 뒤에 마침 뽕 따는 아가씨가 그곳에 갔고, 속이 빈 뽕나무 안에서 아기를 발견한 것이지요."

"허, 그렇게 기이한 일이 있었단 말인가!"

왕은 그 아기의 엄마가 이수 가에 살았다고 하므로 아기의 이름을 '이윤'이라고 지어주고, 요리사에게 아기를 계속 기르게 했다.

이윤이 태어난 곳은 '공상空桑,' 즉 '속이 빈 뽕나무'다. 공상이 속 빈 뽕나무라는 뜻이 아니라 그저 단순한 지명일 뿐이라고 주장하는 사람들도 있긴 하지만 이 이야기는 나무를 여성으로, 즉 역동적인 생명력을 간직하고 있어서 아이를 품을 수 있는 존재로 생각하는 신화적 사고와 맞닿아 있다. 나무의 텅 빈 구멍에서 아기가 나왔다는 것은 여성의 자궁에서 아기가 나오는 것을 상징하므로 이 이야기를 일종의 생식기 숭배로 해석하는 사람도 있다. 하지만 그것보다 더 근본적인 것은 나무를 사람의 영혼이 깃든 곳으로 여겼던 고대인의 사유방식이다.

열 개의 태양이 머무는 부상扶桑을 비롯해서 '뽕나무(桑)'는 중국 신화에 자주 등장하는 나무다. 서양 신화에 자주 등장하는 참나무에 비길 만한 것이 중국 신화에서는 뽕나무이기에 한 생명을 탄생시킨 것도 뽕나무라고 전해지는 것이다. 물론 이런 이야기는 중국에만 있는 것이 아니라 위구르나 몽골이나 만주 사람들이 거주하는 아시아의 북부 지역에도 폭넓게 전해진다. 물론 그 나무의 종류가 북방 민족들이 중요하게 여기는 자작나무나 버드나무라는 것만 다르다.

그런데 아이의 엄마는 왜 뽕나무로 변했을까, 아무 죄도 없는데? 신화 속에서 '말하지 말라' 혹은 '돌아보지 말라'는 금기를 어기고 돌이나 나무, 심지어는 바람으로 변해버리는 사람들의 이야기가 자주 나타나는 것을 보면, 이것 역시 금기의 위반에 대한 신의 징벌로 해석할 수 있겠다. 돌아보지 말라는 것은 신성의 영역을 침범해서는 안 된다는 신의 경고다.

요리사 이윤, 걸왕에게로 가다

요리사 밑에서 자란 덕분에 이윤은 요리를 잘했다. 요리뿐 아니라 공부도 열심히 하여 상당한 학문을 갖추게 되었다. 그래서 이윤은 궁중에서 교사 노릇을 하게 되었으며, 마침내 신국의 공주를 가르치게 되었다.

어느 날 탕왕이 동쪽으로 순시하러 나왔다가 신국에 들르게 되었다. 탕왕은 신국의 공주가 지혜롭고 아름답다는 말을 듣고 그녀를 자신의 아내로 맞아들이고 싶어 했다. 신국의 왕은 탕왕이 훌륭한 인물이라는 소문을 들었기에 망설임 없이 딸을 그에게 시집보내기로 했다. 그 소식을 들은 이윤이 왕에게 말했다.

"저를 잉신勝臣으로 함께 가게 해주십시오."

'잉신'이란 다른 나라로 딸을 시집보낼 때 함께 딸려 보내는 신하를 말한다.

"자네가 원한다면 그렇게 하게나."

신국의 왕이 보기에 딸의 선생이기는 했지만, 물가의 뽕나무에서 주워왔고 수염도 없는 이 신하가 그다지 중요한 인물은 아닌 듯했기에 선선히 허락했다. 신국의 왕은 나무에서 태어난 아이들이 후에 위대한 영웅이 된다는 사실을 몰랐던 듯하다. 사실 이윤의 가슴속에는 남다른 포부가 있었다.

'탕왕의 빛나는 이름을 오랫동안 들어왔다. 절호의 기회가 아닌가. 그의 곁에서 나의 재능을 마음껏 발휘해보리라.'

마침내 이윤은 공주를 수행해 은나라로 갔다. 그러나 생각했던 기회는 쉽게 오지 않았다. 탕왕의 눈에 이윤은 동부의 작은 나라에서 온 키 작은 요리사에 불과했다. 이윤은 칼과 도마를 들고 맛있는 요리를 만들어 탕왕을 즐겁게 했다. 요리사 출신인 이윤이 후에 은나라의 재상이 된 것을 이상하게 생각하는 사람들도 있지만, 고대의 요리사는 사실상 왕의 가장 중요한 측근이다. 이윤 역시 마찬가지였다. 왕에게 요리를 바치면서 이윤은 요리법을 비롯하여 정치적 견해에 이르기까지 많은 것을 들려주었다. 탕왕은 이 젊은이가 상당히 비범한 재주를 갖고 있다는 것을 인정했다. 그래서 다른 요리사들보다 좋은 대우를 해주었다. 그러나 그뿐이었다.

'도대체 왕께서 언제쯤 나를 중용하시려나?'

이윤은 열심히 요리하면서 왕이 자기를 관리로 불러주기만을 학수고대했다. 그러나 그런 날은 아무리 기다려도 오지 않았고, 이윤은 실의에 빠졌다. 그래서 이윤은 은나라를 떠나 하나라의 걸왕에게 가기로 결심했다.

'탕왕은 나에게 깊은 관심이 없다. 걸왕도 담력이 뛰어난 사람이 라니, 그에게 가보자.'

이렇게 이윤은 탕왕의 곁을 떠나 걸왕에게 갔다. 걸왕에게 갔을 때 이윤이 처음 하게 된 일도 역시 요리였다.

두 개의 태양

걸왕은 소강 이후 3대째 하나라 왕위에 오른 인물이다. 몸집이 크고 건장했으며 구부러진 쇠갈고리를 쉽사리 곧게 펼 수 있을 정도로 힘센 인물이었다. 게다가 용맹스러워서 맹수들과 맞붙어 싸우기도 했다. 그런데 그는 여자와 술을 지나치게 좋아했고, 백성의 고혈을 짜내어 끝없이 향락 생활을 했다. 엄청나게 화려하고 거대한 요대라는 궁을 지어놓고 사방의 아름다운 여자들을 데려다가 술 마시고 노래하며 세월을 보냈다(말희妹姬와 교첩蛟妾* 때문에 하나라가 망했다는 이야기도 전해진다). 그 유명한 '주지酒池'라는 단어가 여기에서 나왔으니, 요대에 연못을 파고 물 대신 술로 가득 채워서 말 그대로 '술 연못'을 만들었다. 또한 장야궁長夜宮이라는 행궁을 깊

***말희와 교첩** 걸왕에 대해 이야기할 때 빠지지 않는 인물이 말희와 교첩이다. 말희는 비단 찢는 소리를 무척이나 좋아했다. 그녀는 그 소리만 들으면 간드러진 소리를 내며 웃었는데, 걸왕은 그 웃음소리에 완전히 넋을 잃었다. 그래서 그녀의 웃음소리를 듣기 위해 그 비싼 비단을 산더미처럼 쌓아놓고 매일매일 찢게 했다고 한다.

은 산속에 만들어놓고는 남녀가 뒤섞여 몇 달이 지나도록 함께 놀았다고 한다. 바로 여기에서 '주지육림酒池肉林'이라는 고사성어가 나왔다.

교첩은 원래 용이었다고 하는데 매일 끼니때마다 사람을 잡아먹었다. 하지만 교첩이 여자로 변하기만 하면 천하절색이 되는지라 걸왕은 그녀에게 반해 먹이로 사람을 매일 대주면서까지 환심을 사려고 했다. 바로 이 여인들 때문에 걸왕의 정신이 혼미해져서 결국 나라가 망했다는 이야기가 전해져 오는데, 여자를 유혹자로, 또 저급한 존재로 인식했던 한나라 이후의 사고방식 때문에 이런 이야기들이 나온 것이 아닐까 생각한다.

이런 걸왕을 보면서 이윤은 한심하다는 생각이 들었다. 탕왕에게 중용되지 못해 하나라로 오기는 했지만, 왕이라는 인물이 어찌 저렇게 어리석고 방탕할 수가 있단 말인가. 어느 날 참다못한 이윤이 술잔을 걸왕에게 바치며 간언했다.

"왕께서 제 말을 듣지 않으시면 나라가 망하는 꼴을 보시게 될 겁니다."

걸왕은 그 말을 듣는 순간 탁자를 내리치며 화를 냈다. 그러나 잠시 후 슬그머니 웃으며 말했다.

"네 이놈, 헛소리로 사람을 현혹시키다니! 하늘에 태양이 있듯이 내게는 천하가 있다! 천하 위에 군림하는 내가 바로 태양인데, 태양이 없어지는 것을 누가 본 적이 있더냐? 물론 태양이 없어져버린다면 나도 망하겠지만, 으하하!"

걸왕은 기고만장했다. 그는 자신의 황음무도荒淫無道한 생활 때문에 나날이 피폐해지는 백성들의 삶 따위는 전혀 안중에 없었다. 거리에서는 사람들이 남몰래 이런 노래를 부르고 있었다.

　　못된 태양아,

　　왜 빨리 사라지지 않는 것이냐?

　　네가 없어지기만 한다면

　　나도 너와 함께 죽을 것을!

　저 못된 태양이 사라질 수만 있다면 함께 죽는 것도 마다하지 않겠다! 힘없는 백성들이 부르는 이 노래는 절대적인 권력에 맞서 목숨을 내던지는 약자의 자살 테러를 연상시킨다. 백성들은 이런 노래를 통해 자신들의 분노를 표현했다. 그래서 주나라 때는 통치자들이 채시관采詩官*을 각 지역으로 파견하여 민간의 노래를 수집해오게 했다. 민간에 떠도는 노래만큼 민심을 정확하게 드러내주는 것이 없었기 때문이다.

　이윤은 마음을 고쳐먹을 가망이 전혀 없어 보이는 걸왕의 모습에 실망하고는 수심에 가득 차서 집으로 돌아갔다. 그러다가 술에 취한 사람들이 비틀거리며 걸어가는 모습을 보았는데, 그들이 부르는 노래 또한 심상치 않았다.

＊　　**채시관**　주나라 때는 왕이 각 지역으로 관리를 보내 그 지역에서 유행하는 노래를 수집해오게 하고, 그것을 통해 백성들의 삶과 당시 사회상을 파악했다. 그 시를 수집하던 관리들을 '채시관'이라 불렀다.

왜 박_亳으로 가지 않는가?
왜 박으로 가지 않는가?
박 땅도 그렇게 크거늘!

　이윤은 뒤통수를 맞은 느낌이었다. 박이라면 탕왕의 땅이 아닌
가. 그곳으로 가라는 노래가 골목골목에 넘쳐나고 있다니, 탕왕이
그리도 훌륭한 임금인가. 걸왕의 세상이 끝나가는가.
　집으로 돌아온 이윤은 글을 읽으려고 자리에 앉았지만, 여전히
머릿속이 정리되지 않았다. 그때 누군가가 골목길에서 부르는 노
랫소리가 귓전을 때렸다.

깨어나라! 깨어나라!
나의 운명 정해졌네!
어둠을 버리고 빛으로 나아가리!
걱정과 근심 따위 어디 있으랴!

　이 노래를 듣는 순간 그는 먹장구름으로 가득 차 있던 머릿속이
환하게 밝아오는 느낌이 들었다.
　'그래, 떠나야 한다!'
　그가 탕을 떠나 걸에게 온 것이야말로 잘못된 선택이었다. 잘못
된 선택은 더 늦기 전에 바로잡아야 했다.
　'어리석었다. 내가 어찌 탕을 버리고 걸에게 왔단 말인가. 탕은
어질고 지혜로운 왕이다. 예전에는 내가 중용되지 못했지만, 앞으

로도 계속 그럴 거라고 누가 단언하겠는가. 돌아가자!'

이윤은 마음을 정하고 밤새 짐을 꾸려 날이 밝자마자 수레를 타고 하나라의 도성인 추성鄒城을 떠나 탕왕이 다스리는 박으로 돌아갔다. 그 후 이윤이 탕왕 밑에서 훌륭한 재상이 되었음은 앞에서 소개한 대로다.

그런데 이때 추성을 떠나 박으로 간 사람은 이윤 한 사람만이 아니었다. 걸왕이 총애하던 신하 중에 비창費昌이라는 사람이 있었다. 어느 날 그가 황하 가를 거닐고 있는데 갑자기 하늘에 두 개의 해가 떠올랐다. 동쪽에서 떠오르는 해는 빛을 내뿜으며 오색구름에 둘러싸여 찬란하고 아름다웠다. 그러나 서쪽에서 떠오른 해는 잿빛 구름에 둘러싸여 빛도 없이 초라해 보였다. 그리고 우르릉거리는 소리가 먼 하늘에서 들려왔다. 그 광경을 보는 순간 비창의 머릿속에는 민간에 유행하는 노래가 불현듯 떠올랐다.

하늘에 두 개의 태양이 있을 수 없듯,
땅에도 두 사람의 군주가 있을 수 없네.

비창은 놀란 마음을 억누르며 물가에 서서 황하의 신 하백에게 물어보았다.

"두 개의 해 중 어느 것이 은나라이고 어느 것이 하나라입니까?"

하백이 대답했다.

"서쪽의 해는 하, 동쪽의 해는 은일세!"

하백의 대답은 명쾌했고, 비창은 어지러웠던 머릿속을 정리할 수 있었다.

"짐을 싸라. 떠나야 한다!"

비창은 곧 가족을 이끌고 탕왕에게로 갔다. 걸왕의 총애를 받던 신하조차 혼미한 군주 밑에서는 나라를 지키는 것이 불가능함을 깨닫고 자기 나라를 저버리고 말았던 것이다.

이처럼 민심과 천심이 모두 기울자 마침내 하나라는 걸왕의 죽음과 함께 은나라에 멸망당하고 말았다.

3장 서남부 왕조의 조상들

눈이 튀어나온 잠총, 하늘에서 내려온 두우

아득한 옛날 중국의 서남부에 있었던 고대의 촉 땅에 잠총蠶叢이
라는 인물이 있었다. 잠총은 촉에서 최초로 왕 노릇을 한 사람이라
고 할 수 있는데, 누에 치는 법을 사람들에게 가르쳐주었다. 잠총
은 중원 지역의 누에의 신, 즉 황제의 부인 누조와 비길 만한 서남
부 지역의 누에신인 듯하다. 그의 이름에 있는 '잠蠶'이라는 글자가
'누에'라는 뜻이거니와 '촉蜀'이라는 글자에도 역시 '벌레 충蟲' 자
가 있다. '충'을 요즘은 그냥 '벌레'로 해석하지만, 이 글자는 원래
'꿈틀거리는 벌레'를 의미했다. 그러니 잠총은 누에를 쳐서 비단을
만들어내는 일과 관련 있는 이름이라고 할 수 있다. 사람들은 그를
따라다니며 누에 치는 법을 배웠고, 그가 가는 곳에서는 언제나 떠
들썩한 누에 시장(蠶市)이 열렸다.

그런데 잠총 집안사람들의 눈은 좀 특이하게 생겼다. 눈이 보통 사람들과는 달리 앞으로 매우 심하게 튀어나온 것이다. 이렇게 튀어나온 눈을 '종목縱目'이라고 한다. 쓰촨성 청두 근처에 있는 산씽두이三星堆라는 곳에서 출토된 청동 가면 중에 '종목인상縱目人像'이라는 것이 있는데, 이 인물상은 눈이 옆으로 쭉 찢어져 있고 눈동자가 앞으로 길게 툭 튀어나와 있다. 길게 튀어나온 눈을 가진 청동 가면이 그 지역 최초의 왕인 잠총이 종목이라는 문헌 기록의 사실성을 뒷받침한다고 보는 학자도 있다. 이 기이한 눈이 바로 잠총 일가를 다른 이들과 구분 지어주는 특징이라는 것이다. 물론 여러 다른 견해들도 있다. 그중 주목해야 할 것은 그곳에서 멀지 않은 쓰촨 서남부 지역에 거주하는 소수민족인 이족에게 특이하게도 '눈'과 관련된 창세신화가 다양하게 전승되고 있다는 사실이다. 신이 만들어낸 최초 인간들의 눈이 외눈, 가로 눈, 세로 눈 등 다양한 형태였다는 이야기가 다른 지역 신화와 구별된다. 하필이면 그들이 사는 곳과 멀리 떨어지지 않은 지역에 눈이 특별히 강조된 가면들이 등장한다는 사실은 그것이 혹시 이족과 어떤 관련성을 가지는 것은 아닐까 하는 궁금증을 자아낸다. 그러나 여기서는 그 궁금증을 잠시 접어두고, 잠총과 그 후손들에 관한 이야기를 계속해보기로 하자.

잠총은 푸른 옷을 입고 다녔으며, 황금빛 누에(金蠶)를 수천 마리씩 길러 해마다 새해가 되면 백성들에게 골고루 나눠주었다고 한다.

이런 잠총이 죽은 뒤, 촉 땅은 백관栢灌과 어부魚鳧라는 두 왕의 시대를 거친다. 잠총과 백관, 어부는 모두 수백 살이 되도록 장수했다고 한다. 그다음에 등장한 왕이 두우杜宇다.

두우는 어느 날 갑자기 하늘에서 내려왔다.

"어떤 남자가 하늘에서 주제朱提 땅으로 내려왔다 하오."

"뭐라고? 정말이오?"

"그렇다니까요. 게다가 강가 우물 속에서는 이利라는 여자가 솟아올라 왔답니다."

"이런 놀라운 일이 있나! 두 사람은 천생연분이겠구려."

하늘에서 내려온 두우는 우물에서 솟아오른 여자와 결혼하여 부부가 되었다. 말 그대로 하늘과 땅의 결합인 셈이다. 그리고 두우는 망제望帝라는 왕이 되어 비郫 지방을 도읍으로 삼고 나라를 다스리기 시작했다.

망제는 자애로운 왕이어서 백성들의 생활이 나아지게 하려고 애썼다. 망제는 농사짓는 법을 가르치면서 농사일의 시기를 놓치지 말라고 늘 백성들에게 당부했다. 하지만 아무리 열심히 해도 촉에는 강이 많아서 홍수가 자주 발생했고, 그때마다 농사를 망칠 수밖에 없었다.

'홍수를 어떻게 다스릴까? 물이 많은 곳이니 늘 그것이 걱정이로구나.'

망제의 관심은 하나, 자주 넘쳐흐르는 강물을 어떻게 다스릴까 하는 것이었다. 바로 그때 이상한 소식이 들려왔다.

"왕이시여! 이상한 일이 일어났습니다."

"무슨 일이냐?"

"강의 물길을 거슬러서 어떤 남자의 시체가 올라왔습니다."

"물길을 거스르다니? 시체라면 강물을 따라 떠내려가는 것이 정상 아니더냐?"

"그러니까 이상하다는 것이옵니다. 분명히 강물을 거슬러서 시체가 올라왔습니다."

"그래, 그래서 어찌 되었느냐?"

"하도 이상해서 건져냈는데, 그자가 갑자기 살아나서 말했습니다. 자기는 형荊 지방 사람이고 이름은 별령鱉靈이랍니다. 강가를 거닐다가 실수로 발을 헛디뎌 물에 빠졌을 뿐인데, 어찌해서 여기까지 오게 되었는지 모르겠다고 하더군요."

"어허, 어떻게 그런 기이한 일이 있을 수 있단 말이냐? 그를 데려와라."

강물을 거슬러 올라온 사나이 별령이 망제에게 불려왔다. 두 사람은 많은 이야기를 나누었고, 얼마 지나지 않아 의기투합했다.

"그대는 물의 흐름에 대해 정말 잘 알고 있구려. 당신 같은 사람이 필요하던 참이오. 촉을 위해 일해주지 않겠소?"

"예, 그렇게 하겠습니다."

망제는 별령이 물의 흐름에 대해 풍부한 지식을 갖고 있고 아주 총명하다는 것을 알았다. 물에 빠졌으면서도 죽지 않고 촉나라까지 올 수 있었던 것도 아마 그래서였으리라. 망제는 고향으로 돌아가려고 하는 별령을 잘 설득하여 재상으로 삼고는 물을 다스리는 일을 맡겼다.

별령이 재상이 되고 얼마 지나지 않았을 무렵 촉 땅에 큰 홍수가 났다. 높다란 옥산玉山에 가로막혀 물이 흘러가지 못하는 바람에 엄청난 홍수가 난 것이었다. 지금도 중국의 장강 유역에서는 여름 마다 엄청난 홍수가 나서 많은 사람이 죽어가는데, 아득한 고대에 는 어떠했을지 가히 상상해볼 수 있을 것이다. 6000여 킬로미터에 달하는 기나긴 장강을 끼고 있는 중국 남부 지방에서 홍수 문제는 통치자들에게 부과된 가장 큰 과제였고, 바로 그 때문에 중국에는 다른 나라와 달리 치수와 관련된 신화가 많은 것이다.

망제는 홍수가 심한 옥산 지역으로 별령을 파견했다. 별령은 옥 산을 뚫어 물길을 터주는 것이 시급하다는 결론을 내렸다.

"안 되겠다, 산을 뚫어야겠어! 속히 사람들을 모아라!"

별령은 사람들을 불러 모아 옥산에 물길을 텄다. 엄청난 토목 사 업이었지만 별령은 그 일을 탁월하게 해냈고, 물길은 옥산을 통과 해서 민강岷江에 합류해 평원의 여러 지류로 흘러갔다. 마침내 홍 수가 다스려진 것이다. 《수경주水經注》*에 의하면 이때 별령이 뚫은 것은 옥산이 아니라 무산巫山이라고 한다. 무산의 협곡이 너무 좁 아 장강의 물이 흐르다가 막혀서 촉 땅 전체에 대홍수가 일어났는 데, 별령이 무산을 뚫어 홍수를 다스렸다는 것이다. 무산이든 옥산 이든, 별령이 촉 땅의 고질적인 홍수를 해결해준 것만은 틀림없다.

그런데 별령이 치수를 하러 옥산에 가 있을 무렵, 망제는 별령의

---

* **《수경주》** 북위시대 역도원(酈道元)이 쓴 책. 원래 황하, 회수(淮水), 장강 등 강의 발원지와 흐름에 관해 서술해놓은 작자 미상의 간략한 책이었는데, 역도원에 의해 다시 태어났다. 강의 발 원지와 흐름뿐 아니라 강이 흘러가는 지역의 신화와 전설 등을 수집해서 열 권으로 묶었다.

아내와 사랑에 빠지게 되었다. 사랑의 감정이라는 것이 어찌 의지대로 되던가. 그래서는 안 된다는 생각에 괴로웠던 망제는 별령이 치수에서 혁혁한 공적을 세우고 있다는 소식이 들려올수록 더욱더 고통 속으로 빠져들었다. 그러다 마침내 별령이 돌아왔다. 망제는 별령을 똑바로 바라볼 수가 없었다.

'별령은 백성들을 위해 저렇게 훌륭한 일을 하고 돌아왔는데, 나는 뭐란 말인가?'

망제는 결국 자신의 덕이 부족하다고 생각하여 왕위를 별령에게 주기로 했다.

"그대는 왕의 자리에 앉을 만하다!"

망제는 별령의 공적을 치하하면서 왕위를 별령에게 넘기고 서산西山으로 떠났다. 별령은 왕위를 물려받아 개명제開明帝가 된다. 망제가 왕위를 물려주고 서산으로 간 때가 마침 꽃피는 춘삼월이라 두견화杜鵑花가 피어 있고 두견새가 울 때였으므로 사람들은 두견새 우는 소리를 들으면 그들을 자애롭게 돌보아주던 망제를 그리워하며 슬퍼했다고 한다.

두견으로 변한 망제 두우

이처럼 문헌에는 망제가 신하인 별령의 아내와 사랑에 빠졌고, 그 부끄러움 때문에 자기보다 훌륭하다고 생각되는 별령에게 왕위를 선양하고 스스로 물러나 서산으로 간 것으로 기록되어 있는데,

민간에 전승되는 전설은 그 내용이 좀 다르다.

옛날 옛적 민강 상류에 못된 용이 한 마리 살고 있었다. 용은 민강 유역에 홍수를 일으켜서 사람들을 괴롭히곤 했다. 이 용에게는 여동생이 하나 있었는데 여동생은 오빠의 못된 짓을 두고 볼 수가 없었다. 그래서 강의 하류로 내려가 가정산嘉靖山을 뚫어 물이 그쪽으로 흐르게 했다.

"감히 내 일을 방해하다니 용서할 수 없다!"

못된 용은 자기 일을 방해하는 여동생을 잡아 오호산五虎山의 쇠 둥우리 안에 가둬놓았다. 그때 두우라는 젊고 용감한 사냥꾼이 사람들이 고통받는 것을 보다 못해 치수하는 방법을 배워야겠다고 생각했다.

'사람들이 너무 불쌍하구나. 저들을 위해서 물을 다스리는 법을 배워야겠는데……'

골똘히 생각에 빠져 길을 가던 두우는 우연히 한 노인을 만나게 되었다. 노인은 두우에게 대나무 지팡이를 하나 주며 이렇게 말하고는 홀연히 사라졌다.

"치수를 제대로 하고자 한다면 이것을 가지고 오호산으로 가서 용의 여동생을 구해내라."

두우는 노인의 말대로 대나무 지팡이를 들고 오호산으로 가서 못된 용과 한바탕 싸움을 벌였다. 두우는 용을 물리치고 오호산의 쇠 둥우리 안에서 용의 여동생을 구해냈다.

"저는 두우라고 합니다. 홍수 다스리는 일을 도와주십시오."

용의 여동생은 두우가 자기와 같은 생각을 하고 있다는 것을 알자 흔쾌히 도와주기로 했다.

"기꺼이 그래야지요."

용의 여동생은 두우를 도와 치수를 성공리에 마쳤고, 그 후 두우와 결혼까지 했다. 사람들은 두우의 공적을 기리며 그를 왕으로 추대했다.

그런데 두우에게는 예전에 사냥 다닐 때 친하게 지내던 친구가 하나 있었다. 이제 그는 두우 밑에서 신하 노릇을 하게 되었는데, 두우가 아름다운 여인을 아내로 맞이하고 왕이 된 것을 늘 시기하고 있었다.

"제까짓 게 왕이랍시고 잘난 척이라니. 두고 봐라, 내가 그 자리를 차지하고 말 테다."

그는 호시탐탐 두우의 자리를 엿보았다. 두우를 없앨 계략을 짜던 그는 어느 날 묘안이 떠올랐다. 그는 민강 상류의 산으로 가서 두우에게 패배했던 그 못된 용을 만났다.

"두우 놈에게 복수하고 싶으시죠?"

"흥, 당연하지. 하지만 무슨 좋은 방법이 있나?"

"제가 두우 놈을 이곳으로 꾀어 오겠습니다. 그다음은 당신이 알아서 하시지요."

"좋아, 그렇게 하지."

그는 두우에게 산속의 용이 이제 그들 부부와 화해하고 싶어 한다고 전했다. 못된 용이기는 하지만 자기 부인의 오빠였다. 두우로서는 그 용이 화해하고 싶어 한다는데 거절할 이유가 없었다.

"그래? 그럼 가야지."

친구의 권유에 두우는 아무런 의심 없이 따라나섰다.

'흐흐흐, 이제 너는 끝장이다!'

음험한 미소를 지으며 친구는 두우를 데리고 용이 숨어 있는 산으로 갔다. 무방비한 상태로 함정에 빠진 두우는 못된 용에게 사로잡히는 신세가 되고 말았다. 그리고 우리에 갇힌 채 빠져나오려고 발버둥 치다가 그만 산에서 죽고 말았다. 그 못된 친구는 두우를 죽음으로 몰아넣은 후 두우의 자리를 빼앗고는 두우의 아내에게 의기양양하게 말했다.

"그대의 남편은 이제 영원히 이 세상으로 돌아오지 못한다. 이제는 얌전히 내 품에 안겨라."

"말도 안 되는 소리 마라!"

두우의 아내는 냉정하게 거절했고, 화가 난 못된 친구는 그녀를 깊은 궁궐 속 감옥에 가두어버렸다.

한편 산에서 가엾게 죽어간 두우는 두견새로 변했다. 그리고 꿈에도 잊을 수 없는 사랑하는 아내를 찾아 궁으로 날아갔다. 새는 아내 곁을 맴돌며 처절하게 울었다.

"귀문양歸汝陽! 귀문양!"

'문汝'이란 '문수汝水'를 가리키는 것으로, 두우가 나라의 도읍지로 정한 비 지방이 바로 문수 근처의 문산汝山 기슭에 있었다. '양陽'이란 '강의 북쪽'을 가리키니 '귀문양'은 문수의 북쪽, 즉 자기 고향으로 돌아오고 싶다는 피맺힌 외침이다.

"이 울음소리는?"

아내는 그 처절한 울음소리를 듣고는 남편이 죽어서 두견새로 변한 것을 금방 알아챘다. 그녀는 피 울음을 토하며 남편의 운명을 슬퍼하다가 그만 죽고 말았고, 그녀의 영혼 역시 새로 변해 두우와 함께 날아갔다.

황금 똥을 누는 소

개명제 이후 촉나라의 왕이 열두 번 바뀌었을 때쯤이었다. 촉나라와 국경을 접한 곳에 진秦나라가 한창 세력을 늘려가고 있었다. 이때 진나라는 진시황의 선조인 혜왕惠王이 다스리고 있었다. 촉이 자리 잡고 있던 쓰촨은 지금도 산세가 험하기로 유명하니 그 시절에는 어떠했을지 더 말할 필요도 없을 것이다. 진나라 혜왕은 호시탐탐 촉 땅을 노렸지만, 산세가 너무 험하여 들어갈 길을 찾을 수도, 만들 수도 없었다. 그래서 계략을 짜내 소문을 퍼뜨렸다.

"혜왕의 궁전에 황금 똥을 누는 돌 소(石牛)들이 있다네!"

"말도 안 되는 소리야. 어떻게 그런 소가 있을 수 있나?"

"어허, 이 사람이! 직접 보았다는 사람이 여럿 있다니까!"

"정말인가?"

"그렇고말고! 아침마다 돌 소의 엉덩이 밑에 황금 똥이 가득가득 쌓이더래."

"그런 신기한 일이······."

거리 곳곳에 이런 소문이 돌았다. 혜왕의 궁전에 돌로 된 소가 다섯 마리 있는데, 그 소들이 아침마다 황금 똥을 한 무더기씩 눈다는 것이었다. 물론 말도 안 되는 이야기였지만 소문이 퍼져나가다 보니 이야기에는 아주 사실적인 묘사들이 덧붙여졌다. 그리고 이 소문이 마침내 욕심 많은 촉나라 왕의 귀에까지 들어갔다.

"진나라 왕의 궁전에 황금 똥을 누는 돌 소가 있다던데, 그게 사실이냐?"

"그, 글쎄요……."

"냉큼 확인해보아라. 만약 그 소문이 사실이라면 내 눈으로 그 소들을 직접 보고 싶다."

마침내 촉나라는 진나라로 밀사를 파견했다. 그리고 암암리에 확인해본 결과 소문이 사실이라는 보고가 왔다. 진나라의 계략은 그만큼 철저했다. 소문을 확인해보기 위해 사람을 파견할 것이라는 사실쯤은 진나라에서 일찌감치 짐작하고 있었다. 그래서 돌로 만든 소의 발밑에 매일 금을 한 무더기씩 갖다 놓고는 돌 소의 똥이라고 꾸며댔다. 이 사실을 까맣게 모른 촉나라 사신은 진나라 왕에게 이렇게 부탁했다.

"우리 왕께서 그 유명한 돌 소들을 좀 보고 싶다고 하시는데, 어떻게 안 되겠습니까?"

'불감청不敢請이언정 고소원固所願이라', 감히 청하지는 못하지만 간절하게 원한다는 말이 있지 않던가. 혜왕이 정말로 바라 마지않던 말이 촉나라 사신의 입에서 나왔다. 기다리고 기다리던 말이었지만 혜왕은 짐짓 안타까운 표정을 지으며 말했다.

"허허, 보여드리는 것이야 하나도 어려울 것이 없소만, 문제는 길이오. 우리 진나라에서 촉나라로 가는 길이 없으니 돌로 된 그 큰 소들을 어찌 운반하겠소이까?"

사신이 전해온 이 말을 듣고 촉나라 왕은 곰곰이 생각했다.

'황금 똥을 누는 소라면 그 소를 데려다가 며칠만 두어도 우리 궁전은 황금에 파묻힐 지경이 될 것이다. 길이 없어서 그 노다지를 포기할 수는 없는 일이지. 그래, 길이야 뚫으면 될 일 아닌가.'

촉나라 왕은 마침내 사신을 시켜서 이렇게 말하게 했다.

"저희 왕께서 길을 만드시겠다고 하셨습니다."

"그래, 정말 훌륭한 결정을 하셨소이다."

그리하여 두 나라 사이에 길이 뚫리기 시작했다. 험한 산에 길을 뚫는다는 것은 기술이 고도로 발달한 지금도 힘든 일인데, 하물며 그 시기에는 어떠했겠는가. 게다가 진나라에서는 돌 소 다섯 마리를 옮기려면 아주 넓고 튼튼한 도로가 필요하다고 주장했다. 그러나 염려할 것 없었다. 그때 촉나라에는 '오정역사五丁力士'라고 불리는 다섯 명의 힘센 장사들이 있었다. 산을 뚫는 것쯤이야 다섯 장사에겐 별로 어려운 일도 아니었다.

얼마 지나지 않아 마침내 도로가 뚫렸고, 돌 소 다섯 마리가 촉 땅으로 옮겨져 왔다. 그러나 아무리 지켜보아도 돌 소들은 황금 똥을 누지 않았다. 촉나라 왕은 치밀어 오르는 화를 억누르며 돌 소들을 진나라로 돌려보냈다. 하지만 이미 진나라의 계략은 성공했다. 촉나라 왕의 욕심을 이용하여 진나라는 촉까지 가는 길을 확보할 수 있었으니 말이다.

그러나 촉나라에는 아직 다섯 명의 든든하고 용맹스러운 장사들이 있었다. 촉 땅까지 길은 뚫렸지만, 진나라는 좀 더 뜸을 들이며 기다려야 했다. 일단 다섯 장사라는 걸림돌을 치워야 촉으로 가는 길이 순조로울 것이었다. 이번에도 진나라는 촉나라 왕의 욕심을 이용하기로 했다. 돌 소 때문에 분을 삭이지 못하고 있는 촉나라 왕에게 진나라에서 사신을 보냈다.

"지난번에는 큰 실례를 했습니다. 우리나라에서는 황금 똥을 잘 누던 돌 소들이 왜 촉에서는 누지 않는 것인지, 정말 죄송합니다. 그래서 사죄하는 뜻으로 진나라 최고의 미인들을 왕께 바치고자 합니다."

촉나라 왕은 재물뿐 아니라 여자를 좋아하기로 소문이 나 있는 터였다. 미인을 바치겠다는데 거절할 이유가 없었다. 촉나라 왕은 지난번의 분노를 재빨리 잊어버리고 못 이기는 체하며 말했다.

"흠, 아닌 게 아니라 지난번에는 당신들이 많이 잘못했지. 하지만 이렇게 사과하는데, 내가 참는 수밖에 없겠지."

그래서 진나라에서는 아름다운 여인 다섯 명을 뽑아 촉나라로 보냈다. 미인들이 언제 오나 목을 늘이고 기다리던 촉나라 왕은 마침내 진나라에서 미인들이 출발한다는 소식을 받았다.

"빨리 가서 미인들을 데리고 오너라!"

마음이 조급했던 촉나라 왕은 다섯 명의 장사를 보내 여인들을 호위해 오게 했다. 호시탐탐 촉 땅을 삼키려는 진나라가 도대체 무슨 의도로 보내는 건지도 모르는 여자들을 호위하러 가야 하다니, 촉나라 최고의 장사들은 이번에 맡은 임무가 영 탐탁지 않았다. 그러나 왕의 명령이니 거부할 수도 없는 노릇이었다. 결국 다섯 명의 장사는 여자들을 마중하러 나갔다.

마침내 미인들을 맞이하여 돌아오는 길에 재동梓潼이라는 곳에 이르렀을 때였다. 거대한 뱀 한 마리가 동굴 속으로 들어가는 것이 보였다. 그냥 두면 사람에게 해를 끼칠지도 몰랐다. 그래서 장사 중 한 명이 뱀의 꼬리를 잡아당겼는데, 힘이 모자라서 오히려 동굴 안으로 끌려가게 되었다. 그 모습을 본 나머지 장사들이 모두 달려들어 뱀을 잡아당겼다. 다섯 명이 힘을 합치니 뱀이 딸려 나오는 듯했다. 그런데 그 순간 엄청난 굉음을 내며 산이 무너져 내렸다. 그리고 다섯 장사와 다섯 명의 진나라 미인은 모두 무너진 산에 깔려 죽었다. 삽시간에 산은 형체가 사라지고 대신 다섯 개의 봉우리가 생겨났다.

"산이 무너져 모두 그 밑에 깔렸다고? 그럼 진나라 미인들은 어찌 되었느냐?"

어리석은 촉나라 왕에게 궁금한 것은 오직 아리따운 여자들의 안위뿐이었다. 촉나라의 보배라고 할 수 있는 다섯 장사의 죽음은 눈에 들어오지도 않았다. 왕은 자기가 만져보지도 못한 진나라 다섯 미인의 죽음을 안타까워하며 그 다섯 개의 봉우리에 '다섯 여인의 무덤'이라는 뜻의 '오부총五婦塚'이라는 이름을 붙였다. 이 소식을 들은 백성들은 왕의 처사에 엄청나게 분노했다. 그래서 백성들은 그 다섯 개의 봉우리를 '다섯 장사의 무덤', 곧 '오정총五丁塚'이라고 부르며 그 넋을 기렸다.

다섯 장사가 죽었으니 드디어 걸림돌이 모두 사라졌다. 진나라로서는 이제 더 기다릴 필요가 없었다. 진나라 혜왕은 결국 돌 소들을 운반하기 위해 닦은 '금우도金牛道'를 통해 대군을 이끌고 촉나라로 쳐들어갔다. 촉나라 왕은 도망쳤다가 백록산白鹿山에서 죽었고 개명제의 촉나라, 즉 고촉古蜀은 드디어 멸망했다.

다섯 부족의 지도자

중국의 서남부 쓰촨 지역에는 촉국 이외에 파국巴國*이라는 또 하나의 나라가 있었다. 지금도 쓰촨성 지역을 '파촉巴蜀' 지방이라고 부르는데, 그것은 고대의 파국과 촉국을 합쳐서 부르는 명칭이다. 파국은 참으로 경치가 아름다운 곳에 자리하고 있었다. 그처럼 풍광이 빼어난 곳에 나라를 세울 수 있었던 것은 그들의 영웅적인 조상 늠군廩君 덕분이라고 한다. 늠군은 무상務相이라고도 하는데 이제부터 젊은 늠군이 아리따운 염수鹽水 여신의 열정적인 유혹을 물리치고 파국을 세우는 이야기를 해보겠다.

늠군은 파씨巴氏 일족의 후손이고, 남방 무락종리산武落鍾離山에 살았다. 무락종리산에는 파씨 부족 이외에 번씨樊氏, 심씨瞫氏, 상씨相氏, 정씨鄭氏 등 네 개 부족 사람들도 살고 있었다. 이 네 부족 사람들은 모두 검은 동굴(黑穴)에 살았고 파씨 부족만 붉은 동굴(赤穴)에 살았다. 다섯 부족 사람들은 그들 모두를 통솔하는 지도자가 없었

* **파국** '파국'이라는 명칭은 《산해경》의 〈해내경(海内經)〉에 이미 보인다. 현재 쓰촨성의 동부 지역을 파, 서부 지역을 촉이라 일컫는다. 대한민국 임시정부 유적지가 있는 충칭(重慶)이라는 도시가 있는 곳이 바로 고대의 파 지역이고, 쓰촨성의 중심 도시인 청두가 있는 곳이 촉 지역이다.

기 때문에 각각 다른 신을 모시며 살아갔다. 물론 작은 일로 다투는 일도 잦았다.

그렇게 오랜 세월이 흘렀다. 그동안 다섯 부족 사람들은 툭하면 서로 시비를 걸고 싸워서 전쟁이 그칠 날이 없었다. 다섯 부족의 노인들이 이런 상황을 걱정하기 시작했고, 드디어 함께 모여 대책을 숙의하기에 이르렀다.

"이런 식으로 싸우다간 부족 내에 살아남는 이가 없게 될 거요."

"그래요, 어떤 식으로든 싸움을 막아야겠소. 어디 좋은 방법이 없겠소?"

"글쎄요, 아무도 양보하려 들지 않으니 정말 어려운 일이오."

다섯 부족의 노인들은 모든 부족을 만족시킬 수 있는 묘책을 찾느라 머리를 맞대고 몇 날 며칠을 끙끙거렸다. 마침내 한 노인이 제안했다.

"시합을 하는 거요. 다섯 부족에서 각각 대표를 뽑고, 그 대표들이 모여 시합을 하는 겁니다. 이기는 자가 다섯 부족의 우두머리가 되는 거지요, 어떻소?"

"시합이라……. 그거 공평하겠군. 그런데 대체 어떤 시합을 한단 말이오?"

"일단 시합을 할 건지 말 건지부터 결정하고, 구체적인 것은 차차 정합시다."

"동의하오!"

별다른 대책이 생각나지 않는지라 모두 그 제안에 동의했다. 이렇게 해서 다섯 부족의 대표가 모여 시합을 하기로 했다. 부족의 명예가 걸린 시합이었으므로 각 부족은 가장 용감하고 지혜로운 자를 뽑아 대표로 내세웠다.

마침내 시합이 열리는 날, 다섯 부족 사람들은 각자 대표를 앞세우고 떠들썩하게 산꼭대기로 모여들었다. 그때 파씨 부족의 대표로 뽑힌 젊은이가 무상이었다.

"첫 번째 시합은 칼 던지기요!"

진행을 맡은 노인이 외쳤다.

"일단 산 위에 한 줄로 서시오. 그리고 건너편 절벽의 동굴을 향해 칼을 던져 동굴에 맞히는 사람이 이기는 거요, 알겠소?"

다섯 부족의 대표들이 산 위에 한 줄로 늘어섰다. 그리고 모두들 있는 힘을 다해 건너편 절벽을 향해 칼을 던졌다.

"휘익!"

바람을 가르며 다섯 개의 칼이 건너편으로 날아갔다. 네 개의 칼은 중간에 떨어졌는데 오직 무상의 칼만이 힘차게 날아 건너편 동굴 벽에 멋지게 박혔다.

"와아! 무상이 제일이다!"

파씨 부족 사람들이 환호성을 올렸다.

"두 번째 시합은 무엇이오?"

실망한 다른 부족 사람들이 급하게 물었다.

"두 번째는 배 타기 시합이오. 여기 흙 배가 준비되어 있소이다. 이 흙 배를 타고 강을 건너면 됩니다. 중간에 배가 가라앉으면 지는 것이고, 무사히 강을 건너면 승자가 되는 거요. 자, 시작!"

다섯 부족의 대표들은 흙 배에 올라 힘껏 노를 저었다. 모두 각 부족을 대표하는 강한 젊은이들이었다. 최선을 다해서 노를 저었지만 네 척의 배는 강의 중간에도 가지 못하고 물이 스며들어 가라앉아버렸다. 오직 무상의 배만 물에 빠지지 않고 무사히 강을 건너갔다.

"이번에도 무상이다!"

다른 부족 사람들은 자기네 대표가 탈락한 것이 좀 섭섭하긴 했지만 강하고 지혜로운 무상이 승리한 것을 함께 기뻐해주었다. 두 가지 시합에서 가장 뛰어난 실력을 보였으니 당연한 일이었다.

"멋진 청년이 우리 다섯 부족의 지도자가 되었으니 이제 걱정이 없겠소."

"그래요, 이젠 전쟁 걱정은 하지 않아도 되겠구려."

모처럼 평화를 맞은 다섯 부족 사람들은 강한 지도자를 맞이하게 된 것에 대해 매우 흡족해했다.

늠군과 염수 여신의 사랑

늠군(파씨 부족의 말로 '왕'이라는 뜻이다)이라는 이름으로 불리게 된 무상이 다섯 부족의 지도자가 된 뒤, 통일된 대부족은 눈부신 발전을 하게 되었다. 각 부족끼리 전쟁을 하는 데 쓰던 힘을 하나로 모으니 나날이 강성해졌다. 그러나 문제가 생겼다. 전쟁이 없어지고 평화로운 나날을 보내게 되니 인구가 점점 늘어난 것이다. 그들이 원래 살고 있던 '검은 동굴'과 '붉은 동굴'은 이제 너무 비좁아졌다.

모두 함께 살기 위해서는 더 넓은 공간이 필요했다. 사냥해 먹을 동물들도 모자랐고, 채집할 야생 식물도 근처에는 더는 남아 있지 않았다.

"안 되겠소. 새로운 땅을 찾아 나서야겠소."

늠군이 백성들에게 말했다.

"이 많은 사람이 살아가려면 좀 더 넓은 곳이 필요하오. 먹을 수 있는 동물과 식물들이 많은 땅으로 옮깁시다."

"좋은 생각이십니다. 그러나 새로운 땅을 어떻게 찾습니까?"

"배를 준비하시오. 모두 함께 강물을 따라 배를 타고 내려가 봅시다."

새로운 땅으로 떠나는 것은 두렵고 걱정되는 일이었지만 위대하고 강한 지도자 늠군이 있으니 망설일 것이 없었다. 사람들은 나무로 열심히 배를 만들어 떠날 준비를 했다.

마침내 떠나는 날, 늠군은 지도자를 선발할 때 썼던 흙 배를 탔다. 그 흙 배에는 신성이 깃들어 있었는지, 물 위에 아무리 떠 있어도 물이 스며들지 않았다. 나무배를 탄 다른 사람들과 함께 늠군은 이수夷水의 물줄기를 따라 내려가기 시작했다.

강을 따라 내려간 지 며칠이 지났다. 사람들이 조금씩 피곤함을 느끼기 시작할 무렵, 배는 염수가 흘러가는 염양鹽陽 지방에 이르렀고, 늠군은 그곳에 천막을 치고 며칠 쉬어가기로 했다. 그런데 그곳에는 지혜롭고 아름다운 여신이 살고 있었다. 그녀는 젊고 강한 늠군을 보자마자 사랑에 빠져버렸다.

"늠군 님, 잘 오셨어요. 이곳은 땅이 아주 넓답니다. 물고기와 소금도 많이 나와요. 그대의 부족이 함께 살기에 부족함이 없는 땅입니다. 이제 더는 다른 곳을 찾아다니지 마시고, 이곳에 머무시는 것이 어떻겠어요?"

"한번 생각해보도록 하지요."

늠군은 염수 여신에게 고마운 마음이 들었다. 마음씨가 착할 뿐 아니라 외모도 아름다운, 참으로 사랑스러운 여신이었다.

'저렇게 애틋하게 내가 이곳에 머물기를 원하는데, 그냥 여기에서 살까?'

늠군은 고민에 빠졌다. 염수의 여신은 아름답고 귀여웠다. 그의 가슴속에도 그녀를 사랑하는 마음이 생겨났지만, 이곳은 여신의 말처럼 그렇게 풍족한 땅은 아니었다. 앞으로도 계속 늘어날 부족 사람들이 정착하여 먹고살기에는 아무래도 턱없이 부족했다.

망설이는 늠군의 마음을 알았는지, 여신은 자신의 열정적인 사랑을 늠군에게 보여주려 했다. 그래서 밤이 되면 늠군이 자는 곳에 몰래 들어와 있다가 새벽이 되면 빠져나가곤 했다.

'저이는 절대로 나를 버리고 떠나지 않을 거야, 절대로.'

그러나 늠군은 여전히 주저하고 있었다. 그도 이미 염수 여신을 사랑하고 있었다. 하지만 그녀를 사랑하는 것과 부족의 미래는 다른 문제였다.

'어찌할 것인가? 어찌해야 한단 말인가?'

오랜 고민 끝에 늠군은 떠나기로 마음을 굳혔다. 아름다운 여신 곁을 떠나는 것은 가슴 아픈 일이었지만, 한 남자이기에 앞서 자신은 한 부족의 우두머리였다. 온 부족의 미래가 자신에게 달려 있었다. 더 망설일 수는 없었다. 그런 낌새를 알아채고 초조해진 여신은 날벌레로 변해 하늘을 날아다녔다.

'떠나지 말아요. 내가 당신을 얼마나 사랑하는데……'

산과 물의 정령들도 여신을 가엾게 여겨 염수로 모여들었다.

"염수 여신께서 늠군 님을 못 떠나게 하려고 날벌레로 변해 날아다니신대."

"우리 여신님 불쌍해서 어쩌나. 우리도 가서 도와드리자."

그들은 함께 날벌레로 변해 하늘을 날아다녔다. 소식을 들은 염수 근처 정령들이 점점 더 많이 모여들었고, 하늘은 마침내 날벌레로 가득 차 햇빛을 가릴 정도였다. 급기야 세상이 온통 암흑천지로 변해 배를 띄울 수가 없었다.

"이게 무슨 일인가? 하늘에 저것이 다 뭐지?"

떠날 채비를 하고 있던 늠군은 하늘이 어두워지는 것을 보고 놀라지 않을 수 없었다.

"어디서 저렇게 많은 날벌레가 모여들었단 말인가?"

처음에는 영문을 모르던 늠군도 그 날벌레들이 여신 때문에 몰려들었다는 것을 마침내 알게 되었다.

"여신이여, 나를 막지 마시오. 나는 떠나야만 해요. 부족 사람들이 모두 나만 바라보고 있어요."

늠군은 여신에게 단도직입적으로 말했다.

"안 됩니다. 떠나지 마세요. 여기서도 충분히 사실 수 있는데 왜 자꾸 떠나려고만 하시나요?"

"그대가 보기엔 이곳이 넓은 땅 같겠지만 우리 부족이 대대손손 지내기에는 너무 좁은 곳이라오. 더 늦기 전에 빨리 다른 곳을 찾아야 한다오."

"제발, 제발 가지 마세요."

"여신이여, 나도 가슴이 아프다오. 하지만 어쩔 도리가 없어요. 제발 날벌레들을 거두어주시오."

"싫어요. 그렇게는 못해요."

늠군은 여러 차례 여신을 만나 떠나야만 하는 자기 입장을 설명했다. 그러나 여신은 막무가내였다. 그냥 떠나보려 했지만, 날벌레들이 온 세상에 가득 차 동서남북을 분간할 수가 없으니 무작정 나설 수도 없었다.

"여신이여, 왜 자꾸 이러시는 겁니까?"

"안 떠나시면 되잖아요?"

이제 더는 여신을 설득할 방법이 없었다. 늠군은 고민 끝에 마침내 결단을 내렸다.

'이제는 어쩔 수 없구나. 여신이여, 나를 용서하시오.'

늠군은 자신의 머리카락을 한 올 뽑았다. 그리고 부하를 불러 여신에게 머리카락을 가져다준 후 이렇게 말하게 했다.

"늠군께서 이것을 여신께 전해드리랍니다. 당신과 평생 함께 있겠다는 정표라고 하시더군요. 절대로 잃어버리시면 안 되니, 늘 품에 간직하고 계시래요."

천진난만한 여신은 늠군의 숨은 의도를 알지 못한 채 뛸 듯이 기뻐했다. 그리고 행복해하며 사랑하는 이의 머리카락 한 올을 가슴 깊이 간직했다.

다음 날 새벽, 여신은 여전히 작은 날벌레로 변해 다른 정령들과 함께 윙윙거리며 하늘을 날아다니고 있었다. 날벌레로 변했으면서도 그녀는 늠군의 머리카락을 가슴에 고이 품고 있었다.

그때 늠군은 결연한 표정으로 양석陽石이라는 신비로운 바위 위에 올라가 하늘을 쳐다보고 있었다. 그러자 자신의 머리카락이 허공에서 왔다 갔다 하는 것이 눈에 보였다. 여신이었다.

'날벌레로 변해서도 내 머리카락을 지니고 있구나.'

순간 늠군의 표정이 어두워졌다. 그러나 그는 곧 마음을 다잡고 활시위를 당겨 머리카락이 흔들거리는 곳을 향해 화살을 날렸다.

"윽!"

짧은 신음이 들렸다. 그리고 갑자기 하늘에서 빛이 번쩍하더니 화살을 맞은 여신의 모습이 나타났다. 창백한 얼굴에 눈을 꼭 감은 그녀는 그대로 힘없이 염수 위로 떨어졌고 서서히 강물 속으로 가라앉았다.

'아아, 그대, 결국 나를 쏘았습니까…….'

'여신이여, 용서하시오.'

여신이 강물에 빠지자 햇빛을 가릴 정도로 많았던 날벌레들이 순식간에 사라지면서 아름답고 푸른 하늘과 들판이 눈앞에 펼쳐졌다. 떠나지 못해 근심에 빠져 있던 사람들이 모두 소리를 지르며 기뻐했다.

"드디어 하늘이 맑아졌다!"

"이제 떠날 수 있다!"

사람들은 모두 기뻐 어쩔 줄을 몰랐다. 그러나 늠군은 아무 말

없이 오래도록 양석 위에 서서 무심하게 흘러가는 강물을 바라보
았다.

이 신화에서는 사랑을 위해 모든 것을 바치는 여자와, 부족의 영
광을 위해 사랑을 희생하는 남자의 모습이 너무나 전형적으로 그
려지고 있다. '화성에서 온 남자'와 '금성에서 온 여자'만큼이나 이
들이 추구하던 가치는 다른 듯하다. 새로운 땅을 찾아내야 한다는
사명감 때문에 사랑하는 염수의 여신을 자기 손으로 없애고 떠나
야 했던 늠군은 어쩌면 그리스 신화의 아이네이아스Aeneias보다 더
괴로웠을지도 모르겠다.

불타버린 트로이를 떠나 새로운 땅을 찾아야 한다는 사명감 때
문에 사랑하던 카르타고의 여왕 디도Dido를 버리고 다시 먼 길을
떠나야 했던 아이네이아스. 사랑하는 사람을 떠나보내고 이별의
슬픔과 상처받은 자존심 때문에 스스로 장작더미 위에 올라가 몸
을 불사른 카르타고의 여왕 디도. 물자가 풍부했던 염수의 여신이
나 풍요로운 카르타고의 여왕 디도는 나름대로 통치 기반을 다져
놓고 아무 문제 없이 잘 살아가던 여인들이었다. 그러나 그들의 영
역에 갑자기 들어온 늠군과 아이네이아스가 그 운명을 송두리째
바꿔놓았다.

하지만 사랑이란 알지도 못하는 사이에 그렇게 찾아들어 한 사
람을 온통 휘저어버리는 몰아치는 폭풍 같은 것. 결국 그들은 그
폭풍 속에 자신을 던져 넣었다. 그리고 그 뜨거운 열정의 폭풍 속
에서 스스로 소멸했다. 사랑은, 원래 그런 것이다.

물론 이 이야기는 문헌에 기록된 것으로, 염수 여신의 사랑과 부족을 위해 사랑을 버린 영웅의 안타까운 선택에 초점이 맞춰져 있다. 그러나 어쩌면 역사적 진실은 다를 수도 있다. 자신의 영역을 확장해나가던 파족의 수장 늠군이 당시 모계 사회를 유지하던 부족의 수장이던 염수 여신을 죽이고 세력을 넓혀나갔던 상황을 아름다운 사랑 이야기로 포장하여 전승했을 수도 있기 때문이다.

늠군이 찾아낸 새로운 땅

부족이 살아갈 새 땅을 찾는 일이 워낙 시급했기 때문에 늠군은 여신의 죽음으로 상심할 틈도 없이 다시 길을 떠났다. 그리고 강물을 타고 한참 더 내려가던 그들은 마침내 풍광이 기이한 곳으로 접어들게 되었다.

"갑자기 음산해지네."

"글쎄 말이야. 골짜기도 깊고 물은 또 왜 이렇게 굽이치며 흐르는 거지?"

사람들이 불안하게 웅얼거리는 소리를 귓전으로 들으며 늠군도 불안해지기 시작했다. 그도 그럴 것이 그들의 배가 도착한 곳은 골짜기가 깊디깊은 데다 주변에 수풀이 높이 우거져서 흡사 거대한 동굴처럼 보였기 때문이다.

"운도 없구나. 우리가 살던 동굴이 좁아 떠나왔거늘. 또다시 이런 동굴로 들어오게 되다니."

늠군은 이렇게 탄식하고 있었다. 어쩌면 제 손으로 없애버린 사랑스러운 여신을 떠올리며 회한에 잠겼을지도 모른다. 그런데 바로 그때였다.

"우르릉!"

강가 양옆으로 솟아 있던 절벽이 갑자기 굉음과 함께 무너져 내리는 것이었다. 그리고 무너져 내린 절벽 사이로 기나긴 돌계단이 보였다. 돌계단은 아득하게 이어져 있어서 끝이 보이지 않을 정도였다.

"늠군 님, 저것이 무엇입니까?"

갑작스럽고도 엄청난 사태에 늠군은 잠시 정신을 차릴 수가 없었다. 하지만 얼른 정신을 수습하고 말했다.

"돌계단이 있군요. 함께 가봅시다."

늠군은 사람들을 이끌고 앞장서서 돌계단을 오르기 시작했다. 한참을 가다 보니 마침내 돌계단의 꼭대기에 이르렀다. 숨을 몰아쉬며 맨 위 계단에 오른 사람들은 눈앞에 펼쳐진 들판을 보고 감탄하지 않을 수 없었다.

"세상에, 저 들판 좀 보게!"

"숲이 우거지고 벌판엔 고운 풀이 가득하네. 저기 좀 보시오, 동물들도 뛰어다니고 있소."

"드디어 우리가 살 곳을 찾아낸 것 같습니다!"

늠군은 가슴이 터질 듯했다. 아무것도 알지 못하는 상태에서 부족을 이끌고 나선 길, 지도자로서 늠군은 새로운 땅을 찾을 수 있을지 염려되어 잠을 이룰 수 없을 때도 많았다. 사랑하는 염수의 여신까지 활로 쏘아야 했을 정도로 그는 절박했다. 지금 눈앞에 저렇게 광대하고 아름다운 곳이 펼쳐져 있으니 늠군은 감격하지 않을 수 없었다.

"얼른 내려가 봅시다!"

사람들은 꽃이 흐드러지게 피어 있고 풀이 비단처럼 덮여 있는 벌판으로 앞 다퉈 내려갔다. 늠군은 그 모습을 흐뭇하게 바라보았다. 그때 거대하고 평평한 바위 하나가 늠군의 눈에 들어왔다.

"저기서 회의를 하면 좋겠군. 모두 저곳으로 모이시오!"

늠군은 그 넓은 바위에 앉아 부족의 대표들과 과연 이곳에 정착해도 될지 회의를 시작했다. 회의 중에 늠군은 계산할 것이 있어 대나무 산算가지들을 바위 위에 일렬로 늘어놓았다. 그런데 참으로 이상한 일이 일어났다. 대나무 산가지들이 마치 바위에 들러붙은 것처럼 떨어지지 않는 것이었다. 산가지를 떼어내려고 힘을 쓰던 늠군은 곧 그 의미를 깨달았다.

'이곳에 뿌리를 내리고 살라는 신의 계시로구나.'

늠군은 부족 사람들과 함께 그곳에 머물기로 했다. 그리고 그 땅에 웅장하고 아름다운 도시 이성夷城을 세웠고 그의 자손들이 대대로 그곳에서 번성했으니, 그들이 바로 중국 서남부 지방의 강대한 민족인 파족巴族이었다.

일설에 의하면 늠군은 죽은 뒤에 하얀 호랑이로 변했고, 파족 사람들은 그 호랑이가 사람의 피를 마신다고 여겨 사당에 사람을 제물로 바쳤다고도 하는데, 이치에 맞는 얘기가 아닌 듯하다. 파 지역 사람들이 지금도 하얀 호랑이를 숭배하는 것은 사실이지만, 백성들을 사랑하여 자신이 사랑하는 여인까지 활로 쏘았던 파족의 영웅이 백성들의 피를 요구했다니, 가당하기나 한 일인가. 그런데 이 이야기는 남북조시대에 나온 역사책《후한서後漢書》의 〈남만전 南蠻傳〉에 실려 있다. 그러니 '남만南蠻', 즉 '남쪽 오랑캐'에 대한 한 족의 편향적인 시각이 들어가 있는 기록임을 염두에 두어야 할 것 이다.

9부

황금시대의
영웅들

1장 | 지혜로운 임금 요

중국 사람들은 요, 순, 우의 시대를 고대의 황금시대로 생각한다. 그들의 기억 속에서 요, 순, 우는 성스러운 왕, 성군들이다. 왕위를 다투지 않고 자기 자식이 아닌, 나라를 잘 다스릴 수 있는 지혜로운 자에게 '선양禪讓'이라는 방식으로 왕위를 물려주었으며, 백성들이 다스림을 받고 있다는 생각이 들지 않도록 있는 듯 없는 듯 정치를 펼쳤던 제왕들, 그들은 더 말할 필요가 없는 황금시대의 영웅들이다.

그리스 신화 속의 영웅적 인간들이 그러하듯이 요와 순과 우 역시 신성함을 지닌 영웅적 인간들이었다고 볼 수 있겠다. 그러면 이제부터 신화 속 황금시대를 연 세 명의 걸출한 영웅의 이야기 속으로 들어가 보자.

검소한 요임금에게 나타난 길조

요임금은 무척이나 소박하고 근검한 인물이었다.

"우리와 똑같은 집에서 살고, 똑같은 음식을 드신다면서요?"

"그렇대요. 옷도 거친 베옷만 입으신다지요?"

"그럼요. 추울 때도 사슴 가죽 한 장 걸치시면 그걸로 끝이라고 하더이다."

"그렇다면 우리가 살아가는 것과 하나도 다를 게 없군요!"

그의 궁전은 허름한 초가집이었다. 산에서 베어온 거친 나무로 지은 그 집은 말이 좋아 궁전이지, 가난한 백성들의 집과 다를 바가 없었다. 요임금의 밥상 역시 일반 백성의 밥상과 다를 바 없었다. 채소로 끓인 국과 거친 밥 한 그릇뿐, 더 이상의 반찬은 없었다. 물론 밥과 국이 담긴 그릇도 화려한 것이 아니라 흙으로 빚은 소박한 것이었다. 그런 검소한 생활을 하는 요임금을 백성들은 진심으로 공경하고 사랑했다.

"어디 굶주리고 있는 백성들은 없는가?"

요임금은 종종 신하들에게 물었다. 먹고사는 것이 쉽지 않았던 고대에 배를 곯는 이들이 없을 리 없었지만, 백성이 곯는다는 소식을 접하면 요임금은 매우 안타까워하며 이렇게 말했다.

"백성들이 배를 곯고 있다니, 모두 내 잘못이로다."

입을 것이 없어서 헐벗은 사람들이 있다는 소식이 들려오면 또 이렇게 말했다.

"내가 백성들에게 입을 것을 주지 못했구나. 이 역시 내 잘못이로다."

요임금은 늘 백성들을 생각하며 행동했다. 그래서 요임금이 다스리던 시절에 엄청난 가뭄도 들고 홍수도 심했지만, 백성들은 그 누구도 요임금을 원망하지 않았다.

"궁전에 길조가 나타났사옵니다."

"길조라니?"

"저기를 보십시오. 말에게 먹이려던 풀이 갑자기 벼로 변했나이다. 또 저길 보시옵소서! 봉황이 날아오르고 있습니다. 모두가 길조이옵니다."

요임금이 워낙 덕이 있고 자애로우니 하늘이 길조를 보였던 것인데, 하루에 열 가지 길조가 한꺼번에 나타나기도 했다고 한다. 그중에는 흥미로운 풀도 몇 가지 있었다.

"저 풀은 무엇이냐?"

묘하게 생긴 풀 한 포기가 요임금의 집 돌계단 틈에 솟아 있었다. 지켜본 누군가가 대답했다.

"명협_{莫莢} 또는 역협_{曆莢}이라고 합니다. 초하룻날이면 콩깍지가 하나 생겨나지요. 하루에 하나씩 계속 생겨나서 보름이면 모두 열다섯 개가 된답니다. 그리고 다음 날부터는 하루에 하나씩 떨어지는 거지요. 그러니까 그믐이 되면 모두 다 떨어진다는 말입니다."

"어허, 그거 정말 신기한 풀이로구나."

"그뿐이 아닙니다. 음력으로 하루가 적은 달이 있지 않습니까?"

"그렇지, 29일밖에 없는 달도 있지."

"네, 그런 달에는 콩깍지가 하나 남을 것 아닙니까?"

"그래, 그럼 그 남은 콩깍지는 어떻게 되느냐?"

"그것은 떨어지지 않은 채 그냥 말라버립니다."

요컨대 명협이라는 풀은 고대의 살아 있는 달력이었던 셈이다. 그래서 요임금은 나랏일을 볼 때 이 풀을 보고서 날짜를 가늠했다고 한다.

"또 하나 신기한 풀이 있사옵니다."

"그게 무엇이냐?"

"삽포箑浦라고 하옵니다."

그 풀은 마치 부채처럼 생겼다. 요임금이 가만히 들여다보니 풀이 저절로 움직이면서 바람을 일으켰다. 음식이 있는 곳에 그 풀을 놓아두니 파리 같은 날벌레들이 그 주위에 접근하지 못했고, 시원한 바람이 불어서 음식이 상할 염려도 줄어들었다. 아마도 오늘날의 선풍기처럼 생긴 풀이 아니었을까 싶다. 이 풀도 요임금이 선정을 베푸는 데 도움을 주었다.

하지만 아무리 신기하다고 한들 굴일초屈佚草만 한 것은 없었다.

"이것은 무엇입니까?"

"그대가 아직 굴일초를 모르느냐."

요임금이 나랏일을 보는 건물 계단에 자라는 풀이 바로 굴일초였다.

"간악하고 교활한 인간이 나를 보러 오면 그 인간을 향해 구부러지는 풀이라네."

"어찌 그런 풀이?"

"허허, 그러니 걱정하지 말게. 내 곁에는 늘 충직한 자들만 있을 것이니.”

그래서 그 풀은 '사악한 자들을 가리키는 풀'이라는 뜻의 '지영초指佞草'라는 이름도 갖고 있었다. 사마천은 《사기》 〈굴원열전屈原列傳〉에서 지혜롭든 어리석든 세상의 모든 통치자는 다들 나라를 잘 다스리고 싶어 한다고 했다. 하지만 어떤 통치자는 세상에 훌륭한 이름을 남기고 어떤 통치자는 어리석은 이름을 남기는데, 그 관건은 어떤 사람을 선택해서 쓰느냐에 달려 있다고 했다. 지도자의 위치에 있는 사람이 훌륭한 인물을 제대로 가려 쓰고 싶어 했던 것은 고금을 막론하고 무척이나 절실한 소망이었던 모양으로, 요임금의 굴일초는 옳은 인물을 찾아내고자 하는 지도자의 간절한 바람을 보여주고 있다.

한편 관월사貫月査라고 하는 신기한 뗏목도 있었다. 요가 임금이 된 지 30년째 되던 해에 서쪽 바다에 엄청나게 커다란 뗏목 하나가 나타났다. 먼바다에서 어찌나 환한 빛을 내뿜는지, 밤이 되어도 그 빛이 찬란했다. 어두운 밤바다에서 그 빛은 마치 별빛처럼, 달빛처럼 환했다. 사람들은 눈부시게 빛을 발하는 그 뗏목을 감탄하며 바라보았다.

“정말 신기한 일이야. 저 뗏목은 도대체 어디서 왔을까?”

“그러게 말이오. 둥근 달 같네!”

어두운 바다 저 멀리에 환한 보름달처럼 걸려 있던 그 뗏목은 멀리 바다 위를 떠돌다가 곧 사라졌다. 사람들은 그것을 별이 걸려 있는 뗏목이라는 뜻의 '괘성사掛星査'라고도 불렀다. 그런데 세월이 지나 사람들이 잊어갈 무렵 뗏목이 다시 나타났다.

"저거, 옛날에 나타났던 바로 그 뗏목 아닌가?"

"정말 신기하네! 어딜 갔다가 다시 나타난 걸까?"

신기한 뗏목은 그 후 12년마다 어김없이 다시 나타났다. 전설에 의하면 이 뗏목 위에는 날개 달린 사람들, 즉 우인羽人이 살았다고 한다.

이 기록을 가지고 그 뗏목이 UFO가 틀림없다고 말하는 사람도 있다. 날개 달린 이상한 사람들이 빛나는 물체를 타고 머나먼 바다 위에 나타났다가 흔적도 없이 사라진다니, 이 이야기는 의심할 것도 없이 고대의 UFO에 관한 기록이라는 것이다. 세상에는 우리의 합리적 이성으로 해결할 수 없는 현상들이 여전히 존재하고 있으니, 이 이야기 역시 알 수 없는 신비로운 현상에 대한 고대인의 기억이라고 보면 될 것이다.

명판관 고요와 도우미 해치

요임금이 훌륭한 임금이었다고 하는 것은 무엇보다 그가 지혜로운 사람을 가려 쓸 줄 알았기 때문에 나온 말일 것이다. 그의 곁에는 아주 뛰어난 인물들이 많았다.

"농사에 관한 일은 후직이 맡아보게나."

후직은 훗날 주나라의 시조가 된 바로 그 인물이다.

"법에 관한 일은 고요가 맡게."

고요는 지금까지도 훌륭한 법관으로 알려진 신화 속의 인물이

다. 그는 우리나라에도 잘 알려진 명재판관 포청천包青天*의 원조라
고 할 수 있다.

"음악에 관한 일은 기가 맡아주고, 교육에 관한 것은 순舜이 맡아
주게나."

'기'라는 이름이 어딘가 익숙하지 않은가? 그렇다. 치우와의 전
쟁에서 군사들의 사기를 높이려던 황제가 북을 만들기 위해 가죽
을 벗긴 바로 그 동물이다. 그 신화 속에서 기는 유파산에 사는, 다
리가 하나밖에 없는 신기한 동물로 등장했다. 그런데 이 이야기에
서 요임금의 신하로 등장하는 기는 동물이 아니라 다리가 하나뿐
인 인간이다. 도대체 어찌 된 일일까?

중국 신화에는 이런 경우가 무척 많다. 원래는 동물인데 사람으
로 등장하기도 하고, 여신이 남신으로 변하기도 한다. 모두 신화가
역사로 변해가면서 생겨난 현상들이다. 원래 《산해경》에서는 기가
물속에 드나들 때면 비바람이 몰아치고 몸에서는 찬란한 빛이 나
며 뇌성벽력 같은 소리를 냈다고 하는데, 그런 기가 요임금 밑에서
음악을 담당하는 신하로 변한다. 뇌성벽력 같은 소리를 내고 엄청
난 북소리를 내는 기가 역사화된 신화 속에서는 음악을 관장하는,
음악에 정통한 인간으로 변한 것이다.

그런데 여기서 흥미로운 것은 임금 밑에 음악을 담당하는 신하

---

* **포청천** 탐관오리들을 척결하는 데 큰 공헌을 한 청백리의 대명사로 불리는 실존 인물. 본
래 이름은 '포증(包拯)'이다. 그가 살았던 북송시대는 물론이고 원나라와 명나라를 거쳐 오면서 그
를 주인공으로 한 희곡과 소설이 줄줄이 나왔다. 그가 명판관 노릇을 했던 곳은 지금의 허난성 카
이펑(開封)인데 그곳에는 지금도 포청천을 기리는 기념물들이 많이 남아 있다.

를 두었다는 점이다. 말하자면 기는 오늘날의 문화부 장관이었던 셈인데, 음악을 담당하는 관리를 두었던 것은 바르고 아름다운 음악이 사람의 정서를 순화시킨다고 굳게 믿었던 까닭이다. 음악의 힘을 믿었다는 점에서 어쩌면 고대의 통치자들은 지금의 통치자들보다 '문명인'이었는지도 모르겠다.

한편 군사에 관한 일은 설이 맡았는데, 앞에서 소개한 대로 설은 나중에 은나라의 시조가 된다. 모두가 이렇게 빼어난 인재들이었으니 요임금 시대의 정치가 훌륭한 것은 당연한 일이었다. 그중에서 고요라는 인물에 대해 살펴보자.

고요는 총명하고 재주가 많았으며 냉철하고 이지적인 인물이었다. 그런 그가 법에 관한 일을 맡게 되자, 그때까지 미궁 속에 있던 사건들이 다 해결되었다. 조금이라도 미심쩍은 부분이 있으면 고요는 간과하지 않았다. 그러다 보니 모든 일이 공평하고 깨끗하게 해결되었다. 사람들은 그가 어떻게 그리 뛰어난 능력을 보일 수 있는지 궁금했다.

"고요 님은 어찌 그렇게 판결을 잘 내리는 걸까요?"

"고요 님에게는 해치獬豸*라는 산양이 있기 때문이오."

"해치라고요? 처음 듣는데요."

---

*   **해치**   중국의 이곳저곳에 남아 있는 오래된 마을의 관청에 찾아가 보면, 죄인에게 판결을 내렸던 건물의 벽에 해치 그림이 있는 것을 볼 수 있다. 우리나라에서도 조선시대 대법관에 해당하는 대사헌의 관복 흉배에 해치상을 수놓을 정도였으니, 해치는 청렴하고 정의로운 관리들에 대한 보통 사람들의 소망을 상징했다고 하겠다. 해치는 머리에 뿔을 달고 있는 것이 특징이다.

"머리에 뿔이 하나 달린, 털이 푸른 양이지요. 곰처럼 크고, 여름에는 물가에 살고 겨울에는 소나무 숲에 산다고 하오. 원래 어떤 신이 황제에게 준 것이라는데, 아주 충직하고 정직한 동물이어서 나쁜 사람과 선량한 사람이 싸우고 있으면 나쁜 사람을 향해 뿔을 겨눈다고 합디다."

"하지만 고요 님이 그런 산양을 기르는 것과 판결을 잘 내리는 것이 무슨 상관이라는 거죠?"

"그걸 모르겠소? 사람들이 각자 자기가 옳다고 싸우고 있을 때 고요 님이 그 사람들을 불러 양쪽에 떨어져 서게 합니다. 그다음에 뿔 달린 그 산양을 데려오기만 하면 모든 게 해결되는 거지요. 해치라는 그 신기한 동물이 거짓말하는 사람을 향해 뿔을 겨눌 테니까 말이오."

신화가 흥미로운 것은 바로 이런 꿈같은 이야기들 때문이다. 고요라는 법관이 정말 있었을까? 정말 그렇게 판결을 잘 내렸을까? 그에게는 정말 그렇게 신기한 산양이 있었을까? 그런 산양이 어디 있어. 고요가 하도 판결을 잘 내리니까 지어낸 이야기겠지……. 그러나 어떤 식으로 생각하든 무슨 상관이랴, 신화에는 잃어버린 동화 같은 꿈이 남아 있는 것을. 고요가 해치라는 충직한 산양을 거느리고 있었다면, 우리 시대의 법관들도 그런 산양 한 마리를 마음속에 길러주었으면 하고 바라면 그뿐이지.

〈격양가〉를 부르는 노인

해가 뜨면 일하고 해가 지면 쉰다.
우물 파서 물 마시고 밭 갈아 먹고사니,
임금의 혜택이 내게 무엇이 있더냐!

〈격양가擊壤歌〉는 요임금이 다스리던 시절에 시장 골목의 어떤 노인이 불렀다는 노래다. 이 노인은 백성을 위해 노심초사하는 요임금에게 전혀 감사하지 않는 특이한 인물이었으니, 그 사연인즉 이렇다.

어느 날, 여든 살이 훨씬 넘은 이 노래의 주인공 노인이 큰길가에서 재미있게 놀고 있었다. 노인은 격양이라는 놀이에 한창 열중해 있었다. 격양은 나무토막 두 개를 깎아 하나는 땅에 놓고 하나는 손에 들고서 좀 떨어진 곳에서 던져 맞히는 놀이로, 노인은 어린애처럼 순진무구한 표정으로 그 놀이를 즐기고 있었다.

길 가던 사람이 노인의 그 천진난만한 모습을 보고 한마디 했다.

"아, 위대하도다! 우리 요임금의 훌륭하신 덕이 저 노인에게까지 미치다니!"

이 무슨 말도 안 되는 소리? 놀이에 몰입해 있던 노인은 그 말을 듣는 순간 그만 흥이 깨지고 말았다.

"이보시오, 당신 도대체 무슨 말을 하는 거요?"

"노인장께서 하도 재미있게 놀고 계시기에 한마디 한 것입니다."

"어허, 이 사람이! 나로 말하자면 매일 아침 해 뜨면 일어나 일하러 가고, 저녁이 되어 해 지면 들어와 쉰단 말이오. 내 손으로 우물 파서 물 마시고 내 손으로 밭 갈아서 밥 먹는데, 요임금이라는 사람이 대체 내게 무슨 은혜를 베풀었다는 말이오? 정말 알 수 없는 노릇이구면."

노인은 이해할 수 없다는 듯이 투덜거렸고, 한마디 했던 사람은 그만 머쓱해졌다.

"앞으로는 그런 말 하지 마시오, 쯧쯧."

요임금의 덕을 찬양했던 사람은 할 말이 없어서 그냥 돌아서고 말았다. 다스림을 받고 있다는 것을 백성이 느끼지 못하게 하는 것이 최고의 통치라고 했던가. 〈격양가〉에는 억눌림 없이 자유롭게 일하고 즐겁게 쉬며 살아갔던 요임금 시절 민중의 평온한 모습이 들어 있다.

허유와 소부의 욕망

요임금에게는 단주丹朱라는 아들이 있었다. 그런데 이 아들이 아버지의 속을 무던히도 썩여서 요임금은 단주에게 왕위를 물려줄 생각이 전혀 없었다. 그는 세상에 지혜로운 인물로 널리 알려진 사람을 찾아내어 왕위를 물려주겠다고 작심하고 있었다. 그러나 막상 왕위를 물려줄 때가 되자 마땅한 인물을 찾을 수 없어 고민이었다. 그때 허유許由라는 사람의 이름이 들려왔다.

허유는 당시 재야의 이름난 선비였던 셈인데, 여름이면 나무 위에 올라가 살고 겨울이면 동굴에 들어가 살았다. 배고프면 산에서 나는 것들을 먹었고, 목이 마르면 냇가에 가서 물을 마셨다. 늘 손으로 물을 떠서 마시는 것을 보고 어떤 사람이 조롱박 하나를 선물로 주었다. 허유는 그 조롱박으로 물을 한 번 떠 마시고 나무에 걸어두었는데, 바람이 불자 그것이 흔들리며 소리를 냈다. 그 소리가 시끄럽다면서 허유는 조롱박을 버렸다. 한마디로 무소유의 대명사 같은 인물이었던 모양이다. 이렇게 드높은 고결함으로 이름난 허유의 명성을 듣고 요임금은 친히 그가 살고 있던 양성陽城으로 찾아갔다.

"나라를 맡아주시오."

"저는 그럴 뜻이 없습니다. 죄송합니다."

"제발 부탁이오."

"아무리 부탁하셔도 소용없습니다. 저는 못 합니다."

요임금의 간절한 부탁이 계속되자 허유는 밤중에 몰래 기산箕山 기슭에 있는 영수潁水 가로 도망쳐버렸다. 아까운 인물을 놓치기 싫었던 요임금은 허유에게 다시 사람을 보내 자기 뜻을 전했다.

"한 번만 다시 생각해주시오."

"몇 번이나 말했잖소. 싫다니까요. 다시는 찾아오지 마시오!"

허유는 화가 났다.

'들어서는 안 될 말을 들어 귀가 더러워졌으니, 당장 깨끗한 영수의 물로 내 귀를 닦아내야겠다.'

허유가 영수에서 그 물로 귀를 씻고 있을 때였다. 마침 물가에서 송아지에게 물을 먹이고 있던 소부巢父가 귀를 씻고 있는 친구 허유의 모습을 보게 되었다.

'저 친구 지금 뭘 하는 거야?'

소부는 허유에게 다가가 연유를 물었다.

"여보게, 지금 뭘 하는 건가?"

"보면 모르겠나, 귀를 씻고 있네."

"귀를 뭘 그리 열심히 씻는단 말인가? 더러운 거라도 묻었나?"

"요임금이 나더러 나라를 맡아달라더군. 자네도 알다시피 나는 그런 일을 제일 싫어하지 않나. 못 들을 말을 들은 듯하여 귀를 씻고 있는 거라네."

그 말을 들은 소부는 코웃음을 치며 말했다.

"허허, 웃기는군. 그만두게나. 자네가 깊은 산골짜기에 묻혀 살고 있었다면, 그래서 아무도 자네가 그곳에 살고 있다는 걸 모르게 했다면 누가 와서 자네를 괴롭혔겠는가. 자네가 바깥세상으로 돌아다니며 이름이 나게 해서 그렇게 된 것인데, 지금 여기 와서 귀를 씻는 것이 무슨 의미가 있겠는가? 물 먹는 내 송아지 입이나 더럽히지 말게."

이 말을 마친 소부는 송아지에게 물을 먹이기 위해 더 상류로 올라가 버렸다고 한다.

허유와 소부는 중국뿐 아니라 우리나라에서도 세상의 모든 욕망을 초월한 선비의 상징으로 오랫동안 일컬어졌다. 조롱박 하나조차 소유하기를 거부했던 허유의 모습은 그런 초월의 극단적 표출이다.

그러나 이 이야기는 사실 아직 세상의 욕망을 다 버리지 못한 '인간'의 모습을 보여준다. 요임금의 부탁을 거절하는 것으로 그냥 끝내도 되었을 것을, 허유는 왜 강가에 가서 귀를 씻었던 것일까. 자신의 고결하고 아름다운 이름을 세상에 알리고 싶다는 욕망이 있어서는 아니었을까? 그런 과시적인 행동을('과시적'이라는 단어가 과하다면 지나친 결벽 정도로 해두자) 하필이면 냉소적인 친구 소부에게 들킨 허유가 딱하다.

그렇다면 소부는 어땠을까? 귀를 닦는 허유의 모습을 보고 그냥 허허 웃고 말아도 될 것을, "네가 세상에 나가 돌아다니며 이름을 내고 싶어 해서 그렇게 된 것이니 물 먹는 내 송아지 입이나 더럽히지 말라"는 비수 같은 말을 남기고 떠난 소부는 과연 허유보다 한 단계 높은 정신적 경지에 이른 사람이었을까. 세상을 등진 고결한 선비라는 칭송을 받던 그들 역시 모든 욕망에서 완전히 자유롭지는 않았던 것 같다.

아버지와 전쟁을 벌인 아들 단주

요임금이 산의씨散宜氏의 딸 여황女皇과 혼인하여 낳은 아들이 단주다. 앞에서도 잠깐 언급했지만, 그는 사람됨이 매우 교만하고 포악했던 모양이다.

아버지인 요는 그에게 장기 두는 법이라도 가르쳐서 정서를 좀 순화시켜보려고 했다. 그래서 문상文桑이라는 좋은 나무로 장기판을 만들고, 물소의 뿔로 장기 알을 만들어주었다. 하지만 그렇게 귀한 장기판도 단주를 묶어둘 수는 없었다. 처음에는 재미를 느끼는 것 같았지만 곧 싫증을 내고 말았다.

단주는 배를 타고 이리저리 돌아다니면서 세상 구경하는 것을 좋아했는데, 어느 날 강물이 줄어들어 배를 타고 다닐 수 없게 되자 백성과 신하에게 배를 밀게 했다. 이런 말도 안 되는 일을 밤낮없이 했으니, 신하들과 시종들이 못 견딜 지경이었다. 그런 단주의 모습을 보며 요임금은 걱정이 깊어질 수밖에 없었다.

'아무래도 안 되겠구나. 저 아이에게 왕위를 물려주어서는 안 되겠다.'

요임금은 고민하다가 순에게 왕위를 물려줄 결심을 하고서 아들 단주를 남방의 단수丹水로 보내기로 했다.

"단수로 가서 제후 노릇을 하고 있어라."

어쩌면 그때부터 단주는 아버지를 미워했는지도 모른다.

'나를 그렇게 먼 곳으로 보내다니, 분명 왕위를 내게 물려주지 않으시려는 거야.'

단수에는 단어丹魚라는 물고기가 살았는데, 밤에 그 물고기가 물 위로 나오면 붉은빛이 주위를 환하게 밝혀주었다. 그때 그물로 단어를 잡아 그 피를 발에 바르면 물 위를 걸어 다닐 수 있었다고 한다. 이런 기이한 물고기가 살고 있다는 말이 전해질 정도로 단수는 멀고도 낯선 곳이었다.

마침 단수 근방에 삼묘三苗라는 부족이 살고 있었는데, 그들은 단주의 편이었다. 요임금이 왕위를 순이라는 인물에게 선양하기로 했다는 소문을 듣고 긴가민가하던 그들 앞에 때맞춰 단주가 나타나자 모두 흥분했다. 소문이 사실로 드러난 것이다. 그들은 왕위를 되찾기 위해 전쟁을 하자고 한목소리로 주장했다.

"단주 님, 그냥 보고만 있을 수는 없습니다."

"하지만 아들이 되어 아버지에게 칼을 들이댈 수는……."

"싸웁시다. 알지도 못하는 자에게 왕위를 그냥 넘겨줄 수는 없는 일입니다."

"옳소, 싸웁시다!"

잠시 갈등에 빠졌던 단주는 결국 아버지와 전쟁을 하겠다는 결심을 하고 전쟁 준비에 들어갔다. 한편 단주와 삼묘 부족이 반기를 들었다는 소식은 곧 요임금의 귀에 들어갔고, 요임금 역시 고민에 휩싸였다.

"이런 일이 일어날지도 모른다고 예견은 했다만 너무 빠르구나."

자식과 칼을 휘두르며 전쟁을 해야 한다는 것이 요임금에게는 괴로운 일이 아닐 수 없었다. 하지만 결정을 내려야 했다.

"어쩔 수 없다. 저렇게 반항한다고 해서 저 녀석에게 왕위를 물려줄 수는 없는 노릇 아닌가. 절대로 안 된다."

요임금은 아들과 전쟁을 하겠다고 결심했다.

"가서 자세한 정보를 수집해 오너라."

요임금은 우선 남방으로 사람을 보내 그들의 동향을 파악하게 했다. 그리고 만반의 준비를 한 뒤 마침내 출정했다.

"가자! 저들을 항복시켜야 한다!"

요임금은 친히 군대를 이끌고 단수로 내려갔다.

"요임금의 군대가 몰려옵니다!"

삼묘 부족과 단주의 군사들은 당황했다. 요임금의 군대가 그렇게 빨리 내려올 줄은 생각지도 못했기 때문이다. 결국 단수의 전쟁터에서 아버지와 아들은 얼굴을 맞대고 싸울 수밖에 없었다. 하지만 전쟁은 싱겁게 끝났다. 민심을 등에 업은 요임금의 군대가 단주의 군대를 단숨에 격파했다. 삼묘 부족의 우두머리는 피살되었고, 단주는 전사했다. 일설에 의하면, 자신의 죄 때문에 아버지를 볼 면목이 없어 물에 뛰어들어 자살했다고도 한다.

2장 효성이 지극한 임금 순

　중국 신화에 등장하는 인물 중에서 효자를 꼽으라면 아무래도 순이 첫손가락에 꼽힐 것이다. 순은 어머니를 일찍 여의고 새어머니 밑에서 모진 구박을 받았지만, 부모에 대한 그의 효심만은 변함이 없었다. 그리고 순의 착한 마음은 결국 악독한 새어머니와 어리석은 아버지, 못된 이복동생마저 감동하게 해 마침내 행복한 결말을 맞는다.

　해피엔드로 끝을 맺는 이런 이야기 구조는 유가적 윤리 관념에 바탕을 둔 우리나라 중국의 고대소설에 자주 나타나는데, 순의 신화가 바로 그 전형이다. 그리고 이런 구조를 통해 우리는 순의 신화가 상당히 후대에 만들어졌음을 알 수 있다.

어리석은 아버지와 못된 새어머니

순의 아버지는 고수瞽叟라는 사람이었는데, 눈이 멀어 앞을 보지 못했다. 어느 날 밤에 그는 봉황이 나오는 꿈을 꿨다. 꿈에서 봉황은 입에 쌀을 물고 와 고수에게 건네주며 이렇게 말했다.

"제 이름은 계鷄라고 합니다. 당신께 자식을 드리려고 왔지요."

참으로 기이한 꿈이었다. 얼마 후 고수 부부에게서 정말로 아들이 하나 태어났다. 이름을 순이라고 지었는데, 아이의 생김새가 특이했다. 날 때부터 양쪽 눈의 눈동자가 두 개였다. 그래서 '두 개의 눈동자'라는 뜻의 '중화重華'라는 이름을 하나 더 얻게 되었다.

그러나 불행하게도 순이 태어난 지 얼마 지나지 않아 어머니가 세상을 뜨고 말았다. 아버지 고수는 곧 새어머니를 맞아들였고, 새어머니 역시 아들을 낳았는데 이름을 상象이라 했다. 전해지는 이야기에 따르면 순의 이복동생은 이름 그대로 정말 한 마리 코끼리('상'에는 '코끼리'라는 뜻이 있다)였다고도 하는데, 이름이 '상'이었기 때문에 생겨난 말일 수도 있다. '순이 코끼리를 이용해서 밭을 갈았다'는, 민간에 전해지는 이야기도 순이 말을 안 듣는 동생 상을 순하게 만들었다는 뜻인 듯하다.

순은 눈동자가 두 개인 것 말고는 거무스름한 피부에 수염도 별로 없는 깨끗한 얼굴을 한 평범한 젊은이였다. 타고난 성품이 순하고 성실한 데다가 부모에게 효도하여 마을 사람들 모두가 그를 칭찬했다. 그러나 순의 아버지 고수만은 그렇지 않았다.

"저런 바보 같은 놈, 쯧쯧."

순의 아버지는 머리가 둔하고 단순해서 사리 분별에 어두웠다. 아무것도 모르면서 새로 맞아들인 아내의 말만 듣고서 작은아들만 편애했다. 늙은 고수에게 전처의 자식인 순은 눈엣가시처럼 느껴졌다.

새어머니는 늘 순을 헐뜯었고, 어리석은 고수는 그 말만 믿었다. 새어머니는 속이 좁고 성품이 사나운 여자였으며, 이복동생 상도 교만하고 거칠기 이를 데 없는 인물이었다. 막내인 여동생 과수顆手만이 조금 나았을 뿐, 가족 모두가 순에게 못되게 굴었다.

어디선가 많이 들었던 이야기 구도 아닌가? 〈콩쥐팥쥐〉에서부터 〈장화홍련〉, 〈신데렐라〉에 이르기까지, 그리고 중국의 수많은 설화 속에서도 이런 이야기는 아주 흔하다.

새어머니와 전처 자식 사이의 갈등은 어느 나라 어느 시대에나 있었던 모양이다. 이런 갈등 구조에서 권력의 중심축은 아버지이고, 새어머니는 그 권력에 편승해 있는 존재이므로 전처 자식은 약자일 수밖에 없다. 그러다 보니 약자를 옹호하는 관점에서 전승되기 마련인 민간의 이야기에 새어머니는 못된 모습으로 등장하게 되는 것이다. 새어머니의 관점에서 전개된다면 아마도 이야기의 양상은 많이 달라질 것이다.

다시 순의 이야기로 돌아가자. 순은 워낙 착한 사람이었다. 부모가 아무리 자기를 미워해도 그들을 원망하지 않았다. 동생이 아무리 못되게 굴어도 다 받아주었고, 더할 나위 없이 우애 있게 대해주었다. 순의 효심은 정말 남달리 지극했고 마을에서는 칭찬이 자자했다.

하지만 순이 아무리 잘해도 부모와 동생은 그의 마음을 받아주지 않았다. 순의 새어머니는 오히려 호시탐탐 순을 죽일 기회를 노렸고, 아버지는 사소한 일을 빌미로 순에게 매질을 했다. 순은 어리석을 정도로 그 고통을 참고 견뎌냈다. 그러나 아무리 노력해도 자신의 진심이 받아들여지지 않으니 절망감이 커졌다.

'이제는 안 되겠다. 나가서 살아야겠어.'

마침내 순은 가족들 곁을 떠나 규수嬀水, 즉 지금의 산시성山西省 융지시永濟市 남쪽에 있는 역산歷山 기슭으로 갔다. 그리고 그곳에 초가를 한 채 짓고 거친 밭을 개간하여 농사를 지었다. 밭에서 농사짓는 일을 하다가 고개를 들면, 어미 새가 새끼들에게 먹을 것을 물어다주기도 하고 새끼들과 함께 하늘을 날아다니기도 하는 모습이 눈에 들어오곤 했는데, 그때마다 순은 돌아가신 어머니가 생각나 슬피 울었다.

하지만 울고만 있을 수는 없었다. 그는 이제 어른이었다. 자신의 힘으로 세상을 헤쳐 나가야 했다. 순은 역산 기슭에서 땀 흘려 농사를 지었고 뇌택에 가서 열심히 물고기를 잡았으며, 강가에 가서 도기를 구웠다.

"들었소? 역산에 아주 훌륭한 사람이 살고 있대."

"나도 들었소. 굉장히 부지런하고 지혜로운 사람이라고 합디다."

"그럼 어디 우리 한번 가봅시다."

순의 행적이 소문나자 어느새 그의 곁으로 사람들이 모여들었다. 역산 주변의 농부들은 땅을 바쳐왔고, 뇌택 가에 사는 어부들은 자신들이 고기 잡던 터를 순에게 양보했다. 강가에서 흙으로 도기를 빚던 도공들은 순을 따라 한 덕분에 튼튼하고 아름다운 도기를 굽게 되었다.

"역시 우리가 사람을 잘 봤소. 이것 좀 보시오, 이렇게 농사가 잘 되지 않소."

"그뿐인 줄 아시오? 뇌택에서는 물고기가 예전보다 훨씬 잘 잡힌다고 하더이다."

"그럼요, 우리 도공들이 만드는 도기도 전보다 훨씬 튼튼하고 예쁘다오."

곧 역산 부근에서 순의 이름을 모르는 사람이 없어졌다. 성실하고 부지런하며 착한 순의 곁으로 더 많은 사람이 모여들었고, 그로부터 3년이 지나자 역산은 이제 도시의 모습을 갖출 정도로 번창했다.

순의 시험대, 살아남는 자 천하를 가지리라

때마침 요임금이 천하의 지혜로운 인물들을 찾고 있었다. 요임금은 숨어 있는 인재를 찾아내서 왕위를 물려줄 계획이었다.

"어디 좋은 인물이 없겠소? 모두 주저하지 말고 추천해보시오."

그때 족장들이 너나없이 추천한 이가 바로 순이었다.

"역산 기슭에 순이라는 젊은이가 있습니다. 성품이 온화하고 효성이 지극하며 지혜로워서 수많은 사람이 그를 따른다고 합니다."

"그래요? 그럼 한번 불러와 보시오."

요임금이 그를 불러 만나 보니 그런대로 쓸 만한 젊은이 같았다. 하지만 사람은 직접 겪어보지 않으면 그 실체를 모르는 법이다. 요임금은 그를 유심히 살펴봐야 했다. 그래서 두 딸인 아황娥皇과 여영女英을 순에게 시집보내기로 하고 자신의 아홉 아들을 순이 있는 곳으로 보내 함께 지내게 했다.

순이 어떤 인물인지 알기 위해 두 딸을 시집보내는 요임금의 행동은 요즘의 시각으로 보면 수긍하기 힘들다. 그러나 일찍이 1930년대에 중국 학계의 선각자였던 천인커陳寅恪는 "고대의 모든 자료를 현대인의 시각으로 마음대로 재단해서는 안 된다"고 경고했다. 모든 고대의 기록은 고대의 시각으로 이해하려고 노력해야 하는 법, 지금 사람의 시각으로 고대를 섣불리 비하해서는 안 될 일이다. 당시에 딸 둘을 한 남자에게 시집보내는 일은 일종의 관습이었고, 천하를 맡길 인물을 확정하는 데 그 정도는 얼마든지 있을 수 있는 일이었다.

하지만 딸들을 그냥 내줄 수는 없는 일, 최소한의 시험 단계는 거쳐야 하지 않겠는가. 정말 뛰어난 젊은이라면 안심하고 두 딸을 그에게 보내도 괜찮으리라. 요임금은 순을 불렀다.

"순을 불러라!"

부름을 받고 도착한 순을 요임금은 여러모로 뜯어보았다. 그러고는 이렇게 명령했다.

"머지않아 큰비가 쏟아질 것이다. 깊은 산속으로 들어가라. 그리고 비가 내리는 숲속에서 이곳까지 다시 돌아와 보아라. 할 수 있겠는가?"

"물론이옵니다."

요임금은 순을 산 한가운데 데려다 놓게 했다. 사람들은 순을 데리고 산속 깊은 곳으로 들어가 그를 혼자 남겨두고 돌아왔다.

곧 비가 내리기 시작했다. 빗줄기가 굵어지더니 순식간에 폭우로 변했다. 한 치 앞도 보이지 않을 정도로 엄청난 폭우였다. 요임금은 속으로 생각했다.

'이런 엄청난 폭우를 뚫고 과연 순이 이곳까지 올 수 있을 것인가? 어려운 일이로다.'

한편 요임금의 아름다운 두 딸 아황과 여영도 초조해지기 시작했다.

"비가 이렇게 쏟아지는데 무사히 돌아올 수 있을까?"

"그러게 말이다. 정말 걱정이구나."

순은 깊은 숲에 혼자 남겨졌다. 숲을 헤치며 걸어 나가려니 독사와 맹수가 곳곳에 나타났다. 하늘에 구멍이라도 난 듯이 천둥번개와 함께 엄청난 비가 쏟아져 내렸다. 순은 순식간에 흠뻑 젖었다. 숲에는 물안개가 피어올라 한 치 앞도 분간할 수 없었다. 게다가 물을 머금어 시커멓게 변한 거대한 나무들은 두렵기조차 했다.

'이런 곳에서 살아나오란 말이지.'

일종의 서바이벌 게임이었다. 살아남는 자, 천하를 얻게 된다. 순으로서는 질 수 없는 게임이었다. 순은 이를 악물었다. 홀로 역산기슭에 갈 때의 서러움과 고통 등 그 모든 것이 다시 떠올랐다.

'내가 오늘 여기까지 오는 것도 정말 힘들었다. 이제 다시 옛날로 돌아갈 수는 없는 일이다.'

순은 정신을 바짝 차렸다. 그리고 쏟아지는 빗속에서 주위의 나무와 나무 사이로 멀리 어렴풋이 보이는 능선들을 바라보며 방향을 가늠했다.

'저기, 바로 저쪽이다!'

폭풍우가 몰아치는 깊은 숲에서도 순은 포기하지 않았다. 흔들림 없이 주위를 꼼꼼히 살피며 올 때의 길을 되짚어 나왔다. 마침내 순은 악몽 같은 숲에서 벗어났다. 숲 밖에서 기다리고 있던 사람들이 환호성을 질렀다.

"순이다, 순이 나왔다!"

요임금도 감탄해서 자리에서 벌떡 일어났다. 누구보다 기뻐한 것은 물론 아황과 여영이었다.

고대의 혼인 풍습에는 딸들을 시집보내기 전에 사윗감을 시험해보는 과정이 있다. 순은 바로 이런 통과의례를 성공적으로 수행하고 천하를 얻는 첫 번째 문지방을 무사히 넘었다. 요임금은 이후 사위를 위해 고운 갈포 옷과 금琴, 소와 양들을 내려줬으며, 순의 집에 곡식 창고도 몇 개 지어주었다. 보잘것없던 가난한 젊은이가 자신의 능력만으로 수직적 계급 상승을 이룬 순간이다. 물론 유가적인 시각에서 보면 순이 이렇게 된 것은 모두가 '덕'이 있었기 때문이다.

음모를 꾸미는 가족과 지혜로운 아내

마침내 순이 아름다운 두 아내를 데리고 아버지와 어머니를 뵈러 왔다. 돌아온 순은 예전에 구박받았던 기억을 지워버리고 밝은 얼굴로 부모에게 효성을 다했다. 귀한 지위에 올랐다고 거만한 표정을 짓지도 않았다. 순의 아내인 아황과 여영 역시 마찬가지였다. 임금의 딸이었지만 그녀들 역시 잘난 체하지 않고 시부모를 정성껏 섬겼다.

"흥, 누가 와서 저렇게 하래?"

"그러게 말입니다, 어머니."

욕심 많고 교만한 이복동생 상은 어머니 곁에서 맞장구를 쳤다. 두 사람은 순이 부귀영화를 얻어 돌아오자 심사가 심히 뒤틀렸다. 특히 상에게는 또 다른 시커먼 마음이 생겨나고 있었으니, 형의 아내인 아황과 여영에 대한 욕심이 그것이었다. 그가 본 여자 중에 그렇게 아름다운 이들은 여태까지 없었다.

'흐, 정말 예쁘군. 형만 없으면 저 여자들이 모두 내 차지인데.'

당시 풍습으로는 형이 죽으면 동생이 형수를 아내로 삼을 수 있었다. 상은 아름다운 두 형수에 대한 흑심을 품고 순을 죽이려는 생각에 골몰했다.

순을 죽이고 싶어 하기는 새어머니 역시 마찬가지였다. 순만 없어진다면 순이 누리고 있는 모든 것을 자기 아들인 상이 차지할 수 있을 테니 말이다. 그렇다면 아버지인 고수는 어땠을까? 그는 이미 판단력을 상실한 지 오래였다. 더구나 고수는 욕심 많은 사람이었기 때문에 아내의 꾐에 쉽사리 넘어갔다.

"순이 없어지면 그 녀석의 재산이 모두 우리 것이 된단 말이지?"

"그렇고말고요! 순을 없애야 해요."

"그러면 당신 뜻대로 하구려."

마침내 셋의 의견이 일치했다. 가슴속에 품고 있던 목적은 각각 달랐지만, 순을 없애야 한다는 그 목표만은 하나였다. 그래서 밤을 새워가며 계략을 꾸몄다.

"이제 일을 진행하자. 실수 없이 해라."

"예!"

어느 날 오후, 상이 순의 집에 와서 이렇게 말했다.

"형, 아버지께서 곡식 창고를 고치셔야 한대. 좀 와서 도와달라고 하시네."

"그래? 언제?"

"내일 아침에. 일찍 와!"

"그래, 알았다."

순은 아무런 의심 없이 흔쾌히 대답했다. 상이 돌아가자 아내들이 그에게 무슨 일이냐고 물었다.

"아버지께서 창고를 고치신다고 나더러 좀 도우라고 하시는데?"

"안 돼요, 가면 안 돼요. 분명히 뭔가가 있어요."

"그래요, 절대로 가지 마세요."

얘기를 들은 두 아내가 극구 말렸다. 아황과 여영은 지혜로운 여인들이라서 이미 가족들의 속셈을 파악하고 있었다.

"당신을 불러서 창고 위에 올려놓고 불태워 죽이려는 거예요."

순은 당황해서 어쩔 줄 몰랐다.

"하지만 간다고 대답했는데 이를 어쩐단 말이오?"

아황과 여영이 잠시 생각한 뒤에 말했다.

"걱정하지 마시고 일단 가세요. 하지만 아침에 저희가 드리는 새 옷을 입고 가셔야 해요."

"그렇게 하지요."

그다음 날이 되어 아버지의 집으로 가려는 순에게 아황과 여영 은 오색찬란한 옷을 내밀었다. 새가 그려진 아름다운 옷이었다.

"웬 옷이오?"

"그냥 입으시면 됩니다. 이걸 입고 곡식 창고 위에 올라가시면 아무 일도 없을 거예요."

순은 그 옷을 입고 곡식 창고를 고치러 아버지의 집으로 갔다.

'웃기는 놈이군. 오늘 죽게 될 텐데 뭘 저렇게 화려한 옷을 입고 왔담?'

새어머니는 터져 나오려는 웃음을 참으며 태연자약하게 순을 맞 이했다.

"어서 오너라. 저 곡식 창고의 지붕을 고쳐야 하니 올라가거라."

순은 사다리를 타고 높다란 곡식 창고 위로 올라가서 고쳐야 할 곳을 찾았다. 순이 막 작업을 시작하려는 순간, 순의 악독한 가족 이 사다리를 치워버렸다. 그리고 창고 아래에 쌓아둔 장작더미에 재빨리 불을 질렀다.

"아버지, 지금 뭐 하시는 겁니까?"

모든 일이 계획대로 진행되자 창고 아래에서 순의 가족은 킬킬

거리며 웃고만 있었다. 순은 눈앞이 캄캄해졌다. 불길은 활활 타올라 순식간에 지붕 위까지 번졌고, 순의 몸은 타는 듯이 뜨거워졌다. 땀이 비 오듯 흘러내렸다. 가족들에게 도와달라고 외쳤지만 아무 소용이 없었다. 당황하여 정신을 차릴 수 없는데, 갑자기 아내들이 새 그림이 그려진 옷을 입고 가라고 한 이유를 알 듯했다. 순은 하늘을 향해 두 팔을 벌리고 크게 외쳤다.

"하늘이시여!"

순이 두 팔을 벌리는 순간, 옷에 그려진 새 그림이 드러났다. 그러자 순간적으로 찬란한 무지개가 보이는 듯하더니 불타는 지붕 위에서 순은 한 마리 큰 새로 변해 하늘로 날아올랐다.

"저게 뭐야?"

"세상에, 이럴 수가!"

생각하지도 못한 상황에 음모를 꾸민 가족들은 하늘만 멍하니 바라보고 있을 수밖에 없었다. 이렇게 그들의 첫 번째 계략은 실패하고 말았다.

그러나 그들은 포기하지 않았다. 자신들의 잘못을 시인하지도 않았다. 이번에는 뻔뻔스럽게도 눈먼 아버지 고수가 친히 나섰다.

"얘야, 지난번에는 오해가 있었지? 미안하구나."

"아닙니다, 아버지."

순은 아무렇지도 않은 듯 말했다. 그러자 아버지는 후안무치하게도 다시 부탁했다.

"그런데 얘야, 이번에는 우물을 청소해야 하는데 네가 좀 와서 도와줘야겠다. 꼭 올 거지?"

"그럼요, 걱정하지 마시고 돌아가세요. 내일 꼭 가겠습니다."

어리석은 아버지는 아들에게 음모의 미끼를 던지고는 돌아섰다. 아버지가 돌아가고 난 뒤 순은 지혜로운 두 아내에게 아버지가 왜 왔는지 들려주었다. 그러자 두 아내가 말했다.

"걱정하지 마세요. 저희가 드리는 옷을 입고 가시면 이번에도 아무 일 없을 거예요."

드디어 날이 밝아 순이 집을 나서려 하자 아황과 여영은 용이 그려진 옷을 순에게 건네주었다.

"용무늬 옷이에요. 이 옷을 속에 입으세요. 만약 무슨 일이 일어나거든 겉옷을 벗어버리시면 될 거예요."

"알겠소. 다녀오리다."

순은 아내들의 말대로 그 옷을 속에 입고 아버지 집으로 갔다. 새어머니는 순이 특이한 옷을 입지 않은 것을 보고 마음이 놓였다.

'흥, 이번에는 피할 수 없을 거다. 지난번처럼 괴상한 옷도 입지 않았으니 말이야.'

속으로 이렇게 생각하며 새어머니가 말했다.

"잘 왔다. 우리가 잘 잡고 있을 테니 이 밧줄을 묶고 저 우물에 들어가 청소를 해주렴."

순은 가족들에게 밧줄을 잘 잡고 있으라고 말하고는 청소를 하러 우물 속으로 들어갔다. 그가 깊이 들어가자마자 "이때다!" 하며 가족들이 그 밧줄을 놓아버렸음은 물론이다. 그러나 나름대로 마음의 준비를 하고 있던 순은 재빨리 우물 벽에 달라붙었다. 그런데 그것으로 끝이 아니었다. 머리 위로 돌이며 진흙 덩어리들이 마구 쏟아져 내렸다. 이 사악한 가족이 우물을 메워버리려고 하는 것이 틀림없었다.

'세상에, 이럴 수가!'

순은 잠시 놀랐지만 이내 돌이나 진흙 덩어리를 피해가며 아내들이 일러준 대로 겉옷을 벗었다. 용무늬 옷이 밖으로 드러나는 순간, 순은 반짝거리는 비늘로 뒤덮인 용으로 변했다. 그리고 그 우물과 이어진 물길을 따라 헤엄쳐 다른 우물로 이동한 다음 몸을 솟구쳐 땅 위로 무사히 올라왔다.

"이번에야말로 분명히 죽었을 거야."

의도대로 일을 끝낸 고수와 새어머니, 상은 신이 났다. 우물을 돌과 진흙으로 메운 뒤 발로 꽉꽉 밟으며 그들은 상기된 얼굴로 떠들었다.

"이제 됐다! 순의 집으로 가자."

"그래, 가서 모든 걸 빼앗아 오자!"

그들은 의기양양한 표정으로 순의 집으로 몰려갔다. 우물 청소 중에 순이 죽었다는 얘기를 듣고서 두 아내는 통곡하기 시작했다. 그러거나 말거나 이 문제의 가족은 죽은 순의 재산을 나누기 시작했다.

"이치로 따져볼 때 재산을 제가 더 많이 가져야 하겠지만 저는 아무것도 원하지 않아요. 소와 양은 부모님께 드리지요. 땅과 집도 모두 드리겠어요. 저는 형의 슬과 활, 두 형수만 있으면 됩니다, 으흐흐!"

상은 드디어 여자들을 차지하게 되었다는 생각에 음험하게 웃으며 떠들어댔다. 순의 아버지와 새어머니도 신이 나서 집 안의 물건들을 이것저것 만져보았다.

그런데 바로 그때 아무 일도 없었다는 듯한 표정으로 순이 집 안으로 들어섰다.

"아버지 어머니, 어쩐 일이십니까?"

"아니, 너는?"

한창 신나는 꿈속에 빠져 있던 세 사람은 혼비백산했다. 그도 그럴 것이, 죽었다고 굳게 믿었던 사람이 눈앞에 있으니, 귀신이 원한을 갚으러 왔다고 생각하지 않았겠는가. 마침내 순이 진짜로 무사히 살아 돌아온 것을 알게 된 부모는 우물쭈물 말했다.

"아니, 네 생각이 나기에……."

"지금 형 걱정을 하는 중이었어요."

순의 안방을 차지하고 앉아 있던 상이 얼른 둘러댔다.

"아, 그랬구나."

순은 그 이상 아무 말도 하지 않았다. 타고난 성품이 착했던 그는 더는 가족에게 따지고 싶지 않았다. 아무 일도 없었다는 듯이 그는 전과 다름없이 다정하게 가족들을 대해주었다.

이만하면 이제 포기할 법도 하지만, 이들은 지칠 줄 모르고 계속해서 음모를 꾸미는 '조용한 가족'이었다. 순의 가족은 세 번째로 일을 꾸몄다.

"형, 지난번에는 두 번이나 정말 미안했어. 마음을 풀자는 뜻에서 이번에 아버지 어머니께서 술자리를 한번 마련하시겠다니, 꼭 와야 해."

"그러냐? 생각해볼게."

상이 돌아간 뒤 순은 다시 고민에 빠졌고 아내들에게 의견을 물었다.

"가야 할까요? 아니면 아예 가지 말까요? 이번엔 또 무슨 일을 당할는지 알 수가 없으니, 원!"

아내들이 말했다.

"아무 걱정하지 말고 가세요. 다만 이 약을 개똥에 섞어 목욕하셔야 해요."

"개똥?"

"예, 그렇게 목욕을 하면 내일 아무리 술을 마신다고 해도 끄떡없을 거예요."

순은 아내들의 말대로 그 약을 개똥에 섞어 목욕했다. 그리고 다음 날 아침 깨끗한 옷을 입고 아버지의 집으로 갔다. 가족들은 짐짓 즐거운 척하며 순을 맞았다.

"어서 오너라!"

"자, 한잔하렴. 그동안 미안했다."

아버지와 어머니는 번갈아 순에게 술을 권했다.

"형, 한잔 받아. 그동안 내가 잘못한 일이 많아도 용서해주고."

이복동생도 순에게 술을 권했다. 그들의 계책은 간단했다. 술을 잔뜩 먹인 뒤 순이 취해 몸을 가누지 못하게 되면 그때 근처에 숨겨둔 도끼로 해치우려는 것이었다. 그래서 가족은 끊임없이 "건배! 건배!" 하고 외치면서 술을 주거니 받거니 했다. 그러나 잔이 건너오는 대로 술을 다 마셔버리는데도 순은 전혀 취할 기미를 보이지 않았다.

'아니, 저놈이 왜 술에 취하지 않는 거야?'

'글쎄 말입니다. 그렇게 마셨는데 끄떡도 하지 않네요.'

'더 마시게 해, 더!'

문제의 조용한 가족은 이렇게 눈짓으로 대화하며 순에게 술을 더 마시게 했으나 아무 소용이 없었다. 오히려 술을 권하는 그들이 흠뻑 취해서 쓰러질 지경이었다. 마련해둔 술 단지는 모두 텅 비어 더는 마실 술도 없었다. 그러자 순은 이만 가야겠다고 공손히 인사하며 자리에서 일어섰다.

"자, 술을 다 마셨으니 이제 물러가겠습니다. 아버지 어머니, 안녕히 주무십시오. 상아, 너도 잘 있어라."

계책이 또다시 틀어진 가족은 멀쩡하게 돌아가는 순의 뒷모습을 멍하니 바라볼 수밖에 없었다.

깨 심는 아들과 심술궂은 어머니

중국의 황하 남쪽에 있는 허난 지방의 민간 전설에도 순에 관한 이야기가 있다. '깨 심기'라는 제목의 이 이야기에서도 순은 심성이 고운 인물로 등장한다. 이것은 문헌에 기록되어 전해지는 이야기가 약간 변형된 형태로, 내용은 다음과 같다.

순은 어머니를 일찍 여의었다. 아버지가 곧 새어머니를 맞아들였고, 새어머니는 이복동생인 상을 낳았다. 순은 매일 거친 음식만 먹어야 했으나 상은 맛있는 것만 먹으며 살았다. 새어머니는 집안의 재산을 독차지하고 싶어서 어떻게 하면 순을 없앨까 하는 궁리만 했다.

그러던 어느 날 새어머니가 순과 상에게 말했다.

"애들아, 밭에 가서 이 깨를 심고 오너라."

"깨요?"

"그래, 여기 깨가 있으니 갖다가 밭에 심어라. 잘들 심어야 한다. 심은 깨에서 싹이 돋아나지 않으면 그 깨를 심은 애는 다시는 집에 발을 들일 수 없다, 알겠지?"

새어머니는 두 가지 깨를 따로 구분해서 준비해두었다. 하나는 익힌 깨, 다른 하나는 날 깨였다.

'익힌 깨를 주면 순 녀석이 제아무리 기를 써봤자 싹이 트겠어? 네 녀석은 이제 제 발로 집을 나가야 할 것이다, 흐흐.'

새어머니는 음험한 미소를 지으며 순에게 익힌 깨를 주었다. 아무것도 모르는 순은 공손히 익힌 깨 한 움큼을 받아들었다. 상도 깨를 받았다. 물론 그것은 날 깨였다.

"얼른 가거라!"

어머니의 채근에 형제는 길을 떠났다.

"어머니는 갑자기 무슨 깨를 심으라고 이렇게 귀찮게 하신담?"

상은 투덜거리며 깨를 들고 집을 나섰다. 길을 가다가 출출해지자 상이 말했다.

"형, 깨 심기 싫은데 우리 그냥 먹어버리자."

"안 돼, 어머니께서 시키셨으니 모두 잘 심어야 해."

"쳇, 형 혼자서 실컷 심어봐!"

그러면서 상은 어머니가 준 깨를 먹기 시작했다.

"퉤퉤, 맛이 없네. 어디, 형 것도 좀 먹어볼까?"

상은 자기 깨는 놔두고 형의 깨를 먹었다. 그랬더니 웬걸, 그 깨가 훨씬 고소하고 맛있는 것이었다.

'아니, 어머니는 왜 형한테만 맛있는 깨를 준 거야?'

상은 자기 깨를 순에게 내밀며 말했다.

"형, 깨 좀 바꿔줘."

"그러지, 뭐."

착한 순은 동생이 원하는 대로 깨를 바꿔주었다. 형제는 밭에 도착했고 순은 성실하게 깨를 심었다. 상은 먹고 남은 깨를 마지못해 그냥 밭에 뿌렸다.

닷새가 지난 뒤 순이 뿌린 깨에서는 싹이 돋았지만, 상이 뿌린 깨에서는 아무것도 나오지 않았다. 나중에야 사실을 알게 된 새어머니는 땅을 쳤지만, 순을 내쫓을 수는 없었다.

그러나 새어머니는 순을 쫓아내려는 계획을 포기하지 않았다. 이번에 새어머니는 순에게 넌지시 말했다.

"얘야, 마당의 우물을 좀 청소해야겠다."

"그렇게 하세요. 도와드릴게요."

'이게 웬 떡이냐, 스스로 도와주겠다니.'

순이 우물 안으로 들어가자 새어머니와 상은 힘을 합해 마당에 있는 커다란 맷돌을 가져다가 우물 입구를 막아버렸다.

'안이 왜 갑자기 어두워진 거지?'

순은 뭔가가 우물 입구를 막았다는 것을 알았다. 나가려고 해보았지만 헛일이었다. 그런데 이리저리 살펴보니 우물 아래쪽으로 구멍이 하나 보였고, 그곳으로부터 빛이 들어오고 있었다. 순은 그 구멍으로 들어갔다. 구멍은 이웃집 우물과 연결되어 있어 무사히 밖으로 나올 수 있었다.

'저놈이 죽은 줄 알았더니 어떻게 살아서 돌아왔지?'

새어머니는 멀쩡히 돌아온 순을 보고 아연실색했다. 하지만 포기하지 않고 새로운 계략을 꾸몄다.

"애야, 오늘은 지붕을 좀 고쳐야겠구나."

"예, 그럴게요."

순은 이번에도 선선히 새어머니의 말에 따라 사다리를 놓고 지붕 위로 올라갈 채비를 했다. 새어머니는 순에게 선심 쓰는 척하느라고 우산을 하나 건네주며 말했다.

"지붕 위에 올라가면 더울 텐데 이걸 펴놓고 쉬어가면서 하렴."

"예, 고맙습니다."

착한 순은 연장과 우산을 들고 지붕 위로 올라갔다. 하지만 순이 막 지붕 위에 올라갔을 때 새어머니는 사다리를 치워버렸다. 그리고 상이 지붕 밑에서 불을 질렀다. 순식간에 지붕 위까지 치솟는 불길을 보고 순이 비명을 질렀다.

"불이다!"

그러나 새어머니는 비웃으며 말했다.

"지난번에는 땅 밑으로 잘도 빠져나오더구나! 오늘은 하늘로 날아오르면 되지 않겠니?"

불길이 가까이 다가오자 순은 다급했다. 그래서 하는 수 없이 옆에 있던 우산을 펼쳐 쓰고 지붕 아래로 뛰어내렸다. 그러고는 마치 새처럼 가뿐하게 땅 위로 내려앉았다. 그 모습을 본 새어머니는 너무 놀라서 기절해버렸다.

이렇게 여러 번 죽을 고비를 넘겼으면서도 순은 새어머니나 동생 상을 원망하지 않았다. 그는 요임금의 뒤를 이어 왕이 되자 새어머니를 더욱 극진하게 모셨다.

"내가 무슨 낯으로 네 얼굴을 보랴."

새어머니는 스스로 부끄러움을 못 이겨 결국 벽에 머리를 부딪쳐 자살하고 말았다.

민간 전설은 이렇게 못된 새어머니가 스스로 목숨을 끊는 것으로 끝난다. 못된 짓을 일삼았던 새어머니에 대한 당시 사람들의 분노가 이렇게 극단적인 결말을 가져온 것으로 보인다. 하지만 문헌에 제시되고 있는 이 이야기의 결말은 민간 전설과 비교해볼 때 훨씬 우아하다.

음악을 사랑한 새로운 지도자 순

두 딸과 아홉 아들이 순과 함께 지내며 보고 겪은 이야기를 들은 요임금은 그만하면 순이라는 젊은이에게 나라를 맡겨도 되겠다는 생각이 들었다. 그러나 요임금은 자기가 다시 시험해봐야 믿을 수 있다고 생각했다. 그래서 그를 불러 여러 직책을 맡겨보았다. 과연 순은 어떤 일을 맡아도 완벽하게 잘 해냈다. 이 시험을 끝으로 드디어 요임금은 순에게 왕위를 물려주었다.

"그만하면 되었다. 이제 자네에게 이 나라를 맡기겠노라."

이렇게 해서 임금 자리에 오른 순은 수레에 임금을 상징하는 깃발을 꽂고 고향으로 돌아갔다.

"아버지, 형이 왕이 되었답니다!"

상이 헐레벌떡 달려와 눈먼 아버지에게 말했다. 순에게 모진 짓을 했던 가족은 덜컥 겁이 났다. 그를 없애기 위해 수차례 공모하여 함정에 빠뜨렸으니, 이제 그들은 죽은 목숨이었다.

"아버지 어머니, 그간 별고 없으셨습니까?"

자신에게 모진 짓을 했던 가족들에게 순은 여전히 효성스럽고 다정했다.

"상아, 그동안 고생 많았지? 내가 너를 유비有鼻의 제후로 봉하려고 한다."

"정말이야?"

상은 깜짝 놀랐다. 그는 그제야 자신의 잘못을 진심으로 깨달았고 그 이후로는 착한 사람이 되었다. 자기 아들을 제후로 봉하는 것을 보고 새어머니의 마음도 부드러워졌음은 물론이다. 아내와 작은아들이 좋아하는 것을 보고 아버지 고수도 그간의 어리석음을 뉘우치며 자랑스러운 아들 순과 마침내 화해했다.

이렇게 해서 순은 가장 전형적인 영웅담의 주인공이 되었다. 순의 이 이야기는 해피엔드로 마무리되는 고대소설의 전형적 형태를 보여준다.

순이 임금 자리에 올라 백성을 생각하며 나라를 다스리니 몇십 년간 태평성대가 이어졌다. 그사이 순도 후계자를 결정지어야 할 때가 되었다.

"결정하셨습니까?"

"그래, 온갖 고통을 겪으면서도 백성들을 위해 그렇게 열심히 치수 작업을 해온 우야말로 왕이 될 자격이 있지."

"아드님들은 어쩌시고요?"

사실 순에게는 상균商均을 비롯하여 무려 아홉 명의 장성한 아들이 있었다.

"맨날 놀기만 하는 놈들에게 어찌 나라를 맡기겠느냐!"

순의 아들들은 이름은 잘 알 수 없으나 모두가 노래와 춤을 즐기던 한량이었다고 한다. 그들이 나라를 다스릴 재목이 되지 않는다고 생각한 순임금은 아무런 고민 없이 왕위를 우에게 물려주기로 했다.

그리고 이렇게 후계자를 결정짓고 마음이 편해지자 순은 음악에 관심을 기울였다. 순은 원래부터 무척이나 음악을 좋아했다. 요임금도 그것을 알았는지 딸들을 순에게 시집보낼 때 슬瑟을 내려주었다. 순은 악사 연延에게 명하여 아버지 고수가 만들었던 열다섯 줄짜리 슬을 개조해서 스물세 줄짜리로 만들게 했다. 그리고 또 다른 악사 질質을 불렀다.

"제곡 임금 시절에 함흑咸黑이 만들었던 〈구초九招〉와 〈육영六英〉, 〈육렬六列〉이라는 음악을 아느냐?"

"예, 알고 있습니다."

"그걸 한번 정리해보아라. 이미 오랜 시간이 지났으니 음악도 손을 봐야지. 그 음악을 바탕으로 해서 멋진 음악을 만들어봐라. 생황이나 퉁소를 사용하면 듣기 좋을 거야."

"퉁소와 생황이라고요?"

"그래, 그 악기들의 소리가 얼마나 부드럽고 은은하더냐. 한번 해볼 수 있겠느냐?"

"예, 해보겠나이다."

그리하여 악사 질은 새로운 음악을 만들었다. 그것이 바로 순임금의 음악으로 유명한 〈구소九韶〉다. 〈구소〉를 연주하면 부드럽고 은은한 그 음이 천상의 소리처럼 아름답게 들렸다. 그래서 때때로 봉황도 날아와 함께 듣곤 했다.

이 음악을 훗날 공자가 듣고 이렇게 말했다고 한다.

"정말로 아름답고 좋은 음악이다. 주나라 무왕의 음악인 〈무武〉도 아름답긴 하지만 이 음악처럼 감동적이지는 않았지."

공자는 좋은 음악이 있다면 고기 맛도 잊어버릴 정도로 심취했으며, 매우 고급스러운 음악적 심미안을 지니고 있었던 인물이다. 그런 공자가 크게 칭찬한 음악이니, 〈구소〉가 상당한 수준의 작품이었으리라고 짐작해볼 수 있다.

순은 또한 오현금五絃琴을 연주하기도 했는데, 그 연주 실력이 매우 뛰어났다. 게다가 오현금에 맞춰 스스로 〈남풍南風〉이라는 노래도 만들어서 불렀다는데, 그 노랫말은 이렇다.

> 남쪽에서 불어오는 맑고 시원한 바람
> 사람들 근심을 녹여주네.
> 남쪽에서 때맞춰 불어오는 때 바람
> 사람들 재물을 늘려주네.

고대 왕조 지도자들의 관심은 역시 한 해의 농사에 있었던 모양이다. 갑골문에 새겨진 복사卜辭에도 풍년이 들 것인지에 관한 질문이 가장 많이 나타나듯이, 순이 불렀다는 노래에도 풍년을 기원하는 지도자의 소망이 담겨 있다.

대나무에 스며든 여인의 눈물

《산해경》에는 순의 또 다른 아내로 등비씨登比氏라는 인물이 등장한다. 등비씨는 소명宵明과 촉광燭光이라는 두 딸을 낳았다는데, '밝음'을 뜻하는 '명明'과 '빛'을 뜻하는 '광光'이라는 글자대로, 소명과 촉광은 강가에 살면서 사방 100리를 환하게 밝혀주었다고 한다. 그러나 이것은 《산해경》의 기록일 뿐, 이후의 문헌에 순의 아내로 등장하는 인물은 요임금의 두 딸인 아황과 여영이다.

순은 만년에 남쪽 여러 지방을 순시하러 다녔다. 그러다가 어느 날 창오蒼梧의 들판에서 죽고 말았다.

백성들 모두 어진 임금 순의 죽음을 슬퍼했다. 그러나 가장 슬퍼했던 사람은 순의 두 아내인 아황과 여영이었다. 젊은 날의 수많은 어려움을 함께 겪어온 동지였던 그녀들은 슬픔에 겨워 수레를 타고 머나먼 남쪽 창오를 향해 길을 떠났다. 장례를 치르기 위해서였지만, 실은 가서 직접 보아야만 믿을 수 있었기 때문이다. 남쪽으로 가는 길은 멀었고, 가는 곳마다 경치는 어찌 그리도 수려한지, 두 여인의 마음은 더욱더 슬퍼졌다.

그런데 중국의 남부 지방에는 대나무 숲이 많았다. 아황과 여영은 슬픔을 억누를 수 없어 계속 눈물을 흘렸는데, 너무 울다 보니 눈물에 피가 섞여 흘러나왔다. 그리고 그 눈물방울들이 대나무 이파리 위에 점점이 떨어져 붉은 반점이 되었다. 그래서 남부 지방에서 자라나는, 이파리에 붉은 반점이 있는 대나무를 '무늬 있는 대나무'라는 뜻의 '반죽斑竹' 혹은 '상비의 대나무(湘妃竹)'라고 부른다. 사랑하는 사람을 잃은 여인들의 붉은 눈물이 대나무에 어려 있는 것이다.

"언니, 저 강만 건너면 창오랍니다."

"그래, 어서 건너가자."

지금의 후난성에 있는 상수湘水에 도착한 아황과 여영은 배를 타고 강을 건너기 시작했다. 그런데 강을 중간쯤 건너갔을 때 바람이 거세게 불면서 큰 파도가 일었고, 배가 뒤집혀서 아황과 여영은 그만 강물에 빠져 죽고 말았다.

그 후 두 여인의 슬픈 영혼은 상수의 여신이 되었다. 가을바람이

순의 지혜로운 두 아내 아황과 여영은 현숙한 여인의 표상이다. 상수에 빠져 죽어 상수의 신인 상군과 상부인이 된 아황과 여영.

솔솔 불고 낙엽이 흩날리는 가을이 되면 상수의 두 여신은 물가로 나와 천천히 거닐곤 했는데, 멀리서도 그들의 애틋한 눈빛을 알아볼 수 있었다. 그러다가 두 여신이 남편이 그리워서 몸부림을 치게 되면 상수에는 거친 파도가 일면서 하늘빛까지도 음산하게 변했다. 그럴 때면 두 여신은 손에 뱀을 쥔 신을 거느리고 물 위에 나타나 처절한 울음소리를 냈고, 무시무시하게 생긴 새들이 세찬 파도가 치는 강물 위를 맴돌았다고 한다.

사람들은 이후 상수의 여신이 된 아황과 여영을 각각 상군湘君과 상부인湘夫人이라고 불렀다. 아황이 순의 정비正妃이기 때문에 특별히 '군'이라 부르고 여영은 그냥 '부인'이라고 한 것이다. 초나라 시인 굴원의 〈구가〉에도 상군과 상부인이 등장하는데, 이 노래는 죽은 남편을 찾아가다가 상수에 빠져 죽은 아황과 여영의 슬픈 넋을 위로하는 작품이다. 두 여인의 영혼이 깃들어 있는 무덤이 동정호 군산君山에 있으며, 그곳에는 두 여인을 모신 사당도 있다.

한편 민간에 전해지는 전설에 의하면 순은 못된 용 아홉 마리를 처치한 뒤에 병들어 죽었다고 한다.

구의산九疑山에 못된 용 아홉 마리가 살면서 상수의 물을 넘치게 해 그 주변에 항상 홍수가 났다. 그 소식을 들은 순이 안타까움을 참지 못하고 구의산으로 달려가서 용 아홉 마리를 모두 처단하고 사람들을 홍수의 재앙에서 구해주었다. 그러나 정작 순은 병에 걸려 죽고 말았다. 순이 죽자 그곳 사람들은 순에 대한 감사의 표시로 커다란 무덤을 만들어주었다. 그러자 구의산의 신령스러운 학(仙鶴)이 남해에서 진주를 물어다가 그 무덤 위에 흩뿌렸다. 그래서 사람들은 그곳을 진주묘珍珠墓라고 불렀다고 한다.

순이 묻힌 산에는 아홉 개의 시냇물이 흐르고 있었다. 그런데 그 아홉 개의 시냇물이 엇비슷하게 생겨서 그 산에 한번 들어가면 길을 잃어버리기 일쑤였기 때문에 구의산이라는 이름을 갖게 되었다. 이 산에는 순과 그의 아들인 상균이 묻혔으며, 거대한 구렁이인 위사委蛇를 비롯해서 여러 맹수가 살았다.

한편 순이 묻힌 구의산 기슭에 봄과 여름에 걸쳐 커다란 코끼리가 나타나서 순의 제위답을 갈았다는 이야기도 전해진다. 유비의 제후로 봉해졌던 순의 동생 상도 나중에 돌아와서 형의 무덤에 성묘했다. 상이 돌아간 뒤 사람들이 묘 근처에 정자를 지어 '코 정자(鼻亭)'라 하고 상의 신주를 모셨으며, 그를 비정신鼻亭神이라고 불렀다. '코 비鼻' 자가 있어 '비정'이라는 이름이 코끼리의 긴 코를 연상시키니, 순의 이복동생 상은 정말 코끼리였는지도 모르겠다.

3장 호기심 많은 임금 우

　우는 하백과 복희의 도움으로 물길 지도를 받아 치수 작업을 순조롭게 시작했지만, 그 작업은 보통 큰 공사가 아니었다. 오늘날에도 강에 댐을 만드는 일은 오랜 시간이 걸리는 작업으로, 철저한 현지 조사가 필수적이다. 우도 마찬가지였다. 치수를 제대로 하려면 강의 물줄기가 흐르는 모든 지역을 답사해야 했다.

　우는 치수 작업을 하면서 자기 집 앞을 몇 번이나 지나갔는데도 일에 대한 집착 때문에 집 안에 발을 들이지 않았다고 했다. 우의 부인인 도산씨가 보기에는 기가 막힌 일이었지만 일에 대한 성취감을 중시하는 사람이라면 그의 마음을 이해할 수도 있으리라. 그렇게 이곳저곳을 돌아다닌 우의 곁에는 그에게 큰 도움을 준 충실한 친구이자 신하가 있었으니 그가 바로 백익伯益이다.

동물의 말을 알아들었던 충군 백익

백익은 백예柏翳라고도 하는데 천신의 자손이다. 혹은 천신의 새인 현조의 후손이라고도 한다. 홍수를 다스리는 작업을 할 때 그는 사람들을 이끌고서 항상 횃불을 들고 호숫가의 무성한 삼림으로 들어가곤 했다.

"어허, 숲이 이렇게 무성해서야 어찌 사람이 살겠나."

"숲의 초목을 좀 없애야겠지요?"

"그렇소. 홍수 때문에 숲이 지나치게 무성하구려. 이 나무들을 불태워 없애야겠소. 도와주시오."

백익은 숲에 불을 질러 지나치게 무성해진 풀과 나무들을 태워버렸다. 그러자 깊은 숲에 숨어 살면서 사람들을 괴롭히던 맹수들이 모두 도망쳤고, 사람들은 비로소 안심하고 다닐 수 있었다.

또한 백익은 새를 비롯해 여러 동물의 말을 알아들었다. 그래서 모든 동물이 백익 앞에만 오면 고분고분 잘 따랐다. 이 재능을 살려서 홍수가 끝난 뒤에는 우와 함께 동물을 길들이는 작업을 했는데, 백익이 동물들의 말을 아는 덕분에 훨씬 쉽게 그 일을 마칠 수 있었다고 한다.

"백익 같은 훌륭한 인재에게 마땅히 아내가 있어야지."

우는 백익에게 영嬴이라는 성씨를 내려주고 자신의 집안 여자인 요성姚姓 아가씨를 시집보냈다. 영은 진秦나라의 성씨다. 즉 백익이 진나라 왕족의 선조가 되었다는 말이다. 지혜롭게 우를 보좌했던 백익이 나중에 우와 함께 《산해경》을 썼다는 전설도 있는데 이것은 물론 믿을 수 있는 말은 못 된다.《산해경》은 전국시대를 지나오면서 많은 사람의 손을 거쳐 완성되었다는 것이 거의 정설이기 때문이다.

우는 백익을 무척이나 신뢰해서 요와 순이 그랬듯이 그를 자신의 후계자로 점찍어두었다. 그러나 이후에 백익은 우의 뒤를 이어 왕위에 오르지 못한다. 우 이후로 '선양'의 풍습은 사라지고 아들에게 왕위를 물려주는 세습제가 시작되었기 때문이다. 우 다음으로 왕이 된 사람은 백익이 아니라 돌로 변한 도산씨의 몸에서 나온 우의 아들 계다. 백익이 우의 아들 계에게 왕위를 양보했다는 이야기도 있고, 백익이 계와의 정권 다툼에서 밀렸다는 이야기도 있지만 상세한 내용은 알 수가 없다. 다만 우 이후로 중국 역사에서는 선양을 통해 지혜로운 사람에게 왕위를 물려주는 황금시대의 전통이 사라지고 만다.

사실 요가 순에게, 순이 우에게 왕위를 물려주었다는 이른바 '선양' 이야기는 고대의 황금시대를 언급할 때 항상 등장하는 미담이다. 권력자가 능력이 모자라는 자기 아들이 아니라 지혜로운 신하에게 왕위를 물려준다는 것은 장자상속제가 고착된 전통사회에서 고대의 아름다운 이야기로 여겨졌을 법하다. 그러나 이것이 유가 학자들의 정치적 이상을 반영한 허구적 이야기일 뿐이라는 주장은 일찍이 순자荀子 때부터 나왔다. 권력의 속성과 인간의 본질을 들여다볼 때 최고 지도자가 자신과 혈연관계가 있는 아들이 아니라 자신의 신하에게 정권을 물려준다는 것은 현실성이 떨어진다는 것이다. 사실 고대의 문헌 자료들을 자세히 들여다보면 그 안에 치열한 권력투쟁의 흔적이 스며 있다. 순이 남방을 순행하다가 갑작스 레 죽었다는 것도 그런 투쟁의 흔적을 보여주는 이야기라고 해석 하기도 한다. 우가 자기 아들 계에게 왕위를 물려주었다는 것을 부 계사회와 장자상속제의 확립을 보여주는 신화로 읽을 수 있다면 요와 순, 순과 우의 선양 이야기는 유가 학자들의 정치적 이상을 보여주는, 허구적 상상력에 기초한 신화라고 볼 수 있는 것이다.

우가 여행한 나라들

'구주九州'*는 중국 땅을 가리키는 말이다. 우는 치수 작업을 하 면서 구주를 모두 돌아다녔다. 동쪽으로는 부목扶木이 있는 곳까지 갔는데, 부목은 태양이 쉬고 있다가 떠오르기 시작하는 곳인 부상 이다.

동쪽 끝에 도착한 우는 찬란하게 해가 떠오르는 구진九津과 청강 靑羌의 들판에서 찬란하게 빛나는 햇살을 바라보았다.

"산이 높기도 하다. 저 위에 올라가면 하늘에 닿을 수 있다던데."

우는 문천산捫天山 정상까지 올라가서 하늘을 만져보았다. '문捫' 이란 '손으로 만지다'라는 뜻이다. 그는 또한 이가 검은 사람들이

---

* **구주** 우가 홍수를 다스리고 나서 농업을 발전시키기 위해 중국 땅을 토양의 성질에 따라 기주를 비롯해 아홉 개의 지역으로 분류했다는 데서 유래한 말로, 지금은 '중국'이라는 의미로 쓰 이고 있다. 구주 중 지금도 여전히 지역의 약칭으로 쓰이는 것이 있는데, 기주(冀州)의 '기(冀)' 자가 허베이성을 가리키는 약칭으로, 예주(豫州)의 '예(豫)' 자가 허난성의 약칭으로 쓰인다.

사는 나라인 흑치국과 상서로운 구미호가 산다는 청구향靑邱鄕까지 갔다. 동쪽 끝까지 갔다가 우는 남쪽으로 내려가기 시작했다.

남쪽으로 떠난 우는 지금의 베트남에 해당하는 교지交趾를 비롯하여 단속丹粟과 칠수漆樹, 비수표표沸水漂漂와 구양국九陽國에까지 갔다.

"정말 덥구나. 가만히 서 있어도 땀이 줄줄 흐르는군."

'비수표표'란 '물이 펄펄 끓는 나라'라는 뜻이고 '구양국'은 '엄청나게 더운 나라'라는 뜻이니 아마도 적도 근처만큼이나 더운 곳이었던 모양이다.

또한 날개 달린 사람들이 사는 나라인 우인국羽人國과 영원히 죽지 않는 사람들이 사는 나라인 불사국不死國을 거쳐, 마침내 우는 벌거벗은 사람들이 사는 나라인 나민국裸民國에 도착했다. 나민국에 갈 때 그는 입고 있던 옷을 모두 벗어버렸다. 사실 그러기 전에 우가 좀 고민하긴 했을 것이다.

'벗자니 쑥스럽군. 하지만 나 혼자 옷을 입고 돌아다니면 이 역시 도리에 어긋나는 일이라 모두가 나를 이상하게 볼 것 아닌가!'

벌거숭이들의 나라에 들어가게 된 우는 결국 그 나라의 풍습을 존중하여 스스로 벌거숭이가 되었다.

"자, 이제 서쪽으로 가보자. 그곳엔 어떤 나라들이 있을까?"

여행자는 언제나 용감하다. 새로운 곳에 대한 누를 수 없는 호기심이 여행자를 길 위에 세우기 마련이니, 황하의 물길을 따라 우는 기운차게 서쪽으로 떠났다.

"머나먼 서쪽 땅엔 서왕모가 산다던데……."

우는 서왕모와 세 마리 푸른 새가 사는 삼위산, 누런 황금이 잔뜩 쌓여 있다는 적금산積金山 그리고 무산에도 갔다.

"여기가 무산인가?"

염제의 가엾은 딸 요희의 영혼이 무산 신녀가 되어 무산에 비를 뿌린다고 했다. 무산은 과연 천하절경이었다. 우는 또 하나의 새롭고 이상한 나라에 가게 되었다.

"여기 사람들은 얼굴이 세 개로군."

그곳 일비삼면국一臂三面國 사람들은 팔은 하나인데 얼굴은 세 개였다. 또한 그 옆에 있는 나라인 선향仙鄕 사람들은 밥을 먹지 않았다. 가만히 보니 그들은 이슬과 공기만 먹고 살아갔다. 우는 마지막으로 북쪽으로 발길을 돌렸다.

아득히 먼 북쪽 땅은 몹시 추웠다.

"저곳이 바로 하해夏海의 끝이로구나."

하해는 춥고 어두운 북쪽 끝자락에 있는 신화 속의 바다다. 우는 추위를 무릅쓰고 하해의 끝까지 간 다음, 인정국人正國과 견융국 그리고 거인들이 사는 과보국夸父國에 들렀다.

"아. 저기가 우강의 땅인가."

우강은 북해의 신이다. 북쪽 머나먼 곳에 가서 북해를 다스리는 위대한 바람의 신 우강까지 만났으니 이제는 그만 돌아가도 좋을 것이었다. 우는 남쪽을 향해 발길을 돌렸다.

"여기가 어디지?"

휘몰아치는 북풍 속에서 눈 덮인 황야를 걷던 우는 그만 길을 잃어버리고 말았다. 가면 갈수록 주위의 경치가 기이하고 낯설어졌다. 그러나 우는 계속 앞으로 걸어갔다. 갑자기 눈앞에 기이한 산이 나타났다. 나무 한 그루, 풀 한 포기 없는 매끄러운 산이 길게 가로누워 있었다.

"어디 한번 올라가 보자. 저 산 너머엔 무엇이 있을까?"

살아 있는 것이라고는 아무것도 없는 듯한 황량한 산을 우는 땀을 뻘뻘 흘리며 올라갔고, 마침내 정상에 다다라 멀리 산 너머를 바라보았다. 놀랍게도 산 너머엔 푸른 벌판이 펼쳐져 있었다. 끝이 보이지 않을 만큼 아득한 벌판엔 봄이 가득 내려앉아 있었다. 북풍한설이 몰아치는 이 머나먼 북쪽 땅 끝에 저런 곳이 있다니, 우는 눈을 비비며 좀 더 자세히 살펴보았다. 그러자 넓은 벌판에 실처럼 가느다란 시냇물이 얽혀 있는데, 그 시냇물 근처에 사람들이 옹기종기 모여 앉아 있는 것이 보였다. 어떤 사람이 시냇물로 걸어 들어가 물을 떠서 마시더니 비틀거리며 쓰러졌다. 또 다른 사람들은 냇가에 앉아 노래를 부르며 춤을 추었다. 보면 볼수록 기이한 광경이었다.

'도대체 뭘 하는 걸까?'

호기심을 누를 수 없었던 우는 서둘러 산 아래로 내려갔다. 그곳은 사방이 산으로 둘러싸였는데, 산꼭대기의 움푹 파인 곳에서 물이 흘러나와 벌판의 이곳저곳으로 흘러가고 있었다.

오랜 시간 동안 치수 작업을 하면서 우는 지형에 많은 관심을 가졌다. 이곳의 특이한 지형이 우의 눈길을 끌었다.

"그런데 이상하군. 이곳은 춥지가 않네!"

걸어가면서 우는 그곳이 봄날처럼 따뜻하다는 걸 느꼈다. 지금까지 다닌 황량하고 추운 북쪽 땅과는 달랐다. 이곳도 북쪽 땅이 분명한데 어떻게 이렇게 따뜻할 수가 있단 말인가. 정말 이상한 곳이었다.

냇가에 누워서 혹은 앉아서 노래를 부르던 사람들이 드디어 우를 발견했다.

"저는 우라고 합니다. 아주 먼 곳에서 왔지요. 여기가 어딥니까?"

"종북국終北國이오. 북쪽 끝에 있는 나라라서 '종북'이라고 부릅니다."

"그런데 북쪽 끝이라면서 어떻게 이렇게 따뜻할 수가 있지요?"

"허허, 이곳은 언제나 이렇답니다."

그곳엔 바람도 비도 없었다. 덥지도 춥지도 않았으며 눈이나 서리도 내리지 않았고 일 년 내내 봄날 같았다. 안온하고 편안한 땅이었다.

"그런데 저 냇물은 뭔가요?"

"신분神瀵*이라는 시냇물입니다. '신들의 샘물'이란 뜻이지요."

"여러분이 즐겨 마시는 듯하던데요?"

"예, 저기 보이는 호령산壺領山에서 흘러 내려오는데, 달콤하고 향기로워요. 한번 마셔보시오."

* **신분** 신분은 그리스 신화에 나오는 넥타르나 암브로시아(ambrosia), 페르시아의 하오마(haoma), 인도 신화에 나오는 암리타(amrita)나 소마 같은 신의 음료였다. 불로장생의 술이라고도 여겨지는 이 마법의 음료들은 마시면 황홀해져서 접신(接神)의 경지에 이르게 하는 일종의 환각제라는 주장이 있는데, 신분 역시 그런 음료 중 하나인 듯하다.

사람들이 우에게 신분을 마셔보라고 권했다. 우는 호기심에 가득 차서 그 물을 마셔보았다. 뭐라 형언할 수 없는 황홀한 맛에다 배까지 불러왔다. 그런데 그 맛에 취해 계속 마셔대자 갑자기 취기가 느껴졌다. 꼭 술을 마신 것 같았다.

"어어, 졸리네요?"

"그걸 많이 마시면 잠들게 된답니다. 열흘쯤 푹 자고 나면 깨어나지요. 하하!"

그런 음료수가 바로 곁에 있었으니 종북국 사람들은 일하지 않고 살았다. 배고프면 신분을 마시고, 마시다가 졸리면 자고, 깨어나서 배가 고프면 다시 마시고 하니 굳이 힘들여 일할 필요가 없었다. 그들은 모두 100살까지 살았고, 두 다리를 쭉 뻗으면 하늘로 올라갈 수도 있었다고 한다.

"어때요? 춥지도 덥지도 않고 일하지 않아도 배불리 먹을 수 있는 이곳에서 우리와 함께 살아요."

그곳의 착한 사람들은 낯선 땅에서 온 여행자를 곁에 머물게 하고 싶어 했다. 그 순간 우는 자기가 다스리는 땅에서 홍수 때문에 늘 고통스러워하는 사람들을 떠올렸다.

"안 됩니다. 저는 돌아가야 해요. 저를 애타게 기다리는 백성들이 있답니다."

"그렇군요. 그러면 가셔야지요."

말리던 사람들은 아쉬워하며 우를 떠나보냈다.

머리 아홉 개 달린 괴물을 처단하다

《산해경》을 보면 서북쪽 바다의 바깥, 대황의 모퉁이에 '우가 공공의 나라를 공격한 산(禹攻共工國山)'이 있었다. 공공의 나라를 공격한 우는 이 산에서 공공의 신하인 상류를 처단했다고 한다.

상류는 뱀의 몸에 머리가 아홉 개나 달린 히드라처럼 생긴 거대한 괴물이었다. 성격이 포악했을 뿐 아니라 먹는 것을 지나치게 탐하여 아홉 개 산에 있는 먹이들을 아홉 개의 머리로 게걸스럽게 죄다 먹어치웠다.

"상류라는 놈이 지나가는 곳에는 아무것도 살아남을 수 없습니다. 그놈이 지나가면서 건드린 곳은 모두 호수로 변하는데, 그 호수의 물은 맵고 짠 이상한 맛이어서, 마시면 모두 생명을 잃게 됩니다. 그래서 동물이고 사람이고 그 호수 근처에서는 살 수가 없습니다."

"저런, 당장에 그놈을 없애 사람들의 근심을 풀어주어야겠다."

우는 상류를 죽이러 갔다. 머리가 아홉 개나 달린 그 거대한 괴물을 죽이는 것은 쉬운 일이 아니어서 우와 함께 치수 작업에 참여했던 광장과 대여, 동률과 경진 등 용맹스러운 부하들 모두가 합세해서 겨우 상류를 처치할 수 있었다. 그러나 상류가 죽은 이후에도 골치 아픈 문제가 생겼다. 상류가 죽으면서 흘린 엄청난 피가 여기저기 고여 있었는데, 그 피에서 나는 냄새가 지독할 뿐 아니라 그 피가 스며든 곳에서는 곡식이 자라지 못했다. 또한 인근의 물 역시 고약한 맛이 나서 사람들이 마실 수 없었다.

"어서 흙을 모아다가 메워버려라!"

우는 상류의 피가 고여 있는 곳을 찾아 모두 흙으로 메워버렸다. 그러나 그것도 잠시, 메워 넣은 흙이 자꾸 아래로 가라앉아버렸다. 요컨대 늪지가 되었다는 말인 듯하다.

"어떻게 할까요? 흙을 아무리 갖다 부어도 자꾸 가라앉습니다."

"그렇다면 아예 그곳을 파내 연못을 만들어라."

우는 메워 넣었던 흙을 모조리 파내고 땅을 깊이 파서 그곳을 연못으로 만들어버렸다. 그리고 곳곳에 누각을 지어 자신의 위세로 상류의 요사스러운 기운을 억눌렀고, 못된 짓을 하는 다른 요괴들도 다스렸다.

왕권의 상징물, 아홉 개의 정

사마천의《사기》에는 우가 임금이 된 뒤에 구주, 즉 중국 전역의 우두머리들이 바쳐온 쇠를 모아 아홉 개의 정鼎을 만들었다는 기록이 있다. 정은 '발이 세 개 달린 솥'을 가리키는데 주로 청동으로 주조한다. 물론 정이라고 해서 언제나 발이 세 개 달린 둥근 솥인 것은 아니고 발이 네 개 달린 네모난 솥, 즉 '방정方鼎'도 있다. 지금도 중국의 대표적인 성省 박물관에 가면 어디서나 정을 볼 수 있다. 특히 은나라 때 청동으로 만든 정이 가장 아름다운데, 정의 표면에 새겨진 문양들이 매우 다양하고 특이하다. 중국 최초의 문자인 갑골문이 발견된 허난성 안양시安陽市에서 발굴된 사모무정司母戊鼎은 무게가 무려 900여 킬로그램이나 된다. 이런 청동 정들은 대부분 조상에게 제사를 지내기 위한 제기로 쓰였다.

우임금이 만들었다는 아홉 개의 정(九鼎)은 나중에 황권의 상징으로 황제들이 열심히 찾아내려고 안달하는 보물이 된다. 하지만 애초에 우임금이 아홉 개의 정을 만든 뜻은 단순했다. 어느 날 그가 신하에게 물었다.

"이제 홍수가 어느 정도 다스려졌는데 사람들은 여전히 숲에 들어가거나 여행하는 것을 두려워한다지?"

"예, 홍수 때문에 온갖 맹수들이 다 나와 돌아다니기 때문에 지금도 어떤 괴물이 덤벼들지 몰라 사람들이 두려워합니다."

"흠, 그래서야 되겠는가!"

"무슨 좋은 방법이 있겠습니까?"

"온 나라에서 바쳐온 청동으로 아홉 개의 정을 만들고, 그 정에다가 사람들이 두려워하는 요괴와 귀신과 맹수들의 모습을 그려 넣는 거야."

"말씀하시는 뜻이……?"

"내가 세상을 돌아다니면서 본 요괴들만 해도 부지기수이니 그 요괴들과 천하의 맹수들을 정에 새겨 넣으려는 걸세. 그렇게 만든 정을 궁전 앞에 세워두어 백성들이 볼 수 있게 하겠네. 놈들이 어떻게 생겼는지 미리 봐두면 나중에 만나게 되더라도 먼저 알아볼 수 있으니, 덜 놀랄 수 있고 또 미리 준비해서 길을 떠날 수 있지 않겠나."

"정말 좋은 생각이옵니다."

우임금은 구주의 지도자들이 보내온 청동으로 아홉 개의 정을 주조했고, 그것을 궁전 밖에 세워놓아 누구든지 보게 했다. 이렇게 우임금은 애초에 실용적인 목적으로 구정을 만들었다. 그러나 하나라, 은나라, 주나라를 거쳐 춘추전국시대로 내려오면서 구정은 궁전 밖에 서 있는 것이 아니라 궁전의 사당 안으로 들어갔고, 황권의 상징물이 되었다.

춘추시대에 한창 강한 국력을 과시하던 초나라 장왕莊王이 군대를 이끌고 육혼陸渾의 융족戎族을 정벌하러 갔다가 주나라의 도성인 낙읍洛邑에 이르게 되었다. 장왕이 도성 근처에서 은근히 주나라를 압박하자 주나라 정왕定王은 왕손만王孫滿을 사신으로 보내 장왕을 위문하게 했다. 중원 제패를 꿈꾸던 춘추시대 여러 나라의 왕들은 왕권의 상징물인 구정의 행방을 찾지 않을 수 없었다. 한창 패권을 욕심내던 때라 초나라 장왕은 참지 못하고 왕손만에게 물었다.

"주나라 왕실에 있다는 정은 크기가 도대체 얼마나 되나? 또 무게는 어느 정도나 나가는지?"

왕손만은 주나라에서 말 잘하기로 이름난 인물이었다. 중국을 제패하려는 야심을 품은 장왕이 영 마음에 들지 않았던 그는 천자가 보내니 억지로 위문을 오기는 했지만, 속이 뒤틀리던 차에 이런 질문을 받으니 더는 참을 수가 없었다.

"군왕의 무게는 덕에 있지 정의 무게에 있는 것이 아닙니다."

그는 단 한마디로 장왕의 야심에 찬물을 끼얹었다. 머쓱해진 장왕은 아무런 말도 하지 못한 채 돌아가는 수밖에 없었다. 사실 정하나가 얼마나 무거운지, 자그마치 9만 명이 한꺼번에 힘을 합쳐야 들 수 있었다는 기록도 전해지고 있다.

그러면 구정은 그 후 어떻게 되었을까? 기록에 의하면 전국시대 말기에 진나라 소양왕昭襄王이 주나라를 공격하여 초나라 장왕이 탐냈던 바로 그 구정을 얻었다고 한다. 그런데 그것을 메고 끙끙거리며 진나라로 옮기던 중에 그중 하나가 공중으로 날아올라 동방의 사수泗水에 빠져버렸다고 한다. 구정은 아홉 개가 함께 있어야 가치가 있는 법인데 하나가 사라져버리고 만 것이다.

그 후 진시황이 신선 사상에 빠져 동해로 신선을 만나러 갔다가 허탕을 치고 돌아오던 길에 팽성彭成을 지날 무렵, 사수에 빠졌다는 정이 생각났다.

"바로 이곳에 정 하나가 빠졌다는 말이지?"

"예, 그런 말이 전해져오고 있습니다."

"찾아야겠다."

"예?"

"사수에 빠졌다는 그 보물 정을 찾아야겠다. 어서 인부들을 동원해라."

"그걸 어떻게?"

"무슨 수를 써서라도 찾아내!"

진시황은 수천 명의 인부를 동원하여 사수를 샅샅이 훑었다. 그러나 정은 그 어디에서도 흔적을 찾을 수 없었다. 영원히 사라져버린 것이다.

산둥성에서 출토된 화상석들을 살펴보면 사수에서 정을 건져

내는 도상들이 여기저기에 나타나는데, 그것을 '사수에서 정 건지기(泗水取鼎)'라고 한다. 산둥성 자샹현嘉祥縣 무량사武梁祠 화상석의 〈사수취정도〉가 가장 유명한데, 이 그림은 많은 사람이 사수의 다리 아래위에서 정을 건지느라 공을 들이는 가운데 밧줄에 걸려 올라오던 정이 그만 용이 밧줄을 물어뜯는 바람에 다시 강물로 빠져버리는 순간을 묘사하고 있다. 정에 대한 인간의 욕망을 희화화한 재미있는 그림이다.

10부

세상 밖의
또 다른 세상

1장 | 동쪽 바다 밖의 세상

《산해경》에는 아득하게 먼 곳에 있는 이상한 나라들이 등장한다. 귀가 길거나, 가슴에 구멍이 뚫렸거나, 얼굴 세 개에 다리가 한 개인 사람들만 사는 기이한 나라들 말이다. 이 이야기들을 보면서 그리스인들의 그리스 중심적 세계관을 떠올리는 것은 어쩌면 자연스러운 일일 것이다. 그리스인들이 바깥세상 사람들에 대해 어떻게 인식하고 있었는지를 보여주는 15세기 독일 문헌의 그림을 보면, 혹시 《산해경》에 등장하는 여러 나라와 사람들에 대한 삽화가 아닐까 싶을 정도다.

그런 고대 그리스인들의 그리스 중심적 세계관은 어딘가 고대 중국인들의 세계관과 닮아 있다. 자신을 중심에 두고 사방의 이민족들을 모조리 '오랑캐'로 치부했던 고대 중국인들에게는 중원 지역에서 살아가는 그들만이 문자를 소유한 문명화된 민족이었다. 그렇다면 《산해경》의 저자들도 혹시 중국, 즉 당시의 중원을 중심에 두고, 그곳으로부터 멀리 떨어진 사방의 먼 곳에는 괴물처럼 생긴 야만적인 인간들이 살고 있다고 생각했던 걸까? 아니면, 낯선 곳에 대한 두려움 혹은 호기심이 그런 묘사를 하게 한 걸까? 그에 대한 답은《산해경》에 기록된 먼 나라, 이상한 사람들에 관한 이야기들을 살펴보고 난 뒤에야 찾을 수 있을 것이다.

군자국, 군자들의 나라

동쪽 바다 밖에 있는 군자국君子國 사람들은 모두 오래 살았다. 이들은 야생 짐승과 가축을 잡아먹었으며 목근화木槿花를 먹기도 했다. 목근화는 무궁화를 가리키는데 붉은색이나 보라색, 흰색 꽃이 아침에 피었다가 저녁이면 시들었다. 군자국 사람들은 말 그대로 군자다운 풍모를 지니고 있어서 양보도 잘하고 무척이나 자애로웠으며 옷과 모자를 격식에 맞추어 입고 허리에는 보검을 차고 다녔다. 이 나라 사람들은 얼룩무늬 호랑이 두 마리를 하인처럼 데리고 다녔는데, 호랑이가 마치 집에서 기르는 고양이처럼 얌전하고 순해서 거리에 사람과 호랑이가 함께 다녀도 아무런 문제도 생기지 않았다.

동방에 있다는 이 군자국이 동이를 가리킨다는 말도 있다. 특히 호랑이 두 마리를 데리고 다녔다는 묘사에서 우리나라의 민속 신앙에 등장하는 산신령을 떠올릴 수 있다. 하얗고 긴 수염을 기른 산신령 곁에 호랑이가 있는 산신도를 여러분도 한 번쯤 보았을 것이다. 물론 우리의 산신령과 흡사한 산신은 중국의 동북 지역, 즉 만주에 거주하는 여러 민족의 신화에도 똑같이 등장한다. 에벤키나 오로첸, 다우르족 등 다싱안링 산맥 일대에서 수렵을 하며 살아 갔던 민족의 신화에도 산신, 즉 바인(바얀) 아차에 관한 이야기가 나온다.

청나라 학자인 학의행郝懿行은《산해경》에 주석을 달면서 군자국이 구이九夷의 범위에 속하는 나라라고 했다. 일찍이 공자는 뜻을 펼치기 위해 여러 나라를 돌아다니다가 끝내 받아주는 군주가 없자 이렇게 말한 적이 있다. "여기서는 나의 도道가 행해지지 않는구나. 뗏목을 타고 바다로 나가 멀리 구이의 지방으로나 가볼까." 그런데 여기서 공자가 말한 '구이'가 바로 동이, 즉 군자국이 있는 곳을 가리킨다는 것이다.

대인국, 거인들의 나라

동쪽 바다 머나먼 곳에 파곡산波谷山이 있고 그곳에 대인국大人國이 자리 잡고 있었다. 대인지시大人之市는 그 나라에 있는 산 이름인데, 마치 커다란 집처럼 생겨 '집 당堂' 자를 써서 '대인지당大人之堂'이라고도 했다. 두 팔을 펼친 거인이 그 꼭대기에 앉아 있었다.

대인국 사람들은 리釐라는 성씨를 갖고 있었으며 기장을 주로 먹었다. 그곳에는 또한 머리가 누런색이고 먼지를 먹고 사는 거대한 푸른 뱀이 살았다. 엄청난 덩치의 대인국 사람들은 나무를 잘라 배를 잘 만들었다.

이 나라 사람들은 어머니 배 속에서 36개월이 지나야 세상 밖으로 나올 수 있었는데, 태어날 때부터 엄청나게 체구가 컸으며 머리카락도 이미 하얗게 세어 있었다고 한다. 또한 이들은 용의 자손이어서 땅 위를 걸어 다니지 않고 구름을 타고 다녔다. 이 나라는 남방 회계會稽에서 4만 6000리 떨어진 곳에 있었다. 대인국 근처에는 사비시奮比尸가 살았는데 몸은 동물이지만 얼굴은 사람이고 양쪽 귀에 파란 뱀을 한 마리씩 걸고 있었다.

대인국 사람들이 배를 잘 만드는 기술자들이었다면, 또 다른 거인국인 완거국宛渠國 사람들은 일종의 잠수함 건조 전문가였다. 그들이 만든 나선형 배는 잠수 기능이 있어서 바닷속 깊이 들어가도 물이 스며들지 않았다고 한다. 이 배를 윤파주淪波舟라고 했다. '윤淪'은 '물에 잠기다'라는 뜻이고 '파波'는 '파도'를 가리키니, 윤파주는 '파도 속에 잠기는 배'라는 뜻이다. 중국 신화에는 이처럼 흥미로운 발명품들이 심심치 않게 등장한다. 윤파주를 만든 완거국 사람들은 키가 열 길이나 되고 온몸이 새와 짐승의 털로 뒤덮여 있었다.

지제국支提國 사람들도 키가 세 길쯤 되었는데 특이하게도 손이 세 개였고 그 세 개의 손 중 하나로 늘 가슴을 가리고 있었다. 그리고 손가락과 발가락도 역시 세 개씩이었다고 한다. 이 나라 사람들은 힘이 천하장사여서 심심해지면 바둑돌 옮기듯이 작은 산을 들어 올려 마음대로 이리저리 옮기며 놀았다. 달리기도 잘했고 목이 마르면 시냇물 하나쯤은 단숨에 마셔버릴 수도 있었다. 물풀로 옷을 만들어 입었고 물소나 코끼리를 던지며 노는 것을 좋아했다.

문서국文犀國도 거인들의 나라다. 장안에서 9000리 떨어진 곳에 있는 이 나라는 폐륵국吠勒國이라고도 불렸다. 이 나라 사람들은 일곱 자가 넘는 키에 길게 자란 머리카락을 발꿈치까지 늘어뜨리고 있었고, 물소 뿔과 상아로 만든 우아한 수레를 타고 다녔다. 이들은 또한 코끼리를 타고 바다 밑으로 들어가 보물을 가져올 수 있었다. 바다 밑에서 그들은 인어의 일종이라고 할 수 있는 교인들의 집에 묵으면서 교인들이 흘린 눈물이 변한 '눈물 진주(泣珠)'를 얻어 오곤 했다.

흑치국, 검은 이를 가진 사람들의 나라

흑치국 사람들은 마치 옻칠을 한 듯 시커먼 치아를 가지고 있었다. 그들은 제준의 후손으로 열 개의 태양이 머무는 양곡 근처에 살았다. 그들은 치아를 검게 물들이는 것을 좋아하여, 입을 벌리고 웃으면 온통 시커먼 이만 보였다. 우리와 마찬가지로 쌀을 주식으로 했지만, 반찬으로는 뱀을 먹었다. 일설에 의하면 붉은 뱀과 푸른 뱀을 하인처럼 부리기도 했다고 한다.

그런데 유난히 이 나라 사람들의 이가 검은 이유는 무엇일까? 검은 이가 아름답다고 생각했기 때문일까? 아니면 더운 지역에서 많이 나는 빈랑檳榔이라는 나무 열매를 많이 먹어서 그렇게 된 것일까? 아니면 어떤 종교적 이유로 그렇게 물들인 것일까? 그것도 아니면 민족의 표지? 어쩌면 이 중 하나만이 이유일 수도 있고 이 모든 것이 이유일 수도 있다. 다만 이를 검게 물들이는 것 역시 문신의 일종이라고 본다면 그것은 흑치국 사람들만의 독특한 표지일 수 있다.

지금은 많이 사라져가고 있지만, 중국의 남부 지역에 거주하는 민족들에게는 얼마 전까지도 이를 검게 물들이는 습속이 있었다. 젊은 남녀가 모여 노래하며 놀 때 검은색의 칠수漆水를 끓여 이를 검고 반짝거리게 만드는 풍습이 있었는데, 검게 빛나는 이를 아름답게 여겼기 때문이다. 우리는 하얗게 빛나는 이를 아름답다고 생각하지만 미의 기준이라는 것은 절대적인 것이 아니다.

한편 문신은 고대 중국에서 중원 지역의 화하족과 변방의 이민족을 구분 지어주는 표지였다. 고대 중국 문헌을 보면 이른바 '오랑캐' 지역에 사는 민족들은 '피발披髮'에 '문신'을 하는 경우가 흔했다고 나온다. 세상 밖의 여러 나라에 관한《산해경》의 기록을 보더라도 "그 나라 사람들은 머리를 묶지 않고 풀어헤친 채 살았다"라는 표현이 종종 등장한다. 중국의 동남부 지역에 거주하던 여러 민족이 문신하는 풍습이 흔했다는 점을 생각해본다면, 동쪽으로 배를 타고 일 년쯤 가야 도착하는 곳에 있는 흑치국에 검은 이를 가진 사람들이 사는 것은 당연했다.

흑치국은 군자국 근처에 있었다는데, 그래서 그런지 그 나라 사람들은 아주 예절 바르고 학식이 높았다고 한다. 중국의《걸리버 여행기》라고 불리는, 청나라 이여진李汝珍의 소설《경화연鏡花緣》에도 흑치국에 관한 내용이 나온다. 당나라 측천무후 때의 수재로 등장하는 주인공 당오唐敖가 흑치국에 도착해서 하는 말을 들어보자.

"좀 전에는 이 나라 사람들이 너무 새카매서 자세히 보지 못했는데 지금 보니 모두 정말 잘생겼군요. 게다가 남자건 여자건 얼굴에서 글 향기를 내뿜고 있어요. 우아하고 기품 있는 분위기가 모두 그 얼굴의 검은색에서 나오는 것 같네요. 자세히 보니 저 검은 얼굴의 사람들은 정말 품위가 있어서 지분脂粉 냄새를 풍기는 우리나라 사람들과는 비교가 되지 않네요. 아무리 보아도 저 스스로가 때 묻은 인간처럼 느껴집니다. 흑치국 사람들 사이에 이렇게 서 있자니 저들이 풍기는 글 향기에 압도되어 제가 너무나 속되다는 생각이 드는군요. 저 사람들이 비웃기 전에 우리 빨리 떠납시다!"

당나라의 수재라면 과거에 급제한 최고의 지식인이다. 당나라 최고의 지식인이 흑치국이라는 변방의 나라에 가서 그 나라 사람들이 풍기는 글 향기에 압도되어 스스로가 속되다고 느껴질 지경이라고 말한다. 과거에 급제할 정도로 깊은 지식을 갖고 있다고 스스로 자부했지만, 그 정도의 지식은 변방의 어느 지역에 가더라도 다 있는 것이었다. 이여진은 잘난 지식 좀 가지고 있다고 사람들을 얕보아서는 안 된다는 당시 지식인의 자기반성을 흑치국 사람들을 통해 촉구하고 있다. 시커먼 이를 가진 신화 속의 흑치국 사람들이 청나라 시기 중국 땅에서 소박하면서도 품위 있는 모습으로 되살아나고 있는 것이 흥미롭다.

현고국, 하반신이 검은 사람들의 나라

흑치국에서 북쪽으로 양곡을 지나면 현고국玄股國에 이르게 되는데, '검다'는 뜻의 '현玄' 자와 '넓적다리'를 가리키는 '고股' 자로 알수 있듯, 이 나라 사람들은 허리 아랫부분이 온통 검은색이었다. 그들은 바닷가에 살면서 물고기 껍질로 옷을 만들어 입고 기장을 먹거나 갈매기를 잡아먹었다.

현고국 근처에 살고 있던 우사첩雨師妾이라는 부족은 신과 인간의 중간쯤 되는 존재들로서 온몸이 검은색이었고 두 손에는 뱀을한 마리씩 쥐고 있었다. 그리고 왼쪽 귀에는 푸른 뱀을, 오른쪽 귀에는 붉은 뱀을 귀고리처럼 걸고 있었다고 한다.

또한《산해경》에는 흑인黑人도 나오는데, 호랑이 머리에 새의 발을 한 이 사람들 역시 두 손에 뱀을 쥐고 있었고 그것을 '씹어 먹었다'고 한다.

손에 뱀을 쥐고, 귀에 뱀을 걸고, 게다가 뱀을 씹어 먹기까지 했다는 것은 어떤 의미일까? 앞에서도 언급한 적이 있지만, 사악한 유혹자라는 성격은 후대에 부가된 것일 뿐, 고대에 있어서 뱀은 장생불사와 신성성을 의미하는 불멸의 존재였다. 그런 뱀을 손에 쥐고 귀에 걸고 있다는 것은 신성성을 통제하거나 제어할 수 있다는 의미니, 그만큼 이들이 신성하고 강한 힘을 가진 존재였다는 말이 된다.

한나라 때의 무덤에는 진묘수鎭墓獸가 자주 등장한다. 진묘수는 눈이 부리부리하고 머리에는 뿔이 달렸으며 붉은 혀를 길게 늘어뜨린 모습의 동물 신인데, 한나라 사람들은 조상의 영혼을 잘 지켜 달라는 의미로 이처럼 험상궂은 표정의 신을 만들어 무덤 속에 넣었다. 무덤을 지키는 진묘수와 똑같은 것은 물론 아니지만, 뱀을 귀에 걸거나 손에 쥐고 있는 신들 역시 사악함을 제압한다는 의미에서는 진묘수와 같은 상징 계통에 있는 것이 아닐까.

사유국, 바라보기만 해도 아이를 낳는 나라

동남쪽에 있는 사유국司幽國은 기이한 나라다. 이 나라 사람들도 제준의 후손이었다고 하는데 좁쌀과 야생 짐승을 먹으며 살았다. 이 나라에서 남자는 '사사思士'라고 불리며 아내를 취하지 않았고, 여자는 '사녀思女'라고 불리며 남편을 취하지 않았다. 그러나 그들은 서로 바라보기만 해도 감응하여 아이를 낳을 수 있었다. 이것을 《산해경》에서는 '감동感動'이라고 적고 있다. 서로 바라보기만 해도 마음에 느껴지고 몸이 따라서 움직였다는 것인데, 정신적 사랑이 경지에 이르면 이렇게도 될 수 있는 것인가.

청구국, 구미호의 나라

사유국에서 조금 북쪽으로 가면 나오는 청구국青邱國에는 오곡을 먹고 비단옷을 입는 사람들이 살고 있었다. 이 나라에는 꼬리가 아홉 개 달린 구미호가 있었는데, 어린아이 울음소리 같은 것을 냈으며 사람을 잡아먹었다. 그런데 구미호는 천하가 태평할 때 나타나는 상서로운 동물이기도 하다. 사람을 잡아먹는 구미호가 상서로운 동물이라니 어떻게 해석해야 할까?

원래 《산해경》에는 이렇게 상반된 기록이 동시에 등장한다. 아름다운 것은 동시에 독을 품고 있게 마련으로, 아홉 개의 하얀 꼬리로 상징되는 구미호의 상서로움 뒤에는 사람을 잡아먹는 공포가 도사리고 있었다. 이런 상반된 기록은 구미호가 지니는 양면성을 보여주는 것인데, 한나라 때가 되면 구미호의 상서로움이 강조되어 흰 토끼나 두꺼비와 함께 곤륜산 신선들의 세계를 구성하는 중요한 요소로 등장하게 된다. 당시의 화상석을 보면, 불사약을 갖고 있는 곤륜산 서왕모 곁에는 언제나 절구에 불사약을 찧고 있는 토끼와 세 발 달린 까마귀 그리고 꼬리 아홉 개 달린 여우가 나타나고 있다.

치수의 영웅 우는 구미호가 눈앞에 나타나자 자신의 앞날에 행운이 도래하고 여교와의 결혼이 상서로우리라고 생각했다. 결혼에 앞서 구미호가 나타났기 때문에 구미호를 자손 번성의 상징으로 해석하기도 했다. 말하자면 이 시기에는 구미호가 사람을 잡아먹는 공포의 대상이 아니라 상서로움을 의미하는 행운의 상징으로 여겨졌다.

그러나 위진시대가 되면 그런 상징성에 변화가 온다. 행운을 주며 상서로움을 의미하는 곤륜산 신선 세계의 동물이라는 특성은 어디론가 사라지고, 남자를 망치는 유혹자의 성격을 갖게 된다. 상

서로움의 표상이 아니라 '남자를 잡아먹는' 존재가 되어버린 구미
호의 상징성 변모는 하나라 주왕紂王의 연인 달기妲己를 '구미호가
변한 여자'로 보는 문헌 기록에서 확실하게 드러난다. 구미호가 아
름다운 여자로 변해 남자를 망친다는 사고는 여자를 남자와 동등
한 존재로 보는 것이 아니라 주의해야 할 대상 또는 유혹자로 여겼
던 한나라 이후의 관점이 투영된 것이다.

노민국, 늘 바쁜 사람들의 나라

유별나게 바쁜 사람들이 사는 나라 노민국勞民國은 청구국의 북
쪽에 있었다. 이 나라 사람들은 손, 발, 얼굴이 온통 검은색이었는
데 언제나 바빴다. 그래서 앉아 있을 때도 좌불안석으로 불안했고
누워 있을 때도 편하게 있지 못했다. 물론 걷든 서든 언제나 허둥
지둥했다. 그렇다고 무슨 일을 계속하는 것도 아니면서 늘 이렇게
마음만 바빴다. 그래서 다른 지역 사람들이 그들을 '늘 바쁜 사람'
이라는 뜻의 '노민'이라고 불렀다는데, 요즘 용어로 바꿔본다면 '워
커홀릭workaholic', 즉 '일 중독자들'의 나라였다고 할까.

계속 일만 하는 것도 아니면서 늘 뭔가 일을 해야 한다는 강박증
에 시달리는 사람들이라니, 놀이를 즐기는 '호모루덴스Homo ludens'
로만 가득 차 있어야 할 것 같은 신화 속의 세계에도 현대를 살아
가는 우리의 모습이 들어 있는 것이다. 일과 놀이, 즉 노동과 축제
에 대한 욕구는 인간이 태어날 때부터 가지고 있는 동전의 양면 같

은 본성인지도 모른다. 엄청난 인파와 바가지 물가에 시달리면서도 때맞춰 휴가를 떠나는, 소모적으로 보이는 축제가 지속적인 노동만으로는 살아갈 수 없는 인간의 본성을 보여주는 것이라면, 이처럼 늘 마음이 바쁜 노민국 사람들은 축제만으로는 살아갈 수 없는 인간의 또 다른 본성을 보여주고 있다.

그런데 이렇게 늘 마음만 바빴던 이 나라 사람들은 힘들여 농사를 짓거나 가축을 기르는 게 아니라 풀과 나무에 매달린 열매들을 따 먹으며 살았다. 참 신기한 이 나라에는 머리가 둘 달린 희한한 새도 살았다.

화민, 누에가 되어 실을 토해내는 사람들

화민化民 사람들은 하늘에 닿을 만큼 높이 솟아 있는 뽕나무의 잎을 먹고 살았다. 그렇게 37년 동안 뽕잎을 먹고 나면 입에서 실을 토해내면서 스스로 고치를 만들었다. 그런 상태에서 9년이 지나면 날개가 생겨났고, 다시 9년이 지나면 죽었다. 그들의 나라는 낭야琅琊에서 4만여 리 떨어진 곳에 있었다.

앞서 말했듯이 중앙 상제인 황제의 부인 누조는 누에의 여신으로, 사람들한테 누에 치는 법을 가르쳤다. 이런 누조 이야기와 화민 사람들의 모습을 통해 중국에서 비단을 만들어내는 작업이 매우 일찍부터 시작되었음을 짐작할 수 있다.

장인국, 거인들의 나라

전국시대 시집 《초사》에 나오는 장인長人은 동방에 사는 거인들이다. 이 나라 사람들은 키가 1000길이나 되었다고 하니, '길 장長' 자가 들어가는 '장인'이라는 이름이 딱 들어맞는다 하겠다. 진秦나라 양왕襄王 때 탕거군宕渠郡에서 장인들을 임금에게 바쳤는데, 그들은 키가 25장 6척이나 되었다. 진시황 때도 키가 엄청나게 큰 사람들이 임조臨洮 땅에 나타났는데, 그들은 이민족의 복장을 하고 있었다. 그래서 청동으로 그들의 모습을 본떠 청동상을 열두 개 만들었다고 한다.

양면국, 야누스의 나라

양면국兩面國은 《산해경》의 패러디로 일컬어지는 소설 《경화연》에 나오는 나라다.

《경화연》의 주인공 당오와 임지양林之洋이 머나먼 바다 밖 여러 나라를 돌아다니다가 도착한 양면국의 사람들은 얼굴이 두 개였다고 한다. 앞쪽의 얼굴은 참으로 착하고 선량하며 겸손하고 아름다웠지만, 뒤쪽의 얼굴은 쥐의 눈에 매부리코, 칼날 같은 혀를 하고 있었다. 당오와 임지양이 그런 양면국 사람을 만나고 돌아와서 다구공多九公에게 하는 이야기를 들어보자.

당오가 말했다.

"저희가 당신과 헤어져서 10여 리를 가니 사람 사는 곳이 나오더군요. 도대체 '양면'이라는 것이 어떻게 생긴 건지 궁금해서 보려고 했는데, 그 양면국 사람이 머리에 '호연건浩然巾'이라는 두건을 쓰고 있어서 뒤쪽의 얼굴이 가려져 안 보였습니다. 제가 이 나라의 풍습에 관해 물으니 웃으면서 설명해주는데 다른 곳과 달리 친절하더군요."

그러자 임지양이 말했다.

"그런데 말입니다. 그 사람이 매부와 아주 즐겁게 이야기하기에 저도 그 사람에게 말을 시켜보았거든요. 그러자 그 사람이 얼굴을 획 돌려서 저를 한 번 훑어보더니 금방 얼굴색이 변하는 게 아니겠어요. 얼음처럼 차가운 표정을 하고서 아무리 물어봐도 대답도 안 해주더라고요. ……어쨌든 그렇게 떠나왔습니다. 그런데 아무리 생각해도 왜 그러는지 궁금하여 매부와 제가 옷을 바꿔 입고 가서 다시 말을 시켰더니 웬걸, 이번엔 저에게 친절하게 답해주고 매부에게는 냉담하게 구는 게 아니겠어요?"

당오가 말했다.

"그래서 제가 살그머니 그 사람 뒤로 다가가 호연건을 확 벗겨보았답니다. 그랬더니 그 속에는 못된 얼굴이 숨겨져 있더라고요. 쥐의 눈에 매부리코, 얼굴에는 온통 혹이 우둘투둘하게 달려 있고요. 그 뒤쪽 얼굴이 저를 보더니만 긴 혀를 내밀어 독기를 뿜어대는데, 삽시간에 주위가 으스스하고 어두컴컴해지는 것이, 무서워서 죽는 줄 알았답니다."

원나라 때의 책인《이역지異域志》에도 이와 비슷한 후안국後眼國이라는 나라가 나오는데, 그곳 사람들은 얼굴이 두 개인 것은 아니지만 목 뒤에 눈이 하나 더 달려 있었다. 복장은 중국의 북부 지방에 사는 호인胡人과 비슷했고 성질이 사나웠다고 한다. 원나라 때 주치중周致中이라는 사람이 지은 이 책에도《산해경》이나《경화연》에 나오는 다양한 나라들이 등장한다. '조선국'이나 '일본국'에 대해서는 모든 것을 중국을 따라 하고 있다고 묘사하기는 하지만 그래도 풍속이 우아하고 사람들의 성격이 온화하며 성실하다고 서술한 데 반해 남방 여러 나라에 대해서는 매우 부정적으로 묘사하고 있다. 예를 들어 큰아들을 낳으면 잡아먹고 부모도 늙으면 잡아먹는다든가(담인국啖人國), 여자들은 남자를 많이 취하는 것을 자랑으로 여기고(라라囉囉) 부모가 늙으면 팔아버린다든가(묘苗), 구더기가 생긴 고기를 먹는다든가(묘苗), 성격이 아주 거칠고 나쁘다는(생려生黎) 등 그 지역의 문화적 맥락이나 배경에 대한 설명 없이 그냥 단순하게 현상만을 나열하고 있어서 당시 사람들의, 이른바 '다른 세계(異域)'에 대한 부정적 시각을 보여주고 있다.

2장 **서쪽 바다 밖의 세상**

숙신국, 명사수들의 나라

숙신국肅愼國 사람들은 동굴 속에서 옷도 제대로 입지 않고 살았다. 몸에 걸친 것이라고는 돼지가죽뿐이었는데 겨울이 오면 야생동물의 기름을 온몸에 두껍게 발라 추위를 막았다. 하지만 그 어느 나라 사람들보다 활 쏘는 솜씨가 좋았고 무술에도 뛰어났다. 이 나라 사람들이 쓰던 활은 길이가 석 자 일곱 치쯤 되었다고 한다. 그들은 가난하지만 용맹스러운 부족이었다.

요동遼東에서 3000리 떨어진 곳에 있는 불함산不咸山에 숙신국이 있었다고 한다. 숙신국에는 웅상수雄常樹라는 기이한 나무가 자라고 있었는데,《산해경》은 다음과 같이 기록하고 있다.

이 나라에는 웅상수라는 나무가 있었는데 성인이 대를 이어 즉위하게 되면 이 나무에서 옷을 만들어 입었다.

이 대목은 해석상 논란의 여지가 많다. 성인이 대를 이어 즉위하게 되면 이 나무에서 "옷을 만들어 입었다"라는 구절이 특히 그렇지만, 정확한 해석이 아직 없어 지금까지의 일반적인 해석을 일단 써두었다. 《산해경》을 연구하는 중국의 학자들은 이 구절을 위진시대의 학자 곽박郭璞의 주석에 근거하여 해석해왔다. 곽박은 이 구절을 다음과 같이 해석했다.

중국 땅에 현명한 임금이 대를 이어 즉위하면 이 나무에 부드러운 껍질이 생겨, 사람들이 그것을 벗겨내 옷을 해 입을 수 있었다.

곽박의 주석을 좀 더 상세하게 풀어보면 대략 이런 뜻이다. 중국 땅에 지혜로운 군주가 들어서게 되면 변방의 신령스러운 나무마저 감동하여 스스로 부드러운 껍질을 만든다. 돼지가죽을 걸치고 다니는 가엾은 오랑캐 숙신국 사람들이 그 나무껍질을 벗겨내 옷을 지어 입을 수 있었으니 이 얼마나 은혜로운 일인가. 천자의 덕이 오랑캐 땅의 나무와 백성들에게까지 미치니 감읍할 일이로다!

원래 숙신이 거주했던 만주 지역에서는 돼지가 매우 중요한 동물이었다. 돼지가죽으로 옷을 만들어 입는 것은 그들에게는 당연한 일이었는데, 그것을 야만의 상징으로 읽어내고 있다. 이러한 곽박의 해석은 일찍이 한나라 이후부터 시작된 중화주의적, 중원 중심주의적 사고를 여실히 반영하고 있다 하겠다.

왼쪽 그림에는 헌원국 사람(왼쪽 위), 승황(왼쪽 가운데), 여자국 사람(왼쪽 아래), 장부국 사람(오른쪽 위), 숙신국 사람(오른쪽 가운데), 병봉(오른쪽 아래)이 그려져 있다.

특히 여기서 '현명한 임금'이라고 곽박이 해석한 글자는 '제帝'인데,《산해경》에 나오는 이 글자는 대부분 '천제天帝'를 가리킨다. 신화 속의 천제를 인간 세상의 제왕, 즉 '현명한 임금'으로 해석하는 것은 근본적으로 모순이다. 요컨대 이 해석은 그야말로 중원 땅의 황제에게 바치는 헌사이며 중원 중심주의적 사고방식을 여실히 보여주고 있다.

헌원국, 황제의 후손이 사는 나라

헌원국軒轅國은 서쪽 궁산窮山에 있었다. 그곳 사람들은 황제의 자손이었다고 하는데, 수명이 아주 길어서 무려 800년을 살다가 죽어도 일찍 죽는 편에 속했다. 이 나라 사람들은 얼굴은 사람이었지만 몸은 뱀이었으며, 꼬리가 머리를 휘감고 있었다. 꼬리가 머리를 휘감았다는 묘사에서 우리는 자신의 꼬리를 물어서 원을 이루는, 고대 이집트와 그리스 문장紋章에 새겨진 뱀 우로보로스Ouroboros를 떠올릴 수 있다. 우로보로스가 영원한 순환의 시간과 끝없이 이어지는 생명력을 상징한다고 보면, 고대 중국에서나 서구에서나 꼬리를 물고 있는 뱀이 상징하는 이미지는 같았던 모양이다.

이 나라 근처에는 무시무시한 뱀 네 마리가 똬리를 틀고 지키는 '헌원의 언덕(軒轅之丘)'이 있었다. 그곳은 헌원, 즉 황제의 신령이 깃들어 있는 곳이어서 사람들이 감히 그쪽을 향해 활을 쏘지 못했다고 한다.

백민국, 하얀 사람들의 나라

백민국白民國 사람들은 말 그대로 온몸이 새하얀색이었다. 심지어는 머리카락까지도 하얀색이었는데, 그 하얀 머리카락을 틀어올리지 않고 그냥 풀어헤친 채로 살았다. 제준이 제홍帝鴻을 낳고, 제홍이 백민을 낳았다고 하니, 이들은 제준의 후손이다. 기장을 주로 먹었고 새들을 부릴 줄 알았다. 이 나라에 여우처럼 생기고 등에 뿔이 두 개 달린 '승황乘黃'이라는 이상한 동물이 살았는데, 얼마나 빠르게 내달리는지 '나는 승황(飛黃)'이라는 별명이 생길 정도였다. 사람들이 이 녀석을 좀 타보고 싶어도 너무 빠르게 달려서 잡을 수가 없었는데, 승황을 탈 수만 있으면 누구든지 2000살까지 장수할 수 있었다고 한다.

그런데 너무 빠르게 달려서 잡아타고 싶어도 탈 수가 없다는 것은 어떻게 보면 시간의 알레고리가 아닐까. 그리스 신화에 나오는 시간의 신 크로노스Cronos가 달고 있는 날개라든가, 들고 있는 모래시계 역시 흘러가는 시간을 상징하듯이. 인간이 아무리 잡으려 해

| 승황.

도 잡을 수 없는 시간, 그 시간을 잡을 수만 있다면 2000년의 수명이 문제였겠는가.

기고국, 외다리들의 나라

기고국奇股國은 옥문관玉門關에서도 4만 리나 떨어진 서쪽 끝 아득한 곳에 있는 나라다. 옥문관은 지금의 간쑤성 둔황의 서쪽에 있는 중국의 관문으로, 변방 지역을 노래한 고대 작가들의 시에 자주 등장했다. 옥문관을 벗어나면 중국 땅을 지나 아득한 사막으로 접어들기 때문에 변방에 파견되어 나가는 병사들의 애환을 노래할 때 자주 등장했다. 그곳에는 지금도 적막한 바람 소리만 들려오는데, 아득한 옛날에 그곳을 지나 사막으로 들어가야 하는 사람들에게 옥문관의 서쪽이야말로 낯설고 무서운 세상이었을 것이다. 물론《산해경》에 나오는 옥문관이 후대의 옥문관을 가리키는 것인지는 확실하지 않지만, "서쪽 끝에 있다"는 것으로 보아 이렇게 말해도 될 듯하다.

이 나라는 '넓적다리 고股' 대신 '팔 굉肱' 자를 써서 '기굉국奇肱國'이라고도 한다. '기고국'이라면 다리가 하나밖에 없는 사람들의 나라지만, '기굉국'이라면 팔이 하나밖에 없는 사람들의 나라가 된다. 중국에서는 이렇게 글자 하나가 잘못 기록되어 의미가 불분명하게 전승되는 경우가 많다. 중국 춘추전국시대에 문자를 기록하는 중요한 수단 중 하나가 죽간竹簡, 즉 얇은 대나무 조각이었다. 대나무

조각에 글씨를 써서 가지런히 묶어 책을 만들었던 것이다(그 모양새를 보면 짐작할 수 있듯이 '책冊'이라는 한자 자체가 대나무 조각을 나란히 하여 실로 묶은 형태를 본뜬 것이다). 그런데 그것을 묶은 실이 끊어져 대나무 조각 하나가 떨어지면 책의 내용이 뒤섞여버렸고, 또 그것을 다른 곳에 옮겨 쓸 때 필사자가 자칫 실수하여 잘못 베껴 쓸 수도 있었다. 그런 이유로 중국의 오래된 문헌들에는 비슷한 글씨, 잘못된 글씨, 빠진 글씨들이 많아 이처럼 '기굉국'인지 '기고국'인지 정확하게 알 수 없는 일도 생겨나는 것이다.

그런데 '기고국'이든 '기굉국'이든 이 나라 사람들은 눈이 세 개였다. 그리고 재주가 빼어나서 신기하고 정교한 기계들을 만들어 날짐승을 잡았으며, 또한 바람을 타고 멀리 날아갈 수 있는 '하늘을 나는 수레(飛車)'를 만들어 타고 다녔다.

그 외에도 무늬가 있는 '길량吉量'이라는 말을 타고 다녔는데, 길량은 붉은색 갈기에 황금처럼 빛나는 눈을 가져 화려하고 아름다웠다고 한다. 게다가 이 말을 한 번만 타도 그 사람은 1000년을 살 수 있었다. 이 나라에는 깃털에 노란색과 붉은색이 섞인, 머리가 두 개 달린 특이한 새도 살고 있었다.

삼면일비국, 얼굴이 셋이고 팔이 하나인 사람들의 나라

머나먼 서쪽 대황의 한가운데에는 해와 달이 들어가는 대황지산大荒之山이 있었다. 그곳에는 얼굴이 셋이고 팔이 하나 달린 사람들이 살았다. 이 삼면일비국三面一臂國 사람들은 북방 상제 전욱의 후손이라고 한다. 천제의 자손이었기 때문일까, 이들은 영원히 죽지 않았다.

호인국, 물고기의 몸으로 하늘을 나는 사람들의 나라

호인국互人國은 남방 상제 염제의 후손이 세운 나라다. 호인국은 '저인국底人國'이라고도 하며, 하늘 사다리 역할을 했던 건목의 서쪽에 있었다. 이 나라 사람들은 물고기의 몸을 하고 있어 발이 없었다. 하지만 물고기의 몸으로도 하늘을 오르내렸다고 하니, 천제의 후손들이어서 하늘과 통할 수 있었던 모양이다. 물고기의 몸이라고 하면 일단 바다로 가야 할 듯한데 오히려 하늘로 올라가다니, 그 상상이 유쾌하다.

또 호인국 근처에는 머리가 여섯 개 달린 새가 살았다. 몸은 노란색이었고 발은 빨간색이었으며 이름은 산까마귀, 즉 '촉조蜀鳥'라고 했다.

무계국, 후손이 없는 사람들의 나라

후손이 없는 나라라니? 후손이 없는데 어떻게 나라가 계속 유지될 수 있나? 그것은 그 나라 사람들이 죽지 않으면 가능한 일이다.

서북쪽 무계국無繼國 사람들은 죽은 후 120년이 지나면 언제 죽었었냐는 듯이 되살아났다.

이 나라 사람들은 동굴에서 살았다. 공기만 마시며 살기도 했고 물고기를 잡아먹기도 했다. 물론 보통 때는 흙만 먹어도 살 수 있었다. 남녀의 구별도 없었다. 이들은 죽으면 땅속에 묻혔는데 땅속에서도 심장이 썩지 않았다. 그렇게 땅속에 묻혀 120년이 지나면 그들은 다시 살아났다. 무한정 죽었다가 다시 살아날 수 있었으니 후손이 없어도 얼마든지 나라가 계속될 수 있었다. 그들에게 죽음은 그저 조금 긴 잠에 불과했다.

어떤 책을 보면 간이나 폐가 썩지 않고 있다가 100년 뒤에 되살아나는 세민細民이라는 이름도 등장한다. 녹민錄民이라는 이름도 보이는데 그들은 동굴 속에서 흙을 먹고 살면서 부부 관계를 맺지 않았다고 한다. 그들 역시 죽은 후에도 폐가 썩지 않아 120년이면 다시 살아날 수 있었고, 옥문玉門에서 1만 2000리 떨어진 곳에 살았다고 한다. 모두 무계국 사람들과 비슷한 사람들이었다.

《술이기》에는 합도국合塗國이라는 나라가 나오는데, 이 나라는 왕도王都에서 7만 리나 떨어진 먼 곳에 있었다. 이 나라 사람들은 동물과 새들을 잘 부렸고, 집에서 기르는 닭이나 개도 사람의 말을 할 줄 알았다. 사람들은 닭이나 개가 죽으면 땅을 파서 묻어주었는데, 몇 년이 지나 땅속에서 우는 소리가 들려와 그곳을 파보면 개와 닭이 다시 살아나 있었다고 한다.

본래 땅, 즉 흙은 대지의 생명을 의미한다. 썩지 않는 심장에 대지의 생명력이 더해져서 다시 살아나는 사람들의 이야기는 흙과 인간의 관계에 대해 한 번 더 생각해보게 한다.

곡국, 하루에 1000리를 가는 사람들의 나라

아득한 서쪽 바다 밖 머나먼 곳에 곡국鵠國이라는 나라가 있었다. 이 나라 사람들은 키가 작아서 일곱 치를 겨우 넘길 정도였는데, 무려 300년이나 살았다고 한다. 이 나라 사람들은 키는 작았지만 아주 예의가 발랐고 걸음이 바람처럼 빨라서 하루에 1000리를 갈 수 있었다고 한다.

그런데 커다란 바다고니가 날아와 수시로 그들을 잡아먹었으니, 곡국 사람들은 바다고니만 보면 혼비백산했다. 하지만 그들은 바다고니에게 잡아먹혀도 고니의 배 속에서 계속 살았다고 한다. 곡국 사람들을 삼키면 바다고니 역시 1000리를 날 수 있었고 300년을 살 수 있었다.

장고국, 다리가 긴 사람들의 나라

서쪽에 있는 장고국長股國은 장각국長脚國이라고도 불렸는데, 긴 다리를 가진 사람들의 나라였다. 웅상雄常의 북쪽에 있었으며 사람들은 머리를 풀어헤치고 살았다. 다리가 어찌나 긴지 자그마치 한 길이나 되었는데, 그 긴 다리로 장비국長臂國 사람들을 등에 업고 바다에 들어가 물고기를 잡았다고 한다. 다리가 긴 장고국 사람들이 팔이 긴 장비국 사람들을 업고 물속에 들어가 물고기를 잡는 모습은 유가적 엄숙주의가 문화 전반을 지배했던 중원 지역에서는 보기 힘든, 주변부 지역만의 경쾌한 상상력을 보여주고 있다. 지금도 중국에서 행해지는 '채고교踩高橋'라는 민속놀이는 나무로 만든 긴 다리 위에 올라가 걷는 모습을 재연하는데, 물론 언제부터 생겨난 놀이인지는 알 수 없다. 그런데 어떤 사람들은 이 놀이가 바로 장고국 사람들의 다리를 모방해서 만들어진 것이라고 주장하기도 한다.

장고국 근처에는 광조狂鳥라는 이름의 오색찬란한 새가 살았다. 이 새는 광몽조狂夢鳥라고도 하며 머리에는 닭 볏 같은 것이 달려 있었다. 광몽조는 '미친 꿈같은 새'라는 뜻으로 해석할 수 있을까. 빛깔이 어땠는지는 문헌에 자세히 남아 있지 않지만, 공작보다 더 찬란하고 아름다운 색채를 가진, 마치 꿈속에서나 볼 수 있을 것 같은 화려한 새가 아니었을까 싶다.

사실 중국 신화에 등장하는 동물, 식물, 신들의 형상은 어쩌면 상상의 여지가 많아 더욱 신비롭고 아름다운지도 모르겠다. 문자로 묘사할 수 있는 것은 기본적인 생김새일 뿐, 그 문자에 화려하고 찬란한 빛깔을 덧입히는 것은 읽는 이들의 몫이기에.

장수국, 수염이 긴 사람들의 나라

당나라《유양잡조酉陽雜俎》에 나와 있는 이야기다.

한 선비가 신라新羅 사신들을 따라 길을 떠났는데, 풍랑이 일어 방향을 잃고 헤매다가 어떤 곳에 표류하게 되었다. 그곳에 도착해 보니 남녀노소를 막론하고 모두 긴 수염이 나 있었다. 아무리 눈을 비비고 보아도 그것은 분명히 수염이었다. 바로 그 수염 때문에 이 나라는 긴 수염의 나라 장수국長鬚國이라 불렸다.

장수국의 왕은 그 선비를 부마로 삼았는데, 왕비와 공주 역시 긴 수염을 갖고 있었다. 기이하다는 생각은 들었지만 다른 나라에 가면 그 나라 법을 따르라고 하지 않던가. 이제 그곳에 정착하게 되었으니 그곳 풍토에 익숙해져야 할 터였다. 그래서 선비는 "꽃에 꽃술이 없으면 곱지 않듯, 여인에게 수염이 없으면 아름답지 못하지요"라는 시까지 지었다.

그렇게 10여 년의 세월이 지났다. 왕이 나라 안에 큰 걱정거리가 생겼으니 가서 도움을 요청하라면서 선비를 바다 밑에 사는 용왕에게 보냈다. 선비가 용왕에게 가서 그 이야기를 했더니 용왕이 웃으면서 이렇게 말했다.

"허허, 그대는 새우 요정들에게 속았구려."

그러면서 용왕은 쇠솥에 가두어놓은 수많은 새우를 보여주었다. 선비가 갔던 나라는 바로 수염이 긴 새우들의 나라였다.

일비국, 팔이 하나인 사람들의 나라

일비국—臂國 사람들은 팔만 하나였던 것이 아니라 눈과 콧구멍, 다리도 모두 하나뿐이었다. 날개와 눈이 하나밖에 없어 두 마리가 합쳐져야만 자유로이 날아다닐 수 있다는 비익조比翼鳥나 두 마리가 합쳐져야 헤엄칠 수 있다는 비목어比目魚처럼 그들은 '반쪽짜리 사람'이었다. 그래서 이들을 '반체인半體人'이라고도 불렀다. 일비국 근처에는 호랑이 무늬가 있는 황마黃馬라는 동물이 살았는데, 역시 눈이 하나, 발이 하나였다. 북방에 살고 있던 비견민比肩民도 일비국 사람들과 같은 모습이었다. 후대의 작품인《술이기》에 나오는 오吳나라의 금슬 좋은 부부 육동미陸東美와 주씨朱氏 이야기가 비견민과 관련 있으니 한번 살펴보자.

오나라 황룡黃龍 연간, 오도吳都 해염海鹽에 육동미라는 사람이 살았다. 그의 아내는 주씨라 했는데 용모가 아름다웠다. 부부 사이가 좋아 잠시도 서로 떨어져 있지 않았으니, 사람들이 그들을 가리켜 '비견인'이라 했다. 사람들은 비익조라고 해도 그 부부만은 못할 것이라고 말하곤 했다. 나중에 아내인 주씨가 먼저 죽으니 육동미가 식음을 전폐하고 따라 죽었다. 집안의 식구들이 그들을 가엾게 여겨 합장을 해주었다. 일 년이 채 지나지 않아 무덤 위에 가래나무가 자라났는데, 나무는 두 그루였지만 뿌리와 가지가 서로 얽혀 한 그루처럼 되었다. 그리고 나무 위에는 두 마리 기러기가 날아와 줄곧 머물렀다. 손권孫權이 이 이야기를 듣고 감동하여 그 마

을을 '비견'이라 칭하고 무덤
을 '두 그루 가래나무(雙梓)'
라고 불렀다.

이 이야기를 통해서 《산해
경》에서는 그저 반쪽짜리 인간
이었던 비견민이 후대에는 비
익조나 비목어처럼 강한 사랑
을 상징하는 존재로 변했음을
알 수 있다. 사랑하는 사람을
찾아 헤매는 것은 원래부터 한

| 팔다리가 하나씩인 일비국 사람들.

몸이었던 자신의 잃어버린 반쪽을 찾아다니는 과정이라고 한다.
플라톤의 《향연》에 나오는 이 '잃어버린 반쪽'은 바로 그리스판의
'비견민'이라 할 수 있겠다.

삼신국, 몸이 세 개인 사람들의 나라

일비국에서 조금 남쪽으로 내려가면 삼신국三身國이 나오는데,
이 나라 사람들은 머리가 하나에 몸이 세 개였다. 이상하게 생기긴
했지만 제준의 후손이었다고 한다. 요姚라는 성씨를 갖고 있었으
며 기장을 주식으로 먹었고, 네 마리의 새를 부릴 수 있었다. 이 나
라 근처 형산滎山에 사는 무시무시한 검은 구렁이는 아나콘다만큼

이나 컸는지 덩치 큰 사슴을 통째로 삼킬 정도였다고 한다.

또한 근처에 있는 무산巫山의 동굴에는 천제가 선약仙藥 여덟 가지를 숨겨놓았다. 작고 노란 새 한 마리가 그곳에 살면서 천제를 대신해 약을 지키고, 또 검은 구렁이가 못된 짓을 하지는 않는지 늘 지켜보았다.

머리가 하나, 몸통과 팔은 세 개인 삼신국 사람.

옥민국, 아름답고 평화로운 땅

옥민국沃民國은 숙신국에서 남쪽으로 내려가면 나오는 나라다. 난새가 노래하고 봉황이 춤추는 곳이었으며 온갖 동물들이 모여들어 사이좋게 살아가는 나라였다. 봉황의 알이 지천으로 널려 있어 이 나라 사람들은 늘 그 알을 먹었고 하늘에서 내려오는 감로를 마셨다. 신화 속의 동물인 봉황의 알과 신들의 음료인 감로를 먹고 마시는 사람들이 사는 나라라니, 역시 상상의 세계에 존재하는 아름다운 나라, 마음으로만 갈 수 있는 나라였다.

여자국, 여자들만의 나라

옥민국 남쪽에는 여자들만의 나라인 여자국女子國이 있었다. 이 나라에는 여자만 살았다. 소녀가 자라 어른이 되면 '노란 연못(黃池)'에 가 목욕을 했고, 그러면 임신해서 아이를 낳을 수 있었다. 남자아이를 낳으면 3년 안에 죽여버리고 여자아이만을 키웠다.

남자아이를 낳으면 3년 안에 죽이고 여자아이만 키운다니, 신화 시대 중국 땅에 이런 아마조네스 왕국이 과연 있었을까? 이 대목은 앞서 이야기한 위진시대에 곽박이 첨가한 것이다. 원래 《산해경》에는 다음과 같이 기록되어 있다.

여자국이 무함巫咸이라는 나라의 북쪽에 있다. 두 여자가 그곳에 사는데 물이 그곳을 둘러 지나간다.

곽박의 시대에도 여자들만 사는 나라에 대한 전설이 전해지고 있었으나 《산해경》의 원래 기록과는 다른 내용이었던 듯하다. 예를 들어 《이역지》에 여인국에 관한 다음과 같은 이야기가 있다.

여인국은 음기가 넘쳐흐르는 땅이다. 동남쪽 바다에 있으며 그곳에서 자라는 연꽃은 크기가 두 길이나 되고 복숭아씨도 그 크기가 무려 두 자나 된다. 바람이 잘못 불어 배가 그 나라에 닿게 되면 여인들이 몰려와 선원들을 데리고 갔는데, 살아서 돌아온 자가 한 사람도 없었다. 그중 어떤 지혜로운 자가 밤에 몰래 배를 타고 돌아

2장 서쪽 바다 밖의 세상   **653**

와 이 이야기가 비로소 세상에 전해지게 되었다. 그 나라 여인들은 남풍이 살랑살랑 불어오면 옷을 다 벗고 바람을 맞이했는데, 그렇게 하면 바람에 감응하여 임신할 수 있었다고 한다.

이보다 더 후대에 나온 이야기에는 여인들만 사는 나라가 더 기이하게 묘사되어 있다. 7세기 전반기에 나온 역사책인《양서梁書》의〈동이전東夷傳〉을 보자.

부상의 동쪽 1000리 되는 곳에 여국女國이 있다. 사람들은 단정하게 생겼고 피부는 뽀얀 흰색이었다. 몸에는 털이 나 있으며 머리카락은 땅에 닿을 정도였다. 해마다 2~3월이면 앞 다투어 물속으로 들어가는데, 그렇게 하면 임신할 수 있었다. 그 후 7, 8개월이 지나면 아이를 낳았다. 여인들의 가슴에는 젖이 없고 목 뒤에 털이 나 있었는데 그 털 속에 즙이 있어 그 즙을 아이에게 먹였다. 아이는 100일이면 걸어 다녔고 3, 4년이면 커서 어른이 되었다.

또 다른 이야기에 나오는 여인국은 서북쪽 아득한 곳에 있는데, 그곳 사람들은 뱀을 남편으로 삼았다고 한다. 물론 그 뱀은 사람을 물지 않았으며 얌전히 동굴 속에서만 살았다. 그런가 하면 명나라 때 나온 유명한 소설《서유기》에도 삼장법사와 저팔계가 서량여국西梁女國의 자모하子母河를 건너가다가 강물을 잘못 마시는 바람에 그만 임신을 해버리는 재미있는 장면이 나온다. 남자는 하나도 없고 여자만 사는 서량여국에서는 자모하의 물을 마시면 바로 임신을 했다. 결국 손오공이 우여곡절 끝에 해양산解陽山 파아동破兒洞 낙태천落胎泉의 물을 길어다가 어이없게 임신을 해버린 삼장법사와 저팔계를 구해낸다. 그러나 그 후 삼장법사는 여아국女兒國 여왕이 전 재산을 바치면서까지 그의 아내가 되고자 하는 바람에 또 한 번 봉변을 당하게 된다. 이런 여러 기록으로 볼 때 여인들만 사는 나라에 관한 이야기는 아주 오래전부터 꾸준히 중국 사람들의 관심을 끌어왔던 것 같다.

그러나 앞의 이야기들을 통해 여인들만 사는 나라에 대한 중국 고대 문헌의 묘사가 결코 호의적이지 않음을 알 수 있다. 남자는 모두 죽였다든가, 남편이 뱀이라든가, 젖가슴이 없어 머리카락에서 나오는 즙을 아이에게 먹였다는 등 상당히 그로테스크하고 비정상적인 나라로 묘사되고 있다. 고대 중국에서 문자를 사용했던 사람들이 주로 유가 사상의 세례를 받은 남성 지식인들이었다는 점에 주의를 기울인다면, 여인들만이 사는 나라라는 것은 양陽과 음陰의 아름다운 변주를 깨뜨리는, 자연의 질서에 역행하는 것이었기 때문에 우호적이지 않게 묘사되었을 것이라고 추측해볼 수 있다.

지금도 중국에는 '여인국'이라고 불리는 곳이 있다. 윈난성과 쓰촨성의 경계 지역에 있는 루구호瀘沽湖 주변의 모쏘인摩梭人 거주지가 바로 그곳이다. 모쏘인은 윈난성 리장麗江 지역에 주로 모여 사는 나시족 계통의 부족이라고도 하는데, 정작 모쏘 사람들은 자신들이 나시족 계통이 아닌, 그냥 '모쏘인'이라고 말한다.

그들은 '주혼走婚'이라는 특이한 결혼 형태를 유지하며 모계 사회의 성격을 간직한 채 오랜 세월 동안 살아왔다. 모쏘인 남녀는 서로 마음에 들면 남자가 여자의 집으로 와서 하룻밤을 보낸다. 물론 남자는 하룻밤을 지내고 나면 반드시 자기 집으로 돌아가야 한다. 여자는 남자가 마음에 들면 차고 있던 허리띠를 풀어주며, 남자는 여자가 마음에 들면 여러 혼수품을 처가에 갖다 주고 여자와 장기적인 주혼 관계를 맺는다. 물론 이때도 밤에 여자 집에서 자고 나면 다음 날 새벽엔 자기 본가로 돌아가야만 한다. 정통 유가적 관점에서 본다면 도저히 이해할 수 없는 제도겠지만 그곳에서 대대로 살아온 그들에게는 가장 합리적인 혼인 제도였다.

하지만 그렇다고 해서 루구호 일대의 여인들이 혼수품만 빼앗고 남자를 내치는, 남자라면 모조리 죽였던 신화나 전설 속의 여인국 사람들과 같다고 상상하지는 말 일이다. 그들은 그저 고대 모계 사회의 유습을 간직한 채 살아왔을 뿐이다. 루구호 일대의 '여인국'은 한동안 전 세계 인류학자들의 연구 대상이 되었고 지금은 그들을 보기 위해 찾아가는 관광객들로 인해 몸살을 앓고 있지만, 집안의 모든 일을 여인들의 힘으로 해내는 다른 소수민족 여자들처럼 모쏘 여자들도 고되고 힘든 일상을 견뎌내며 여전히 열심히 살아가고 있다.

무함국, 샤먼들의 나라

여인국의 남쪽에 있는 무함국巫咸國은 무사巫師, 즉 샤먼들의 나라다.

이곳에는 이름난 열 명의 샤먼들인 무함巫咸, 무즉巫卽, 무반巫盼, 무팽巫彭, 무고巫姑, 무진巫眞, 무례巫禮, 무저巫抵, 무사巫謝, 무라巫羅가 살고 있었다. 이들은 오른손에 푸른 뱀, 왼손에 붉은 뱀을 쥐고 등보산登葆山을 오르내리며 불사의 영약을 만들 약초를 찾아다녔다. 등보산 역시 샤먼들이 하늘로 오르내리는 하늘 사다리 역할을 하는 산이다.

무함국은 무함을 위시한 샤먼들의 나라였던 것 같다. 여기서도 열 명의 무사들이 손에 뱀을 쥐고 있다는 서술이 나온다. 동서양을 막론하고 뱀이 초월적 존재로 여겨졌다는 것은 이미 앞에서 언급했다.

헤르메스의 지팡이를 휘감고 있는 뱀도 같은 맥락에서 볼 수 있는데, 흥미로운 점은 동북아시아 지역의 샤먼들 의상에 뱀이 자주 보인다는 점이다. '무복巫服'이라 불리는 샤먼의 의상에 주렁주렁 매달려 있는 뱀(주로 오색 천으로 만든다)을 몽골에서는 '만찍'이라고 부르기도 하는데, 북방 민족에게 뱀은 땅이나 물의 신을 지키는 수호신이며 또한 샤먼의 수호자로 여겨진다.

뱀은 또한 땅과 물의 신이 천신에게 보내는 사신으로도 여겨진다. 열 명의 유명한 무사들이 손에 뱀을 쥐고 있었다는 것도 같은 맥락에서 이해하면 될 것이다.

한편 이 나라에는 돼지처럼 생긴 병봉拜封이라는 동물이 살았는데, 꼬리 쪽에 머리가 하나 더 달려 있었다.

| 열 명의 유명한 무사가 살았던 무함국. 이곳에는 머리가 양쪽에 달린 병봉이 살았다.

장부국, 남자들만의 나라

장부국丈夫國 사람들은 모두 의관을 갖춰 입고 멋진 칼을 차고 있었다. 장부국에는 남자만 있고 여자는 없었다고 하는데, 이 나라가 생겨난 유래가 이렇게 전해진다.

은나라 때 태무太戊라는 왕이 신하 왕맹王孟에게 사람들을 거느리고 서왕모의 나라에 가서 불사약을 구해오라고 시켰다. 왕맹이 명령을 받고 서쪽으로 떠나긴 했지만, 이곳에 이르렀을 때쯤 가지고 간 양식이 떨어져 계속 갈 수가 없었다. 그래서 그는 함께 간 사람들과 같이 그곳에 눌러앉게 되었다. 그들은 나무 열매를 따 먹고 짐승의 가죽으로 옷을 해 입었다. 불사약을 구하러 간 사람들이 남자뿐이었기 때문에 남자들만의 나라인 장부국이 생겨난 것이다. 그들은 그 후 평생을 부인 없이 홀로 지냈다. 그런데도 그들은 한 명당 아이를 둘씩은 낳을 수 있었다. 아이들이 아버지의 몸에서 직접 나왔기 때문이다. 아이가 갈비뼈 부분에서 나오면 아버지는 곧 죽었다. 하지만 여자 없이 남자 혼자 낳아서 그런지 막 태어난 아이들은 그림자의 형체를 하고 있었다. 그리고 그림자 형체를 한 아이들이 조금씩 인간의 모습을 갖춰갈 때쯤이면 생명이 다하곤 했다고 한다.

남자의 몸에서 태어난 아이들이 그림자 형체였다는 이야기에서도 음과 양이 만나야 완벽한 하나가 될 수 있다고 여겼던 중국인들의 전통적 사고방식을 엿볼 수 있다. 특히 생명의 재생산에 있어 음으로 상징되는 여성성에 상당한 의미를 부여했던 신화적 사고의 맥락을 찾아볼 수 있다.

수마국, 적도 부근의 나라

장부국 근처에는 수마국壽麻國이 있었다. 남악南嶽이 여건女虔과 혼인하여 계격季格을 낳고 계격이 수마를 낳았다고 하니, 수마국은 황제 계통의 인물인 남악의 후손들이다.

이 나라 사람들은 햇빛 아래에 서 있어도 그림자가 생기지 않았다. 그리고 아무리 크게 소리를 질러도 자신에게 그 소리가 들리지 않았다. 그곳 날씨가 너무나 무더워서 아무도 그 나라에 가고 싶어 하지 않았다고 하니, 아마도 지금의 적도 부근에 있었던 것 같다.

맹조국, 새의 몸을 가진 사람들의 나라

맹조국孟鳥國은 서남쪽 끝에 있는 나라인데, '맹서국孟舒國'이라고도 불린다. 이 나라 사람들은 사람의 얼굴에 새의 몸을 하고서 인간의 말을 했다. 몸 색깔은 빨강, 노랑, 파랑, 세 가지였다. 이들은 우임금을 도와 홍수를 다스리는 일을 했던 백익의 후손이라고 한다. 백익의 후손인 맹희孟戲가 봉황을 데리고 이곳에 와서 나라를 세웠기 때문이다.

이 나라에는 하늘을 찌를 듯 높이 솟은 대나무들이 많았는데, 맹희가 데리고 온 봉황이 그 대나무에 깃들어 살며 대나무의 열매를 먹었다. 맹희 역시 나무에 열린 열매들을 따 먹으며 살았다고 하는데, 그의 후손들이 이곳에서 번성하게 된 것이다.

중국 남부 지방의 대나무는 그 크기와 굵기에 있어 우리의 상상을 초월한다. 리안李安 감독의 영화 〈와호장룡〉에 멋진 대나무 숲이 나오는데, 그런 아름답고 드넓은 대나무 숲이 남부 지방 도처에 있다. 특히 쓰촨 지역의 동남부에 있는 '촉남죽해蜀南竹海'는 산을 몇 개 넘어가도 대나무 숲이 한없이 이어져 '대나무의 바다'라는 이름을 갖고 있을 정도다. 그래서인지 중국 남부 지방에는 대나무에서 태어난 야랑국夜郎國의 왕, 대나무에 감응하여 생겨난 바이족의 시조 구룽 등 대나무에서 나온 영웅 이야기들이 많이 전승되고 있다.

무수민, 머리가 없는 사람들

앞에서 황제와 싸우다가 머리가 잘려 젖꼭지를 눈으로, 배꼽을 입으로 삼고 창과 방패를 아직도 휘두르고 있다는 불굴의 전사 형천에 대한 이야기를 했다. 머리가 없어도 살아갈 수 있었던 무수민無首民은 그런 형천의 후손인 듯하다. 후대에 전해지는 형천국刑天國에 관한 이야기는 다음과 같다.

예전에 왕겸광王謙光이라는 사람이 배를 타고 가다가 이상한 섬에 도착했던 적이 있다. 그 섬에는 남자와 여자가 1000명쯤 살고 있었는데, 모두 살이 쪘고 키가 작았으며 머리가 없었다. 그들은 두 젖꼭지를 눈으로 삼고 배꼽을 입으로 삼아 생활하고 있었는데, 젖꼭지인 눈도 반짝거렸고 배꼽인 입으로 음식도 잘 씹어 먹었다. 음식 씹는 소리가 "찹찹!" 하고 났는데 우리가 입으로 씹어 먹는 것과 다를 바가 없었다. 사람들은 그곳이 바로《산해경》에 나오는 형천국이라고 말했다.

개의 후손이 이룬 나라들

《산해경》에 나오는 견봉국犬封國은 북쪽 바다 밖에 있는 나라다. 앞에서 용감한 개 반호가 방왕을 죽이고 그 공로를 인정받아 고신씨高辛氏의 딸과 혼인했다는 이야기를 소개했는데, 바로 그 후손들이 이룩한 나라다. 회계산의 동남쪽 바다에 있었다고 한다. 선조가 아버지는 개이고 어머니는 인간이었기 때문인지 자손들도 아들들은 개의 모습을 하고 있었지만, 딸들은 모두 미인이었다. 이 나라는 구민국狗民國이라고도 한다.

한편 구국狗國이라는 나라가 하늘 사다리인 건목의 서쪽에 있었다고 한다. 구국의 남자들은 개였고 말을 할 줄 몰랐으며 개 짖는 소리를 냈다. 옷도 입지 않았고, 고기도 익지 않은 날것을 그대로 먹었다. 하지만 여자들은 사람이어서 옷도 입었고 사람의 말을 했으며 익힌 고기를 먹었다.

한 번은 어떤 장사꾼이 그 나라에 잘못 들어갔다가 개에게 붙잡혀서 벗어날 수가 없었다. 그러자 개의 아내가 장사꾼에게 막대기 여남은 개를 주며 이렇게 말했다고 한다.

"몇 리를 가다가 이것을 하나씩 땅에 던지십시오. 그러면 개가 분명히 그것을 물고서 자기 집으로 돌아갈 것이니 그 틈을 타서 도망치세요."

개는 물건을 얻으면 자기 집으로 물고 돌아가는 습성이 있다.

본래 용감한 개였다가 사람으로 변하는 도중에 머리만 변하지 않아 개의 머리를 하고 있었던 야오족의 시조 반호 이야기는 앞에서 이미 소개했다. 반호와 그 후손들에 관한 이야기가 계속해서 문헌에 나타나는 것을 보면, 개를 토템으로 하는 민족들이 서남부 지방에 살고 있었음을 확실히 알 수 있다. 지금 중국 남부의 광시좡족자치구에 거주하는 좡족 사람들도 개를 친구로 여긴다. 그들의 신화 속에서 개가 주인공의 친구이자 조력자로 등장하는 경우가 많기 때문이다. 물론 그들은 개고기를 먹지 않는다. 그러나 견봉국이 북쪽에 있었다는 《산해경》의 기록으로 보아 서북부 지역에도 비슷한 이야기가 전해지고 있었음을 알 수 있다.

숙사국, 점잖은 선비들의 나라

숙사국淑士國은 전욱의 후손들이 세웠다는 나라다. 그러나 청나라 때 나온 《경화연》은 숙사국을 매우 풍자적으로 묘사하고 있다. 숙사국에 대한 서술을 보면, 당시의 썩어빠진 선비들을 조롱하는 반어적 표현법이 등장한다. 《경화연》에 나오는 숙사국은 《산해경》에 나오는 것 같은 '맑은(淑) 선비(士)'가 아니라 매일 남의 말이나 앵무새처럼 되뇌고 입에서는 냄새를 풀풀 풍기는, 그야말로 무늬만 '숙사'인 사람들이 사는 나라다. 《경화연》의 작가는 '숙사국'이라는 나라의 이름을 빌려, 실력은 없으면서 권력과 재물만 탐하던 당시의 한심한 지식인들을 통렬하게 풍자한 것이다.

연자국, 제비들의 나라

은나라의 시조 설이 검은 새 현조가 던져준 알을 삼킨 간적이라는 여인에게서 태어났다는 신화가 생겨난 이후 현조가 제비라는 설과 함께 제비들의 나라에 관한 이야기가 기록에 자주 등장한다. 그중 후대에 나온 일화 하나를 소개해본다.

당나라 때 금릉金陵 사람인 왕사王謝는 대대로 배를 부리는 집에서 태어났기 때문에 엄청난 부자였다. 어느 날 그가 대식국大食國, 즉 아라비아로 가려고 배를 탔다. 그런데 가다가 풍랑이 몰아쳐 배가 난파되는 바람에 나무조각 하나에 의지해 어떤 이상한 섬으로 떠내려려가게 되었다. 그 섬에 이르니 검은 옷을 입은 노부부가 왕사를 건져주었다. 노부부는 한 달쯤 왕사를 극진히 돌보아주고는 자기 나라 왕에게 인사를 올리라고 했다.

왕사가 인사하러 가보니 왕도 검은 옷을 입고 검은 관을 쓰고 있었는데, 역시 왕사를 정성껏 대해주었다. 마침 왕사를 구해준 노부부에게 아름다운 딸이 있었고, 왕사는 그녀를 사랑하게 되어 마침내 결혼까지 했다. 왕은 술과 예물을 보내 그들의 결혼을 축하해주었다. 결혼하는 날 왕사는 궁금하던 것을 물어보았다.

"이곳은 어디입니까?"

"검은 옷의 나라, 오의국烏衣國이라고 합니다."

왕사는 결혼 후 오랫동안 오의국에서 행복하게 살았다. 그러나 세월이 흐르자 고향으로 돌아가고 싶다는 생각이 불현듯 들었다.

왕사를 계속 그곳에 머물게 할 수 없음을 안 아내는 술상을 차려 그에게 권하고 눈물을 흘리며 이별의 시를 지은 뒤 그를 고향으로 보내주겠다고 했다. 그 후 왕이 왕사를 부르더니 검은 양탄자 위에 눈을 감고 앉으라고 했다. 그 말대로 하고 있으려니 거친 파도 소리와 바람 소리가 들리는 것 같았다. 한참을 그렇게 앉아 있다가 오랜 시간이 지난 듯하여 슬그머니 눈을 떠보았더니 이미 자기 집으로 돌아와 있는 것이 아닌가. 놀라 사방을 둘러보니 아무도 보이지 않고 다만 대들보 위에 제비 두 마리가 쩍쩍거리고 있었다. 그제야 왕사는 자기가 다녀온 곳이 바로 제비들의 나라, 연자국燕子國이었다는 것을 알아차릴 수 있었다.

3장 | 남쪽 바다 밖의 세상

불사민, 영원히 사는 사람들의 나라

남쪽 아득한 황야에 불사민不死民이 있었다. 이 사람들은 아阿라는 성씨를 갖고 있었으며 피부가 검었다. 근처 원구산員丘山에는 '달콤한 나무(甘木)'가 자라고 있었는데, 그 열매를 따 먹으면 죽지 않고 오래 살 수 있었다. 그리고 마시면 장생불사할 수 있는 '붉은 샘물(赤泉)'이 솟아났다. 사람들은 붉은 샘물이 솟아나는 이 나라를 '장생국長生國'이라고도 했는데, 이 나라 사람들은 항상 감목의 열매와 적천의 샘물을 마셔서 모두가 젊음을 유지했으며 그런 젊은 모습으로 수백 년을 살았다.

먹으면 영원히 살 수 있다는 불사약이나 불사초에 대한 간절한 소망이 중국에만 있었던 것은 아니다. 고대 수메르의 《길가메시 서사시》에도 이미 불사초에 관한 이야기가 등장한다. 중국 신화에서 불사약이나 불사초는 영원히 찾을 수 없는, 그러나 언제나 찾고자 하는 욕망의 대상으로 등장한다.

조주祖洲라는 곳에 자라는 불사초는 죽은 지 사흘이 지난 사람도 살릴 수 있었으니, 죽은 사람을 그 풀로 덮어주면 다시 살아났다고 한다. 또 한무제 때 서방의 일지국日支國에서 사람을 살릴 수 있는 풀인 활인초活人草 세 포기를 바쳤는데, 이미 죽은 사람이라도 얼굴에 그 풀을 덮어주면 다시 살아났다고 한다. 이런 불사약은 남방이나 서방의 곤륜산에 있다고도 하고 동쪽 바다 밖의 삼신산에 있다고도 한다.

불사약에는 세 가지 종류가 있으니 첫 번째는 봉래, 방호, 영주의 삼신산에 있는 불로장생의 영약이다. 이것을 구해서 먹으면 늙지도, 죽지도 않고 지상에서 오래오래 살 수 있었다. 두 번째는 앞에서 이야기했던, 영웅 예가 곤륜산 서왕모에게서 얻어온 불사약이다. 그것은 먹으면 신선이 되어 승천할 수 있는 묘약이었다. 마지막 세 번째가 바로 죽은 사람을 다시 살아나게 하는 이른바 기사회생의 영약이다. 조주에서 난다는 불사초가 그런 것이라 하겠다.

비슷한 나무가 서해에 있는 굴주屈洲의 산에서 자랐다. 굴주에 커다란 산이 있고 그 산에 단풍나무처럼 생긴 큰 나무가 자라고 있었으니, 이름하여 '반혼수反魂樹'라 했다. 반혼수란 '영혼을 되돌아오게 하는 나무'라는 뜻이다. 이 나무는 꽃과 잎이 어찌나 향기로운지 수백 리 밖에서도 향내를 맡을 수 있었다. 그리고 나무를 두드리면 소 떼가 한꺼번에 우는 것 같은 엄청난 소리가 나서 정신이 혼미하던 사람도 정신을 번쩍 차렸다고 한다. 반혼수의 뿌리를 옥으로 만든 솥에 넣고 끓이면 검고 찐득한 액체가 생기는데, 그것을 환으로 만든 것이 경정향驚精香이다. 사람이 죽었을 때 경정향의 향기를 맡게 하면 금방 되살아났다.

지금도 세상에는 특별히 오래 사는 사람들이 많은 지역이 있다. 이른바 장수 마을이라는 곳들인데, 그곳의 비밀을 캐기 위해 수많은 실험과 연구가 행해지는 것을 보면, 장수의 비밀을 궁금해하는 것은 아득한 옛날이나 지금이나 마찬가지인 듯하다. 요구르트나 신기한 약초, 자연이 내려준 물 등에 비결이 있다는 연구 보고가 있지만, 장수의 비밀은 여전히 베일 속에 감춰져 있다. 생명의 비밀을 밝혀줄 수 있는 인간 유전자 지도가 만들어졌다고 하지만 신화 속에 등장하는 '달콤한 나무'와 '붉은 샘물'의 비밀에 인간은 조금도 다가가지 못하고 있는 것이 아닐까.

불타오르는 산과 죽지 않는 쥐

남방의 황야에는 사라지지 않는 나무인 부진목不盡木이 자라고 있었다. '다할 진盡'자는 원래 불이 '다 타다'라는 뜻이니, 부진목은 말 그대로 '아무리 타도 재가 되지 않는 나무'라는 의미다. 남방 황야에는 불꽃의 산인 염화산炎火山이 있었는데 부진목은 염화산 가운데 있었다고 한다. 이 나무는 밤낮으로 활활 타고 있었으며 아무리 거센 비바람이 휘몰아쳐도 꺼지지 않았다고 한다.

부진목의 불길 속에는 불 쥐, 즉 '화서火鼠'라고 불리는 쥐가 한

| 주요국 사람(위)과 삼수국 사람(왼쪽) 그리고 감목가지를 잡고 있는 불사민(오른쪽).

마리 살고 있었다. 화서는 무게가 1000근이나 되고, 비단 실처럼 가느다란 두 자 정도의 긴 털을 가진 하얀 쥐다. 이 쥐는 불 속에 있을 때는 붉은색이지만 바깥으로 나오면 즉시 흰색으로 변했다. 불 속에 있다가 밖으로 나오는 그 순간에 얼른 물을 뿌리면 쥐가 죽었는데, 그 털을 깎아 만든 실로 신비로운 옷감을 짤 수 있었다. 때가 묻어 더러워져도 불 속에 넣었다가 꺼내기만 하면 다시 하얗게 되었다. "서역에 불 속에 사는 쥐의 옷감이 있고, 동해에 재가 되지 않는 나무가 있다"는 말이 있는데 '재가 되지 않는 나무'란 부진목을, '불 속에 사는 쥐의 옷감'이란 화서의 털로 짠 옷감을 가리키는 것이다.

주나라 목왕이 서쪽으로 정벌을 떠났을 때 서융西戎에서 불로 세탁하는 옷감인 화완포火浣布를 바쳤다. 화완포는 때가 묻어 더러워지면 불 속에 던져 넣어 세탁했는데, 불 속에 넣었다가 꺼내면 다시 눈처럼 새하얗게 되었다고 한다.

남쪽 염주炎洲에 있는 화림산火林山에는 쥐처럼 생긴 화광수火光獸라는 동물이 살았다. 화광수의 몸에는 세 치쯤 되는 긴 털이 나 있었는데 그 털의 빛깔이 수시로 변했다. 원래는 붉은색이었지만 금방 흰색이 되었다가 다시 본래대로 붉은색이 되곤 했다. 300리쯤 떨어진 먼 곳에서도 밤이든 낮이든 언제나 화림산을 볼 수 있었던 것은 쥐처럼 생긴 이 동물이 내는 불꽃처럼 붉은빛 때문이었다. 이런 화광수의 털을 깎아 짠 옷감이 바로 화완포다. 화광수가 사는 이 나라는 '화산국火山國'이라고도 했다.

어쩌면 이런 이야기들에 영감을 얻어 명나라 때의 소설 《서유기》에 불꽃의 산인 화염산火炎山이 등장하게 되었는지도 모를 일이다. 《서유기》에서는 한 노인의 입을 빌려 다음과 같이 화염산에 대해 구체적으로 묘사하고 있다. 실제로 한여름에 지표면의 온도가 70도까지 치솟는 신장위구르자치구 투루판 지역의 화염산에 가보면, 노인의 이런 묘사가 거짓이 아님을 느끼게 된다.

> "이곳에 화염산이라고 불리는 산이 있는데, 봄도 가을도 없이 일 년 내내 덥기만 한 곳이라오. 그 산은 여기서 60리쯤 떨어진 곳에 있는데 서방으로 가려면 반드시 지나가야만 하는 곳이지요. 하지만 800리 길 모두가 불꽃으로 뒤덮여 주위에는 풀 한 포기도 자라지 못한다오. 그 산을 지나가려 하다니, 구리로 만든 머리에 무쇠로 만든 몸을 갖고 있다고 해도 그 산을 지나면 모두 녹아버릴 것이오."

불 속에서 살아가는 나무나 쥐에 대한 상상은 서구에도 존재했다. 중세의 연금술사들이 꿈꾸었던 불 속의 도마뱀이 그것이다. 그들은 불 속에서도 타지 않는 도마뱀 샐러맨더salamander를 보는 자만이 모든 물질을 금으로 바꾸어주는 '현자의 돌philosopher's stone'을 얻을 수 있다고 믿었다. 서구 연금술사들의 도마뱀이 황금으로 상징되는 영적인 완성과 관련되어 있다면 중국 불꽃 산의 쥐는 하얀 옷감을 만들 수 있다는 소박한 소망을 담고 있어 그 차이점이 흥미롭다. 물론 중국에서는 불 속에 살아남는 도마뱀이 아니라 아예 불

속에서도 타지 않는 인간, 즉 수련으로 단련된 '선인仙人'이라는 존
재를 상정하고 있기는 하지만 말이다.

초요국, 키 작은 사람들의 나라

남쪽 바다 밖 아득한 곳에 소인국인 초요국僬僥國이 있었다. 이
나라 사람들은 날 때부터 워낙 작아서, 석 자만 자라도 무척 큰 편
에 속했으며 작은 사람들은 아예 한 자도 채 되지 않았다. 이렇게
작긴 했지만 초요국 사람들은 옷도 잘 갖추어 입었고 모자도 썼으
며 예의 바르고 점잖았다. 초요국은 '주요국周饒國'이라고도 한다.

이 나라 사람들은 동굴에 살았으며, 아주 똑똑해서 기발한 물건
들을 만들어내곤 했다. 요임금 때는 이 나라 사람들이 '몰우沒羽'라
는 화살을 만들어 공물로 바쳤다고도 한다. 이들은 주로 농사를 지
어 먹고살았는데, 농사지을 때 제일 무서운 것이 학이었다. 아주
커다란 학이 날아와 조그만 그들을 부리로 집어 꿀꺽 삼키곤 했기
때문에 초요국 사람들은 어디서 학이 날아오지는 않을까 늘 걱정
하며 살아야 했다. 그러나 다행히도 근처에 대진국大秦國이라는 거
인들의 나라가 있었는데, 이곳의 거인들은 아주 착한 사람들이었
다. 그래서 무서운 학이 날아와 초요국 사람들을 잡아먹으려고 하
면 키가 열 길이나 되는 대진국 거인들이 달려와서 학을 쫓아주었
다. 이웃에 있는 마음씨 좋은 대진국 거인들이 든든하게 지켜준 덕
분에 초요국 사람들은 마음 놓고 농사를 지을 수 있었다. 대진국은

곤륜산에서 동쪽으로 10만 리 되는 곳에 있는 나라였는데 사람들의 키가 무려 서른 길이나 되었고 8000살이 되도록 장수했다. 그러나 밭 가는 방법을 몰랐고 모래와 돌을 먹으며 살았다고 한다.

한편 초요국 사람들은 키가 하도 작아서 바람이 앞에서 불어오면 뒤로 넘어졌고 바람이 뒤에서 불어오면 앞으로 엎어졌다. 이 나라에서 자라나는 풀과 나무들은 여름이면 죽고 겨울이면 살아났다. 초요국은 순임금이 죽은 구의산에서 3만 리 떨어진 곳에 있었다고 한다.

그 외에도 《산해경》의 〈대황남경大荒南經〉에는 균인菌人이라는 소인국 사람들이 나오고, 〈대황동경大荒東經〉에는 정인靖人이라는 소인국 사람들이 나온다. 그중에서 균인에 대해 전해지는 이야기에 따르면, 그들은 본래 나무에서 열매처럼 생겨난 사람들이었다고 한다.

남쪽 머나먼 곳에 있는 은산銀山에 여수女樹라는 나무가 있었다. 어스름 속에 동이 터올 무렵이면 이 나무의 가지 위에 아기가 하나 생겨났다가 해 질 무렵 그냥 죽었다. 하지만 다음 날 아침이 되면 아기는 여전히 다시 생겨났다.

그런데 이렇게 멀리 아득한 곳에 살고 있다고 여겨졌던 예절 바른 키 작은 사람들이, 세월이 흘러 위진남북조시대가 되면 불사의 선약으로 바뀌게 된다. 예컨대 《신이경》에는 다음과 같은 이야기가 나온다.

　　서북쪽 아득한 곳에 키 작은 소인들이 살고 있었다. 한 치밖에 안 될 정도로 작았지만, 그들의 임금은 붉은 옷에 검은 모자를 쓰고 수레를 타고 다니며 위엄을 보였다. 사람들은 수레를 타고 가는 소인을 만나면 냉큼 집어 먹어치웠는데, 맛이 시큼했다. 소인을 먹고 나면 일 년 내내 짐승에게 물리지 않았고 만물의 이름을 다 알 수 있는 능력이 생겼다. 소인을 먹으면 배 속에 있는 삼충三蟲도 죽었는데 이렇게 배 속의 삼충이 죽고 나면 신선이 되는 약을 먹을 수 있었다.

이 이야기에서 소인은 사람 배 속에 사는 삼충을 없애 몸을 가볍게 하고 머리가 백발이 되는 것을 막아주는, 신선이 될 수 있는 약으로 등장한다. 또한 4세기 무렵 동진시대에 나온, 신선술과 불로장생의 비법을 적은 갈홍葛洪의 《포박자抱朴子》에도 비슷한 이야기가 나온다.

산에 가다가 수레를 타고 가는 일고여덟 치 정도의 소인을 만나는 경우가 있는데 그것이 바로 육지肉芝다. 그것을 잡아먹으면 신선이 된다.

신화시대에는 머나먼 소인국에 살고 있었던 예절 바른 소인이, 신선 사상이 유행했던 위진시대가 되자 신선이 되는 신기한 약으로 변해 잡아먹히는 대상이 되고 만 것이다.

이와 비슷한 이야깃거리로 대식왕국大食王國의 나무가 있다. 대식왕국의 절벽 어딘가에 가지가 푸르고 잎이 붉은 나무가 자라고 있었다. 그런데 이 나무에는 아기들이 주렁주렁 매달려 있었다. 대략 일곱 치쯤 되는 아기들은 머리가 나뭇가지에 붙은 채로 자라났는데, 사람들을 보면 방긋방긋 웃었고 손과 발을 꼼지락거리며 움직였다. 하지만 그 아기들은 나뭇가지를 잘라내면 곧 죽어버렸다.

나무에서 아기가 자라난다는 이런 이야기는 원래 인간과 나무의 생명이 하나로 이어져 있다고 생각했던 고대인의 사유가 반영된 것이다. 그들은 나무를 어머니로 생각하기도 했고, 사람이 죽으면 그 영혼이 나무로 돌아간다고도 생각했다. 인간의 삶이 자연, 특히 나무와 깊이 연결되어 있다고 여겼던 고대인의 사유 배경에서 그런 이야기들이 나온 것이다.

그런데 이런 이야기가 후대 소설에 도입되면서 흥미로운 상상력이 덧붙여진다. 그 대표적인 것이 바로 《서유기》에 등장하는 사람 모양의 열매, 즉 인삼과人蔘果 이야기다. 물론 여기 등장하는 인삼과는 진짜 아기가 아니라 아기 모양의 열매다.

만수산萬壽山 오장관五莊觀에 있는 이 인삼과는 신선 진원자鎭元子의 보물로서 초환단草還丹이라고도 한다. 인삼과에 대한 《서유기》의 묘사를 한번 살펴보자.

3000년에 한 번 꽃이 피고 3000년에 한 번 열매가 맺힌다. 그리고 다시 3000년이 지나야 익으니 먹으려면 거의 1만 년이 걸리는 셈이다. 그런데 1만 년 동안 겨우 서른 개밖에 열리지 않는다. 과일의 생김새가 마치 태어난 지 사흘도 채 되지 않은 아기 같으니, 팔다리가 모두 달리고 다섯 가지 내장도 다 갖추고 있다. 이 과일의 향기를 맡는 사람은 360년을 살 수 있고 그것을 먹는 사람은 4만 7000년을 산다.

이 소설을 읽은 분이라면 기억하겠지만, 진원자의 제자인 두 명의 동자가 귀한 보물이라며 인삼과 두 개를 삼장법사에게 바친다. 하지만 사람 같은 생김새 때문에 삼장법사는 차마 그것을 먹지 못하고 물리친다. 그 광경을 훔쳐본 저팔계가 손오공과 더불어 인삼과 나무가 있는 곳으로 가고, 그 열매를 따 먹다가 들키게 되자 아예 인삼과 나무를 망가뜨리며 한바탕 소란을 피운다.

명나라 소설《서유기》의 바탕이 된 것으로 여겨지는 송나라 소설《당나라 삼장법사가 불경을 가지고 온 이야기(大唐三藏取經詩話)》의 〈왕모의 연못에 들어가다(入王母之池)〉 편에 서왕모의 신기한 복숭아인 반도가 연못에 빠져 아기로 변하고 그것이 다시 어린 대추로 변하니, 손오공이 그것을 건져다가 삼장법사에게 먹게 하는 이야기가 나온다. 후에 삼장법사가 당나라로 돌아올 때 지금의 쓰촨 땅에서 그것을 토하게 되는데, 바로 그런 이유로 지금까지도 쓰촨에서는 인삼과가 자란다고 한다.

16세기 명나라 소설《서유기》가 중국 고대의 신화적 모티프를 상당수 간직한 판타지 소설이라면, 21세기 영국에서 나온《해리 포터》역시 그리스 신화의 모티프를 여러 곳에서 따오고 있다.《해리 포터》에는 사람처럼 생긴 식물의 뿌리 맨드레이크mandrake가 귀를 찢는 시끄러운 소리를 내는 마법의 식물로 등장하고 있다. 사실 맨드레이크는 〈창세기〉에도 등장한다. 맨드레이크를 받는 조건으로

라헬이 레아에게 야곱과의 동침을 허락하는 것이다. 맨드레이크가 마취 성분이 있어 최상의 미약媚藥으로 쓰였다는 점을 생각하면 흥미로운 부분이다.

그런데 이 맨드레이크는 뿌리가 사람의 하반신 모양이어서 옛날 서양 사람들은 그것이 인격을 갖고 있으며 잘못 뽑았다가는 저주를 받을 수도 있다고 생각했다. 하지만 약으로 쓰기 위해서는 맨드레이크가 필요했다. 그래서 사람들이 생각해낸 방법이 바로 개였다. 맨드레이크에다 끈을 묶고 그 끈의 한쪽 끝을 며칠 굶은 개에게 묶는다. 그리고 개에게 고깃덩이를 던져주는 것이다. 개가 고기를 먹으려고 기를 쓰고 달려들면 그 힘에 맨드레이크가 뽑히지만, 맨드레이크의 저주는 사람이 아닌 개에게 갈 것이었다. 맨드레이크의 저주가 무서워서 개에게 대신 뽑게 한 사람들이나 열매의 모양이 꺼림칙하여 먹지 않은 삼장법사는 아직 마법의 힘을 믿던 사람들이었다.

다시 본론으로 돌아가자. 키 작은 사람들의 나라는 이 밖에도 몇 개가 더 있었는데 쟁인諍人도 그중 하나였다. 쟁인의 키는 여덟 치 정도밖에 안 되었다고 한다.

키 작은 사람들은 '늑비국勒比國'이라는 곳에도 살았는데 이들의 키는 겨우 세 치였다. 날개가 달린 이 사람들은 웃기는 말을 잘해서 늑비국은 '말 잘하는 사람들의 나라'라는 의미의 '선어국善語國'이라고도 불렸다. 이 나라 사람들은 늘 무리를 지어 따뜻한 햇볕이 있는 곳으로 날아가 몸을 말렸다. 그러다가 몸이 뜨거워지면 돌아와 단로丹露를 마셨는데, '단로'란 새벽에 생겨나는 구슬처럼 생긴 이슬이다.

또한 서북쪽 학민국鶴民國에도 세 치밖에 안 되는 사람들이 살았다. 학민국 사람들은 키가 작긴 했지만 나는 듯이 빨리 달려 하루에 1000리를 갈 수 있었다. 그런데 매번 커다란 학이 그들을 삼켜버리곤 했다. 몇 번을 당하다가 학민국 사람들은 드디어 꾀를 냈다. 흙으로 자기들과 똑같은 인형을 수백 개 만들어 물가 여기저기에 놔두었다. 학들이 그것을 보고는 학민국 사람인 줄 알고 꿀꺽 삼켜버렸는데, 흙으로 만든 것이었기 때문에 배탈이 나곤 했다. 이런 일이 반복되니 학들은 진짜 학민국 사람이 지나가도 감히 잡아먹을 생각을 하지 못했다. 그들은 대부분 산속 시냇물 근처에 동굴을 파고 살았는데, 나라가 얼마나 작은지 우리 걸음걸이로 서른 걸음이나 쉰 걸음만 가면 국경에 이르렀다고 한다. 그들은 봄과 여름에는 열매를 먹고, 가을과 겨울에는 풀뿌리를 먹으며 살았다. 더우면 옷을 벗고 살았고 추우면 풀을 엮어 옷을 해 입었다. 모두가 초요국이나 곡국의 경우와 비슷해 보인다.

결흉국, 가슴이 튀어나온 사람들의 나라

남방의 서남 지역에서 동쪽으로 가다 보면 첫 번째로 나오는 나라가 결흉국結胸國이다. 이 나라 사람들은 가슴 앞쪽의 뼈가 툭 튀어나와 있었다고 한다.

결흉국의 동쪽에는 파란색과 빨간색이 뒤섞인 깃털을 가진 비익조가 살고 있었다. 날개와 눈이 각각 하나씩밖에 없어서 반드시 두 마리가 합쳐져야만 하늘을 날 수 있었던 이 새는 두 마리가 언제나 붙어 다니며 떨어지지 않았기 때문에 훗날 견고한 애정이나 사이 좋은 부부의 상징으로 등장하게 된다.

비익조는 중국 내 여러 민족의 신화나 전설에 자주 등장하는데, 이름은 조금씩 달라도 상징하는 의미는 같다. 어느 이야기에나 사랑하는 연인들의 결합을 방해하는 존재가 등장하지만, 연인들의 사랑은 그 누가 막는다고 해서 갈라놓을 수 있는 것이 아니지 않은가. 신화나 전설 속의 연인들은 지상에서 사랑을 이루지 못하면 새 혹은 나무로 변해서라도 영원히 사랑을 이어간다.

원래 뿌리는 둘이지만 가지가 얽혀 한 그루처럼 보이는 나무인 연리지連理枝, 함께 있어야만 하늘을 날 수 있는 비익조 이야기는 이후 중국 문학에 수많은 창작 모티프를 제공하는데 한나라 때의 〈공작은 동남쪽으로 날아가고(孔雀東南飛)〉라는 장편 시가도 그중 하나다. 이 작품의 내용을 요약해보면 다음과 같다.

초중경焦仲卿과 유란지劉蘭之는 서로 사랑하는 부부였다. 그러나 남편 초중경이 일하러 나간 사이 시어머니는 유란지를 끊임없이 구박한다. 결국 유란지는 시어머니에게 쫓겨나게 되고 초중경은 어머니의 뜻을 따를 수밖에 없어 눈물을 흘리며 아내를 보낸다. 아내를 깊이 사랑하는 초중경은 어쩔 수 없이 아내를 보내지만 언젠가 반드시 데리러 가겠다고 약조한다. 그러나 유란지의 친정에는 무서운 오라버니가 있었고, 오라버니는 유란지를 다른 곳으로 시집보내려 한다. 하지만 사랑하는 이를 두고 어찌 다른 사람에게 갈 수 있겠는가. 유란지는 연못에 뛰어들어 자살하고, 그 소식을 들은 초중경 역시 정원의 나무에 목을 매고 만다. 양쪽 집에서는 그제야 두 사람의 죽음을 슬퍼하며 둘을 한데 묻어주었다. 그 무덤에서 가지가 얽힌 나무 두 그루가 자라났고, 그 나무에는 언제나 원앙새 두 마리가 날아와 목을 꼬고 앉아 슬픈 노래를 불렀다.

아주 흔한 소재와 구태의연한 전개지만 이 이야기는 2000년 이상 중국 사람들의 마음을 사로잡아왔다. 봉건 사회에서 이루지 못한 애절한 사랑이 많았기 때문일까. 사람들은 이 이야기를 들으면서, 때론 연극으로 보면서 가엾은 유란지의 처지를 동정하며 끊임없이 눈물을 흘렸다.

또한 당나라 시인 백거이白居易가 지은 〈장한가長恨歌〉에도 비익조와 연리지가 등장한다. 당나라 현종이 안녹산의 난으로 인해 촉 땅으로 피란을 가다가 양귀비를 죽이라는 군사들의 압력에 어쩔 수 없이 흰 비단을 내려 양귀비를 자살하게 한다. 사랑하는 여인을 제 손으로 죽게 만든 회한 때문에 현종은 나중에 장안으로 돌아온 뒤에도 늘 그녀를 그리워하며 슬퍼했는데, '기나긴 한의 노래'라는 뜻의 〈장한가〉는 바로 그런 역사적 사건을 소재로 쓴 시다. 이 시의 마지막 대목에 다음과 같은 구절이 있다.

원컨대 하늘에서는 비익조가 되었으면
땅에서는 연리지가 되었으면

사랑 때문에 가슴 아파하고 지상에서 이루지 못한 사랑을 죽은 뒤에 새나 나무가 되어서라도 이루고 싶어 했던 그 간절한 바람은 제왕이나 보통 사람이나 마찬가지였던 모양이다.

교경국, 다리가 얽혀 있는 사람들의 나라

결흉국에서 동쪽으로 가면 나오는 나라가 교경국交脛國이다. 이 나라 사람들은 키가 그렇게 크지는 않았지만, 다리가 구부러져 있는 데다가 서로 꼬이고 얽혀 있어서 한 번 누우면 일어날 수가 없었다. 반드시 누군가가 옆에서 부축해주어야만 일어날 수 있었고, 길을 걸을 때도 똑바로 걷지 못하고 절룩거리며 걸어 다녔다. 그러나 이 나라 사람들은 그 모습을 당연하게 생각하며 살았다. 그래서 다른 나라에서 똑바로 걸어 다니는 사람들이 오면 그 모습을 신기한 듯이 바라보며 "참 이상하게도 걷네!"라고 했다고 한다.

효양국, 바보 거인들의 나라

다리가 얽혀 있는 사람들이 사는 나라 가까이에 효양국梟陽國이라는 나라가 있었는데, 이 나라에는 인간도 아니고 동물도 아닌 이상한 거인들이 살고 있었다. 키가 한 길이나 되는 거인들로, 몸집만 컸지 어리석어서 '바보 거인(贛巨人)'이라고 불렸다.

그들은 얼굴은 사람처럼 생겼지만, 몸은 시커멓고 털이 잔뜩 나 있었다. 그리고 발이 우리와 달리 거꾸로 달려 있었는데, 거꾸로 달린 그 발로 바람처럼 빨리 걸어 다녔다. 입이 커다란 데다가 입술이 엄청나게 길어서 입술을 쭉 뽑아 올리면 이마에 닿았다고 한다. 성격은 무척이나 거칠고 사나워서 사람을 즐겨 잡아먹었다.

바보 거인들은 산에 혼자 다니는 나그네를 주로 잡아먹었는데, 길 가는 나그네를 하나 잡으면 기뻐서 입을 딱 벌리고 커다란 입술을 말아 올려 이마에 붙이고 낄낄 웃었다고 한다. 그렇게 실컷 웃고 난 뒤에 비로소 사람을 잡아먹었다. 잡아서 바로 먹지 않고 실컷 웃은 뒤에 먹다니, 잡힌 사람은 얼마나 무서웠을까. 그런데 당하기만 하던 인간들이 마침내 바보 거인의 그 틈을 노렸다.

사람들은 바보 거인이 있는 곳을 지나갈 때는 두 개의 대나무통을 손에 끼우고 갔다. 그러다가 바보 거인이 그 대나무통을 꽉 잡은 채 입을 쩍 벌리고 낄낄거리며 웃으면 대나무통에서 얼른 손을 빼는 것이다. 그리고 재빨리 품속에서 비수를 꺼내 거인의 이마에 내리꽂는다. 웃느라 괴물의 긴 입술이 이마 위에 닿아 있을 때 비수를 꽂으면 큰 입술이 그대로 이마에 고정되니까 거인의 코와 눈이 완전히 가려지게 된다. 이렇게 거인이 앞을 보지 못하고 있을 때 얼른 거인을 잡는 것이다. 그런데 그 거인은 얼마나 바보였는지, 그렇게 완전히 인간에게 사로잡힐 때까지도 대나무통만은 손에 꽉 쥐고 있었다고 한다. 또한 이 거인들 중 암놈은 입에서 이상한 액체를 내뿜었는데 사람이 그것을 뒤집어쓰게 되면 병에 걸렸다고 한다.

기설국, 허가 갈라진 사람들의 나라

효양국에서 동쪽으로 가면 나오는 나라가 기설국岐舌國이다. 이 나라는 '반설국反舌國'이라고도 하는데, 사람들의 혀가 목구멍을 향해 거꾸로 달려 있었다. 그래서 말소리가 이상해 다른 나라에서 온 사람들이 들으면 무슨 소리를 하는 것인지 도무지 알 수 없었다. 물론 자기들끼리는 잘 알아들었다.

시훼국과 착치국

다시 동쪽으로 조금 더 가면, 돼지 입 모양을 한 사람들이 사는 시훼국豕喙國이 나오고, 조금 더 가면 착치국鑿齒國이 있다. 착치는 열 개의 태양을 쏘았던 천신 예가 지상의 여러 괴물을 물리칠 때 처치했던 괴물 중 하나다. 끌처럼 생긴 긴 이빨을 가진 사나운 괴물이었는데, 이 나라 사람들은 바로 그 착치의 후손이었다. 이곳 사람들은 가끔 입에서 석 자쯤 되는, 끌처럼 생긴 긴 이빨을 뱉어 내곤 했다. 그래서 '끌처럼 생긴 이빨'이라는 뜻에서 '끌 착鑿' 자를 붙여 '착치'라고 부르는 것이다. 이들은 성질이 사납고 포악했다고 한다.

삼수국과 장비국

삼수국三首國은 '삼수'라는 말 그대로 하나의 몸에 머리가 셋 달린 사람들이 사는 나라다.

장비국은 팔이 긴 사람들의 나라인데, 팔이 얼마나 긴지 땅에 닿을 정도였다. 그들은 바닷가에 살았으며, 긴 팔로 물고기를 잘 잡았다고 한다.

또 다른 기록을 보면 남방에 장홍국長弘國이 있는데, 이 나라 사람들 역시 물고기를 먹었고 네 마리 새를 하인처럼 부렸다고 한다. 이 장홍국이 바로 장비국이다.

우민국과 난민국

깃털 달린 사람들이 사는 나라가 우민국羽民國이다. 이 나라 사람들은 머리가 길쭉했고 머리카락이 흰색이었으며 눈은 빨간색이었다. 입은 새처럼 뾰족했고, 멀리 날지는 못했지만 등에 날개가 달려 있었다. 새처럼 알에서 태어났고 난조의 알을 주식으로 먹었다. 난조는 봉황처럼 생긴 상상 속의 새로서 오색찬란한 깃털을 갖고 있었고 그 울음소리는 다섯 가지 음으로 들렸다. 난조의 알을 먹었기 때문에 이 나라 사람들은 신선처럼 생겼다고 한다.

그런데 후대의 신화나 전설에 인간의 수명을 관장하는 '수성壽星'이라는 신이 등장한다. 보통 수염이 하얀 할아버지의 모습으로 묘

사되는데, 수성의 가장 큰 특징은 머리가 길쭉하다는 것이다. 머리
가 길쭉하다는 것이 인간의 수명을 관장하는 신의 특징이라면 이
것은 신선처럼 생긴 우민국 사람들의 형상에서 유래한 것은 아닐
까. 수성은 수명을 관장하기 때문에 후대의 미술 작품에서 불사약
혹은 반도를 갖고 있는 서왕모나 마고와 종종 함께 등장한다.

한편 우민국 근처에는 '난민국卵民國'이라는 나라가 있었다. 이
나라 사람들도 우민국 사람들처럼 알에서 태어났으며 알을 낳기도
했다.

요임금 신하 환두의 후손이 세운 환두국

환두국讙頭國은 '환주국讙朱國'이라고도 한다. 이 나라 사람들은
우민국 사람들과 비슷하게 생겼다. 입이 새의 부리처럼 뾰족했고
등에 날개가 달려 있었다. 그런데 이 날개로는 날아다닐 수가 없고
그저 지팡이 대신 쓸 수 있을 뿐이었다. 그래서 그들은 날개에 몸
을 의지해 바닷가로 걸어가서 물고기를 잡아먹으며 살았다. 환두
는 원래 요임금의 신하였지만 죄를 짓고 나서 남해에 뛰어들어 자
살한 인물이다. 요임금이 그를 가엾게 여겨 그의 아들을 남해로 보
내 제사를 지내게 했으며, 이후 후손들이 이곳에 정착해 바닷가에
서 물고기를 잡으며 살아가게 된 것이다.

염화국, 불을 내뿜는 사람들의 나라

환두국 남쪽에 있는 염화국厭火國 사람들은 피부가 검은색이었고 원숭이처럼 생겼으며, 입에서 불을 내뿜을 수 있었다. 그들이 주로 숯을 먹었기 때문에 가능한 일이었다. 이 나라에는 또 개처럼 생긴 화두禍斗라는 짐승이 있었는데, 이 짐승도 입에서 불을 내뿜었다고 한다. 당나라 때의 책인 《원화기原化記》에 화두가 등장하는데, 여기서 화두는 불을 먹고 입으로 불을 내뿜는다. 그 이야기의 내용은 다음과 같다.

어려서 홀로 된 오감吳堪이라는 사람이 어느 날 하얀 우렁이를 하나 얻게 되었다. 그런데 그 하얀 우렁이가 예쁜 각시로 변하더니 매일 오감을 위해서 밥을 해주었다. 우렁각시를 보고 그 미모에 반한 마을의 현령이 우렁각시를 빼앗아 가려는 욕심을 품고, 오감에게 세상에 존재하지도 않는 물건들을 자기에게 바치라는 명령을 내렸다. 처음에는 두꺼비의 털과 귀신의 팔을 바치라고 하더니 나중에는 화두라는 짐승을 가지고 오라는 명을 내리기까지 했다. 현령이 말도 안 되는 억지를 부리는 것을 전해 들은 우렁각시는 개처럼 생긴 짐승 하나를 데리고 가서 현령에게 바쳤다. 그런데 그 짐승이 불을 먹더니 그 불을 다시 내뿜어 현령과 그의 집을 몽땅 태워버렸다.

우렁각시 전설은 중국의 이곳저곳에 널리 퍼져 전해오고 있다.

우민국 사람(아래 왼쪽), 결흉국 사람(아래 오른쪽), 염화국의 화두(위쪽).

마을의 못된 부자나 관리가 우렁각시를 빼앗아 가려는 내용이 들어가는 것도 있고 안 들어가는 것도 있으며 이 이야기처럼 화두 부분이 첨가되기도 한다.

염화국과 비슷한 나라로 염광국厭光國이 있는데, 이 나라 사람들은 입에서 불이 아니라 빛을 내뿜을 수 있었다고 한다. 입을 크게 벌리면 환한 빛이 흘러나왔다니 이 얼마나 기발한 상상인지. 어두운 밤에 염광국 사람들이 모여 앉아 입으로 빛을 내뿜으며 오순도순 얘기를 나누는 장면을 그려보면 마음부터 저절로 환하게 밝아오는 것만 같다. 이들 역시 원숭이처럼 생겼으며 피부는 조금 거무튀튀했다고 한다.

삼묘국, 삼묘 후손들의 나라

'삼모국三毛國'이라고도 하는 삼묘국三苗國은 적수赤水의 동쪽에 있었는데, 요임금에게 대항했던 삼묘의 후손들이 세운 나라다. 이 나라 사람들의 특징은 서로 손을 잡고 다녔다는 것이다. 그런데 이 표현은 이해가 쉽지 않아 여러 해석이 있으며, 그중에 서로 손을 잡고 먼 곳으로 이동하는 모습이라고 주장하는 학자도 있다. 요임금에게 대항하다가 멀리 적수로 쫓겨 갈 수밖에 없었던 삼묘 사람들이 손에 손을 잡고 이동했다는 의미로 해석하는 것이다. 옛날 요임금이 순에게 선양하려고 했을 때 삼묘가 반기를 들자 요임금이 그들의 우두머리를 죽였다는 얘기를 앞에서 했다. 그때 남은 사람들이 남해로 도망가 세운 나라가 바로 삼묘국이다. 삼묘는 제홍씨帝鴻氏의 후손인 혼돈渾敦, 소호씨少昊氏의 후손인 궁기, 진운씨縉雲氏의 후손인 도철饕餮을 가리킨다고도 한다.

질국과 역민국

질국截國 사람들은 순임금의 후손으로, 피부가 누런색이고 활을 써서 뱀을 잘 잡았다고 한다.

질국 근처에 있는 역민국蜮民國 사람들은 상桑이라는 성씨를 갖고 있었고, 주로 '역蜮'이라는 이상한 생물을 먹었다. 역이란 '단호短弧' 혹은 '사공충射工蟲'이라고도 하는 것으로 남방의 산골짜기에 사는 독충이다. 자라처럼 생겼고 발은 세 개였으며 크기는 세 치쯤 되는데, 입속에 모래를 머금고 있다가 사람을 향해 뿜어대곤 했다. 가끔 입에서 독가스를 내뿜기도 했는데 사람들이 그 독가스를 맞으면 발이 오그라들고 경련을 일으키며 열이 올랐고 부스럼까지 났다고 한다. 잠깐 앓고 나을 수도 있었지만 잘못하면 죽을 수도 있었다. 이렇게 무시무시한 독충을 잡아 주식으로 먹었던 역민국 사람들은 뱀을 무서워하지 않았고 활로 뱀을 잘 잡았다고 한다.

중국의 문학작품을 보면 남방의 물가에는 독충과 장기瘴氣, 즉 일종의 독가스가 많기에 가서는 안 된다고 묘사하는 것을 자주 볼 수 있는데, 역민국 사람들이 바로 그런 지역에 살았던 대표적인 존재로 보인다.

관흉국, 가슴에 구멍 뚫린 사람들의 나라

관흉국貫胸國 사람들의 가슴에는 크고 둥근 구멍이 뚫려 있었다. 그래서 이 나라 사람들은 외출할 때 가슴의 구멍에 긴 막대기를 끼워 양쪽에서 들고 다니기도 했다. 그런데 이 구멍은 어떻게 생겨난 것일까?

옛날에 우임금이 홍수를 다스리다가 회계산에 뭇 신들을 모이게 한 적이 있다. 그런데 그때 방풍씨 혼자만 늦게 도착하여 죽임을 당했다. 그 일이 있은 후 치수 작업이 끝나자 하늘에서 용이 두 마리 내려왔는데, 우는 신하인 범성광范成光에게 그 용을 타고 바다 밖의 여러 나라를 순시하라고 했다. 범성광이 우임금의 명령대로 용을 타고서 여러 나라를 순시할 때 마침 방풍씨의 나라를 지나가게 되었다. 이 나라 사람들은 요임금의 신하가 용을 타고 온다는 소식을 듣고 분노했다.

"우리 임금을 돌아가시게 한 우의 신하가 감히 우리 땅에 들어오게 할 수는 없어."

"맞아, 그를 죽여버리자!"

그래서 충성스러운 방풍씨의 신하들은 활을 들어 우임금의 신하를 향해 쏘기 시작했다.

"이크, 이게 뭐람?"

범성광은 놀라서 하늘 높이 올라갔다. 그가 탄 용이 하늘 높이 솟구쳐 보이지 않게 되었을 때쯤 갑자기 천둥 번개가 치며 비가 억수같이 쏟아져 내렸다.

가슴에 크고 둥근 구멍이 뚫린 관흉국 사람(왼쪽 위), 활을 들고 있는 질국 사람(오른쪽), 입이 뾰족한 환두국 사람(아래쪽).

그러자 방풍씨의 신하들은 새파랗게 질렸다. 어찌 감히 신의 아들인 우임금에게 대적할 수가 있단 말인가, 우리의 임금인 방풍씨마저 우임금에게 죽임을 당했거늘! 그의 사신에게 화살을 날린 우리는 이제 살아남기 힘들 것이다. 그래서 가엾은 신하들은 스스로 죽음을 택하기로 했다.

"우에게 죽임을 당하느니 스스로 목숨을 끊으리라."

그들은 허리춤에서 칼을 꺼내 가슴에 큰 구멍을 내고 죽어버렸다. 우임금이 그 소식을 듣고는 오히려 이렇게 말했다.

"그렇게 충직하고 장한 신하들이 방풍씨에게 있었던가. 감동적인 일이다."

그들의 충정에 감동한 우임금은 사람을 보내 그들의 가슴에 꽂혀 있는 칼을 뽑아내고 그 자리에 불사초 가루를 발라주게 했다. 불사초 가루를 바르자마자 그들은 언제 죽었냐는 듯이 아무렇지도 않게 다시 살아났다. 하지만 가슴에 뚫린 큰 구멍은 사라지지 않았으니, 바로 이런 연유로 그들의 후손들도 계속 가슴이 뻥 뚫린 채로 태어났다고 한다.

그러나 가슴의 구멍이 어디 칼에 의해서만 생겨나는 것이랴. 가슴 아픈 사연을 간직한 많은 사람의 가슴에도 큰 구멍이 하나씩 뚫려 있어, 찬바람이라도 조금 불어오면 쓰리고 아린 게 아닐는지.

미복, 꼬리 달린 사람들의 나라

송나라 때 나온 책인 《태평어람太平御覽》에 소개된 이야기다. 영창군永昌郡의 서남쪽 1500리 되는 곳에 '미복尾濮'이라는 나라가 있었는데, 이 나라 사람들은 물고기 꼬리지느러미처럼 생긴 세 치 정도의 꼬리를 달고 있었다. 이들은 언제나 꼬리부터 잘 정리해놓은 다음에 앉았는데, 누군가가 실수로 꼬리를 밟으면 금방 죽어버렸기 때문이다. 이 나라에서는 남녀가 어른이 되면 결혼을 하지 않고 그냥 서로 마음에 맞는 사람을 찾았다.

정해진 틀에 따라 혼인하지 않고 축제 등을 통해 서로 마음에 맞는 짝을 찾는 습속은 앞서 소개했던 중국 남부 지방 일부 소수민족의 습속과 매우 흡사하다. 물고기 꼬리지느러미 모양의 꼬리가 달렸다는 것도 물고기 토템이 있는 지역의 사람들이 물고기 꼬리지

느러미 모양의 옷을 입고 다녔던 것과 연관해 생각해볼 수 있다. 《태평어람》이라는 송나라 책에 기록되어 있는 것으로 볼 때 이 이야기는 아마도 서남방 소수민족의 특이한 풍속을 한족의 관점에서 바라보고 기록한 결과물인 듯하다.

백려국, 걱정이 많은 사람들의 나라

백려국伯慮國은 울수鬱水의 남쪽에 있다. 청나라 소설《경화연》에서도 "옛날 기杞 땅의 사람이 하늘이 무너질까 봐 걱정했듯이 백려국 사람들도 늘 걱정하느라 잠을 못 이루었다"고 하고 있다. 백려국에 대한 더 자세한 내용은 지금 전해지지 않지만, 일도 없이 늘 바쁜 노민국 사람들이 있는 것으로 보아, 문제도 없는데 늘 노심초사하는 사람들의 나라도 있을 법하다.

화신국, 또 다른 유토피아

화신국和神國에서는 커다란 박이 나는데, 기르지 않아도 저절로 생겨나는 이 박 속에는 오곡이 가득 차 있었다. 그곳의 샘물은 향기로운 술 같아서 많이 마시면 취하곤 했다. 날씨는 언제나 화창한 봄날 같았고, 나뭇잎은 아름다운 비단 같아서 옷을 지어 입을 수 있었다. 농사짓지 않아도 먹을 수 있고 베를 짜지 않아도 옷을 만들어 입을 수 있는 나라, 술을 빚지 않아도 저절로 솟아나는 샘물을 마시면 되는 나라이니 화신국은 그야말로 당시 사람들의 이상향이었다. 농사짓고 베를 짜는 등 피해갈 수 없는 고된 노동을 반복해야 하는 힘든 일상에서 벗어나고 싶었던 사람들의 간절한 소망을 드러내주는 이야기다.

영민국, 나뭇잎을 먹는 사람들의 나라

영민국盈民國 사람들은 어於라는 성씨를 갖고 있었으며 기장을 주로 먹었는데 나뭇잎을 먹기도 했다. 붉은 나무인 적목赤木과 검은 나무인 현목玄木의 잎을 먹으면 신선이 될 수 있다는 말이 있었는데, 그들이 먹은 것도 바로 이런 나무들의 잎이 아니었을까.

나민국, 벌거숭이들의 나라

앞에서 우가 치수를 하며 수많은 나라를 돌아다니던 중에 나민국이라는 곳에도 갔었다고 했다. 그 나라 사람들은 옷을 입지 않고 살았기 때문에 우도 그들과 마찬가지로 옷을 벗고 다녔다는 이야기였는데, 이런 벌거숭이들의 나라가 남방에 있었다.

후대에 오면 이 나라의 위치에 대해 "계림桂林 동남쪽 바다에 나천裸川이 있고 바다 위에 나민향裸民鄕이 있다"고 구체적으로 묘사되기도 한다. 또한 몇천 리에 이르는지 헤아릴 수 없이 넓은 땅에 백민국의 후예인 나민이 산다고도 했다. 이들은 가슴에 꽃 모양의 문신을 새겨 넣었고 보라색 가루를 눈 밑에 발랐으며, 앞니 두 개를 뽑아야 아름답다고 여겼다.

옷을 홀랑 벗고 꽃 문신에 보라색 아이새도, 게다가 앞니 두 개가 없는 것이 미인이라니, 그게 무슨 미인이냐고? 그러나 그것이 신화 속의 세상이다. 신화 속에는 다양한 세상이 존재한다. 인간의 영혼이 알록달록하듯이 온 세상 사람들의 문화나 습속, 아름다움의 기준도 그렇게 알록달록하다.

그 아름다운 무지갯빛 세상을 있는 그대로 받아들이는 것, 내가 좋아하는 빛깔만이 세상 전부가 아니라는 것, 원색의 세상도 파스텔 조의 세상도 모두가 세상을 구성하는 일부라는 것, 그 다양함을 인정하고 받아들일 수 있는 넓은 가슴이 바로 신화를 읽으면서 우리가 덤으로 얻게 되는 것이 아니겠는가. 이미 언급했듯이, 문신이라는 것도 중원 지역에서 살아가던 한족의 관점에서 보면 야만적인 습속이었겠지만 남방 사람들의 시선으로 보면 달랐다. 그것은 무서운 동물들에게서 자신들을 보호해줄 수 있는 보호색과 같은 실용적 목적 혹은 꽃무늬 문신처럼 아름다움을 위한 목적 등을 가진, 자신들만의 독특한 풍습이었다. 중요한 것은 문화를 바라보는 시각이다. 다수의 문화만이 항상 옳고 우월한 것만은 아니기 때문이다.

낙두민, 머리가 떨어져 날아다녔던 사람들

남방에 낙두민落頭民이 살았는데 이 부족 사람들은 자신들의 머리를 이리저리 날아다니게 할 수 있었다. 여기에서 '낙두민'이라는 호칭이 생겨났다고 한다. 머리만 따로 떨어뜨려 이리저리 세상 구경을 하게 한 뒤에 다시 제자리로 돌아오게 할 수 있는 사람들이라니, 말 그대로 '엽기발랄'한 상상력이다.

4장 | 북쪽 바다 밖의 세상

기종국, 발이 거꾸로 붙은 사람들의 나라

동북방 맨 앞에 있는 기종국跂踵國 사람들은 키도 크고 발도 컸는데, 길을 걸을 때 발가락 끝으로만 걸었다고 한다. 발꿈치를 땅에 붙이지 않고 발가락으로만 걸었기 때문에 '기종'이라고 불렸다. 혹은 발이 거꾸로 붙어 있어서 '반종反踵'이라 불렸다는 말도 있다. 발이 거꾸로 붙어 있었기 때문에 발자국도 우리와는 반대 방향으로 찍혔다. 남쪽을 향해서 걸으면 발자국은 북쪽으로 나는 것이다. 어린 시절, 한 번쯤 쌓인 눈 위를 뒤로 걸으며 눈에 찍힌 발자국을 보고 즐거워했던 기억이 있을 것이다. 고대인들 역시 그런 놀이를 하면서 기종국을 상상했던 것은 아닐까.

구영국, 혹이 달린 사람들의 나라

구영국拘纓國 사람들은 갓을 쓰고 다녔는데, 갓이 벗겨질까 걱정되어 늘 갓끈을 손으로 매만졌다고 한다. '구영'의 '구拘'는 '손으로 잡다', '영纓'은 '갓끈'이라는 뜻이다. 그러나 '영纓'을 '영瘿'으로 써야 한다는 지적도 있다. '영瘿'은 목에 주로 나는 혹을 뜻하는 한자로, 턱 밑에 커다란 혹이 나서 걸을 때마다 그 혹이 자꾸 움직여 불편하니까 늘 그것을 받쳐 들고 다녔다는 것으로 보아야 한다는 것이다. 전래동화 〈혹부리 영감〉의 혹을 생각해보면 그럴듯한 해석이다. 실제로 중국에는 유별나게 혹 달린 사람들이 많이 사는 곳도 있다.

또 이 나라 남쪽에는 구름을 뚫고 하늘 높이 솟아 있는 '심목尋木'이라는 나무가 자라고 있었다.

섭이국, 기다란 귀를 가진 사람들의 나라

섭이국聶耳國은 '늘어지다'라는 뜻의 '섭聶' 대신 '대大' 자를 써서 '대이국大耳國'이라고도 하는데, 이곳 사람들은 귀가 엄청나게 길었다. 귀가 어깨 아래까지 축 늘어질 정도로 길었기 때문에 너무 무거워서 길을 걸을 때면 언제나 귀를 두 손으로 붙잡고 다녀야 했다. 귀가 길어서 좋은 점은 잠을 잘 때 한쪽 귀를 요 삼아 깔고, 다른 쪽 귀를 이불 삼아 덮을 수 있다는 것이었다. 이 나라 사람들은 무늬 있는 호랑이를 두 마리씩 부릴 수 있었다.

섭이국은 '담이국僧耳國'이라고도 했는데, 담이국 근처의 북쪽 바다에는 우강, 구봉九鳳, 강량彊良이라는 신이 살았다. 우강은 사람의 얼굴에 새의 몸을 한 북쪽 바다의 신이다. 구봉은 머리가 아홉 개이고 사람의 얼굴에 새의 몸을 하고 있었으며, 머나먼 북쪽 황야에 있는 북극천궤北極天樞라는 산에 살았다. 강량은 뱀을 손으로 잡는 것만으로 부족해서 아예 입으로 물기까지 하는 신인데, 호랑이 머리에 사람의 몸을 하고 있었다. 팔이 유난히 길었고 손과 발에는 굽이 달려 있었다. 강량은 사악한 것들을 쫓는 힘이 있었기 때문에 왕궁에서 역귀를 쫓는 의식인 대나에서 역귀를 쫓아내는 역할을 했던 열두 신 중 하나가 된다.

이런 신들이 등장할 때면 늘 마왕두이馬王堆에서 출토된 관인 흑지채회관黑地彩繪棺의 구름무늬 사이에 숨어 있는 다양한 형상의 신들을 떠올리게 된다. 구름 사이사이에 숨어 있는 그 신들 중에서 《산해경》에 나오는 기이한 신들의 모습을 찾아본다면 숨은 그림 찾기를 하는 듯한 즐거움을 느낄 수 있을 것이다.

박보국, 거인들의 나라

섭이국 동쪽에 있는 거인들의 나라가 박보국이다. 이 나라 사람들은 태양과 달리기 시합을 했던 거인 과보의 후손들인 것 같다. 과보의 지팡이가 변해서 된 '등림鄧林'이라는 복숭아나무 숲이 이

나라 근처에 있다. 이 나라 사람들은 오른손에 푸른 뱀을, 왼손에 붉은 뱀을 쥐고 있다.

북해 일대의 나라들

북해 일대에는 기이한 나라들이 많았다. 우선 뱀산(蛇山)의 꼭대기에는 이름과 달리 오색찬란한 새들이 많이 살았는데, 그 새들의 이름을 예조翳鳥라고 했다. 이 새들이 무리 지어 하늘로 날아오르면 찬란한 빛이 눈앞을 가득 채워 그야말로 장관이었다.

그리고 유도지산幽都之山이 그곳에 있었다. '유도幽都'라는 곳은 아득히 먼 북방에 있는 나라였다. 모든 것이 온통 검은 나라였는데, 이 산 위에 사는 새와 뱀, 표범과 호랑이, 이리 등 모든 동물이 다 검었다. 이곳에서는 검은 강인 흑수黑水가 흘러나왔다. 근처에 기암괴석이 솟은 대흑산大黑山이 있었는데, 그 산 위를 오가는 사람들도 다 검은색이었다고 한다. 이곳에는 대현지산大玄之山이 있었고, 온통 검은색의 현구민玄丘民이 그 위에 살고 있었다.

북쪽에 있는 이 검은 나라는 죽은 자들의 나라다. 검은색은 북쪽과 죽음을 의미하지만, 또한 오행五行에서 물에 해당하는 색이다. 물은 모든 생명의 근원인데 죽음을 의미하는 검은색에 대응되다니? 신화적인 상징체계에서 죽음은 삶과 다르지 않다. 죽음이 있어야 새로운 삶이 시작되는 것이다. 어둠과 혼돈을 상징하는 검은색은 그 속에 강한 생명력을 품고 있다. 그것은 카오스가 창조적 에

너지를 내포하고 있는 것과 같은 이치다. 그리스 신화에서도 여신 헤카테Hecate나 페르세포네가 밤과 어둠을 의미하면서도 치유나 풍요와 관련되어 있지 않은가.

그 밖에도 일 년 내내 햇빛이 들지 않는 어두운 동굴에서 벌거벗은 채 사는 대유지국大幽之國 사람들이 있었고, 무릎 아랫부분이 온통 붉은색이어서 빨간 장화를 신은 것 같은 사람들도 있었다. 그리고 긴 털로 뒤덮인 말과 같은 모양의 다리를 가진 사람들도 있었는데 그들의 나라는 '정령국釘靈國'이라고 불렸다. 이 나라는 말 모양의 다리를 가진 사람들이 산다고 해서 '마경국馬脛國'이라고도 했는데, 이곳 사람들은 말처럼 생긴 다리로 질풍처럼 내달리곤 했다. 말에게 채찍질하듯이 자기 다리에 채찍질하며 하루에 300리를 달릴 수 있었다고 한다.

또한 다리가 검은색인 현고국玄股國 사람들도 근처에 살았는데, 이 나라 사람들은 물고기 껍질로 옷을 해 입고 갈매기를 먹었다. 이 나라는 북방이 아닌 동방에 있었다고도 하니, 아마 바다 한가운데에 있었던 듯하다. 물고기 껍질로 옷을 만들어 입는다는 것이 우리에게는 매우 낯설게 들리지만 실제로 중국 동북 지역 헤이룽장 성의 헤이룽장 하류 지역에 거주하는 허저족赫哲族은 철갑상어의 일종인 황어鰉魚의 껍질로 옷도 해 입고 신발도 만들어 신는다.

무장국, 장이 없는 사람들의 나라

　눈이 얼굴 안으로 들어간 사람들이 사는 나라인 심목국深目國의 동쪽에 있는 무장국無腸國 사람들은 체격이 컸다. 그러나 장이 없어서 먹은 것이 그대로 밖으로 나왔다. 그들은 물고기를 주로 먹었으며 후손이 없었다. 소설《경화연》은 이 나라에 대해 다음과 같이 기록하고 있다.

　　무장국 근처에 도착했을 무렵, 당오는 다구공에게 무장국에 가서 요기를 좀 하자고 말했다. 그러자 다구공이 그곳에는 볼 만한 것이 없으니 갈 필요가 없다면서 자기가 그 나라에 갔다가 보고 들은 것을 당오에게 들려주었다……. 당오가 말했다.
　　"저는 무장국 사람들에게 음식을 먹으면 그것이 그대로 몸속을 통과한다는 말이 사실이냐고 묻고 싶습니다."
　　다구공이 대답했다.
　　"나도 궁금하여 그것이 정말인지 알아보았다네. 그 나라 사람들은 음식을 먹으면 그것이 잠시도 배 속에 머물지 않고 그대로 통과한다네. 그래서 그들은 음식을 내놓고 썩썩하게 먹는 것이 아니라 몰래 숨어서 슬그머니 먹는다더군."
　　당오가 물었다.
　　"먹은 것이 그대로 통과해버리면 배를 채울 수도 없을 텐데 뭐 하러 먹습니까?"
　　다구공이 대답했다.

"나도 그렇게 물어보았지. 그랬더니 먹은 음식이 비록 배 속에 그대로 있는 것은 아니지만, 배 속을 지나가기만 해도 밥을 먹은 것처럼 든든해진다는 걸세……. 배 속에 들은 것이 전혀 없는데도 배부른 척하다니, 정말 얼굴도 두껍지 않은가. 그런데 먹은 음식이 배 속을 통과해서 밑으로 나왔으니, 나온 그것은 어쨌든 '똥(糞)' 아니겠나. 그런데 배 속에서 바로 나온 것이기 때문에 냄새도 나지 않는다더군. 그래서 그것을 잘 거두어 노복에게 먹으라고 준다는 거야."

어쨌든 똥인 음식을 가난한 사람들이 먹어 배고픔을 면할 수 있었다는 이 이야기는 상당히 날카로운 풍자성을 지니고 있다. 《경화연》이라는 소설이 여행기의 성격을 띠고 있기는 하지만 사회 비판적 요소가 많이 가미된 풍자적인 작품이라는 것을 다시 드러내는 대목이다.

심목국과 유리국

심목국 사람들은 눈자위가 움푹 파여 있었고 물고기를 주로 먹었다. 그들은 눈이 하나였으며 팔 하나를 위로 들고 있었다. 심목국 서쪽에 있는 유리국柔利國 사람들은 몸에 뼈가 없었다. 손과 발이 하나씩밖에 없었고, 반대쪽으로 휘어진 무릎과 구부러진 발로 땅을 딛고 있었다. 귀가 기다랗게 밑으로 늘어진 섭이국 사람들의 후손이라고도 한다.

일목국, 외눈박이들의 나라

일목국 사람들은 외눈박이로, 눈이 얼굴의 한가운데 달려 있었다. 서방 천제인 소호의 후손들이라고 하는데, 위威라는 성씨를 갖고 있었다. 사람들의 생김새가 고약해서 '귀국鬼國'이라고도 불렸다. 아닌 게 아니라 이 머나먼 북쪽 바다 밖에는 괴상한 요괴들이 많이 살고 있었다.

개처럼 생기고 온몸이 푸른색인 도견蜪犬은 사람을 잡아먹는 짐승인데, 언제나 사람의 머리부터 먹었다고 한다. 호랑이 생김새에 날개가 달리고 몸에 고슴도치처럼 가시가 빽빽이 나 있는 궁기도 사람을 잡아먹었는데, 늘 머리부터 먹었고 잡아먹히는 사람은 언제나 머리를 풀어헤친 모습이었다고 한다. 궁기는 이른바 네 가지 흉악한 동물인 사흉四凶 중의 하나인데, 나머지 셋은 혼돈, 도올, 도철이다. 궁기라는 녀석은 성격도 이상해서, 착하고 충직한 사람만 잡아먹고, 못되고 사악한 인간들을 만나면 다른 짐승을 잡아다가 바치며 애교를 떨었다고 한다.

뿐만 아니라 이곳에는 주전자만큼이나 큰 벌과 코끼리보다 더 큰 붉은 누에도 살았다. 몸에 호랑이 무늬가 그려져 있고 종아리가 튼튼한 '교蟜'라는 야생의 인간도 있었고, 사람의 얼굴에 들짐승의 푸른 몸을 한 '탑비闒非'라는 요괴도 살았다.

또한 사람의 머리에 뿔이 세 개나 달린 '융戎'이라는 괴인, 목이
부러져 뒤로 꺾여 있는 '거비지시據比之尸'라는 괴인도 있었다. 소설
《해리 포터》에 나오는 '목이 달랑달랑한 닉 Nearly Headless Nick'은 서양
의 유령에서 유래된 것으로 보이지만 중국 신화에도 이렇게 목 부
러진 괴인이 나오는 것을 보면 비정상적인 형태로 죽은 사람들에
대한 공포에서 비롯된 상상력은 어디서나 흡사했던 모양이다. 거
비지시는 목만 부러져 있는 것이 아니라 머리카락도 길게 늘어져
있었고 두 팔이 잘린 채 몸뚱이만 남아 있었다고도 하니, '목이 달
랑달랑한 닉'보다 훨씬 더 끔찍한 모습이었다.

일목국 근처에 살던 괴인
과 괴물. 융(위), 환구(오른
쪽), 거비지시(아래).

모민국, 털북숭이들의 나라

모민국毛民國 사람들은 '의依'라는 성씨를 갖고 있었으며 기장을 주식으로 먹었고, 네 마리 새를 부렸다. 이들은 우임금의 후예라고 한다. 온몸에 화살촉처럼 뾰족한 털이 나 있었고, 키는 작았으며 옷을 입지 않고 동굴 속에 살았다. 다리가 검은 사람들이 사는 현고국 북쪽에 있었다.

그런데 이런 털북숭이 인간 모인毛人은 중국 신화나 전설에서 세 가지 부류로 나뉘어 있다. 하나는 키가 일곱 자가 넘으며 온몸이 긴 털로 뒤덮인 원숭이 모양의 짐승이다. 사람들을 보면 입을 벌리고 혀를 토해냈다고 한다. 또 하나는 부족의 이름이다. 키가 작고 온몸에 털이 나 있었으며 머리를 풀어헤친 채 살았고 돼지처럼 생겼다. 일설에 의하면 옷도 입지 않고 살았다고 한다. 밭을 갈아 농사를 지었지만, 동굴에서 살기도 했다. 이 나라에서는 남자가 아닌 여자가 왕이 되었다.

마지막 하나는 이른바 야인野人을 가리킨다. 지금도 히말라야 산맥 깊은 곳에 설인雪人이 산다고 주장하는 이들이 있는데, 모인은 그런 야인을 가리키는 말이기도 했다. 야인으로서의 모인에 관해서는 다음과 같은 이야기가 전해진다.

진晉나라 효무제孝武帝 때 선성宣城에 살던 진정秦精이 찻잎을 따기 위해 무창산武昌山에 들어갔다. 그곳에서 키가 한 길이나 되고 온몸이 털로 뒤덮인 괴인을 보게 되었다. 진정은 기절초풍할 정도로 놀랐는데, 모인은 아랑곳하지 않고 진정의 팔을 잡아끌더니 산모퉁이를 돌아가서야 비로소 풀어주었다. 모인이 떠나고 진정이 한숨을 돌리려는 찰나 모인이 다시 돌아왔다. 그러고는 품에서 귤을 꺼내 진정에게 주는 것이었다. 진정은 너무나 무서워서 찻잎을 짊어지고 얼른 돌아와 버렸다.

깊은 산속에 홀로 사는 모인은 사실 따뜻한 가슴을 지닌 착하고 외로운 인간이 아니었을까. 가슴에 귤을 품고 와 모처럼 만난 또 다른 인간에게 건네주고 싶어 하는 모인은 아름다운 원시의 인간인 듯하다. 문명 세계의 우리가 그들을 두려워하여 '괴물'이라고 부를 뿐, 낯선 이에게 귤을 건네주는 모인과, 그것이 무서워 도망치는 인간 가운데 과연 누가 더 인간다운 것일까.

고야국, 선인들이 사는 나라

고야국姑射國은 열고야도列姑射島에 있었다. 열고야도는 바다 위에 떠 있는 신선들의 섬이었다. 남쪽 열고야도 근처의 바다에 사는 '능어陵魚'라는 물고기는 사람의 얼굴에 물고기의 몸을 하고 있었으나 손과 발도 달려 있었다. 등에는 삼각형의 지느러미도 있었다. 능어가 나타나면 그날은 바다에 파도가 심하게 쳤다고 한다. 열고야도의 동북쪽에는 아득한 푸른 바다가 펼쳐져 있었고, 서남쪽에는 병풍처럼 아름다운 산이 둘러쳐져 있었다.

이처럼 아름다운 섬에 사는 선인들은 곡식은 입에 대지도 않고 늘 공기나 이슬만 먹고 살았다. 이슬만 먹고 살다 보니 가슴속에 욕망 같은 것도 없어서 언제나 평온한 상태로 살아갔으며 생김새도 규방의 아가씨처럼 곱고 단아했다. 아름다운 섬에서 이슬만 마시고 곱고 아름다운 생각만 하면서 신선처럼 불로장생했다는 이야기다.

신선 사상이 생겨난 것은 아이러니하게도 중국 역사상 가장 어지럽고 복잡하던 전국시대였다. 전국시대의 명칭에 전쟁을 뜻하는 '전戰' 자가 들어 있는 것만 보아도 알 수 있듯이 그 시대는 중국 전역이 전쟁의 소용돌이에 휩싸여 있던, 그야말로 힘이 최고의 가치였던 시대였다. 의리나 명분 같은 것은 일찌감치 사라지고, 힘이 곧 정의였던 시대에 일반 백성들은 참으로 힘겨운 세월을 보내야 했다. 전국시대에 '제자백가諸子百家'라고 불릴 정도의 수많은 사상가가 다양한 이론을 주장했다는 사실은 힘겹고 어려운 시대일수록 사람들이 깊은 생각을 하게 된다는 의미인데, 이슬이나 마시고 유유자적한 생활을 하며 불로장생할 수 있는 유토피아인 고야국을 그 당시 사람들이 상상해낸 것도 현실이 그만큼 어렵고 고통스러웠다는 반증이다.

이슬만 마셔도 살 수 있고, 풍광은 더할 수 없이 아름다우며, 죽지 않고 오래 살 수 있는 고야국이나 앞에 나왔던 화서씨의 나라 종북국 등은 힘들게 일하지 않고도 먹을 것을 구할 수 있는 유토피아였다. 고통스러운 현실에서 벗어나 고통스럽게 일하지 않아도 먹고살 수 있는 나라로 가고 싶어 했던 전국시대 사람들이 마음속에 세워놓고 소망하는 나라가 바로 화서씨의 나라요, 종북국이며 고야국이었다. 그렇다면 우리가 꿈꾸는 유토피아는 과연 어떤 곳일까? 우리의 유토피아가 어떤 곳인지 단언해서 말할 수는 없지만 하나 분명한 점은 있다. 동서양의 신화 속에 등장하는 유토피아는 금은보화가 차고 넘치는 그런 곳은 아니라는 점이다. 대부분의 경우 전쟁의 공포나 기아, 질병 없이 남에게 착취당하지 않고 가족과 더불어 편안하고 행복하게 일상을 보내는 곳이다. 가장 평범한 것이 가장 행복한 것임을 알려주는 것이 바로 유토피아에 관한 신화들이다.

고야국이 있는 열고야도.
열고야도는 바다 위에 떠
있는 신선들의 섬이다.

견융국, 개의 머리를 한 사람들의 나라

아득한 서북쪽 끝에 있는 견융국犬戎國은 황제의 후손들이 이룬 나라라고 한다. 황제가 묘룡苗龍을 낳았고 묘룡이 융오融吾를, 융오가 농명弄明을 낳았으며 농명이 하얀 개 백견白犬을 낳았다. 그것은 암놈과 수놈 한 쌍이었는데, 그들이 짝을 지어 자손을 퍼뜨려 견융국을 세웠다. 이 나라 사람들은 사람의 몸을 하고 있었지만, 머리가 개처럼 생겼고 주로 고기를 먹고 살았다.

그리고 이 나라에는 꼭 말처럼 생겼으나 머리가 없는 '융선왕시戎宣王尸'라는 붉은 동물이 살았다. 또한 흰색 바탕에 무늬가 있는 '길량吉量'이라는 말이 있었는데, 눈은 빛나는 황금색이고 갈기는 타오르는 불꽃처럼 붉은색이었다. 이 말을 한 번 타면 1000년을 살 수 있었다고 한다. 길량은 다음에 소개하는 추오騶吾와 더불어 상서로움의 상징이었다.

임씨국, 추오가 사는 나라

북방의 임씨국林氏國에 진기한 동물이 살았다. 호랑이처럼 생겼으나 오색찬란하고 꼬리가 몸보다 더 긴 추오라는 이 멋진 동물은 하루에 1000리를 달릴 수 있었다고 하니, 아마도 우아하게 생긴 백호白虎인 듯하다. 추오는 잡티 하나 없이 새하얀 빛깔의 몸을 갖고 있었으며 추오가 울면 바람이 불어왔다. 추오는 살아 있는 동물을 먹지 않았으며 살아 있는 풀도 밟지 않았다. 추오는 후대의 유가 경전에서 어질고 성스러운 존재로 숭배되어, 나라에 훌륭한 임금이 나타날 때 세상에 보이는 짐승이라고 일컬어졌다. 인의仁義의 상징이 된 추오에 대해 역대의 많은 문인이 작품을 지어 그 덕을 칭송했는데 그중 가장 유명한 것이 당나라 시인 백거이의 〈추우화찬騶虞畫贊〉(추우는 추오의 또 다른 이름이다.)이다. 〈추우화찬〉 서序에서 그는 추우가 "어질고 상서로운 동물(仁瑞之獸)"이라고 했다. 백거이는 선물로 받은 추우의 그림을 보면서 "생긴 것은 용맹스럽고 위엄이 있어 보이지만 그 내면은 어질고도 신의가 있다"고 말하고 있다.

처음 읽는 이야기 중국 신화

초판 1쇄 발행 2025년 2월 20일

지은이 김선자
발행인 김형보
편집 최윤경, 강태영, 임재희, 홍민기, 강민영, 송현주, 박지연
마케팅 이연실, 송신아, 김보미 **디자인** 송은비 **경영지원** 최윤영, 유현

발행처 어크로스출판그룹(주)
출판신고 2018년 12월 20일 제 2018-000339호
주소 서울시 마포구 동교로 109-6
전화 070-5080-4038(편집) 070-8724-5877(영업) **팩스** 02-6085-7676
이메일 across@acrossbook.com **홈페이지** www.acrossbook.com

ⓒ 김선자, 2025

ISBN 979-11-6774-191-2

만든 사람들
편집 강민영 **교정** 윤정숙 **표지디자인** 소년 **본문디자인** 송은비 **조판** 정은정